南京城市史

薛冰 著

江苏凤凰文艺出版社

引言
重现南京城市生长图景

说起南京的历史图景，大家会想到宋代的《金陵图》，明代的《南都繁会图》。那都是同一时间的空间图景。这本书为大家展示的，则是同一空间的时间图景，也就是在南京这片土地上，城市从无到有、从小到大的历程。

1988年，一位年轻的朋友告诉我，江宁湖熟镇的梁台上，可以捡到石斧和铜箭头，我当即决定与他一起远征。我们前后去过三次，最后一次是1991年的秋天，在那场号称百年不遇的大洪水之后，梁台的文化土层已经被抗洪大军挖掉了一多半，筑到了不远处的大坝上。无论作为新石器时期的古文化遗址，还是传说中南朝梁昭明太子读书台的遗址，这一处市级文物保护单位都已不复存在。

在梁台上下，我们捡到过鬲足、纺轮、网坠、鹿角和兽牙化石，石刀的残片和青铜箭头。近十米高的梁台土层中，夹有大量蚌壳、螺壳等水生动物化石，引起我浓厚的兴趣。我曾走下梁台，沿着田间的小路，走到不远处的小河边，伸手掬起清澈的碧水，想象如流水一样逝去的时光。三四千年前，为南京的先民提供生存基础的，就是这条看不出一点沧桑痕迹的河流吗？从水边到台地，就是他们全部的世界了吗？他们会怎样对待闯进这世界的同类与异类？他们又是怎样度过那漫无边际的日日夜夜、年年月月的呢？

单凭我在梁台捡拾的历史碎片，要想重现先民生活的完整图景，实在太困难了。

十八年后，当我试图勾勒南京这座历史文化名城的成长与变迁历程时，我仿佛又置身于当年的梁台之下。应该说，这次所面对的题目难度更大。因为，城市文明兴起的进程，同样是以一种不稳定的、极易变化的形式展现，只有在时间流逝中沉淀下来的片段，或被以某种形式记录下来的场景，才能为后世所知。二千五百年来，这座城市从无到有、从小到大，时盛时衰、屡毁屡建，经历了太多曲折和风波。就像长江大河，谁能分辨得清，它的某一滴水是来自哪一条溪流？就像一幅油画，不断地被人修饰、增添、改作甚至抹去重绘，现在还有可能恢复它最初的面貌并再现这变化的过程吗？

仅凭我所亲历的六十年南京生涯，无法完成这项工作；即使再加上南京现存的全部历史文化遗迹，也还不足以复原它悠久的成长经历。

幸运的是，自六朝建都开始，就有人在为这座城市立传。历代累积起大量的文献资料，时代越晚就越丰富。近百年来，更有不少前辈学人和师长朋友，披荆斩棘，筚路蓝缕，贡献出丰硕的成果。这就为我提供了站在巨人肩上的可能。

不过，前人对于南京城市成长历程的观察和探索，至今仍不无令人遗憾之处。

首先，在古代史范畴中，对于不足五百年的建都史，研究较多，而对于长达二千余年的非建都史,关注不够;在历代建都时期,对于都城相关设施的研究较多,对于普通民众生活环境的探索不够;对于城市发展形态的描述较多,对于为什么会产生如此形态的思考不够;对于城市与居民的关系,对于城市建设与城市经济、城市文化相互促进又相互制约的关系,阐述得也不算充分。造成这种状况的重要因素,是历史资料的缺失。历代官私记述中严重的重官事轻民情倾向,重政治轻经济倾向,使得今人很难获取所需要的相应资料,对南京城市成长史进行全面系统研究。

其次,对于现当代南京的发展成长,尤其是20世纪90年代至今发生的沧桑巨变,虽然第一手资料保存较为完整,也不乏局部评述,但宏观层面上的系统探索,似乎还没有见到。尤其是当前,在走向"以人为本""和谐南京"的进程中,南京的城市规划和建设,更需要借鉴历史上的经验与教训。这就使本书的写作,具有了现实意义。

辨疑解难,总结近事,都不是容易的事情。然而,历史从来就是叙述者的历史。每一个有历史责任感的人,都可以贡献自己的记录,表达个人的评判。

与历史是对已逝时间的记忆一样,城市实际上是对已逝空间的记忆。从表面上看,面对既有空间,城市选择"记住"什么和"忘却"什么,往往体现着统治者的意志,城市的外在形态,屡屡因重大政治元素影响而发生巨变。但是,城市决不仅止于政治的范畴,它的发展,还有其内在规律可循。自然环境、经济发展和文化传承等因素,尤其是城市的基本居民,是城市得以保持其延续性的重要力量。因此,在历史的长链上,探寻那些失落的环节,拼合那些碎裂的画面,并非完全没有可能。打一个不太贴切的比方，就像我们翻阅一个人的旧相册，不但可以准确地了解照片记录下的瞬间，也大致能够推测出未被拍摄的时光了。

全书分上、下两编。上编主要回溯古代南京城市成长、变迁历程，对已有定论的内容，叙述从简，提出不同材料或不同看法之处则力求严谨。对于某些时段、某些方面相关记录的短缺，我将尝试进行填补，即依据南京城市发展的规律与特点，参考时代相近的私史笔记以至文学作品，进行适度的推想，提出一些假说。下编关注的是现代规划产生之后的一百年中，人们面对历史造就的文化名城，如何进行再度建设的问题。简言之，可以说是梳理旧识，补充记忆，阐明新见。我希望它能为读者提供一轴较为完整、清晰的南京城市成长史图卷，并藉此理出南京城市发展的脉络，以便于总结既往经验教训，为促进城市未来的健康发展，提供一个参照系。尤其是最近这个城市急剧发展的时期，也需要及时予以整理与总结。错过时机，后人将更加难以措手。

我本是做文字工作的，来写这样一本关于南京城市演变发展的书，似乎完全背离了本行，也有些不自量力。但我仍然决定要把这件事做好，是因为近十年来，我对城市文化的迷恋日甚一日。城市像语言文字一样，能实现人类文化的积累和进化，二者都是人类文化的重要表征。我在这二者之间发生转换，也就不算太离谱。不过本书二十几万字的篇幅，除了长时期的相关积累以外，断断续续地写了整整一年，在我的写作生涯中，这大约是写得最苦的一本书了。

近年以来，国内地域文化研究发展迅猛，地域文化的意义重要，也已成为社会共识。在当前国际、国内竞争激烈的大环境下，作为软实力的独具特色的地域文化,本身就是经济发展的重要资源,对于地区综合实力的提升,具有十分重要的意义。加强文化建设、维护文化多样性,已成为世界各国、各地区提高竞争力的战略选择。研究地域文化,挖掘地域文化的深层内涵和丰富内容,更是城市文化不断升华的根基,培育新的城市精神的源泉。不同的地域文化以自身的特殊内容,也为中华民族主流文化的发展提供了丰富的营养。21世纪,江苏省正在建设文化大省,南京市也在倡导"文化强市"。完成这样一本书,也就算我对生活于其间半个多世纪的城市,对她的文化建设和城市发展,尽一点绵薄之力。

不过,我毕竟不是城市建设与历史考古的专家,所以这一本书,从某种意义上说,仍只是文本意义上的城市研究,是对既有的相关记录与求索,重新进行整合和解读。当然,我也有一点小小的野心,就是希望本书中的评判与解读,能够经得起历史的检验,希望本书中的某些假说或预见,能够被将来的考古发掘、研究成果或城市发展的现实所证明。

2008 年 5 月

目录

引言

1　重现南京城市生长图景

上编　古代南京的成长史

第一章　未有城市之先

17　做一回思维的体操
19　北阴阳营的先民生活
25　兼容并蓄的湖熟文化

第二章　早期的城邑建置

31　棠邑和濑渚邑
33　越城与越台环壕聚落
38　金陵邑与白鹭洲
42　秦、汉县邑
45　冶城的真相
48　早期城邑不同于现代城市

第三章　东吴定都

51　孙策和孙权的将军府
54　太初宫的选址
58　石头山·石头津·石头城
68　建业都城，四水环护
78　《吴都赋》中的建业
84　"虎踞龙盘"的真相

第四章 东晋立国

- 89 建邺风云
- 92 都城初立礼制规范
- 95 晋成帝营建台城
- 98 东晋时期的建康城
- 106 军垒与侨郡、侨县

第五章 南朝的都城建设

- 113 继汉开唐说南朝
- 117 从"六门"到"十二门"
- 120 南朝宋宫室和园林
- 124 南朝齐首建都城墙
- 128 南朝梁的都城兴衰
- 132 南朝陈的都城重建
- 135 东晋南朝的石头城与石头津
- 139 建康民居与寺庙

第六章 隋、唐时期的商业都市

- 151 台城并未被"平荡耕垦"
- 158 隋、唐时期的江宁建置
- 162 "腰缠十万贯,骑鹤上扬州"
- 165 发达的手工业
- 168 唐诗中的长干里

第七章 南唐营建金陵城

- 177 从杨吴到南唐
- 181 金陵城始跨秦淮水

190 南唐宫城与街市
198 王安石围垦玄武湖
206 宋、元时期的城市变迁

特辑一　宋院本金陵图

213 流传有序的仿《宋院本金陵图》
215 《金陵图》中的城市风貌
217 《金陵图》中的市井风情

第八章　明都南京——壮丽瑰玮

221 朱元璋应天建大明
229 明皇宫不与民争地
237 "世界第一大城"
245 都城外围的建设
251 能工巧匠会聚京师
256 明代的市井商街

特辑二　金陵四十景图像诗咏

264 余孟麟首倡《雅游编》
266 朱之蕃诗咏四十景
268 从《金陵图咏》看明都故实

第九章　清代南京——浴火重生

317 清代二百年和平发展
327 太平天国时期的浩劫
335 城市现代化的最初实践

下编　现当代南京的发展史

第十章　民国建都与《首都计划》

- 365　民国初期的建设与规划
- 370　五大公园和三个飞机场
- 374　《首都大计划》和中山大道
- 383　《首都计划》
- 394　拆城风波
- 397　交通干线和重要建筑
- 406　沦陷时期和战后恢复

第十一章　新中国最初三十年

- 415　南京解放与接管情况
- 420　恢复期治理秦淮河
- 426　早期规划与实践
- 432　摇摆不定的城建方针
- 437　拆城风潮
- 445　动乱年代

第十二章　改革开放与城市控制

- 453　"事业要发展，城市要控制"
- 460　滞后的规划与艰难的城建
- 464　城市建设的积极成果

第十三章　20世纪的最后十年

- 469　"南京都市圈"的远见
- 474　国务院的明确要求

475 "国际化大都市"的迷乱
479 曲折历程中的艰难推进
483 "老城改造"与市民安居

第十四章 进入21世纪

489 社会转轨的历史机遇
491 "一城三区"城市新格局
499 河西新城区
507 仙林新市区
510 东山新市区
511 浦口新市区
513 整合历史文化名城风貌
522 明城墙与秦淮河
528 提升市民生活质量

537 **特辑三 南京"一城三区"新面貌**

第十五章 走向和谐南京

553 市民精神与城市特色
558 人与自然和谐共生
561 建筑追求新风貌
564 道路营造新格局
568 规划引领和谐城市

570 **后记**
580 **出版后记**

上编

古代南京的成长史

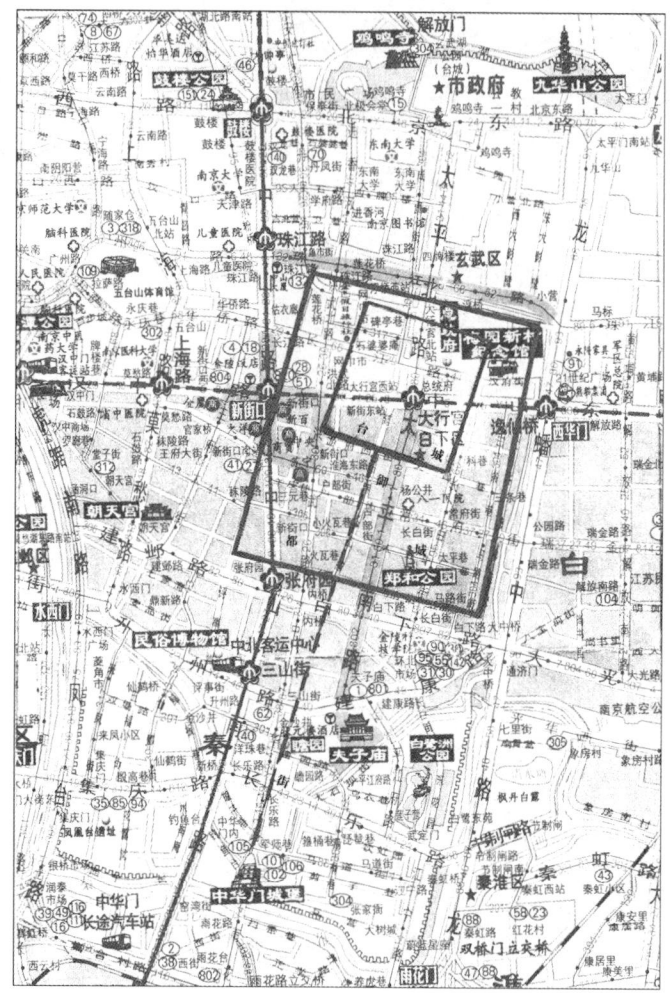

南朝建康城及台城位置示意图　　　　　　　　　　　　　王志高　绘制

编者注：本书插图除标明出处的，其他均为作者提供。

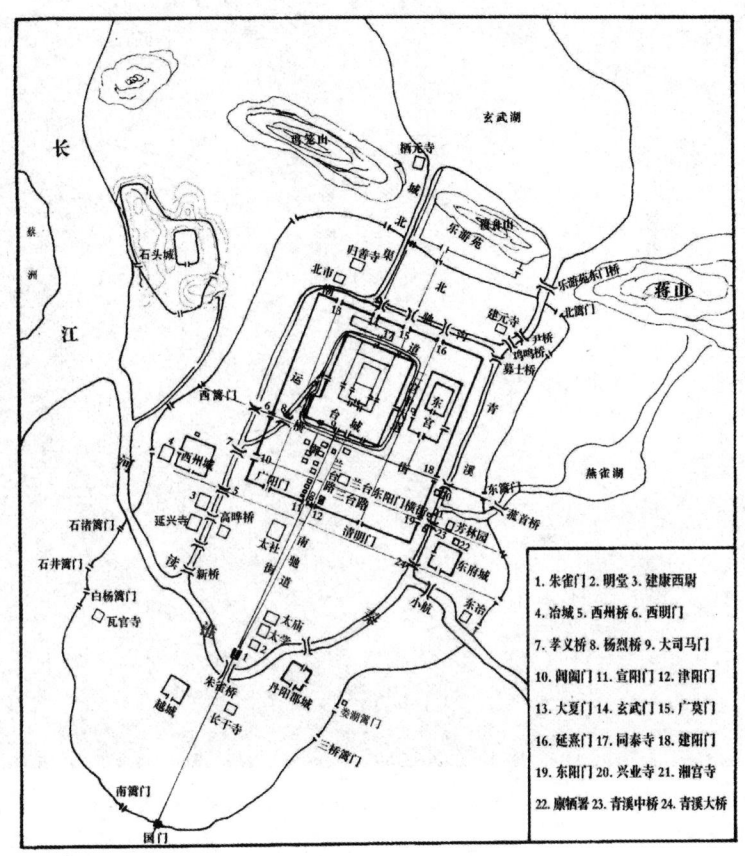

南朝梁建康城布局示意图　　王志高 复原

南京六合羊角山遗址出土的新石器时代晚期兽首人身纹陶纺轮。如果说纺织物是文明的初始,纺轮就是文明诞生的推动者。

收藏单位:南京市博物总馆

第一章 未有城市之先

城市是人类文化发展到一定阶段的产物。

都说江南吴文化。吴文化的源头，是南京北阴阳营文化，而其直接承袭的母体则是湖熟文化。因在南京湖熟最先发现而得名、其中心地区在秦淮河中游的湖熟文化，也被称为先吴文化。

做一回思维的体操

我们的考察，将从远古开始。

我们必须掠过历史的天际线，通过那些依稀可辨的踪迹，探索城市最初形成的原因，了解它的原始结构和功能，并追随它所经历的全部曲折风波。只有这样，才有可能弄清这座城市是怎样、又是为什么发展成现在的形态，才可能真正透彻地理解一座城市。

在沿着文字的时光隧道返回远古之前，我们需要做一回思维的体操。

首先，我们必须放弃对于现实南京的全部印象，所有人类文明的痕迹，当时还都没有出现，真正是一片"白茫茫大地"。那时能够作为地标的，大约只有自然的山陵江河：钟山及其余脉富贵山、覆舟山、鸡笼山、北极阁、鼓楼冈，石头山及其余脉盋山、五台山、小仓山、马鞍山、四望山,石子冈及其余脉越台、凤台山、幕府山、栖霞山和牛首山,秦淮河、金川河、青溪、玄武湖,长江以及江心的白鹭洲。甚至连它们的命名,也是千百年来的事情。同时还要注意,山的位置,是不容易改变的,而江河的水道,则在不断变化之中,不同的历史时期有着不同的水岸线。本书中借助今天的地标和地名以说明大致的方位,只是为了叙述的方便,也容易为今天的读者所理解。

其次,我们关注的范畴,是当代的南京,但南京这座城市也是逐渐形成的。在不同的历史时期,这块土地曾隶属于不同的行政建置,也有着不同的名称和不同的疆域。在这个意义上,金陵、建业、建康、江宁以至明代的南京,都不能等同于今天所说的南京。在每一个建置时期的开始,我将对其实际内涵做出说明。同时,为了照顾今人对南京城约定俗成的观念,在叙述古代城市发展史时,本书也将范围界定为主要是明城墙以内的区域,大略相当于今天的南京老城区。事实上,直到21世纪初,明城墙这个主城边界才真正被打破。

打一个比方,我们仿佛在做一个长达数千年的搭积木游戏,而且哪一块积木该在什么时候放到什么位置上,都不是我们所能决定的,已经搭成的部分,还会改变形状;已经放下的积木块,还会被移到别的位置上去。最困难的是,这片宏伟的建筑群其实已经搭成,我们实际在做的,是按照建设顺序将它们逐次剥离,退回到自然的原初状态。就像点下视频播放的后退键,能将影片从结束返回开始。

然而,在历史的大屏幕上,没有这种后退键。

所有的工作,都得由我们的大脑来完成。

北阴阳营的先民生活

人类对于南京这片土地的认识,很可能开始于五十万年之前。

1993年3月,在南京江宁县(今江宁区)汤山镇雷公山葫芦洞中,出土了两件猿人头盖骨化石,一件属于成年女性,一件属于成年男性。随后的考古发掘中,又出土了一枚猿人牙齿化石。这一发现将南京地区古人类活动的历史,一下推前了五六十万年。在此之前,我们只知道溧水县(今溧水区)回峰山北麓神仙洞中,有距今一万一千年左右的古人类活动遗址。尽管两者之间相隔着难以想象的漫长岁月,南京人老祖宗的居住环境却说不上有什么进步,都是住在自然形成的石灰岩溶洞里。雷公山葫芦洞已经开发为旅游景点。不过,即使洞中设置了猿人生活的模拟景象,我们还是难以体会猿人的真实生活。

人类在南京地区的早期建设行为,发生在距今五六千年前的新石器时代。其中具有典型意义的,是北阴阳营古文化遗址。1955至1958年间,在南京博物院曾昭燏、赵青芳、尹焕章、蒋赞初等专家主持下,前后四次进行考古发掘,发现的新石器文化遗址,被命名为北阴阳营文化。遗址位于鼓楼冈西麓、金川河东岸,当时南、北尚有十来个池塘,呈三面环水形势,长约一百五十米,宽约一百米,高出平地约七米。在大约一万平方米的范围内,有厚约四米的文化层堆积:除了表土层,自上而下分为三个文化层,第一层相当于中原西周早期;第二层距今约三千八百年到三千五百年,属湖熟文化早期,相当于中原商代早期;第三层是遗址的主要部分,属五六千年前新石器时代的文化堆积。各层之间都有缺环,也就是说,约三千年间,几度有先民在此地居住,但并不

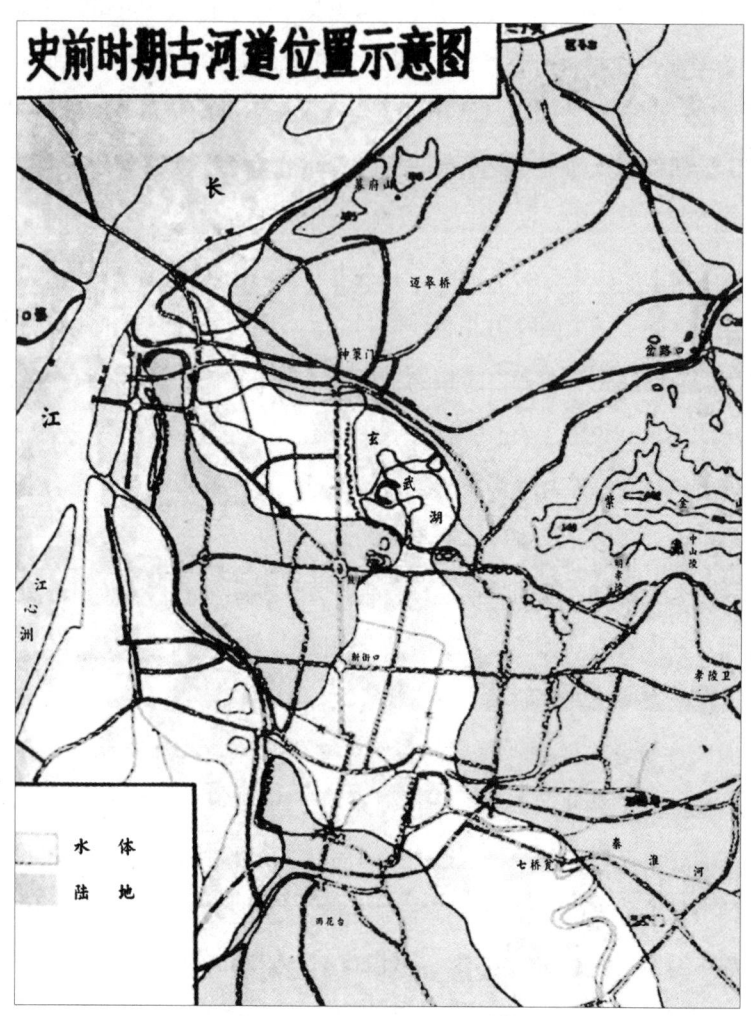

《南京城市规划志》中的南京史前时期古河道位置示意图

是一脉相承的。这里现在属于南京的城市中心区，从北京西路沿云南路北行不远，就可以看到北阴阳营小区，已是一片密集的居民住宅楼，不但让人无从想象先民的生活情景，就连考古发掘时的地形地貌也已完全改变。

回望新石器时代，从鼓楼冈到鸡笼山、覆舟山，都是茂密的原始森林和灌木，林间生活着鹿、豪猪等多种野兽。山冈的周围，则是大片的湖泊和沼泽，水中生活着鱼蚌龟鳖。当时南京地区水域的分布远远大于现代。长江的东岸要更为偏东，大致到今天的外秦淮河一线。秦淮河宽达数百米，由东南而来，浩浩荡荡穿过南京地区，在鸡笼山和覆舟山之间的垭口钻出，折向西北，主流在今金川河下游一带进入长江，所以古桑泊（玄武湖）只是秦淮河入江水道的一部分。从玄武湖往西，直到金川河流域，都是一片汪洋，其南岸直抵鼓楼冈下。先民们就选择了这山水密林之间的一个椭圆形台地，作为他们的安身立命之处。南京的先民们选择这种水边台地定居，是因为那几千年中，人类改造自然环境的能力还很微弱，只能顺应自然，趋利避害。近水而居，一是生活用水和鱼蚌等食物容易取得，二是在附近较低一级的台地上种植农作物，排水浇灌都方便，三是水上交通便利。而高居台地之上，又可以避免水淹之灾，满足安全需要。

尽管那一时期完全没有留下文献记载，但今人对于此类原始居民村落的了解，已相当明确，因为有科学的考古发掘成果在。当然也因为这些原始村落的结构相对简单，解剖若干，就可以推断其余，根据其规律，大致勾勒出当时的社会生活情景。也正因为此，我们知道，北阴阳营文化遗址不是孤立的存在，在宁镇地区有较广泛的分布。

北阴阳营遗址及考古发掘现场,出自《北阴阳营》一书

北阴阳营遗址，是迄今所知南京老城区内最早的居民区。在这新石器时代的原始村落中，已经出现了不同功能的分区结构，大体是东部为居住区，西部为墓葬区。居住区有一块供公共聚会活动的中心场地，居民的住所环绕在中心场地周围，这可以算是南京最早的建筑秩序。这一秩序体现出先民对于交流的重视。城市学家则将这种礼仪性会聚场所，视为城市发展最初的胚胎。这种会聚场所处于原始村落的中心位置，不但具有优良的自然条件，而且具有一种精神的、超自然的魅力，吸引、召唤着家族和氏族的成员。家族成员的住房处于地面之上，底部呈长方形，最大的住房面积达三十五平方米。墙壁的建造，是以植物茎秆编为支柱，再抹上草泥，并加以烘烤使其坚固。房顶可能用茅草或树皮覆盖，以遮蔽风雨。类似的简易窝棚的建筑形式，一直沿用到当代，我在苏北农村插队时还住过。值得注意的是，这种原始居室内的地面，不但用掺沙拌草的白泥抹平拍实，而且经过火焙，变得极其干燥而坚硬，能有效防潮。这大约可算南京先民最早的住宅装修工作了。可能因为江南气候温暖，灶室另建在住房之外，或圆形，或方形，也是南京先民居住区域的一大特征。在室外还有用于储藏的窖穴。按照西方人类学家的理论，贮藏和定居，是原始人类的重要属性。

村落西部是氏族的墓葬区。当时的墓葬形式十分简单，不见墓坑，也没有棺椁，尸体直接置于地面上略加掩埋，头向一律朝东北，身边有简单的随葬品，多为石器和陶制用具，偶有玉质饰品。这可以看作南京人最早的礼俗。墓葬成群密集，而且上下叠压多达四层，可见延续时期之长久。居住区在东而墓葬区在西，是有道理的，因为南京地区夏季多东南风，而冬季才有西北风。墓葬区在夏季难免有不洁的气味，所以必

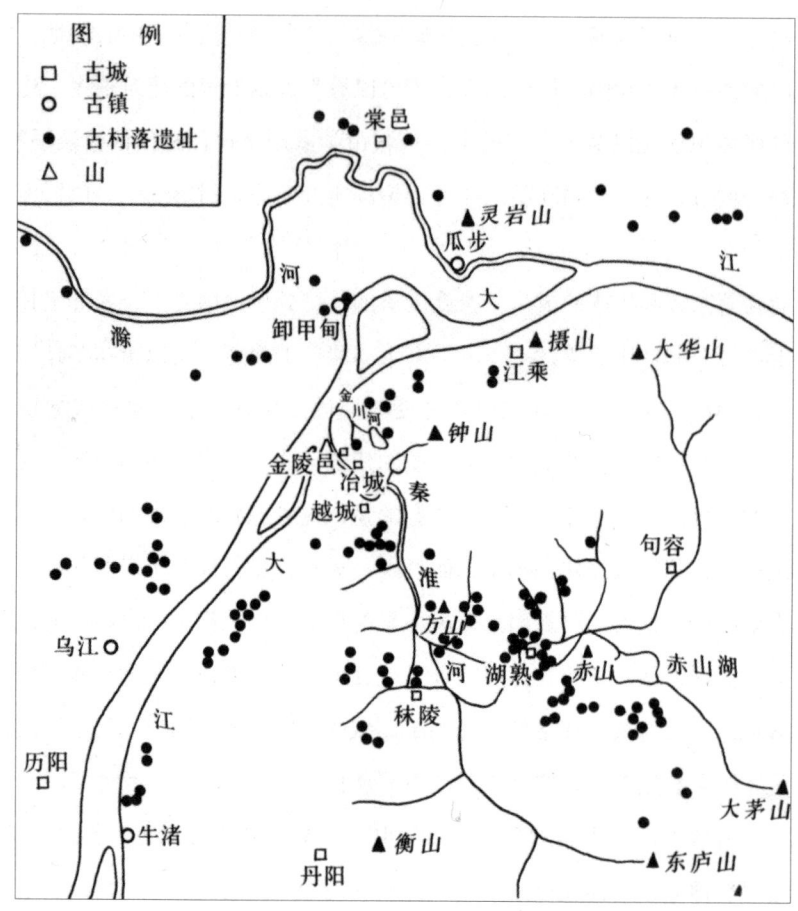

原始村落遗址和古城邑示意图，引自《南京城市规划志》

须处于下风区。事实上，死人是先于活人实现永久定居的。很可能正是由于祖先亲属埋葬于此，才吸引着先民们长期生活于此，或不断返回此地。

在村落南边稍低一级的台地上，有种植稻谷等作物的农业用地，有畜牧场地，还有磨制石器、制陶的场所。

综上所述，在城市远未形成之前，类似于后世城市的功能分区，就已经出现了。按西方城市理论家的说法，村庄的秩序、稳定性、保护作用、安全感与自然力的统一，也都由城市继承了。而人类对故园、旧居的依恋，即今人所谓乡愁，其深刻的心理渊源就在于此。

先民在北阴阳营的生活，持续了几百年，后来不知道是由于干旱、洪水还是其他原因，居民们离开了此地，直到距今三四千年间的湖熟文化时期，才又有居民迁来，在北阴阳营兴起了新一轮的建设。

兼容并蓄的湖熟文化

与北阴阳营文化遗址一样，湖熟文化遗址不仅出现在北阴阳营。

湖熟文化，因1951年首先在江宁县湖熟镇发现而得名，从已知的三百多处湖熟文化原始村落分布看，也以秦淮河中游江宁湖熟、秣陵一带最为集中，达一百余处。而从点将台、船墩、磨盘山、神墩、朝墩、梁台、老鼠墩、前冈、橙子墩、神山头等遗址的命名上，可以看出它们的一个重要共同点，就是处于近水的较高台地之上，所以也称为台型遗址。

通过文字了解这种台型遗址，总不如亲眼看到实物来得真切。所以我对湖熟梁台的被毁，十分痛心。直到被毁之前，那一带的地形地貌，

南京铁心桥郭家山湖熟文化遗址出土的商周陶鼎,其角状把手具有显著的江南地方特色。

收藏单位:南京市博物总馆

还能大致看出远古时期的痕迹，梁台独立在小路旁，河流之间是比水面高出一米左右的成片田地，周边也没有复杂的建筑。可以说，很容易就能复原出新石器时期人类生活的一种实景，不但可以作为科普教育的基地，也完全可以成为江宁地区的重要旅游资源。所幸船墩遗址周边环境保存较好，遗址台地酷似一艘覆舟，当年考古探方还清晰可见，有河流近在台下，完全有条件结合遗址建造湖熟文化博物馆。相距不远的湖熟古镇格局尚存，历史建筑亦有特色，民风淳厚，如能合理保护开放，人们对于湖熟文化的认知，将不会仅停留在纸面上。

现代考古发掘的成果告诉我们，湖熟文化是受中原商、周文化影响的一种地域性的土著青铜文化，是江南吴文化直接承袭的母体，所以也称先吴文化。就此而言，南京的土著居民可以称为湖熟人。随着社会生产的发展进步，湖熟人的聚居方式，逐渐从血缘性的氏族部落，演变为地域性的部落联盟，生产规模有所扩大，社会分工逐渐明确，居住区域也有相应集中的趋向。

湖熟文化遗址的分布范围，西至皖南东部九华山脉，南至黄山、天目山脉，东越茅山山脉，直抵武进和丹阳九曲河流域，与太湖流域的马桥文化西缘相接，北达长江北岸的六合、仪征直至扬州蜀冈一带，形成数千平方公里的文化圈。其中心则在秦淮河流域和宁镇山脉。然而，恰恰是现代的南京老城中心区，至今仅发现北阴阳营一处。这有可能是考古发掘的缺失，由于某些遗址在未被认识其价值的时代，已经被后人的建设所毁灭，尤其是在开发较早的老城南地区。但直到20世纪才真正得到开发的城北地带，也只在珠江路西口的北门桥附近，发现过小范围的商、周居民生活痕迹，此外再没有新的发现。所以更大的可能，是由于这一地区的生活环境不及其他地区，例如今人仍为之烦恼的夏天太热而冬天太冷。如果确实如此，北阴阳营的居民便显得过于孤单，若是想去探望他们的邻居，就得跋山涉水，跑到四五公里以外。这对先民们来说不是一件容易的事情，所以这种交往即使存在，也不会多。或许正是交流融合机会的缺少，以至过小人群之间近亲繁殖，使得北阴阳营的原始村落难以延续发展，最终衰落。

从考古发掘和研究的结果看，湖熟文化时期的经济发展与社会分工，仍较中原地区落后。即以青铜器为例，湖熟文化遗址中仅发现青铜箭头和小刀、鱼钩等小件青铜器，还没有出现青铜容器和戈、矛等大件兵器，更不用说鼎、彝等大型礼器了。也就是说，直到湖熟文化时期，南京地区的经济文化发展还没有达到那样的程度，足以阻挡周边强势文化向这一地区的扩张。湖熟文化区正当南北交汇、东西融合之地，北方中原文化、龙山文化、岳石文化，东方马桥文化和西方楚文化等的影响都在湖熟文化中留下了印迹。从当时的社会发展形态而言，这种影响不可能是直接施予，应该是通过一连串的短途贸易交换而完成的。外来器物和先进技术，引起湖熟人的关注与模仿，一度成为推动生产力发展的因素，并逐渐被本土文化所吸收，化为其自身的新面貌和新活力。正是这种顽强的独立性，使湖熟文化能够有别于周边其他文化类型，绵延千年。但同时也就形成了它兼容并蓄的文化形态。

南京文化的多元性，在这时就已经有所呈现。

大约公元前12世纪，中原周人的势力扩展到长江下游。传说周古公亶父的长子泰伯和次子仲雍"奔荆蛮"，在太湖流域吴地和当地土著共同建立了吴国，而周人带来相对先进的中原文化，也促使吴文化趋于更快发展。有研究者认为，泰伯奔吴之际，南京为吴国中心地区，根据是南京南郊到镇江一带，多次发现两周墓葬。然而，无论泰伯奔吴最初的落脚点在哪里，其时环太湖地区经济发展领先于南京地区，是毋庸置疑的。周武王灭商后，封传为仲雍后裔的周章于吴地，正式确立了这个诸侯国的合法地位。南京地区遂成为吴国的属地。稍后，长江中游的楚国逐渐强盛，不断向东扩张，其前锋也达到了南京地区。

南京仙鹤街"皇册家园"工地出土的东晋南朝"建业宫"木简,是南京地区出土考古材料中首次提及吴都建业宫名的。

收藏单位:南京市博物总馆

第二章 早期的城邑建置

从文献记载上看，南京的早期城邑都是外来占据者所建置。然而，近年的考古发现证明，南京主城区最早的越城，正是源于土著居民湖熟人的建造。越台环壕聚落当是湖熟文化发展的最高阶段。

棠邑和濑渚邑

从春秋战国直到汉代末年的近一千年中，南京地区始终处于多种文化交锋争夺的边缘地带。

在早期的吴、楚相争阶段，南京地区处于双方争夺拉锯的前缘。古人形容南京地区的位置是"吴头楚尾"，生动而形象。也正因为此，当时吴国和楚国在今天的南京主城区内都没有进行任何建设。南京地区最早的建置出现在长江北岸，周灵王十三年（公元前559年），楚国在今六合滁河下游一带，建立棠邑，并曾任命伍员（子胥）的兄长伍尚为棠邑大夫。据说棠邑是有城的，但其址已不可考。这座古城的规模范围不会太大，只相当于边境地区的军事堡垒，兵家必争，所以在吴、楚、越三国的争战中屡屡易手。

在长江南岸，根据现存史料记载，可以看出，南京地区的早期开

明陈沂《金陵古今图考》中的吴越楚地图

发，是由南往北逐步推进的。

虽然南京地区被认为是吴国的属地，但吴国的首都在今天的苏州地区，太湖沿岸的今无锡、常州一带是其开发重心。吴国和楚国早期的争战地点，是江宁县东南的衡山（今通称横山）和庸浦（今安徽无为南）。当时的南京地区因不在交通干线上，没有引起双方的重视。

直到周景王四年（公元前541年），吴国的开发建设第一次推进到高淳固城湖北岸，在溧水县西南九十里今固城镇建濑渚，也称濑渚邑，同时在固城湖畔筑成周长四十里的相国圩，"筑土御水，而耕其中"，由自然垦殖进入围垦种植。这标志着南京地区农业生产的一个新阶段。从伍子胥奔吴途中在濑水旁遇到浣纱女子的记载看，当地的纺织业也已有一定基础。濑渚邑的规模，宋张敦颐《六朝事迹编类》引《图经》，称其"高一丈五尺，罗城周回七里二百三十步，子城一百一里九十步"。按罗城是外城，子城是内城，子城周长疑当为"一里一百九十步"，而且这有两重城垣之城，该是历代增筑的结果。濑渚最初很可能只是一个防御楚国侵袭的军事据点，并且很快就成为楚国攻击的目标。第二年，吴国就不得不在西面的陵平山上另建邑城，称陵平邑，但不久也被楚国攻占，易名平陵。周景王十年（公元前535年），楚国占领濑渚邑，据说曾在那里建造宫殿，作为楚平王的行宫。周敬王十四年（公元前506年），伍子胥率吴军伐楚，收复濑渚，放火烧毁楚宫，濑渚古城遂废。

越城与越台环壕聚落

吴楚相争，吴越争霸，是江南地区早期发展史中的重要事件。曾经灭越抑楚、王霸天下、不可一世的吴国，终因穷兵黩武，在周元王三年（公元前473年）被复兴的越国所灭。吴国的领土都成了越国的疆域，而南京地区则成了越国与西方楚国对峙的前锋。灭掉吴国的第二年，雄心勃勃的越国，就将军事据点向北推进到秦淮河南岸今长干里一带，修建起越城。最早记载越国建越城的文献，是传为东汉人袁康、吴平所辑录的《越绝书》。但《越绝书》在北宋已亡佚五卷，今天只能在《太平御览》中看到有关文字了。《太平御览》卷一九三先引南朝宋山谦之《丹阳记》"越城，去宫八里"，指明其地距六朝宫城八里，又说："案《越绝书》，则东瓯越王所立也。"

此后的文献中，这一说法陆续被丰富。

越城的确切位置，唐许嵩《建康实录》卷一有记载："越王筑城江上，镇（一说作'距'）今淮水一里半废越城是也。"其注文所说甚详："案，越范蠡所筑，城东南角近故城望国门桥。西北即吴牙门将军陆机宅，故机入晋作《怀旧赋》曰'望东城之纡余'，即此城。在三井冈东南一里，今瓦官寺阁在冈东偏也。"春秋战国时秦淮河宽在百米以上，常被称为江，《六朝事迹编类》中就说越国"筑城江上，以镇江险"，所以许嵩要说明就是今天的淮水。

越城遗址在宋代还被作为军寨，与天禧寺相对，明代与在天禧寺旧址上新建的大报恩寺东西相望，清代中期还没完全湮灭，可以确定在今中华门外长干桥西南一带。

越城为越国所建，向无争议，但建城者是否为范蠡，则大有疑问。有的书籍中确指越城中有范蠡的住宅，甚至猜测越城会是范蠡的封邑。然而《吴越春秋》卷十明确记载，范蠡因为深知越王勾践"可与共患难,而不可共处乐",遂在灭吴的当年(公元前473年)九月,围攻吴都的战争尚未结束之际,就辞官远遁,"乘扁舟,出三江,入五湖,人莫知其所适"。所以范蠡不可能在第二年再到南京来修造越城。

《六朝事迹编类》引《图经》说越城"周回二里八十步"。按"步"是中国古代使用的一种长度单位,古人以一举足为跬,再举足为步,一里合三百步。但古尺较现代为短,越城周长二里八十步,据专家折算约合九百四十二米,城内面积很小。可见越国建越城时的目的很明确,就是打造一个前沿军事据点。宋王象之《舆地纪胜》中说,周元王四年(公元前472年),"范蠡佐越灭吴,欲图霸中国,立城于金陵,以张威势",清顾炎武《肇域志》引唐许嵩《宫苑记》:"越灭吴,范蠡筑城于长干以图楚。"都是这个意思。后人评价越城"城址与长干山相连,形势特重"。越城南倚雨花台,越国的繁荣区域都在它的后方,其北宽阔的秦淮河是一道天然屏障,其西侧就是长江。所以它进可以图楚,退可以保国,军事上的重要地位显而易见。

就是这样一个突出在越国前端的军事据点,被认定为南京地区建城的肇端。南京城约二千五百年的建城史,就是从越城算起的。

然而,近年的考古研究,打破了这一定论。2017年10月,南京市考古研究院在中华门外西街地块考古发掘中,发现在越城遗址地层之下,叠压着西周初期的环壕聚落遗址,越台居民聚落周围三道环壕,其中两道开凿于西周初期。也就是说,在越国军队建造越城之前五六百年,越台上已出现城的早期形态环壕聚落。究竟是这环壕聚落已经发展为城,后被越军所占领,还是越军将其改建为城,虽已成为千古之谜,但可以肯定的是,越国军人到来之时,这里已经有了一座城。这一发现,不仅在于南京的建城史可能上推数百年,更重要的是,最初的建城者,并不是外来侵占者,而是南京的土著居民——湖熟人。

湖熟文化发现迄今已有七十年,然而,湖熟文化对于南京的重要性,至今仍未得到足够的认识。在许多人的印象中,湖熟文化只与江宁区湖熟街道相关联。其实,湖熟文化对于南京地区的发展,影响至关重大。越城之外,楚国置棠邑、金陵邑,秦置秣陵县、江乘县,汉置湖熟县,早期城邑的形成无一不是基于湖熟文化遗址。据专家近年考证,汉代湖熟县城,就建在梁台和城冈头两个重要的湖熟文化遗址之上。县城择地肯定选在人口稠密、经济繁荣之处,可见自湖熟文化以来,这些地方长期保持着良好的发展趋势。

在南京城市发展史上,越台环壕聚落的意义,无论怎样评价都不会过高。

正是在越台环壕聚落之上,出现了越城。越城的周边,发展出南京最早的繁华居民区和商业区长干里。六朝建都,长干里市民区成为与台城皇宫区、石头城军事区并重的三大功能区之一,也是都城的物资供应基地。隋、唐时期,长干里的经济地位更加凸显,成为南京地区最耀眼的亮点。从南唐建城到明初建都,城南市民区都是城市不可动摇的根基。延续至今,迄无改变。南京城三千余年来的成长脉络十分清晰,且从未中断。西街越城遗址已规划建设越城遗址公园,将来东邻大报恩寺遗址公园,北接中华门,南对雨花台,有望成为系统展示南京城市发展历程的特色景观区。

当然,我们也不宜过分高估越城时期的经济状态。尽管吴、越两国都掌握了青铜器的冶铸工艺,但考古与研究至今都没有发现吴、越两国

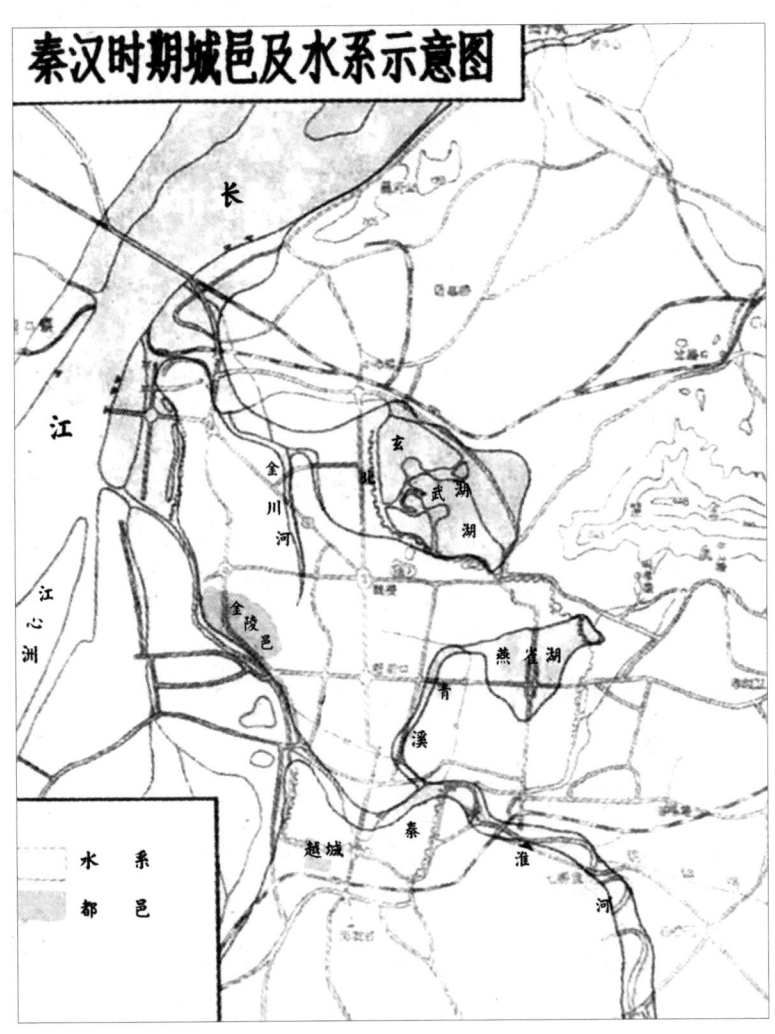

《南京城市规划志》中的秦汉时期城邑及水系示意图

的货币，可见尚处于以物易物或实物货币阶段，也就是说商品经济还处于较原始的阶段。位于边界处的越城一带，更不可能有密集的商业活动。

其次，从秦代南京江南地区立县的情况看，一是秣陵县，其县域包括今南京主城区的大部，但县治设在今江宁秣陵关。二是丹杨县（亦作丹阳，今安徽当涂），县域在秣陵县南，县治在今江苏、安徽交界处的小丹阳镇。三是江乘县，县治在今栖霞山附近。这几个地点，也都是从新石器时代就有大量居民聚集的地区。

毋庸置疑，被选择作为县治所在的地点，一定是人口较稠密，农业、手工业以至商业较发达之处。同样可以作为例证的，是汉初分江乘县地，立胡孰县，县域包括今南京主城区的北部和东部，县治则设在今江宁湖熟古镇。西汉时在湖熟附近开发刘阳湖，"阡陌纵横，鱼米甚丰"。从胡孰县的设置和刘阳湖的开发相对较晚，也可以看出南京地区从南向北推进的发展趋势。

金陵邑与白鹭洲

越国的强盛也只保持了一百四十年。司马迁《史记·越王勾践世家》记载，周显王三十六年（公元前333年），因为越军攻楚，"楚威王兴兵而伐之，大败越，杀王无疆，尽取故吴地，至浙江北"，一直到浙江（今钱塘江）的北岸。《建康实录》载："越霸中国，与齐、楚争强，为楚威王所灭，其地又属楚，乃因山立号，置金陵邑也。楚之金陵，今石头城是也。或云地接华阳金坛之陵，故号金陵。"南京自此得名金陵，得名之因由也交代清楚。到了南宋周应合的《景定建康志》中，又出现了"楚威王时以其地有王气,埋金以镇之"而得名金陵的说法。楚王埋金,在唐代尚无记载,宋人又从何得知?显然是后人的附会了。

《景定建康志》卷十七引《宫苑记》:"周显王三十六年,楚威王灭越,置金陵邑,即石头城。"又引《江乘地记》说:"后汉建安十六年,吴孙权乃加修理,改名石头城,用贮军粮器械,今清凉寺西是也。"东吴的石头城既是据金陵邑"修理"而成,故而可以肯定,金陵邑的位置就在石头城的范围之内,即今清凉山上,踞山临江。金陵邑不仅是南京老城区内最早见于记载的城市建筑,而且是南京老城区内设立行政建置的肇始。但金陵邑的规模和形制,都不见于记载。根据当时的建筑水平,它应该与越城一样,都是规模不大的土城。金陵邑所辖范围同样也无从考查。《史记·樗里子甘茂列传》载:"越国乱,故楚南塞厉门而郡江东。"《战国策·楚策》载:"越乱,故楚南塞濑胡而郡江东。"厉、濑、陵、溧在吴语中发音相近,即濑渚(今高淳固城镇)一带。濑渚是当时的水陆交通枢纽,所以说到楚国所占有的越地,即以濑渚为代表,足以证明这是当时最被重视的地区。"郡江东"为动宾结构,即郡有江东之意,《史记正义》释为"吴越之城皆为楚之都邑",未必特指"江东郡",似亦不能据此肯定楚国有一个"江东郡",更不能据此断定"江东郡"的治所就在金陵邑。可以作为佐证的是,虽然楚国有成熟的货币制度,但石头城一带从没有发现过楚国的货币,可见这个军事据点与当地居民之间的经济交往相当稀少,将它说成这一地区的政治经济中心,显然难以成立。

金陵邑与越城一样,都是南京地区的重要军事基地,这一点毋庸置疑,也为历代史家、文人一再陈述。然而,很少有人考虑,如此重要的两

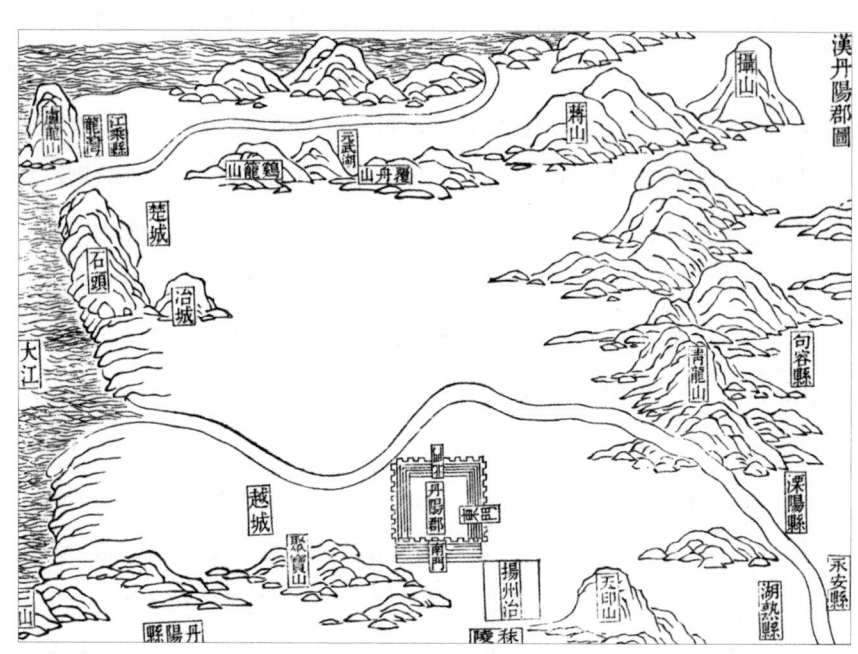

《金陵古今图考》中的汉丹阳郡图

个点,是怎么形成的呢?这一南一北的两点之间,又有着怎样的联系呢?

楚国和越国是冤家对头的敌国,然而,比较金陵邑和越城的选址,却可以看出有几个重要的共同点:一是都西临长江,二是都位于近水的台地上,三是面对秦淮河,都位于秦淮河的入江口附近。金陵邑与越台相距约五公里,怎么会都位于秦淮河的入江口附近?这是因为秦淮河入江口有一个沙洲,就是在唐代因李白吟咏而闻名遐迩的白鹭洲。白鹭洲在唐代出名,但不是到唐代才出现,它是宽达百米以上的秦淮河所携带的泥沙,在受到江水顶托的入江口沉积而成,其北端大约在今天莫愁湖的西南,南端与凤台山隔岸相对。白鹭洲与长江东岸之间形成的夹江,南、北两端与长江干流相通。也就是说,当时的秦淮河,在今水西门一带进入夹江后,有南、北两个入江口。越城位于夹江南口,金陵邑位于夹江北口。而这一条夹江,也就成为一个天然良港,即六朝时期"商旅方舟万计"的石头津。

越城和金陵邑,这看似孤立的两个点,其实都与秦淮河入江口,与足供水军回旋的天然良港密切相关,都是建城者基于当时地理形势和军事需要做出的明智选择。它们也都发挥着"扼江控淮"的作用。石头山是南京城区长江东岸的制高点,扼守长江的功能明显高于越城,也容易引人关注,所以后世吟咏不绝。越城因为处于居民商业区中,其军垒作用不容易突显出来。

楚国的中心在南京的上游,在没有公路、铁路的古代,它要向东发展,最重要也最便捷的交通线,就是乘船沿江而下,其重视长江的航运交通,是理所当然的。楚国与吴、越争锋,尤其是楚国取胜之后,对南京地区的另一重要影响,是从石头城北到栖霞山下沿江一线,有了一定程度的开发。这一带在湖熟文化时期即为原始村落较为集中的地区，又得水运交通的便利，军队的往来与驻扎，对于农产、商贸和运输的发展都会有一定的促进作用。

由此可见，南京主城区最初的建设发展，都在滨江地区。也就是说，南京从一开始，就是一个沿江发展的城市。

直到周赧王九年（公元前306年），楚国才彻底灭掉越国。但此时的楚国已经成了强弩之末。事实上，楚国正是迫于西方秦国的凌逼，才不断向东谋求发展的。秦王政二十四年（公元前223年），已将首都东迁到安徽寿春（今安徽寿县西南）的楚国，终被秦国灭亡。

秦、汉县邑

秦代短暂的统治期间，在全国推行郡县制，依照各地自然区域和社会经济发展状况设置郡县。南京地区先后分置五县，秦始皇二十六年（公元前221年），改楚棠邑为棠邑县，又改楚平陵邑（即原吴国陵平邑，楚占据后改名平陵）为溧阳县，可见这两地自楚国设邑以来，是持续发展的。三十七年（公元前210年）冬，秦始皇第五次东巡，据《史记·秦始皇本纪》载，东去时沿江而下，经过丹阳至钱塘，返程时从江乘渡江北去，由此可知当时有丹阳县和江乘县的设置。这里所说的丹阳县不是今属镇江的丹阳，而是以苏、皖交界处小丹阳镇为县治的古丹阳（今安徽当涂），在吴、楚之争时就已见诸史籍。江乘县的县域很大，自石头山沿江迄东过栖霞山，直到今句容下蜀镇，再南下到今江宁淳化，大约将今南京主城区内的金川河流域都包括了进去，以及后世丹徒、句容、江宁三县的一部分。为什么新置的江乘县面积会这么大呢？唯一可信的解释，就是它的地广人稀，而且人口主要集中在钟山以东区域，所以县治设在滨江的栖霞山下，今其地尚有江乘村。至于今天的南京主城区内，很可能人烟稀少，甚至杳无人迹。据赵文林、谢淑君《中国人口史》，战国中期是中国人口的相对高峰期，平均每三平方公里才有十个人，如果以每户五人计，一平方公里还摊不到一户。而人口分布的实际情况是，人们往往聚族而居，单家独户分散生活的情况是不多的，"这就可以断定，全国有大部分地区是无人区"。

最后一个是秣陵县。《后汉书·郡国志》刘昭注"秣陵"："其地本名金陵，秦始皇改。"《建康实录》中的记载颇有传奇色彩，说秦始皇在江乘渡江时，"望气者云：'五百年后，金陵有天子气。'因凿钟阜，断金陵长陇以通流，至今呼为秦淮。乃改金陵邑为秣陵县。秦之秣陵县城，即在今县城东南六十里，秣陵桥东北故城是也"。据说秦始皇的目的是贬低金陵的地位，"秣"是喂马的草料，与贵重的金自然不可比拟。

秦始皇开秦淮河的传说，已经为前人研究结果所否定。但从这里可以看出，秦始皇返程时的路线，仍没有经过金陵邑一带，而是从钟山的东面插到栖霞山西麓的江乘邑。也就是说，他恰恰丢下了今天的南京主城区，可见当时那一带不但没有什么值得看的内容，而且可能连交通道路都没有。秦代的秣陵县域，据说北界应抵达金陵邑一线，包括了今南京主城区内秦淮河流域的大片土地，但县城设在秦淮河中游今秣陵关，几乎是县境的最南端。其不选择位置相对适中的越城或建造在先的金陵邑，也证明当时秣陵关一带的社会经济发展程度，要远高于仅在军事上有重要地位的越城和石头山一带。至于隔着一座钟山和大片的原始森林，就能望出金陵五百年后的"王气"来，也让人难以置信。由此后推五百年，正值东晋在南京建都，这些神话应该都是东晋人所编造出来的，后文会细作讨论。

近世有些著述称秦始皇三十七年（公元前210年）毁弃各国城邑时，金陵邑也遭到破坏。此说的根据是《越绝书·吴地传》中的一句话："秦始皇帝三十七年，坏诸侯郡县城。"这条记载过于含糊，似不足以为据。秦始皇对于废置的诸侯郡县城，可能会毁坏，但对于延续的郡县，想必不会毁旧城再重建新城。南京地区的棠邑和溧阳，就都没有毁城的记载。据前引《后汉书》《建康实录》，都只说秦始皇"改"金陵地名为秣陵，并未说"坏"金陵邑。其实对于统一了全国的秦王朝来说，越城和金陵邑这样的军事据点，已没有太大的意义，很可能就是任其弃置而已。前引《江乘地记》也说"吴孙权乃加修理"，历经四百多年的土城金陵邑需加修理才能重行使用，不足为奇，不能据此就断定其为秦始皇所毁。

汉代初年，郡、县及侯国的建置变迁频繁，但南京地区的发展，主要仍在原有的五县范畴之内。汉承秦制，棠邑县、溧阳县、丹阳县、秣陵县均没有变化。只有江乘县因为县域"东西所及甚远"，所以将其东部的辖地析出，北部置句容县，南部置胡孰县，一县分成了三县。胡孰县治就在今江宁湖熟古镇，这里从青铜时代就已是原始村落密集的地区。

吴楚"七国之乱"后，为了削弱原有藩王的势力，汉武帝实行"推恩分封"政策，即在藩王属地中设置更小的侯国分封其子弟。武帝元朔元年（公元前128年），秣陵、胡孰、丹阳三县都成为侯国，以县城为封邑。由此可以肯定三县当时都已建有县城，亦可见当时的经济繁盛之区，仍集中在秦淮河中游一带。直到20世纪末，湖熟、秣陵一带兴修水利，窑场取土，常会发现汉代墓葬，并伴有汉代铜镜、钱币等出土，挖出汉代陶罐的数量甚大，农民已不以为意。而在南京主城区内，就没有这种发现。如前所述，由于人口的增长和农业的发展，西汉时已在开发湖熟附近的刘阳湖。根据这个自南向北的发展趋势，在两汉四百多年间，农业的开拓北进至秦淮河下游，是势所必然。而考古发现也证明，最接近越城的秦淮河南岸地区，即今天的中华门门西地块，确实是南京主城区内开发最早的区域。

《隋书·地理志》中说，"江南之俗，火耕水耨，食鱼与稻，以渔猎为业，虽无蓄积之资，然而亦无饥馁"。在自然条件优越的江南，只要不发生大的天灾人祸，维持自给自足的温饱状态是不难做到的。随着农副产品的增加，手工业的发展，物资交换带来了商业的繁荣。湖熟文化时期南京先民已能越过长江，战国时期更与长江中游地区有频繁交往，优越的水上交通条件，使越城周边的商业贸易得到长足发展，成为后世闻名遐迩的长干里商区。

冶城的真相

上述城邑之外，近现代的一些著述中称，吴王夫差曾在今朝天宫后的冶山上，设置冶城，铸造兵器，并以此为南京建城之始。然而此说是难以成立的。

这一说法的源头，要追溯到六朝时期的著作。南朝宋刘义庆《世说新语·言语》"王右军与谢太傅共登冶城"一条，南朝梁刘孝标注：

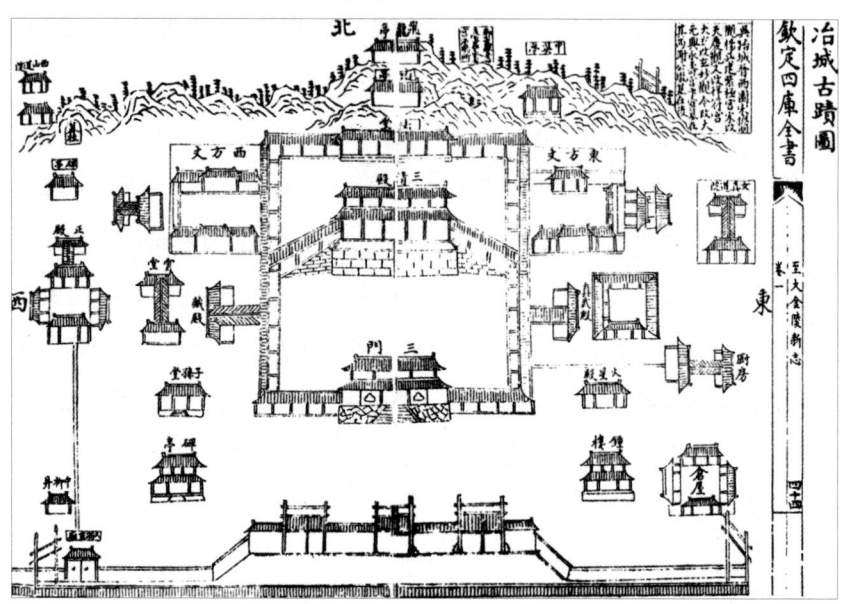

《至正金陵新志》中的冶城古迹图

46

"《扬州记》曰：冶城，吴时鼓铸之所。吴平，犹不废。王茂弘所治也。"王导字茂弘，吴平之后既是王导所治，可见此处之"吴"应指东吴。

又《世说新语·轻诋》"庾公权重，足倾王公。庾在石头，王在冶城坐"一条，亦有刘孝标注："《丹阳记》曰：丹阳冶城，去宫三里。吴时鼓铸之所，吴平，犹不废。又云，孙权筑冶城，为鼓铸之所。既立石头大坞，不容近立此小城，当是徙县冶（应为'治'），空城而置冶尔。冶城疑是金陵本冶（应为'治'），汉高六年令天下县邑，秣陵不应独无。"

这段注文有多重含义。说到了冶城的位置，冶城的作用，也说到了冶城的来龙去脉。刘孝标推测，冶城应该是汉高祖六年（公元前201年）所建的秣陵县城，到了孙权建石头城，没有必要在距离石头城很近的地方另设县治，所以将县治迁往石头城，以便统一行政管理。空下来的旧县治，就改作冶铸场所，也就是《丹阳记》中说到的"孙权筑冶城"。《丹阳记》的作者山谦之是南朝宋人，距东晋不远，所言当更为准确。汉代的秣陵县城位置明确，仍在秣陵关，刘孝标没弄清楚，所以会作此推测。冶城既是孙权所筑，所以文中的"吴时"，只能是三国东吴，并非春秋吴国。

明人陈沂《金陵古今图考·吴越楚地图考》中写道："金陵在春秋时，本吴地，未有城邑。惟石头东有冶城，传云夫差冶铸于此，即今朝天宫地。"后人遂以陈氏此言为据，将冶城说成是夫差所建，甚至将建设年代精确地推定为公元前495年。也有人试图调和两种说法的矛盾，提出此冶城是夫差初建，孙权恢复和扩建的。其实陈沂说得很清楚，"夫差冶铸"一事是"传云"，也就是说，在明代已经有此传闻。但陈沂在后文谈到越城时，仍明确地说："金陵有城邑，自此始也。"可见他并不相信那传说。

《丹阳记》在宋代已经亡佚，所以明人传说的依据，可能就是前引刘孝标的那一段注文中，"吴时鼓铸之所"一句。但是直到今天，讨论者都忽略了其后的一句："吴平，犹不废。"这个"平"字不是随便用的。春秋时期，越与吴都是诸侯，"春秋无义战"，越灭吴，是不能称为"平"的。只有被认为正统的晋灭东吴，才能称为"平"。《世说新语》《建康实录》中多次出现"吴平"句式，所指都是东吴。当代在冶山上的考古工作，同样未曾发现有春秋时期的冶铸遗迹，是更为确凿的证据。

顺便说到，孙权将冶铸场所建在山上，而不建在交通便利的平地上，也是有原因的。曾有人解释为孙权冶铸的主要是兵器，建在山上有安全和保密的好处。这也是从今天城市人口众多、建筑密集的现状产生的想当然。当时的南京地区，还存在大片旷野之地，兵工厂的保密与安全都不会成为问题。我读《中国陶瓷史》，才明白这应该是为了燃料取用的方便。燃料的运输量显然要比冶铸产品的运输量大得多。中国不少古窑址的迁移，都是因为附近的树木被烧完，不得不另迁往燃料丰富之处。至于选中冶山，是因为其地近秦淮河，通过水上运输可以方便地将兵器运往石头城中的仓库。这一点后文还会详细介绍。

综上所述，冶城作为冶铸场所的性质本无疑问，其建造时间也可以确定，所以在南京城市成长史中，就不再加以讨论了。

早期城邑不同于现代城市

城市的出现，被认为是人类文明史上的重大进步。今日中国，城市不但是居民最密集的区域，也是非城市居民所向往的生活环境。然而，中国古代的城市，与西方不同，并不是人类居住的自然形态，甚至也未必是由人类聚居生活环境自然演进的产物。

中国早期的典籍《说文》中释城："城，以盛民也。"《释名》中的解释则是："城，盛也，盛受国都也。"《吴越春秋》中说到建城的目的："尧听四岳之言，用鲧修水。鲧曰：帝之遭天灾，厥黎及康。乃筑城造郭，以为国固。""鲧筑城以卫君，造郭以居人。此城郭之始也。""筑城以卫君，造郭以居人"遂被认为中国古代城市建筑的原则，君王占据内城，居民只能住在"郭"，即外城，成为内城的一种屏障。也就是说，城市首先是君王为了建构其统治权力而产生的空间形态。古代社会中，虽然居民在城、乡之间可以自由流动，但城市对于乡村居民的吸引力并不是太大。一方面城、乡居民的生产与生活方式不同，一方面城市不断地遭遇兴衰更迭，而乡村反而能较为平稳地发展，成为村民较为安定的生活环境。只要营养和生育的"自给自足"依然是生活的主要目的，村庄就足以让一代又一代村民们愉快地生活下去。

城市的胚胎构造虽然源于村庄，但由村庄自发形成城市是一个十分漫长的过程，在中国历史上，真正由村庄发展而成的城市极少。大量的情况是，已形成的城市采取强制的移植手段，向广大村庄拓展，以形成新的城市。这个过程要迅速得多。南京地区最早的越城与金陵邑，实际上就是外来的侵占者强加给原住民的一种压迫形式。

甚至六朝时期所建的都城，与现代意义上的城市，也相差甚远。

南京清凉山六朝石头城遗址出土的"石头"铭文砖,该砖的出土完全证明这座埋藏于地下的古城址正是史载212年由孙权在建业(今南京)临江而立的石头山上建造的"石头城",具有重要的科学与历史价值。

第三章 东吴定都

六朝古都,始于东吴草创。将军府、太初宫、建业城、石头津、长干里,众说纷纭,多含混讹误之处。必得一一梳理其来龙去脉,才能推源及流,弄清南京城市发展的开端。

孙策和孙权的将军府

东汉末年天下大乱,渐成三国鼎立之势。据有江东的吴大帝孙权,在犹豫多年之后,最终定都建业,首开南京建都史,在南京城市发展进程中,写下了划时代的一笔。

吴国经营秣陵,始于孙权的兄长孙策。

西晋陈寿《三国志·孙权传》载,东吴黄龙元年(229年),"秋九月,权迁都建业,因故府不改"。《建康实录》卷二中说得较为详细:"冬十月,至自武昌,城建业太初宫居之。宫即长沙桓王故府也,因以不改。"宫名太初,也就是最初的意思。长沙桓王是孙权登基称帝后对其兄孙策的追封。孙权既是维修孙策故府而沿用,可见孙策当年的将军府,才是建业城内最早的建筑。

孙策拜将封侯的时间,据《三国志·孙策传》南朝宋裴松之注引晋

唐人画　吴主孙权像

虞溥《江表传》，在汉建安三年（198年）。这一年，"策又遣使贡方物，倍于元年所献。其年制书转拜讨逆将军，改封吴侯"。《建康实录》注中说，"策虽外见受官，内怀三分之计"，表面上以贡献方物谋求汉王朝对其割据的承认，接受朝廷委任的官爵，伪装忠诚，心里却已经在盘算着雄踞江东、三分天下的计划。正当壮年的孙策，当然想不到仅两年后自己就会死于非命，所以他在选择讨逆将军府的府址时，无疑是将有利于军事扩张放在首位的。

《三国志·孙权传》又载，赤乌十年（247年），"二月，权适南宫。三月改作太初宫。诸将及州郡皆义作"。裴松之注引《江表传》："权诏曰：'建业宫乃朕从京来所作将军府寺耳，材柱率细，皆以腐朽，常恐损坏。今未复西，可徙武昌宫材瓦更缮治之。'有司奏言曰：'武昌宫已二十八岁，恐不堪用，宜下所在通更伐致。'权曰：'大禹以卑宫为美，今军事未已，所在多赋，若更通伐，妨损农桑。徙武昌材瓦自可用也。'"话虽这样说，但部下诸将和所属州郡官员都前来服无偿劳役，带头参加义务劳动。修缮工作持续了整整一年，第二年三月才完成。有人以为这一记载与上述太初宫为孙策故府的说法相矛盾。其实未必。孙权在建安五年（200年）孙策死后被任命为讨虏将军，在建安十六年（211年）将治所从京口（今镇江）迁往秣陵，此时距孙策去世已有十一年。江南潮湿，木竹易朽，孙权沿用孙策故府为将军府，至少需要加以维修，很可能还有部分扩建，也就是说会有"作"的成分。此后孙权不断向西征伐，直至湖北，在曹魏黄初二年（221年）改鄂州为武昌，营建武昌城，黄武元年（222年）称吴王，黄龙元年（229年）四月称帝，均在武昌宫。但东吴根据地在江南，武昌相距既远，补给困难，人心皆思东归，遂于当年九月迁都回建业，再次对将军府进行修缮，成为太初宫。自此至赤乌十年（247年），又过了十八年，太初宫材柱"皆以腐朽"，所以有关部门会提出武昌宫建造也已二十八年（孙权迁入武昌的时间虽在黄初二年，但武昌宫的建造应在迁入之前），材瓦"恐不堪用"的问题。

据此，东吴开发建业，可以分为两个阶段，即将军府时期和定都时期。

如前所述，孙策将军府的位置，也就是后来太初宫的位置。《建康实录》卷二："今在县东北三里，晋建康宫城西南。今运渎东曲折内池，即太初宫西门外池，吴宣明太子所创，为西苑。"这里提到的方位标志，都已不存。21世纪初的考古发掘，基本确定了台城的位置，南京市博物馆考古部王志高先生据此判定，台城的西南角约在游府西街与洪武路相交处，太初宫既在台城西南，其位置范围约在今中央商场向北和新街口百货公司以东一带。

在新街口逛街的人们，恐怕很难想到，自己正漫步于一千八百年前孙权的皇宫之中。

太初宫的选址

东汉末年，新街口一带相对荒僻，距离人口密集、经济较为发达的秦淮河南岸居民区，有三四公里之遥，为什么孙策和孙权会选中这里作为军政中心？

从当年的情势推测，这很可能因为，孙吴认识与开发建业地区，是从石头山、金陵邑开始的。

与长江上游的楚国一样,孙吴同样以水军为重。它最初的基地在吴(今苏州),后来西迁到长江沿岸的京(今镇江),并一度推进到武昌(今鄂州),也是以长江为交通干线。水军往来长江上,需要适宜的港口做休整。如前所述,秦淮河入江处,石头山与越城之间的天然良港,很可能在秦、汉时期一直被民间沿用,因此也会成为东吴的沿江军港之一。而这一带的制高点石头山,自然更突显出其在军事上的重要地位。

当时中国的政治、经济、文化中心在中原,东南尚属边缘地区。所以具有政治野心的孙策,不断向西开拓疆土,在选择较京(今镇江)更前沿的军事基地时,自会对石头山周边进行深入的考察。他可能沿夹江南行,到达长干里一带的居民商业区,也可能由与长江相通的乌龙潭向东,沿着清凉山、五台山等山丘之间的水域或谷地,大致相当于今广州路、五台山、豆菜桥、管家桥一线,到新街口一带,便可以看到一片台地,附近又有池塘可以供水,正适合屯兵扎寨。应该明确的是,孙策不是光杆将军,不会只建一座孤零零的将军府,他必然要带来一支军队,驻军和囤粮的区域更大,东吴称为苑城,到东晋成帝时在苑城建造起新宫城,即台城。前面说过,在新石器时代,南京地区除小山丘陵之外,多为河湖沼泽。随着海平面下降和长江入海口东移,水面渐渐缩小,沼泽逐渐演化为肥沃的平原,更利于农业开发。然而,适宜人们选择居住的,还是较为高爽的台地。就是这样的台地,也还不能完全避免水灾的威胁。《建康实录》卷二载,东吴太元元年(251年),"八月朔,大风,江海溢,平地水一丈。右将军吕据取大船以备宫内,帝闻之喜"。当时长江的入海口尚在镇江、扬州一线,台风海啸,海水沿长江倒灌入玄武

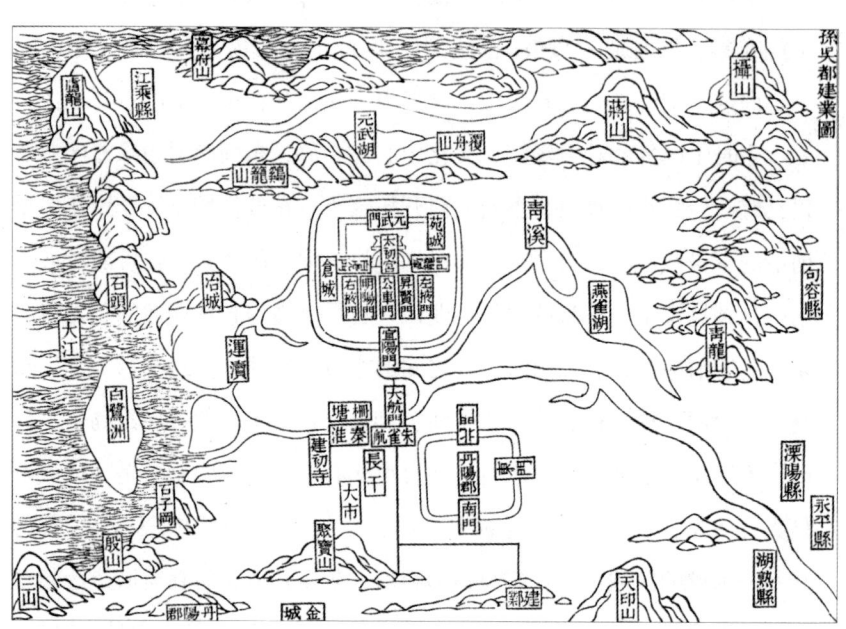

《金陵古今图考》中的孙吴都建业图

湖、秦淮河，建业宫城也被洪水围困，孙权知道有船来救，十分高兴。

探察这片台地周边的环境，也相当理想。西边有天堑长江和夹江良港，可以顺流东下与东吴后方相联系，也可以溯江西进。北边有覆舟山、鸡笼山等天然屏障，山外就是玄武湖，其时秦淮河虽已改由今水西门一带入江，但玄武湖还与长江相通，湖上又可以作为水军的泊地和操练的场所。东边则有源自钟山的青溪，从青溪南下，可以连接秦淮河两岸的居民区。宽逾百米的秦淮河下游成为南边的天然屏障，沿秦淮河上溯至中游，是富庶的农产区。作为军事家的孙策，当然会看到此地的种种优越性。以后孙权定都，建宫城于此，延续六朝不变，也就不奇怪了。

孙策将军府的规模设置，未见直接记载。从后人对太初宫的描述，可证明它也相当小，周长不会超过三百丈，实际上是南京城区在越城、金陵邑之后的第三个军事据点。孙策死后，孙权继承了他的事业和野心，也继承了其府第。但直到建安十六年（211年），孙权才正式移驻秣陵的将军府中。

建安十七年（212年），孙权修整石头山上的金陵邑旧址，称为石头城，用来贮存军粮器械，同时改秣陵为建业，明白宣示"建帝王之大业"的含义。这一方面证明了孙吴政权对石头城地位的高度重视，另一方面也证明了我的推测，即东吴营建的建业城，是由金陵邑向东开拓的一个新区域，自成一体。建业城的出现，与秦淮河南岸越城周边居民商业区的发展并无直接关系。这也就可以解释，为什么六朝都城与居民区始终分为相距甚远的两片。因为它们原本就是基于两种不同的功能需要而分别发展起来的。都城与周边城邑力量对比的悬殊，足以让周边城邑自动成为都城的属地。因此，六朝的统治者在营建都城时，并没有打算将远在秦淮河南岸的居民商业区纳入都城范畴，更没有根据说他们有着将两大功能区整合成一个城市的总体规划。

按照美国城市理论家刘易斯·芒福德（Lewis Mumford，1895—1990）的理论，城市首先出现在大河流域，是一个世界性的规律。而南京从建城之初开始，便是一座沿江城市的地位，也就十分清楚。

石头山·石头津·石头城

在将军府时期以至太初宫初期，石头山麓的石头城，可以说是南京地区最重要的建筑设施。

石头山这个名字，毫无虚饰。据清《同治上江两县志》中记载："自江北以来，山皆无石，至此山始有石，故名。"1935年出版的《宁镇山脉地质》中，对这一地质现象做了明确的诠释。南京城西，从挹江门向南，沿城一带的低山，都属于下蜀系红黄色黏土区域。但挹江门一带的山体，地表红黄色黏土层较厚，看不到下面的石头，直到草场门附近，红黄色黏土层渐薄，才可以见到有红色砂岩及砾岩出露。"清凉山以至汉西门附近之波罗山，及五台山，各处山下，均有红色之砾岩或粗砂岩出露，山之上部，均为红色黏土"。这与古人所说"至此山始有石"，正相吻合。石头山上的石头会引人注目，就因为那是一种赭红色的砾岩。这种疏松、粗糙的砂砾岩，多数为石英砂岩，是一点三五至零点七亿年前白垩纪砂砾岩构成，原为低洼河谷地层中堆积而成的水成岩，由于地壳运动，在距今大约一千余万年前的第三纪后期，发生了一条呈北西方向延伸的断层，致使东北侧山体上升，西南侧山体下降，这就是造成鬼脸城地段山体如峭壁般屹立长江边的原因。今天在清凉山西麓石头城风景区中，仍可以清楚地看到这样的景象：厚厚的赭红色砾岩，粗细大小不一，排列错乱，因为地层形成时伴有河流冲积物的沉积，所以沙砾间含有蚌壳、螺壳类化石。不少介绍石头城的书籍中，都把这种峭壁近乎垂直、砾岩和砂岩裸露在外的成因，归于江水的冲刷，其实是误会。江水至多只是将石头山脚下的砾石冲刷得比较圆润一些。

石头山这种实话实说的命名，显示出南京人的淳朴。自东吴在石头山建城，城随山名，就叫石头城，山名也因城而异，又称石城山。先秦的诸侯和东吴的雄主，不约而同地看中了石头山，不是没有道理的。这就是因为石头山的位置，当时在军事和交通上，具有明显的地理优势，也就是史籍上一再强调的"扼江控淮"，有"天生城壁"之誉。

六朝时期，现代的外秦淮河，仍是长江水道的一部分，江水能够直激石头山麓，到唐代还能看见"潮打空城寂寞回"的景象。石头山不但可以起到扼守长江、控制秦淮的作用，在秦淮河入江处，长江东岸与白鹭洲之间形成的夹江，因风浪较小成为天然良港，其北口正抵石头山麓，所以史籍中即称其为石头津、石头港。六朝时期，石头津能停泊成千上万的船舶，成为对外交往与商业贸易的最重要窗口。

东吴时期的造船与航运能力，已经相当高。从石头津起航的东吴船队，纵横于长江之上，西联刘备，北拒曹操，而且常有万人以上的大舰队，周游沿海诸岛，南至海南岛和越南、柬埔寨及南洋诸国，北至辽东半岛和朝鲜半岛。最早与台湾建立联系的大陆船队，就是由石头城下起航的。《三国志·孙权传》记载，黄龙二年（230年），"遣将军卫温、

《宁镇山脉地质》中的清凉山地质图

诸葛直将甲士万人,浮海求夷洲及亶洲……得夷洲数千人而还",夷洲即台湾的古称,亶洲指日本。但亶洲毕竟太远了,当时的导航水平不够高,卫温和诸葛直没有能够找到,只从夷洲带了数千人返回建业。这是大陆与台湾联系,第一次被记入正史。东吴时期与日本的交往,虽然未见于史籍记载,但在日本出土文物中,有一种三角缘神兽铜镜,制作风格与东吴铜镜相近,有关专家认为,这该是东吴工匠东渡日本后制作的。

东吴的航海活动规模大,次数多。黄武五年(226年)"南宣国化"的船队,到访林邑(今越南中部)、扶南(今柬埔寨)和南洋各国,所经历和了解到的国家共有一百多个。这是中国第一次派专使通过海上丝绸之路加强对外政治、经济、文化联系。与此同时,东吴在石头城下接待海外诸国使节和渡海而来的僧侣,也为数不少。中外商船到达建业,也都是停泊在石头津。赤乌六年(243年),扶南国王派遣使臣到建业,贡献乐师和地方特产,孙权专门在皇宫附近建造一座扶南乐署,让这些乐师居住,便于他们教授宫中乐师。中亚、印度等地的僧人,也有渡海来到建业的。

东吴建业,不但是一座雄踞江岸的都市,而且已是一座放眼大海的城市。由此形成的海洋文化传统,成为古都南京的一个重要特色,区别于中国其他古都。

直到宋代以后,白鹭洲、张公洲、蔡洲等十余处江心洲渚连成大片陆地,即今天的河西地区,其中低洼处形成了莫愁湖、南湖等湖泊,长江江岸西移,原夹江水道则成为外秦淮河的河道,秦淮河的入江口也渐次北移到今三汊河一带。石头山遂从江畔之山,变成了傍河之山,失去了原有的重要军事地位。

由于石头城在明代初年修建都城城墙时被完全拆毁,所以今人关于石头城的具体位置认识不一,众说纷纭。现外秦淮河畔的鬼脸城,通常被认为六朝石头城遗址。有人认为其位置还要偏北,在今四望山一带,也有人认为该偏南,在今涵洞口一带。

同时,史籍中在石头城之外,还提到石城小城、石头斗城、石头仓等名称。经专家考证研究,通常认为六朝石头城确实有大、小之分。建安十七年(212年)东吴据金陵邑遗址修理而成的,当是石头小城,也即贮存军粮器械的仓城,这在前人著述中多见记载,并已为1999年的考古发掘所证实。其位置在清凉山东冈八角亭附近,并不是外秦淮河边的鬼脸城。考古调查证明,鬼脸城遗址实际上是明城墙的一部分。

另一座被称为石头大坞,是东吴时期初建,东晋时期增修,周长七里一百步的石头城。《丹阳记》中说:"石头城,吴时悉土坞。义熙初,始加砖累甓。因山以为城,因江以为池,地形险固,尤有奇势。"宋张敦颐《六朝事迹编类》卷二记载:"吴孙权沿淮立栅,又于江岸必争之地筑城,名曰石头,常以心腹大臣镇守之。"又引《舆地志》:"环七里一百步,在县西五里,去台城九里,南抵秦淮口,今清凉寺西是也。""南抵秦淮口",即秦淮河入江处夹江的北口,也就是我在前文中一再强调的。七里一百步的周长,约折合三千二百米,以今天的眼光看没多大,但只要看东晋与南朝的建康宫城,周长也只有八里,就知道它在当时的地位了。

石头城最初开有三座城门,东边一门,南边二门,分别称为南门和西南门;南门上建有城楼。石头城西临长江,所以始终没有西门,而北依山丘,也可以据为屏障。但在南朝梁平定侯景之乱的战事中,又提到了北门，可能是东晋重修石头城时所辟。

石头城内的建筑设施，见于史籍记载的，一是仓城，也称石头仓，是孙吴时所建，位于城内东北地势较高处，仓城之门称仓门。二是东晋时所建入汉楼，位于城东。三是城西南最高处有烽火楼。石头城后的山冈上，也立有烽火台。石头城烽火一举，半天之内，就可以经由沿江险隘之处的座座烽火台，东抵苏州，西抵宜昌，传遍东吴全境，可以算是古代最快捷的通讯联络手段了。

这座石头城倚山临江，在六朝时期，有多次被江水淹没的记录，甚至一次就曾淹死数百人。现在有争议的，就是这座石头城的位置。

使真相更加复杂的是，这座石头城的位置，在唐末军阀混战之际，杨吴徐知诰营建金陵城时，又发生过一次变化。《六朝事迹编类》中明确记载，南唐石头城的位置，比六朝石头城"稍迁近南"。《景定建康志》中也采取了这一说法。换句话说，六朝石头城的位置，当较南唐石头城稍北。

南唐石头城虽然在明初建城时被拆毁，但并不是没有痕迹可寻。

据《景定建康志》所载南宋建康府《府城之图》，《金陵古今图考》所载《南唐江宁府图》《宋建康府图》《元集庆路图》，南唐时期营建的金陵城墙，大体呈方形，只有西北角特别向外突出一块，正是为了将南迁后的石头城包入城内，作为都城西北角的重要军事基地，才会出现这样一个不规则的城墙拐角。同时，史籍记载和地图显示均表明，南唐北城以当年尚通长江的乌龙潭为护城河之一段，东接干河沿杨吴城壕。可见南唐石头城的位置，肯定是在乌龙潭的南边。由此也可以理解，南唐为什么要将石头城"稍迁近南"，否则，不是要将石头城置于城外，就是要放弃以乌龙潭为护城河，这两条对于古代的城市防卫，都是不利的。

地图之外，还有一条实物证据，可以作为参照。明初南京城墙辟十三门，今汉西门原名石城门，并说明是因为邻近石头城而得名。而清凉山西侧的城门命名为清凉门，因此可以肯定，南唐石头城只可能处于石城门与清凉门之间。现存的汉西门和清凉门都是明初所建，是确定南唐石头城方位的可靠实证。

据此，六朝石头城应该从这个位置稍迁近北，是没有问题的了，但究竟"迁"至何处，仍需再作研究。《陈书·侯安都传》中记载："石头城北接冈阜，雉堞不甚危峻，安都被甲带长刀，军人捧之，投于女垣内，众随而入。"可见其北城与山冈的关系。史籍中提供的另一个重要的线索，则是石头城北依冈阜、西临长江，南面也近水岸。如《宋书·沈怀文传》中记载，竟陵王刘诞谋反失败，被杀的人头堆于石头城南岸，被称为骷髅山。《建康实录》卷十七记载，陈霸先围困柳达摩，先夺取石头城"水南二栅"，又"于石头南北岸绝其汲路"。

这都说明，石头城南侧的水道是条东西向的河流，所以不能简单地说是秦淮河。查城西一带东西向的河流，只有两条，一条是自张公桥、铁窗棂（今涵洞口）入长江的运渎支流，一条就是乌龙潭。但石头城如在运渎支流北岸，距离石头山过远，不能满足北依山冈的条件，所以这条水道就只能是乌龙潭。晋葛洪《抱朴子》中记载，"昔石头水有大鼋，常在一深潭中，人因名此潭为鼋潭……有大鼋径长丈余"，这与史籍中乌龙潭因晋人见潭中有黑龙出没而得名的记载，正相吻合，而且乌龙潭当初就被称为"石头水"。也就是说，六朝石头城的位置在乌龙潭北，北倚石头山。而石头仓、烽火楼等所据的城内高冈，就是石头山的部分

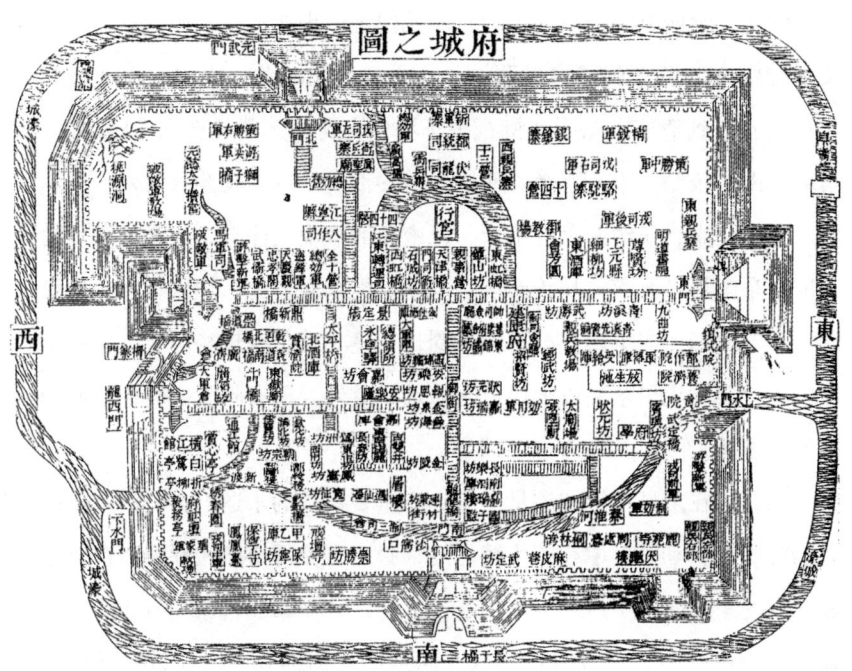

《景定建康志》中的府城之图

山冈及其余脉盋山等小山丘。

此外可为旁证的尚有苏峻湖（本名白石陂，今象山附近）的位置。史籍记载苏峻湖在迎担湖西北，而迎担湖的位置在石头城北五里，可见石头城当在白石陂西南，距离远大于五里，所以不可能在四望山一带。

我从文献研究中分析推定的石头城位置，现在已得到考古发掘的证实。2012年春公布的考古勘测结论，六朝石头城北垣在清凉山北麓近山顶处，东到清凉山东冈，将石头小城包含在内，西延至国防园东冈，折而向南，长约一千一百米。西垣在外秦淮河东岸，长约八百米。南垣沿乌龙潭北岸，长约四百五十米，西南角的盋山上建有烽火楼。东垣自清凉山东冈至乌龙潭，长约八百二十米。围合而成的不规则梯形，周长约三千二百米，与史籍记载石头城周长七里一百步，正相吻合。在石头城附近，还发现了东吴以来的道路遗址。此外，还有隋、唐时期维修石头城的遗迹。

乌龙潭在东吴初期应该是一条具有重要地位的水道。都城最重要的政治中心台城和军事中心石头城之间，必定有交通道路相联系，也就是建业城的东西向主干道。但东吴建都之初，并无修建台城与石头城之间陆上道路的记载，也没有提到联系两地的运河的开掘，所以这条东西向干道很可能是自然水道乌龙潭。六朝时期，乌龙潭西通长江，水道宽阔，潭中且有洲渚，潭水自永庆寺前经今豆菜桥、管家桥，到新街口一带与运渎相通。我推测孙策、孙权最初进入南京腹地，就是经由石头山旁的乌龙潭，由此也可以得到佐证。

东吴军队与物资的运输，主要是依靠水运。东吴腹地的粮草通过南运河运至京（今镇江）进入长江，再沿长江上溯至石头城，由此经乌龙潭运往太初宫,是最为便捷的通道。这条东西向道路,既是东吴都城与外界联系的主要通道,也应该是南京城区内的第一条主要干道,其意义相当于以后自台城至朱雀桥的南北御道,而且时代更早。东吴后期,江宁破冈渎开通之后,运输船只由南运河经破冈渎进入秦淮河,再经运渎直抵苑城,安全而便捷,南北通道的作用明显提升。故而后世研究者的目光,多被后起的南北通道所吸引,而疏忽了最早的东西干道。

初创时期的建业城,城内的重要建筑,除将军府外,还应有其东北面的苑城。苑城内是东吴军队储放粮草、军械的仓库,所以也称苑仓、仓城。俗话说"兵马未动,粮草先行",《三国演义》中多次描写交战各方以"断其粮道"为克敌制胜的有效手段。东吴军队主要依靠苏南、浙东供应给养,此时既决定长期驻防建业,就不能不在驻地附近储备大量粮草。《建康实录》卷二载:"初,吴以建康宫地为苑。"这句话应该倒过来说,是东吴的苑城在东晋以后成为建康宫城的所在地,其范围当时就比将军府更大。将军府和苑城的墙体,应该也是夯土砌筑的土墙。

孙权移驻建业后不久,就发生了一件关系到建业人口变化的大事。《三国志·孙权传》载,建安十六年(211年),"权徙治秣陵。明年,城石头,改秣陵为建业。闻曹公将来侵,作濡须坞。"濡须坞的位置,在今安徽巢湖南。十八年(213年),"正月,曹公攻濡须。权与相拒月余。曹公望权军,叹其齐肃,乃退。初,曹公恐江滨郡县为权所略,征令内移。民转相惊,自庐江、九江、蕲春、广陵,户十余万,皆东渡江。江西遂虚,合肥以南惟有皖城"。曹操此举可谓为渊驱鱼,而这十余万户居民的东渡,对于东吴开发建业僻地,是大有好处的。

东渡长江的十余万户居民,未必全部定居建业,但肯定会有相当一部分定居建业，定居于秦淮河下游长干里一带，促进了这一地区的垦殖开发。能够有效地吸引新居民进入，也是新兴城市对于地区发展的一个大贡献。

此后七八年间，孙权虽以建业为统治中心，但显然更多地着眼于军事斗争，在经济开发上是听其自然，城市建设方面也很少作为。所以多年后由武昌迁都建业之际，仍不得不把那一座将军府临时充作宫室。

建业都城，四水环护

东吴定都之后，建业城内的主要建筑是宫殿、官署与仓库，这是与都城的政治、经济功能需要密切相关的。《六朝事迹编类》引《吴实录》："有曰台城，盖宫省之所寓也。有曰东府，盖宰相之所居也。有曰西州，盖诸王之所宅也。有曰仓城，盖储蓄之所在也。"《宫室记》云："皆不出都城之内。"实则东府城和西州城都是晋人所建，且不在建业都城范围之内。就连台城的得名，也是东晋时的事情，因魏、晋谓皇帝所居禁省为"台"，故习称宫城为台城。

东吴的建业城内，原有的建筑，一是太初宫，偏于都城的西南部，二是其东北面较大的用于储藏粮食的苑城，亦称仓城。新建筑有太初宫南面太子居住的南宫，太初宫东面末帝孙皓所建的昭明宫。南宫西面还有孙权长子孙登所建的皇家园林西苑。也就是说，建业都城实际上只相当于后世的皇城。城内基本上没有民居建筑。

对于东吴建业城的规模和布局，文献记载很少。《建康实录》卷二中说："其建业都城周二十里一十九步。"这个数据，很可能是根据东晋

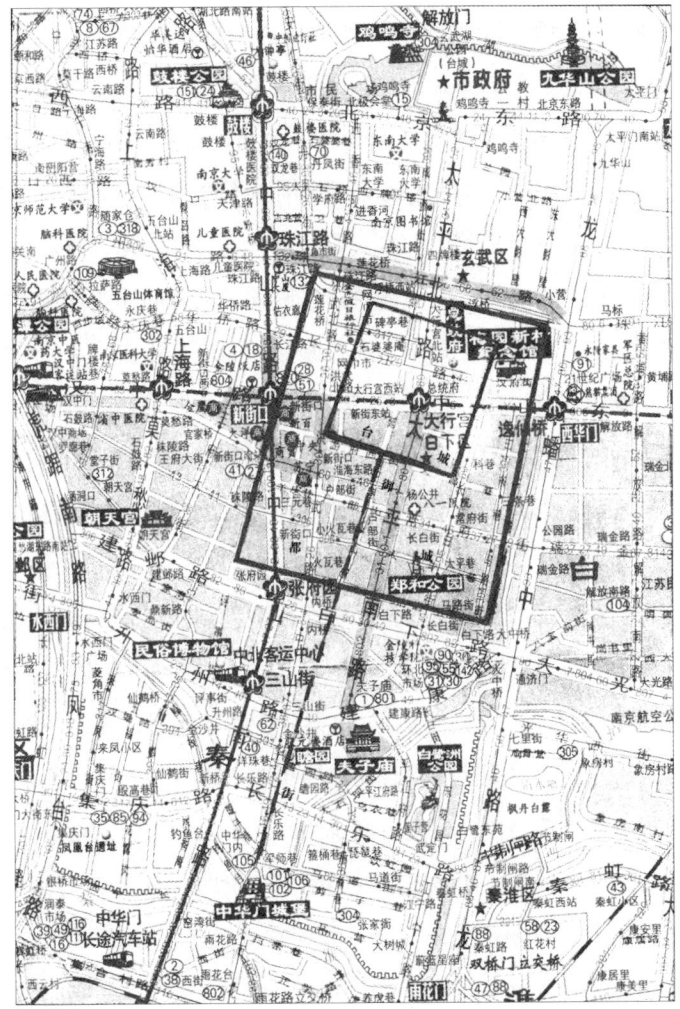

南朝建康都城及台城位置示意图　　　　王志高 绘制

以后的都城周长倒推出来的。因为东吴时的建业城,并没有围墙,连石头大坞那样的土城都没有。所以后世都说它是"草创"。它的确切范围和形制,也就很难确定。有记载说建业城周围设有竹篱。《太平御览》引干宝《晋纪》:黄初五年(224年),"魏文帝之在广陵,吴人大骇,乃临江为疑城。自石头城至于江乘,以木为枝,衣以苇席,加彩饰焉,一夕而成"。可见当时做这种木枝苇席的围障不算困难。不过建业城的外围,很可能主要还是依赖山、水、原始森林等自然屏障,只是在交通道口或军事要地,设有类似路障的竹篱。因此,初期的建业都城也就谈不上具体的范围,更谈不上是方形还是圆形,而应是依山傍水的不规则形,且只在南边建有一门,世称白门。都城内的苑城是有围墙的,其南门正对都城的南门即白门,相距约二里,其间有南北向道路相接。苑城向西至太初宫前,则有东西向道路相通。建业城的白门,到东晋改称宣阳门,位置没有变化,始终是一个明确的地标。

　　所以对于建业都城的具体位置,史籍所载都颇含糊。《景定建康志》卷二十引《宫苑记》:"在淮水北五里。"《六朝事迹编类》述石头城位置,引《舆地记》:"去台城九里。"此类数字并不是很可靠,一则因为水道古今会有变化,二则因为当时的道路也未必取直线,很可能依地形变化而曲折。所以现当代的研究者众说纷纭。最大的误解,是以为台城在今东南大学校园一带,明城墙解放门附近一段即台城遗址。然而东南大学校园内的考古发掘,从未发现过六朝宫城遗迹。自2004年以来的考古工作,台城的位置现在已经可以明确。从王志高先生绘制的《南朝建康都城及台城位置示意图》中可以看出,台城东垣在利济巷与长白街之间,南垣到游府西街、文昌巷一线,西垣在抄纸巷、网巾市西侧一线,北垣虽尚未经考古发现证实,大致可以确定,在如意里、长江后街南侧一线。准确地说,这一范围,其实是东晋南朝的宫城范围,相当于东吴苑城的范围。东吴宫城则在其西南。台城的中心,在今大行宫一带。我们现在可以在南京图书馆负一层看到台城遗迹的展示,南京总统府景区东侧,更据台城遗址建起了六朝博物馆。所以一千八百米的长江路,可以自豪地宣称贯串一千八百年。

据考古发现,台城的中轴线并不是正南北方向,而是北偏东二十五度。从复原的南京水道图上,可以清楚地看出,造成这个偏斜的原因,是当时南京地区的水道走向。都城东边的青溪和西边的潮沟、运渎,都是北偏东的走向,它们既是都城的天然屏障,同时也限定了都城的外沿。就此而言,东吴建业城与东晋南朝建康城的方位,也就不会有太大的偏差。

古代相关典籍中,不乏六朝都城东有青溪、西有运渎、北有城北堑和潮沟、南有秦淮河的记载,只是由于青溪和运渎水道在后世发生了较大的变化,才使这一范畴变得模糊起来,尤其是古代的地图,都把王朝都城画成正南北方向,对后人也是一种误导。明确了这一点,也就可以理解建业都城为什么可以没有城墙,因为它四面都有河湖围护。前人研究中曾经注意到南京城区的古水道,却没有意识到古水道与城市位置的关系。利用自然山水作为城市屏障,是南京建城之始即已确立的一个优良传统。

建业城较大规模的市政建设,是在东吴定都十年以后才陆续开始的。

先是在建业城的西面修凿运渎。《建康实录》卷二载:赤乌三年(240年)十二月,"使左台侍御史郗俭监凿城西南,自秦淮北抵仓城,

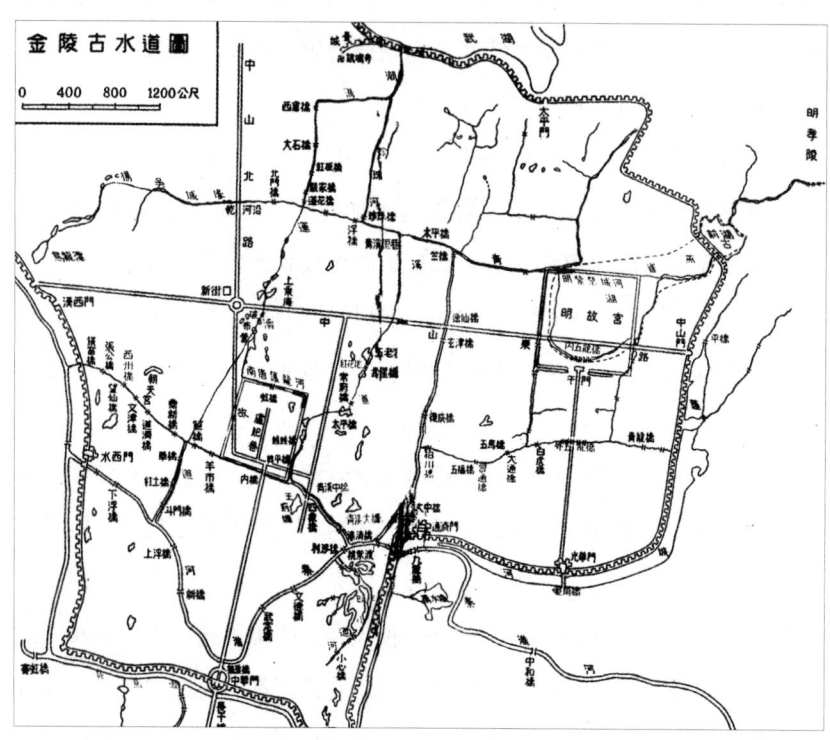

朱偰《南京的名胜古迹》中的金陵古水道图

名运渎"。注文说："吴苑城，城内有仓，名曰苑仓，故开此渎，通转运于仓所。"这是东吴转运粮草物资的一条新交通线，即由南运河到京口（今镇江）入长江西行，至石头城上溯秦淮河，在今上浮桥附近，进入运渎，沿红土桥路北行，经木料市、大香炉、明瓦廊，折向东北，在中山东路、网巾市一带与潮沟汇合，进入苑城西门，抵达苑内的仓库。第二年又打通城东和城北的水道："冬十一月，诏凿东渠，名青溪，通城北堑潮沟。"注文说："潮沟亦帝所开，以引江潮。"青溪本发源于钟山，其河道为自然河道，经燕雀湖曲折流至今淮青桥汇入秦淮河。孙权"凿东渠"，应该是整修疏浚青溪水道，尤其是在覆舟山东侧开运河，引玄武湖水入青溪，以保持青溪的水量。潮沟因能引江潮而得名，北端由覆舟山和鸡笼山之间与玄武湖相接，因当时玄武湖尚与长江相通，所以会受到江潮的影响。潮沟一支在覆舟山南经城北堑东行与青溪相通，主流则南下与运渎相接，约相当于今进香河一线，或即秦淮河古河道的遗留部分，以补充运渎水量保证通航。加上北面的玄武湖，南面的秦淮河，建业城的四面，都有水道相环绕，成为都城的自然屏障，交通也大为便利。而河道上的桥梁也较多，如青溪上有七座桥，运渎上有六座桥，桥的两端，应都有道路相接。

六朝时期的秦淮河，即今中华门以北的内秦淮河。中华门外的护城河，是在南唐建金陵城之后才形成的。需要说明的是，六朝时的秦淮河宽阔得多。据《建康实录》卷七载，东晋时建于秦淮河上的朱雀桥，"长九十步，广六丈"，桥长超过一百米。正是因为水面宽阔，秦淮河与青溪交汇处的桃叶渡，时常出现大风浪，王献之的小妾桃叶才会有"风波了无常，没命江南渡"的感叹。六朝秦淮河河面宽逾百米，也已被近年的考古发现所证实。南京市博物馆考古部在老城南颜料坊地块拆迁后的考古勘测中,发现了秦淮河岸的古码头变迁遗迹,六朝时期,两岸码头之间的距离宽达一百米,南唐时的码头显示,两侧河岸各收窄了约五米。宋代以后,河面大幅度收窄,仅余五十米左右,而现存秦淮河的宽度只有二十米左右。导致这一变化的原因,后文会做详述。

东吴官僚贵戚的住宅,多有在秦淮河南岸的,除了前述陆机宅在越城西北,《建康实录》卷二注引《丹阳记》:"大长干寺道西有张子布宅,在淮水南,对瓦官寺门,张侯桥所也。桥近宅,因以为名。"注文又说:"其长干是里巷名。江东谓山陇之间曰干。建康南五里有山冈,其间平地,民庶杂居,有大长干、小长干、东长干,并是地里名。小长干在瓦官南,巷西头出江也。"卷三载孙綝"筑室朱雀桥南"。当时官僚贵戚自建业都城到秦淮河南岸的住宅,可以走白门至朱雀桥(南津桥)的苑路,也可以乘船,沿运渎至秦淮河,相当方便。

赤乌八年(245年)八月开凿破冈渎,是更为巨大的运河工程。"使校尉陈勋作屯田,发屯兵三万凿句容中道,至云阳西城,以通吴、会船舰,号破冈渎,上下一十四埭,通会市,作邸阁。仍于方山南截淮立埭,号曰方山埭。"这一事实说明,当时南京地区的农业生产、经济发展水平仍不是太高,原住民所能提供的物资,尚不足以维持东吴政权的生存需要,所以不得不继续依赖苏州和会稽这旧时的吴越中心地区提供给养。原有的水运路线中,有自京口(今镇江)沿长江上溯石头城一段,其时长江的入海口尚在扬州、镇江一线,江上风浪很大,常会造成船舰覆沉,伤人损物。同时长江是开敞的外河,也容易受到敌方的攻击。因此东吴政权不惜花费大量人力财力开凿破冈渎,以使南运河与秦淮河相衔接，水上运输的安全性大为提高。此外，这种大规模的工程的实施，除了实用方面的明显效能，还显示了王朝有效组织社会力量的能力。对于一个外来的政权，这一点也是非常重要的。

破冈渎的开凿，对于南京城市发展具有重要影响。因为秦淮河上游和中游的农业区，正位于这条交通线上，一方面，这使他们得以加强与吴、会地区的经济往来和文化交流；另一方面，也使他们加强了与六朝都城之间的联系。这种联系明显地促进了地区的安定和繁荣。

这里还有一个问题，即建业都城至秦淮河之间南北向道路出现的时间。《建康实录》卷四的注文中引《宫城记》："吴时自宫门南出，夹苑路至朱雀门七八里，府寺相属。"但未说明辟苑路的时间。《南京建置志·大事记》载：后主天纪二年（278年），"辟苑路，即御街，自宫门至朱雀桥，'夹路作府舍''列寺七里……屯营栉比，廨署棋布'。为中国都城在宫城前设御街为城市中轴线、两旁排列官署之肇端"。这条御街辟建的时代，肯定不会晚到东吴末期的天纪二年（278年），但也不会太早。赤乌三年（240年）开运渎以解决自长干里至苑城的转运问题，四年（241年）又开东渠疏青溪，可见当时还是以水运为主。赤乌八年（245年）"夏五月，震宫门及南津大桥"，地震破坏影响到宫门和南津大桥。南津即都城南面的秦淮河，南津大桥的位置，据考在今中华门内镇淮桥偏东，长乐渡一带。此时河上既已建有大桥，应有道路连接宫城。这条御道的南端抵秦淮河上南津桥，没有疑问。其北端，卢海鸣先生《六朝都城》中以为在抵达都城南门后，向西斜折向太初宫。我想御道还是应该入白门后直通苑城，因为苑城和太初宫之间，有东西向道路相通，并且西行直达石头城。南北、东西两条干道直角相交，是正常

南京江宁上坊墓是迄今发现的规模最大、结构最为复杂的孙吴贵族墓葬之一,据推测,该墓葬主人为孙皓时期的一位宗室乃至皇族。在此墓出土的虎形石棺座,由整块巨石雕刻而成,十分罕见,表现了当时的大兴土木、极尽奢侈之风。

收藏单位:南京市博物总馆

的设置。如果斜插向太初宫，再由太初宫东行抵苑城，则两道之间将形成一个锐角转折，不合常理。除了东西向和南北向的两条干道外，建业城内外还会有一些道路。如都城至蒋陵、至太庙，都应有较高规格的道路。又如《建康实录》卷三注引《地图》：诸葛恪宅"在城东二里，玄风观前横路南"，这也是一条东西向的道路。

赤乌十年（247年）春，孙权"适南宫，改为太初宫"。孙权临时移住太子的南宫，改建太初宫。到次年"三月，太初宫成，周回五百丈，正殿曰神龙，南面开五门：正中曰公车门，东曰昇贤门、左掖门，西曰明扬门、右掖门；正东曰苍龙门；正西曰白虎门；正北曰玄武门。起临海等殿。"（《建康实录》卷二）也有史料认为太初宫的周长只有三百丈。我的看法，三百丈当是改建前的太初宫周长，改建后的太初宫完全可能"周回五百丈"。只是因为后主孙皓建造的昭明宫，周长也是五百丈，史家为了显示孙权的节俭以衬托孙皓的奢侈，就有必要将太初宫的规制缩小。太初、昭明这两座主要宫殿外，还有后主孙皓皇后滕芳兰所住的昇平宫等。

当时建业城内，面积最大的设施要数苑城。苑中除了仓库，不但有可供居住的房屋，而且有很大的空地。《建康实录》卷四载：后主孙皓元兴元年（264年），"秋九月，贬太后为景皇后，称安定宫"，所谓安定宫实际上只是"苑中小屋"。后主建衡二年（270年），"左夫人张氏薨，后主哀念过甚，留葬苑内，临哭数月，不出听事"。注文引《江表传》："后主左夫人死，思念之，于苑中作大冢葬之，使工刻桐人于冢内，以为兵卫，多送珍玩之物，不可胜计。葬后，治丧于内，半年不出。国人见墓大奢，皆谓后主已崩。"

宫苑之外，尚有陵墓、太庙。《建康实录》卷二载，神凤元年（252）夏四月，孙权卒，"秋七月，葬蒋陵"。蒋陵是南京地区的第一座帝陵，位于今天的梅花山下。虽然是因山筑陵，但也是建业时期的一项重要工程，并成为后世的明确地标。卷三载：废帝孙亮五凤三年（256年），"春正月，新作太庙，迁太祖神主"，将孙权的神主迁入新建的太庙供奉。这是南京地区的第一座太庙建筑，其位置在太初宫的东面。有研究者认为，这一方位不符合中原正统礼制的规范。由此亦可见东吴建业城是逐渐拓展，因需要而建设，并没有依据礼制规范的预先规划布局。

《建康实录》卷四载，后主宝鼎二年（267年），"夏六月，起新宫于太初之东，制度尤广，二千石已下皆自入山督伐木。又攘诸营地，大开苑囿，起土山，作楼观，加饰珠玉，制以奇石，左弯崎，右临硎。又开城北渠，引后湖水激流入宫内，巡绕堂殿，穷极伎巧，功费万倍"。"十二月，新宫成，周五百丈。署曰昭明宫。开临硎、弯崎之门，正殿曰赤乌殿，后主移居之"。昭明宫已不仅是宫殿，而且包含了皇家园林的成分，人工造假山，引入流水，工程浩繁，建筑材料需要量也大，以至俸禄在二千石以下的官员，都要进山督促伐木。

不过，《建康实录》中的这些文字，很有可能是以左思《吴都赋》的描写为根据的。

《吴都赋》中的建业

晋人左思在《吴都赋》中用了大量华丽的辞藻，来描绘建业城和吴宫，并常被研究者用来作为建业城的实际状况。我以为，《吴都赋》中恐不乏过誉之辞。因为作者的目的，是以蜀都和吴都为铺垫，以突出魏都，吴都过于鄙陋，则难以表现魏都的崇弘。如果撇开那些华丽的饰词，冷静分析，《吴都赋》中所写的建业，主要是三块：建业都城，南北向御道及两侧的府署，秦淮河两岸的居民区与商业区。

左思笔下的南北御道："驰道如砥。树以青槐，亘以渌水。玄荫眈眈，清流亹亹。列寺七里，侠栋阳路。屯营栉比，廨署棋布。"《文选》刘渊林注："亘，横也，言渌水横流于其道。"有些人将此解释为路的两边设有排水沟，其实并非如此，而是因为沿路多河池，水位高时便会有水流横溢过路面。这种景象在少水的北中国是看不到的，所以左思会视为奇观而记录下来。同样让左思惊奇的"驰道如砥"，并不是说路面如何平坦，而是指南方的道路不像北方的道路那样，会被碾出深深的车辙。北方土质干松，车轮碾过，即有深痕两道，一车继一车，愈碾愈深，遂成阔狭如一的轨道，所以会产生"闭门造车，出门合辙"的成语。南方土湿地坚，又主要依靠水运，没有载重大车上路，所以不会造成很深的车辙。至于路边的青槐玄荫，也未必是专门建林荫道而种植的，因为当时这一带还少人居住，水面之外，多是树林。刘渊林注："廨犹署也，吴有司徒、太监诸署，非一也。"李周翰注："屯营，军卫相次，如梳齿相比。廨，谓公廨宅署如棋之分布。"吴国的官署虽"非一"，但也有限，且有一部分在建业城中，不可能排满御道两侧，只能如棋子在棋盘上那样散布。更多的可能正是军营，而军营的建筑要简单得多。

《吴都赋》中最可贵的部分，是记载了建业城南郊长干里居民商业区的繁华状况。对于这一区域，文献记载很少，只有《建康实录》卷四

南京江宁上坊吴墓出土的青瓷俑群,共十件,根据动作、衣冠服饰可以分辨为抚琴俑、击鼓俑、吹奏俑、侍从俑和坐榻俑等,再现了墓葬主人生前享受宴乐的场面。左思《吴都赋》中写:"挥袖风飘而红尘昼昏,流汗霡霂而中逵泥泞。"此组青瓷俑群正是当时吴都建业笙歌燕舞的一个小小缩影。

收藏单位:南京市博物总馆

载,建衡二年(270年),"三月,天火烧万余家,死者七百人"。因为都城内很少居民,所以可以肯定火灾地点应是长干里居民区,由此也可见其民居的密集程度。《吴都赋》中描绘:"横塘查下,邑屋隆夸,长干延属,飞甍舛互。其居则有高门鼎贵,魁岸豪杰,虞、魏之昆,顾、陆之裔。"长干里的建筑鳞次栉比,宏敞华丽,居住的多是世家大族。

"横塘查下",《建康实录》卷四注文中有说明:"横塘,今在淮水南,近陶家渚,俗谓回军毋洑。古来缘江筑长堤,谓之横塘。淮在北接栅塘,在今秦淮迳口。吴时夹淮立栅。自石头南上十里至查浦,查浦南上十里至新亭。"查浦即查下,石头城南十里,正是长干里一带。横塘则是沿长江东岸筑长堤,防止江水侵袭岸上的繁华商市,其位置当在小长干巷西口沿江一带。因位于秦淮河南,史籍中常称为南塘。唐人丁仙芝《江南曲五首》之二:"发向横塘口,船开值急流。知郎旧时意,且请拢船头。"前文说过,秦淮河入江处因白鹭洲形成夹江,有南、北两个入江口,南端入江口被称为横塘口,可证"横塘查下,邑屋隆夸"的横塘,正在长干里近江一带。

长干里地区自越城以来,人烟渐渐稠密,东吴建都后又有豪门大族建宅其间,更添富贵之气。而商业中心也就处于其中。"开市朝而普纳,横阛阓而流溢,混品物而同廛,并都鄙而为一。士女伫眙,工贾骈坒,纻衣绨服,杂沓溎萃。轻舆按辔以经隧,楼船举帆而过肆,果布辐凑而常然,致远流离与珂珧。""挥袖风飘而红尘昼昏,流汗霡霂而中逵泥泞。"这两句生动的描写常常被人引用。

《太平御览》卷八二七引《丹阳记》:"京师四市,建康大市,孙权所立。建康东市,同时立。建康北市,永安中立。秣陵斗场市,隆安中发乐营人交易,因成市也。"前三市都是东吴时所立。不过,市场固然是城市发展的一个重要表征,但它更是经济发展到一定阶段的产物,南京地区的商民交易,不会迟到东吴才开始,所以孙权的"立",应该是指建立市场的管理机构。也就是说,民间经济生活中形成的自由市场,为都市生活所接受并利用了。大市的位置,在秦淮河南。宋周应合《景定建康志》引《宫苑记》:"吴大帝立大市,在建初寺前,其寺亦名大市寺。宋武帝永初中立北市,在大夏门外归善寺前。宋又立南市,在三桥篱门外斗场村内,亦名东市。又有小市、牛马市、谷市、蚬市、纱市等一十所,皆边淮列肆禅贩焉。内纱市在城西北者寺前;又有苑市,在广莫门内路东;盐市,在朱雀门西。今银行、花行、鸡行、镇淮桥、新桥、筀桥、清化市,皆市也。"元张铉《至正金陵新志》中亦引此文介绍大市,并有说明:"今聚宝门外西街有大市桥,其地正与城内建初寺址相对。孙吴时本无城也。"张铉所说的"城",指南唐所建金陵城,西街在聚宝门(今中华门)外偏西,建初寺既位于其北,当在花露冈南麓一带。景帝永安年间设置北市,则应在秦淮河北,可能是为了便于采购政府和驻军需用物资。除了大市、东市等,当时在秦淮河两岸,还有若干规模较小的民间交易市场。但对东吴时期的商业贸易做过高估计,也是不适当的。自孙权立国,东吴几乎一直处于恶性的通货膨胀状态。东吴嘉禾五年(236年)铸"大泉五百"钱,以一当五铢钱五百,而实际上只能当五铢钱五枚。赤乌元年(238年)铸"大泉当千"钱,并不断减重,此后还铸行过"大钱二千"和"大泉五千"等高额虚值货币,以致物价腾涌。赤乌元年,米价曾达每石五万钱。孙权当政时一直强调俭省节约,是与这一背景分不开的。直到赤乌九年(246年),因为民间反应越来越强烈,孙权才不得不废除虚值大钱。这种情况,必然影响到东吴商业经济的健康发展。

总而言之,经过东吴五十年的经营,建业城已成为江南最大的城市。或者可以说,建业城从一开始就是作为都城建造的,这已经是当时城市的最高层次,当然不会允许附近再出现类似的城市。然而,东吴建业城的建设,并没有一个预定的规划。从城市大格局看,其实就是承认既有现实。秦淮河两岸的居民生活区,是自越城建成后六七百年间逐渐形成的,也是农业、手工业、商业集中的经济中心。建业都城则是从军事据点逐渐发展成的政治中心,其间建设也是根据现实需要和可能逐渐增添,布局零乱,连皇宫都偏居于都城的一隅。这不同功能的两大区域,各有各的发展脉络,当初的统治者也并没有将二者整合为一个城市的计划。

当然,新出现的都城,会对近郊的居民区产生相当重要的影响,封建王朝掠夺式的征收赋税,城市生活的高消费模式,城市建设所需的新行业的产生,以及社会主流意识形态的变化,对于原住民的生活都是一种挑战,都会刺激以至部分改变原住民的生活和观念。

所以,南京城市发展史上的第一个重要特点,就是都城与居民商业区的分离,或者说是在居民商业区外另择新址建造都城,城市有明确的功能分区。这种分离状态持续了大约一千年,要到南唐建都才最终结束。

南京作为都城,从东吴开始,延续六朝直到南唐,都处于国家分裂、南北对峙的局面之下,这是南京城市发展史上的第二个重要特点。与大一统时期的都城不同,分裂时期王朝的重要任务,是谋求对外战争的胜利，而其都城也成为战争中敌国要夺取的首要目标，至于附近的乡镇，则会自动转为新统治者的属地。正因为此，改朝换代往往只引发都城区的变化，对居民商业区的生长则影响不大。

"虎踞龙盘"的真相

东吴选择建业作为都城的原因，后世一再被人神化，传说最多的就是诸葛亮对金陵形势的评价："钟山龙盘，石头虎踞，此乃帝王之宅也。"类似的文字，最早出于晋人张勃《吴录》之中，此后不断被引用敷演。但正史中都没有诸葛亮曾经到过南京的记载。

《三国志·张纮传》裴注引《江表传》，则说是刘备曾建议孙权定都秣陵。先是张纮劝孙权建都秣陵，孙权没有接受，"后刘备之东，宿于秣陵，周观地形，亦劝权都之。权曰：'智者意同。'遂都焉"。《建康实录》卷二注文引上文后说："故即帝位闻谣言，而思张纮议，乃下都之。"这里所说的"谣言"，是指东吴流传童谣："宁饮建业水，不食武昌鱼。宁就建业死，不就武昌居。"意即孙权在武昌称帝时，听到了这个童谣，回想起张纮的建议，于是决定从武昌沿江而下，迁都建业。然而，《三国志·陆凯传》也记载了这一童谣，却并非流传于孙权当政时，而见于后主孙皓甘露年间陆凯的谏书中。其时孙皓"徙都武昌，扬土百姓溯流供给，以为患苦，又政事多谬，黎元穷匮"，陆凯上书进谏，引用这一童谣后，并强调"童谣之言，生于天心。乃以安居而比死，足明天意，知民所苦也"。所以孙权是不可能听到这首童谣的。《建康实录》卷四也载有陆凯进谏事，却在童谣前加上了"且黄龙初有谣"的说法，

明版画 水操

不知出于何据。可见唐人已经将此事弄得混淆不清了。

值得注意的是,《三国志·张纮传》裴注中还引用了《献帝春秋》中的一段文字:"刘备至京,谓孙权曰:'吴去此数百里,即有警急,赴救为难。将军无意屯京乎?'权曰:'秣陵有小江百余里,可以安大船。吾方理水军,当移据之。'备曰:'芜湖近濡须,亦佳也。'权曰:'吾欲图徐州,宜近下也。'"裴松之对这一段话是不相信的,以为各书都说是刘备劝孙权都秣陵,这里却说孙权自己选中了秣陵。裴氏还以为芜湖和秣陵在军事上的地位相当,攻略北方的利便也相当,孙权必定弃芜湖取秣陵的理由不充足。我以为,《献帝春秋》是东汉人所撰,时间相近,很可能记录的恰是事实。刘备去京口是建安十五年(210年)底,《三国志·鲁肃传》载:"备诣京见权,求都督荆州,惟肃劝权借之,共拒曹公。"即民间传说的"借荆州"。这是孙、刘结盟的重要环节。当时周瑜、吕范等都主张扣留刘备,只有鲁肃主张扶助刘备。刘备东行途中须经过长江南京段,也确有可能与孙权讨论今后去向。刘备当然希望孙权在赤壁之战大败曹操后,仍退守吴地,让蜀国可以有更大的发展空间,但孙权则毫不犹豫地表示了自己西进秣陵、北窥徐州的雄心,这是让刘备很失望的。不久以后,孙权果然移驻秣陵。应该说,他看中的就是"小江百余里",也就是秦淮河及其支流,以及相连的湖泊。

据此而言,孙权择定都城的经过十分清晰。东吴初起于会稽(今浙江绍兴),孙策领军转战江南时,就曾夺取湖熟、秣陵、江乘等县,对于秦淮河流域有所了解。孙权当政后,先以吴(今苏州)为治所,至建安十三年(208年),面对曹魏的军事攻势,为了凭借长江天堑,发挥水军优势,也便于与同盟军刘备联络,乃移驻京口(今镇江)。赤壁之战奠定了三国鼎立的基础，也使东吴有可能向中原拓展，所以在建安十六年（211年），孙权将治所西移秣陵。建安二十四年（219年），因为与西蜀争夺荆州要地，他将治所西迁到公安（今湖北公安），两年后又再度西迁到武昌（今湖北鄂州），前后经营武昌达十年之久并最终在武昌称帝。武昌虽是军事重镇，但土地贫瘠，军队与政府的给养全依赖三吴地区供应，逆水长途运输，劳民伤财，所以在蜀国采取明智的联吴抗魏策略后，孙权最终迁都回建业。

　　古往今来，不断有人以六朝台城为中心，将周边的自然地理条件，附会出风水说的种种依据，似乎当初孙权就是冲着这风水才在此建都。从上述史料记载可以看出，说东吴定都建业是出于风水因素的考虑，并没有根据。其实所谓"金陵王气""龙盘虎踞"之类，都兴盛于东晋建都之后。文人们创作出此类神话，是为当时的政治需要服务的。这一点在下一节会详细叙述。

　　以后世产生的理念去解释前人的作为，是一种糊涂。今天的研究者不应再踏入这个泥潭。

南京江宁上坊墓出土的褐釉鸡首壶,是极具六朝特色的瓷器,盛行于两晋。

收藏单位:南京市博物总馆

第四章 东晋立国

吴亡晋兴，数十年间，南京风云变幻。直至东晋立国，渐趋安定。今人所说台城，实为东晋所建。建康城虽依中原规制，仍以周边多处军垒及自然山水环护。都城、石头城、长干里三大功能区的明确区分，是南京城市史的一大优良传统。

建邺风云

就在东吴后主孙皓即位的元兴元年（264年）前后，三国鼎立的局面发生了根本的变化。此前一年，蜀国为曹魏所灭；此后一年，魏元帝被迫禅让帝位给权臣司马炎。司马炎成为西晋的开国君主。后主天纪四年（280年），西晋兵分八路，直逼建业，三月，王濬水军先抵石头城。后主让人用草绳把他捆起来，抬着棺材去见王濬。"一片降幡出石头"，东吴就此灭亡。《建康实录》卷四载，晋琅琊王司马伷"会诸军，入自都城，屯太初宫，收其图籍府库，总领州郡户口人吏、兵粮舟楫、音乐采妓"。后人多认为晋王朝没有破坏东吴宫城。然而从史料记载分析，很可能晋军仅保留了太初宫和作为仓库的苑城，而毁掉了昭明宫及其他宫署。因为自此之后，史籍中再没有出现过任何关于昭明宫、南宫等的记载，而太初宫却不断出现。按常理，晋军将领是不敢自据东吴皇宫的，因为这很容易引起晋帝的猜疑，弄不好会带来杀身之祸。但太初宫此时已成为偏殿，所以无妨利用。此外，晋初扬州刺史治所设在建邺，史称"治无定所"，但在这个刚收入版图的地域，新政权更不能没有办公地点，以当时南京地区的建设情况考虑，最大的可能就是沿用太初宫。至于宫城之外的道路府署营房，特别是远在秦淮河南岸的居民商业区，应该是没有遭受破坏的。

同时，西晋采取一系列行政措施，对建业地区加强控制，不断分割贬抑，淡化其都城痕迹。先是废建业之名，仍改称秣陵，割其西南境置临江县，次年改称江宁县。晋太康二年（281年）又将秣陵县一分为二，秦淮河以南仍为秣陵，秦淮河以北新置建业县，次年改称建邺。又分丹阳县置于湖县，恢复湖熟、江乘等县，大小共十一县，隶属丹阳郡，郡治设于秣陵。建邺的地位大为降低，辖区也大为缩小。建兴元年（313年），为避晋愍帝司马邺讳，再改建邺为建康。南京自此得名建康，直沿用至南朝末年不变。

同时，建康的城市建置，自东晋至宋、齐、梁、陈，也都承续着同一格局。

东吴旧宫城闲置了二十来年。太安二年（303年）五月，义阳（今河南新野）人张昌率众起义，派将军石冰进攻扬州。石冰很快攻下了扬州所属各郡，占领了扬州刺史治所建邺，"因修建邺宫居之"。同年十二月，西晋广陵相陈敏渡江，打败了石冰，夺取了建邺。就在这次战乱中，太初宫被"焚烧荡尽"。有研究者认为是石冰攻取建邺时焚烧了太初宫，我以为应是陈敏放火。因为石冰占领建邺目的明确，就是想据为基地，先烧再建，于理不合，他的"修建邺宫"，应是维修或增修旧宫。陈敏平定石冰之乱后，是退回广陵（今扬州）的，他当时并没有留居建邺之心，所以才会烧掉太初宫，以免再为他人所利用。然而，扬州刺史也因此失去了治所，成为史籍中的"治无定所"状态。直到永嘉（307至312年）年间，王敦任扬州刺史，在台城西南建西州城，扬州刺史才有了新的固定治所。西州城的位置，贺云翱先生认为在今丰富路一带，西邻冶山，东近运渎。据《丹阳记》，西州城"开东、南、西三门"，未开北门。

由于当时晋王室内争激烈，战乱不息，仅两年后，陈敏也生出趁机割据江东之心，于永兴二年（305年）十二月占领建邺，自号扬州刺史，继称楚公，"因太初宫基创造府舍"，但不久即被消灭。

这或许也成为晋人眼中的"金陵王气"：有雄霸江东野心的人，都想以建邺为根据地。

永嘉元年（307年）七月，琅琊王司马睿受封为安东将军、都督扬州江南诸军事，他听从王导的计谋，从广陵移镇建邺。《建康实录》卷五载，司马睿"讨陈敏余党，廓清江表，因吴旧都城修而居之，太初宫为府舍"。这里所说的太初宫，已不是东吴的太初宫，而是陈敏在太初宫旧址上新造的府舍。《晋书》卷六载，司马睿与江东豪门望族结合，"宾礼名贤，存问风俗，江东归心焉"，实际上已经在为自己的雄图霸业奠定基础。永嘉五年（311年）六月，叛军刘曜攻破洛阳，晋怀帝逃走，晋臣推举军事实力最强的司马睿为盟主。建兴元年（313年），晋愍帝司马邺在长安即位，加司马睿左丞相、大都督中外诸军事，命他率军北伐。司马睿却"辞以方平定江东，未暇北伐"，根本不以司马邺的安危为意，割据自雄的意思已经很明显。建兴四年（316年），刘曜再破长安，司马邺成了俘虏。第二年三月，司马睿如愿以偿，在群臣的拥戴下先称晋王，改元建武，以建康为国都。建武二年（318年）三月，晋愍帝的死讯传来，司马睿遂登基做了皇帝，史称晋元帝，改元太兴。"中朝士大夫多过江归帝"，西晋王朝的旧臣纷纷渡江到建康投奔新皇帝，跟随他们而来的平民百姓，也数以万计。

在南京建都的第二个王朝东晋由此拉开帷幕。

都城初立礼制规范

司马睿经营建康虽已有十年之久，但因战事频繁，前途未卜，无心也无力于城市建设，宫室亦只能因陋就简。甚至在东晋立国之后的十几年，历晋元帝、明帝两朝，仍然没有兴建新宫室。《建康实录》卷五注载，晋元帝"自永嘉元年领江左，至建武二年，积十一年，即帝位。居旧府舍，至明帝亦不改作，而成帝业始缮苑城也"，直到晋成帝司马衍咸和年间才开始修缮苑城为新宫。

不过，为了表明自己是晋王朝的"正统"继承人，据《晋书》记载，司马睿在建武元年（317年）即晋王位之际，就"立宗庙、社稷于建康"。《建康实录》卷五注文引《图经》："晋初置宗庙，在古都城宣阳门外，郭璞卜迁之。左宗庙，右社稷。"东吴都城南门原称白门，此时依洛阳南门旧名改称宣阳门。"社立三坛，帝社、太社各一，稷一"，完全是仿照旧都洛阳的礼制规范。当年十一月又"立太学"，注意政治管理人才的培养。太兴元年（318年）十一月"新作听讼观"，皇帝旁听

《金陵古今图考》中的东晋都建康图

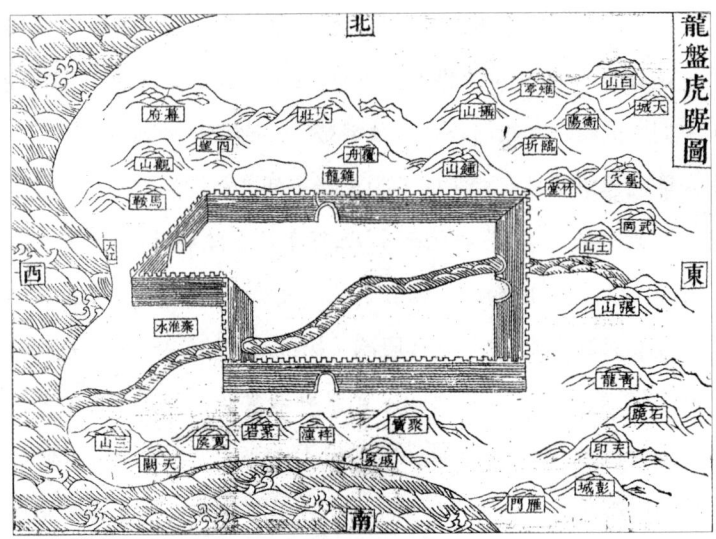

《景定建康志》中的龙盘虎踞图

案件审理，以严肃刑法。太兴二年（319年）"作南郊，在宫城南十五里，郭璞卜立之"。其注文引《图经》："在今县城东南十八里，长乐桥东篱门外三里。"南郊坛是帝王祭天的场所，也就是后世的天坛。

这些都说明东晋与东吴不同，在建都之始，就已将中原旧有的礼制规范，明确应用到都城的建设之中。这样做的目的应该很明确，就是利用各种神圣庄严的仪式，作为最高权力的标志和特定意识形态的象征，借此打造都城的神圣感。建筑和秩序对于统治者运用权力都是必不可少的，而礼制建筑正好是二者理想结合的典范。东晋王朝虽然号称"中兴"，但最初几十年间，一直处于内外交困的局势中，外有强敌环伺，内有权臣作乱。尤其是王敦、苏峻相继叛乱，建康都城一再成为战场，更是雪上加霜。与此同时，西晋旧臣怀恋故土，以光复中原为号召，一再要求迁都回洛阳。但后赵石勒势力强盛，攻略不息，洛阳肯定是回不去了。已经成为王朝重要支撑的江东士族，则希望朝廷留居建康。

正是在这种复杂的情势下，"金陵王气"之类的传说才多了起来。出于中国人的崇古、崇名心理，从楚威王、秦始皇到刘备、诸葛亮，都被用来证明建康城是五百年前就为东晋王朝准备好的都城。《建康实录》卷五中明确宣扬："昔秦望气云：'五百年后金陵有天子气。'及孙权称号，自谓当之，考其历数，犹为未及。元帝之渡江也，乃五百二十六年，真人之应在于此矣。"东晋庾阐《扬都赋》注文中说："建康宫北十里有蒋山，《舆地图》谓之钟山。元皇帝未渡江之年，望气者云，蒋山上有紫云，时时晨见。"这段文字又见于《艺文类聚》卷七，研究者认为可能是庾阐自注。凡此种种，都是为了让缺乏自信的东晋君臣可以心安理得地退居于建康，而不必去为力不从心的恢复中原伤脑筋。出于同样的心理，这类神话也为南朝君臣所津津乐道。与此有异曲同工之效的，是对于佛教的推崇。佛教在东汉已传入中国，进入江南相对较晚。东吴时期，建业城中可考的佛寺，只有一座建于赤乌十年（247年）的建初寺。可是到了东晋年间，现在有明确记录的寺庙就达到三十七座。"南朝四百八十寺"，更达到了空前绝后的巅峰。东晋和南朝统治者无一例外地佞佛，似不能简单地视为个人信仰现象。后世的研究者多偏重于宗教的"麻醉"力量，但作为中国本土宗教的道教，就只在少数知识分子中流行，不能形成宏大的社会时尚力量。而早已成为江南风尚的鬼神崇拜，在社会生活中几乎就不起什么作用。因此，在前人已论及的各种因素之外，我以为，不能不考虑东晋和南朝统治者的外来身份。外来的政权与外来的宗教，在建康城中形成了一种巧妙的结合。换句话说，如果外来的宗教能够为民众所接受，那么他们接受外来政权也就不会有什么心理障碍。东晋和南朝统治者之所以给予佛教寺庙很高的特权，就是因为佛教能够成为统治者整合文化、巩固政权的重要工具。

晋成帝营建台城

晋成帝咸和四年（329年），平定苏峻之乱。《建康实录》卷七载，"兵火之后，宫阙荒残，成帝居止兰台，甚卑陋"以至"不蔽寒暑"（《晋书·王彪之传》）。朝廷不得不考虑营建宫室的问题，因为原有"宫室焚毁，化为污莱"，难以收拾，晋成帝司马衍"欲营建平园"，也就是东吴的苑城。而迁都之议此时又被提了出来，权臣们各执一端，江州刺史"温峤议迁都豫章，朝士及三吴之豪议都会稽"，都想把皇帝拉入自己的势力范围中,藉以扩张权势。都城的选择实际上成为各派系权力斗争的重要方式。最后,实力最强的王导说话了:"司徒王导独曰:'建康古之秣陵,帝王所居,孙仲谋、刘玄德皆云王者之宅,不可改。'"这才决定修造建康宫城。但直到第二年九月,方"作新宫,始缮苑城,修六门"。

由此开始,东晋王朝着手营建建康都城,包括宫城、都城和外郭。

咸和七年(332年)十一月,在东吴苑城基础上兴建的新宫建成,"署曰建康宫,又名显阳宫",亦称台城。台城周长八里,筑有两重土墙,辟有五门:南面二门,东、西、北各一门。南面正中的大司马门,仍在东吴苑城南门的位置上,正当都城南北御道的北端点,与都城南门宣阳门相距约二里。大司马门东边开阊阖门,后改称南掖门。台城正东开东掖门,正北开平昌门,正西开西掖门。东晋承袭中原宫城规制,台城应该取方形,每边长约二里,但也不是规整的方形,因为"西掖门外南偏突出一丈许,长数十丈地",大约是为了将清游池或乐贤堂包进去。

由于经济困难,物资贫乏,新建的宫殿只能用茅草编织的草帘充作墙壁。同时还出台了一个新政策,就是每份官员任职文书要收费二千钱,作为修建宫城的资金。这一政策一直维持到南朝陈才废除。苑城虽经改造,城内建起了宫殿,但仍保留了原有的仓库,次年改名太仓。《建康实录》卷七注文说:"吴时苑城内有仓,名苑仓,亦名仓城。至此,治苑为宫,惟仓不改,在西掖门内,是年改名焉。"仓城位置在台城西门内,是因为运渎可以直达,便于物资转运,所以不会轻易改变。

东晋建康都城仍然没有围墙,只有竹篱,但除宣阳门外,又新设五门,所以史书上只说"修六门"。《建康实录》卷七注引《舆地志》:

"都城周二十里一十九步，本吴旧址。晋江左所筑，但有宣阳门。至成帝作新宫，始修城，开陵阳等五门，与宣阳为六，今谓六门也。南面三门，最西为陵阳门，后改名广阳门，门内有右尚方，世谓之尚方门。次，正中宣阳门，本吴所开，对苑城门，世谓之白门，晋为宣阳门，门三道，上起重楼，悬楣上刻木为龙虎相对，皆绣栭藻井，南对朱雀门，相去五里余，名为御道，开御沟，植槐柳。次，最东开阳门。东面最南清明门，门三道，对今湘宫巷，门东出青溪港桥。正东面建春门，后改为建阳门，门三道，尚书下舍在此门内，直东今兴业寺后，东度青溪菰首桥。唐景云年中，江宁县令陆彦恭于县东门金华坊东通青溪，乃废菰首桥路，而于兴业寺门前开大道，造金华桥，桥渡青溪，通润州驿。正西南西明门，门三道，东对建春门，即宫城大司马门前横街也。正北面用宫城，无别门。"最后一句话的意思是，都城北面即利用宫城的北墙，除宫城北门平昌门外，没有别的门。所以建康都城史称"六门"，实际上四面共有七个门。这一点，多被后世研究者所忽略。

如上所述，当时的建康都城还没有北墙，只到宫城北墙为止，其周长也就应小于"二十里一十九步"。这一问题，在后文会有详细论述。

都城也即台城的北垣位置，至今未有考古发现。但青溪菰首桥，即今珠江路与龙蟠中路相交处的竺桥。这是一个明确的地标，可证其北垣必在珠江路以北。又因东南大学校园内考古未见六朝都城遗址，则此北垣又当在今四牌楼一线以南，应不出这一范围。

东晋时期的建康城

《资治通鉴》卷九十三记晋明帝太宁二年（324年）事，引胡三省注："晋都建康，外城环之以篱，诸门皆用洛城门名。"东晋建康都城只有篱墙，而城门的命名，与宫城五门一样，都是沿用西晋都城洛阳的城门名，陵阳门改广阳门、建春门改建阳门，就是这个原因。这当然是东晋王朝为了表示自己承袭了西晋正统，也不无"直把杭州作汴州"的意味。

由此可以看出，东晋都城的东面，直接受到青溪的约束，每个城门出去，都需要经过青溪上的桥梁。东晋都城"本吴旧址"的重要原因，就是因为不能突破四周的河流，失去这重要的自然屏障。

有了这样方位明确的六个门，我们才可以确定，建康都城大体呈长方形，南北较东西稍长。东、南、西三面，宫城各门与方位相近的都城门之间，都有道路相通。都城南面的宣阳门，北距台城南门大司马门二里。考古已经证明，台城南垣在今游府西街一线，这使我们可以知道，建康都城的南垣，约在今白下路、建邺路一线，其西南角在今张府园一带。

从东吴白门到东晋宣阳门，以至建康都城南垣的确定，我以为同一条水道密切相关，即白下路、建邺路南侧，自今四象桥向西，经洪武路南端内桥、绒庄街北端鸽子桥、评事街北端笪桥、朝天宫东仓巷桥、莫愁路文津桥，由涵洞口入外秦淮河（六朝时夹江）的水道，今称秦淮中支，应该也是东吴时期所开凿的运河。这一段运河工程量不大，而将青溪、运渎、秦淮、长江相连通，无论从交通运输的角度，还是水源相互调剂的角度，好处都是很大的。如冶山兵工厂制作的兵器，经此可以直接水运到石头城。

秦淮中支的形成，对于南京城市形态产生了重要影响。西晋末年王敦建扬州治所西州城，就位于秦淮中支北侧、运渎西侧，城西南角运渎上的桥即称西州桥。西州城南门外秦淮中支上的桥名小新桥，后改鼎新桥，即今鼎新桥路北端。东晋南朝建康都城的南门宣阳门，位于秦淮中支北侧，都城南垣即以秦淮中支为护壕。此后南唐宫城的南垣，同样是以秦淮中支为护龙河。秦淮中支是南唐宫城区与市民区之间的界河。明初建都城后，秦淮中支仍属城南与城北之间的自然分界。直到当代，我们所说的"老城南"，仍是秦淮中支以南区域。

建康都城内的大司马门前横街，应该就是由东吴时期太初宫与苑城南门之间的道路发展而成，约相当于今游府西街、文昌巷一线，与南北御道洪武路丁字相交，西出都城西明门，可直通石头城，东出建春门，连接城东主干道。

这也说明，当时城市建设的一个特点，是因路设门，而非因门筑路。因为筑路的工程量要远大于造门。南面的大司马门和宣阳门一经确立，就再未改变位置，正是这个原因。洪武路、中华路是南京沿续时间最久的城市主干道，也是中国历史最悠久的城市主干道之一。门的主要作用，仍是对于交通要道的控制。在战乱频仍的东晋初年，这一举措是非常重要的。道路建设的另一重要举措，是"开御沟，植槐柳"，一是解决东吴以来御道路面积水的问题，二是统一行道树种，这也是中原都城建设的规制之一，从此又成为南京街道绿化的传统。20世纪80年代，我们在明、清历史街巷常看到老槐树，秦淮河两岸多植柳树，而民国年间开辟的中山大道等新干道则统一为悬铃木，俗称法国梧桐。

对于东晋时期的建康道路状况，《世说新语》中记述了刘宋时人的评价。桓温在南州（今安徽当涂）修筑了平直的街衢，有人对王导的孙子王珣说，你的祖父当初营造建康城，"无所因承"，没有可以仿照的样板，所以街道纡曲，比不上桓温的设计。王珣辩解说，这正是王导的巧妙啊。江南地面狭小，没有中原那样宏阔，如果道路笔直，就让人一览无余了。所以王导故意设置成"纡余委曲"的形式，便显得深不可测。后世研究者多以此作为王导规划建康道路的证据。其实这不过是南朝士人之间的较量口舌，所以刘义庆将其归纳在《言语》一门中，能证明的只是王珣会说话而已。

王导在西晋时已成重臣，对于中原都城的规制，应该很清楚，所以不存在"无所因承"的问题，事实上建康城从一开始就承袭了中原都城的礼制规范。倒是这个提出问题的"有人"，很可能只在江南生活，没见过中原的大世面。具体分析东晋时期的建康城，都城周长二十里十九步，晋时一里合一千八百尺，晋尺一尺折合二十四点五厘米，约合今八千五百多米，是一个南北稍长、东西略狭的长方形，故其面积不足五平方公里，不大是事实，但城内分区结构也相对简单，可以说不存在"纡余委曲"的道路。都城门到郭门的御道，因为沿途多有水面，可能会有顺其自然的弯曲，但为了交通的便捷，弯曲不会太大，也不至于很多，况且这条御道大体承袭了东吴御道，谈不上王导的规划。所以能够算得上"纡余委曲"的，只有秦淮河南岸居民区的道路，但这同样不是出于王导的规划，而是近千年间自然形成的。六朝时期，居民区与都

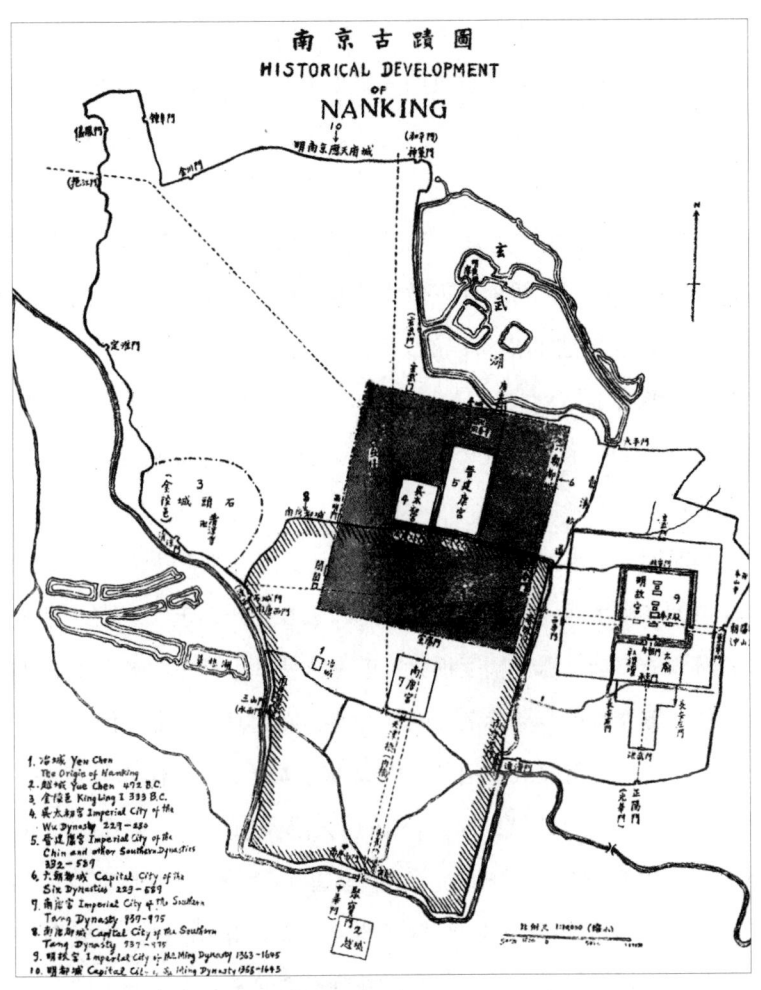

朱偰《南京的名胜古迹》中的南京古迹图

城区属于明显分隔的两大功能区,不但始终保持着一定的距离,而且因功能需要的不同,也具有不同的形态。居民区形成这种"纡余委曲"街道的原因,除了河流水道的影响之外,很可能是为了保暖,使冬日的寒风不易畅行肆虐。在南京生活过的人都很清楚,南京是个夏热冬寒的城市,冬日的寒风之烈不亚于北方,这种街区格局的设置,应该说是相当科学的。

咸康二年(336年)十月,"更作朱雀门,新立朱雀浮航"。秦淮河上自东吴以来的南津大桥,在王敦作乱时被烧毁,南北交通,暂时以渡船相连接。这次新建的朱雀浮航,位置仍在今镇淮桥偏东,但规模很大,"长九十步,广六丈,冬夏随水高下",十月已入枯水季节,秦淮河水面之宽仍不下百米。浮航又称河桥,就是以船相连接形成的浮桥,所以能随着水位的升降而升降。

六朝时期,秦淮河上普遍采用浮桥的形式,主要是因为当时秦淮河的入江口近在今水西门一带,长江入海口近在扬州、镇江一线,河水受江潮、海潮的影响,涨落幅度很大。就是浮桥,也有多次被大水冲断的记录。同时,浮桥也容易拆散以阻断交通,六朝时期战乱频仍,秦淮河两岸都有断浮桥以阻强敌的记录。史载当时建康水道上有"二十四航",最著名的是秦淮河上四航,即竹格航(今下浮桥附近)、朱雀航(亦称大航,今长乐渡附近)、丹阳航(亦称骠骑航,今武定桥附近)、东航(亦称小航,今大中桥附近)。浮桥两端应都有道路相连接,也成为对往来行人、商贾收税的关卡。现在南京城里秦淮河及其支流上,还有上浮桥、下浮桥、浮桥等地名沿用。

咸和八年(333年),"作北郊于覆舟山之阳,制度一如南郊",以完善王朝的礼制建筑。北郊坛的位置，在覆舟山南面，潮沟之后，东近青溪，西邻药圃。咸康三年（337年）正月，又在淮水南面立太学，据信即今夫子庙地区。太学在建武元年（317年）已经建立，这一次应是迁建新址。此外还依照《周礼》，在都城之北设置了帝王陵区。东晋十一个皇帝，有十个葬在建康，其帝陵位置，历史上都有明确记载，且得到考古发掘的证实。元帝、明帝、成帝、哀帝葬在鸡笼山之阳，即今鸡笼山至鼓楼冈一线的南侧。康帝、简文帝、孝武帝、安帝、恭帝葬在钟山之阳，即今富贵山南麓。穆帝葬于幕府山之阳，即今中央门外郭家山一带。由此可见，建康都城的北界，虽然没到鼓楼冈至覆舟山一线，但钟山余脉富贵山、覆舟山、鸡笼山直到鼓楼一线以南，仍属都城的直接控制区域，既成为帝王的安葬之处，应该是不允许百姓居处的。

值得重视的是，东晋建康城第一次有了外郭的设置。《太平御览》卷一九七引《南朝宫苑记》："建康篱门，旧南、北两岸篱门五十六所，盖京邑之郊门也，如长安东都门，亦周之郊门。江左初立，并用篱为之，故曰篱门。南篱门在国门西，三桥篱门在今光宅寺侧，东篱门本名肇建篱门，在古肇建市之东，北篱门，今覆舟东头玄武湖东南角，今见有亭名篱门亭，西篱门在石头城东。护军府在西篱门外。路北白杨篱门外，有石井篱门。"不过，晋王朝建立这些篱门的目的，是出于都城安全的考虑，构成一道新防线，以加强对都城外围的控制，并没有在此范围内进行城市建设的打算。这些篱门实际上仍然是军事据点。所谓"国门"，这时已经推进到秦淮河南岸，即都城中轴线南端的朱雀门，当在今长乐渡南。其西边的"南篱门"，很可能就在今中华门内镇淮桥附近，那正是秦淮河曲折的最南端。朱偰先生在《南京古迹图》中，画出了宣

大行宫发现台城东晋砖铺车道

阳门到朱雀桥和镇淮桥两条不同的城市轴线。晋成帝可说是南京城市发展史上第二个重要人物。与东吴建都不同，晋成帝时的建康城市建设有一个范本，那就是魏、晋的旧都洛阳，是参照中原都城的规制实施的。从这一意义上说，建康城的建设存在着一个预定规划。这一时期的建康城市建筑，虽然简陋，但改变了东吴时期的零乱状态，初步形成主要建筑依南北中轴线左右对称的布局，也奠定了建康城宫城、都城、外郭三重城垣的基本规制和格局。尤其是大司马门前东西向横街，具有重要意义，首次将建康都城明确划分为南、北两个功能区，北区为宫城区，南区为官署、住宅区。这一总体布局开创了中国都城布局的新风格，对后世都城规制有重大影响。

直到南朝末年，建康城的建设都没有超越这个范围。

四十年后，晋孝武帝司马曜太元三年（378年）正月，因为当年建造简陋的宫室多已朽坏，谢安提议重建。《建康实录》卷九载："二月，始工，内外日役六千人。安与大匠毛安人决意修定，皆仰模玄象，体合辰极，并新制置省阁堂宇，名署时政。"六千人施工五个月，"秋七月，新宫成，内外殿宇大小三千五百间"。注文引《苑城记》："城外堑内并种橘树，其宫墙内则种石榴，其殿庭及三台三省悉列种槐树，其宫南夹路出朱雀门，悉垂杨与槐也。"不但宫城有完整的营建规划，而且第一次在宫城内外实施有计划的绿化。宫中的正殿是太极殿，也是沿用洛阳旧名，正对大司马门，形成宫城的中轴线，其他官署则依此中轴线两边分列。《世说新语·方正》注文引徐广《晋纪》："太极殿高八丈，长二十七丈，广十丈。"殿宇十二间，两边还有太极东堂和太极西堂，各七间，是晋帝的主要听政、治事场所。宫内其他殿宇的命名，都依洛阳之旧。装饰华丽的朱雀门也建于这一年,《建康实录》卷九载:"又起朱雀门重楼,皆绣栭藻井,门开三道,上重名朱雀观。观下门上有两铜雀,悬楣上刻木为龙虎,左右对。"朱雀门的位置在御道的南端,北距宣阳门六里,南临秦淮河,也就是东吴时大航门的位置。此时东晋立国已六十余年,境内渐趋安定,经济逐渐恢复,晋王朝才有足够的人力物力重建都城。

孝武帝是东晋在位时间最长的帝王,太元年间也是建康城市建设规模较大的时期。据《建康实录》卷九载,太元十年(385年)春"兴复国学于太庙之南",十六年(391年)二月"改筑太庙",九月"新庙成",注文引《地志》:"更开墙埠,东西四十丈,南北九十丈,五代仍之,至陈乃废。"同年十月又"新作朱雀门"。十七年(392年)八月"新作东宫,徙左卫营",对不合规制的宫室布局进行调整改造。注文解释道:"晋初,太子宫在宫西,虽东宫,实有皇后之宫,今去台城西南角外,西逼运沟。至此年,烈宗始新于宫城东南,移左卫营,以其地作之,即安帝为太子所居宫也。"后来的晋安帝司马德宗始住进新建的东宫。二十一年(396年)正月,又"起清暑殿于华林园",四月,"新作永安宫"。

军垒与侨郡、侨县

台城在晋代已改建为砖墙,然而终晋之世,建康都城仍没有城墙。都城的防御,主要依靠钟山、石头山及长江、玄武湖、秦淮河、青溪、运渎等山水屏障,以及周边散布的军垒城堡。除了前人所建越城、石头城和西州城，东晋新建了白下城和东府城，并对石头城进行了加固。

按前述建康城外郭"西篱门在石头城东"，可以证明石头城与建康都城并非一体，而是位于都城之外的另一个建筑群，两者唇齿相依，其间有道路相联系。石头城周长七里一百步，与台城周长八里相差无几。"石城虎踞"，兵家必争。六朝战事，往往以夺取石头城决定胜负。东晋时对石头城有过两次较大规模的修筑。第一次在咸和元年（326年），庾亮大修石头城以加强都城的防卫能力，石头城外重城墙和城内仓城都得到加固，不料反被叛将苏峻所利用。当义师平叛进逼建康时，苏峻挟持晋成帝迁入石头城，以仓屋为宫，据以对抗，可见当时石头城的防御能力超过台城。第二次在晋安帝司马德宗义熙六年（410年），起义军领袖卢循、徐道覆从水路进攻建康，太尉刘裕募兵抗敌，同时征募居民修治石头城，并砍伐树木在秦淮河入江口立栅，聚重兵以防守。《丹阳记》载："石头城，吴时悉土坞。义熙初，始加砖累甓。"石头城由土坞改造为砖包墙，应该就是这时的事情。但近年的石头城考古，发现不少画像砖，其中的几何纹饰砖，具有明显的东汉至东吴时期特征。这也有两种可能，一是东吴时石头城墙即已有部分包砖，另一种可能是东晋利用了东吴时期的旧砖。

南京考古发掘中，发现了大量图案精美的六朝画像砖，最典型的"竹林七贤与荣启期画像砖"堪称国宝。由此可见当时的制砖工艺已经相当发达，所造的砖质量坚固，历经一千五六百年尚能保存完好，棱角分明，而且具有高度的艺术性。而画像砖上的图案，也使今人能够看到当时社会生活之一斑。

白下城初名白石垒。咸和年间苏峻叛乱，挟持晋成帝据石头城，义

石头城出土鱼纹砖

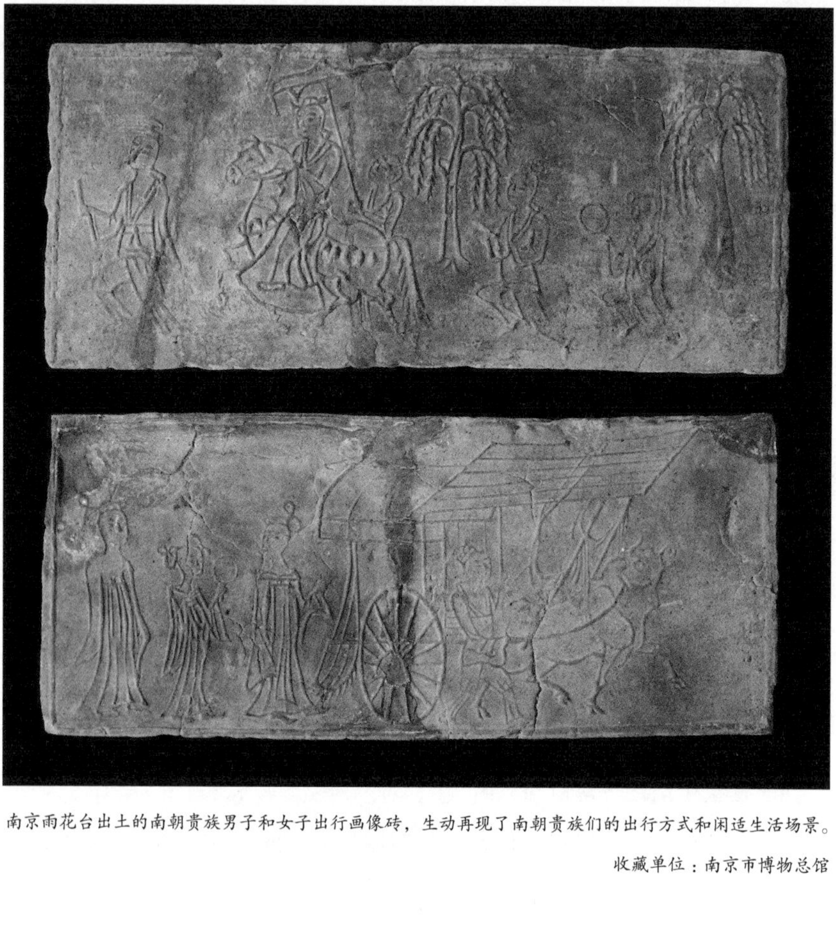

南京雨花台出土的南朝贵族男子和女子出行画像砖,生动再现了南朝贵族们的出行方式和闲适生活场景。

收藏单位:南京市博物总馆

师建白石垒与之相持,后在白石陂岸杀了苏峻。白石垒的位置,前人说法不一。卢海鸣《六朝都城》中认为金川河边象山一带可能性最大。它不但是建康城北面的军事堡垒,而且也是六朝建康的重要水军基地。

东府城最初是晋简文帝司马昱的府第。《建康实录》卷十载,晋安帝义熙十年(414年)冬,刘裕"城东府",注文引《图经》:"今县城东七里,青溪桥东,南临淮水,周三里九十步。今太宗旧第,后为会稽文孝王道子宅。谢安薨,道子领扬州刺史,于此理事,时人呼为东府。至是筑城,以东府为名。其城东北角有灵秀山,即道子宅,内嬖臣赵牙所筑。"谢安死后,司马道子权倾当朝,亲信赵牙为他修筑豪华的私宅,在宅园中堆土成山,因其地在台城之东,约当今通济门附近,所以称为东第。《晋书·会稽王道子》载:"开东第,筑山穿池,列树竹木,功用巨万。道子使宫人为酒肆,沽卖于水侧,与亲昵乘船就之饮宴,以为笑乐。帝尝幸其宅,谓道子曰:'府内有山,因得游瞩,甚善也。然修饰太过,非示天下以俭。'道子无以对,唯唯而已,左右侍臣莫敢有言。帝还宫,道子谓牙曰:'上若知山是版筑所作,尔必死矣。'牙曰:'公在,牙何敢死'?营造弥甚。"从赵牙的有恃无恐,可以想见司马道子的势焰。司马道子死后,刘裕以军功崛起,大权独揽,东第也为其所据,此时更修筑东府城墙,以为军政基地。仅仅过了六年,晋恭帝元熙二年(420年),刘裕便取晋而代之,改国号为宋。所以东府城已是东晋时期最后一项重要的城市建设了。因为东府城的出现,原冶山东麓的扬州府城才会被称为西州城,即台城西面的州城。

东晋南朝时期还有一个特有的历史现象,即为安置中原移民而设置的侨郡与侨县,一时多达数百个,而且时分时合,屡屡易名或改变隶属关系，行政建制十分复杂。但从城市发展的角度看，众多的移民则成为开发建康的新生力量。有专家考证，当时南渡的人口多达九十万，仅今江苏省境内就安置了二十六万人。建康作为都城，移居于此的世家豪族尤多，而依附于这些世家豪族的部曲、宾客、僮仆奴婢以至佃户，动辄成千上万，总数自然更大。相当一部分侨郡和侨县，尽管徒有其名，并无实地，散处于原有的行政区域内，但也肯定使当地人口有所增加，经济有所繁荣。而有实际辖地的侨郡、侨县，对建康城市的发展当有更大的影响。

晋元帝太兴三年（320年）最先设立怀德县，用于安置随晋元帝（原封琅琊王）司马睿南渡的近千户琅琊国人，其中大族就有百余户。《建康实录》卷五注文：初置的怀德县"在宫城南七里，今建初寺前路东，后移于宫城西北三里耆园寺西。帝又创已北为琅琊郡，而怀德属之，后改名费县"。怀德县先在秦淮河南岸繁盛的长干里东面，后北移，县境约在今鼓楼冈一带，其北为琅琊郡，距离都城不远，以示皇帝对旧国人的厚爱。到咸康三年（337年），又分江乘县浦州金城一带为琅琊郡实际领地。琅琊郡下属除费县外，先后还有阳都、即丘、临沂等侨县。因为江乘县离长江近，遂成为南渡移民最重要的立足点，同在江乘县境内，又设置了东海、东平、兰陵等侨郡。大量移民促进了南京城北沿江地带的开发。后又在建康都城内，设置了魏、广川、高阳、堂邑等侨郡和肥乡、元城、广川、北新城、博陆、堂邑等侨县。都城范畴并不大，也不可能实际分割为数郡数县，由此可见，这些所谓侨郡和侨县，不过是治所设在都城之中而已，所属本地移民，未必都居住在治所附近。事实上，东晋豪门望族的领地，多在吴地和会稽。

当时建康地区，北方移民的数量已经与本地居民相当，尤其是都城北面沿江地区和都城之内，北方移民数量超过本地居民。再加上以统治阶层为代表的外来文化占据着社会主流文化的地位，这就使得南京地区逐渐脱离吴文化区域，转而趋向于中原文化，语言、风俗等方面的改变尤为明显。聚居于秦淮河南的本地居民，也不能不受其影响。《世说新语》中就记录了江南原住民欣羡北方文化的事实。东晋和南朝时期南北交融、多方会聚，显示出社会学上的杂交优势，是南京地区形成文化多元特色的一个重要时期。

晋人庾阐《扬都赋》描绘了东晋建康城的景象："西阻石城，则舟车之所混并，东尽金塘，则方驾之所连箱。其中则有龙坻华屋，晨凫之舸，青雀飞舻，余皇鼓舵，蠋首铺于黄宫，盘蛟缠于赤马，云旆委蛇，层楼巍峨，爰有兰堂华室，高门重构，罗鼎玉食，丝竹并奏，龙骥汗血于广途，朱轮击毂而辐凑。云虎之门，双竿内启，祥乌司飚，丹墀竟陛。结芳尘于绮疏，负钟岩以结宇。溯阳潭以开江，颓方山之磐崿。竦白石之灵峰，汇青溪之浚壑。枕百堵之层墉，横朱雀之飞梁，豁九逵之遐冲。"由此可以看出东晋建康城的大致范畴，其外郭南界仍停留在秦淮河以北，未包括秦淮河南岸的近郊乡镇。

也就是说，东晋时南京地区实际上划分为三大功能区，即以台城为中心的政治区，以石头城为中心的军事区，以及秦淮河两岸的居民商业区。这也有好处，就是东晋年间的多次战乱，都没有殃及居民区，生产发展与经济繁荣没有受到大影响。随着不断产生的开拓新空间的需要，居民区与商业区已逐渐向秦淮河北岸推进。

清末栖霞寺千佛岩风貌　　　　　　　　　　据1910年日本出版的《金陵胜观》，乐淘乐书店 供图

第五章 南朝的都城建设

东晋南朝禅让更替，一脉相承。建康都城的繁华在南朝梁达到顶峰，又因侯景之乱而一蹶不振。宫室之盛，园苑之美，只能从文字记载中略窥一斑。

继汉开唐说南朝

元熙二年（420年）六月，宋王刘裕进军逼宫，迫使晋恭帝禅位，东晋灭亡。刘裕登基称帝，国号宋，建元永初。史称南朝的宋、齐、梁、陈四朝自此拉开序幕。四朝为时都不长，宋六十年，齐二十四年，梁五十六年，陈三十三年，除去两朝更替时的重复计算，实际上只有一百七十年。但与北朝相比，南朝虽亦有战乱，总体来说社会较为稳定，经济增长迅速，科学技术成就显著，稻米生产已超过北方，商业贸易更加发达。在此基础上，建康的文化也得到极大的发展。东晋南迁以来，全国的文化精英会聚建康，中外南北多种文化因素的激荡，儒学独尊地位的动摇，政权专制力量的削弱，都有利于社会思想活跃。这种文化交流融汇，推动形成了南京历史上第一个文化高潮期，即中国历史上继春秋战国之后的第二个百花齐放的时期。后世所称金陵"六代繁华"，

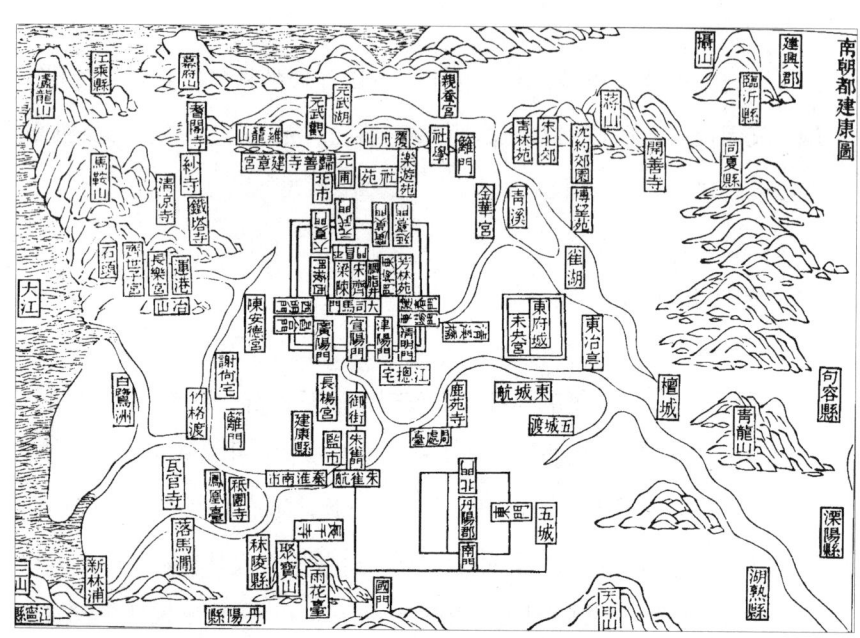

《金陵古今图考》中的南朝都建康总图

主要还是指东晋以迄宋、齐、梁、陈这五朝。南朝在经济与文化上，都起着继汉开唐的重要作用，为唐代的大发展奠定了基础。

东晋与宋、齐、梁、陈各朝之间的改朝换代，都采取了禅让的形式，因而在某种意义上，也可以视为一个由异姓王相沿续的大王朝。因为后一朝要宣称自己为前朝的合法继承者，所以也都继承、利用了前朝的都城空间，作为最显著的"正统"象征。城市因此比王朝存在得更长久。即使旧的都城已经残破不堪，宫殿已经无法居住，统治者也不会轻易放弃，因为这块土地所具有的优越的自然地理条件，因为前朝建都所赋予它的影响力、号召力以至某种神圣感，更因为它已具备的各种配套设施。当然各朝对建康都城也都有所增筑，而以宋、梁两朝为多，尽管建康城的范畴和格局大体未变，但城市渐趋坚固完备，皇家园囿日渐奢靡。同时，繁华区域也从都城渐向四郊扩展。宋武帝刘裕只做了三年皇帝，其子刘义符即位仅一年就被废。直到宋文帝刘义隆元嘉年间，政权渐趋稳定，经济日益繁荣，史有"元嘉之治"的称誉。据《建康实录》卷十二记载，宋文帝元嘉十五年（438年）十月，"立儒学于北郊，延雷次宗修之，辞入宫掖，乃自华林东阁入讲于延贤堂。明年，尚书尹何尚之立玄学，著作郎何承天立史学，司徒参军谢元立文学，各集门徒，多就业者。时上好儒雅，朝臣家俭素之风，乡间耻轻薄之行，江左风俗，于斯为美"。四学并建，是世界史上最早的大学分科雏形。梁沈约《宋书》卷五十四尾评说：自晋义熙十一年（415年）到宋元嘉三十年（453年），三十九年间，"兵车勿用，民不外劳，役宽务简，氓庶繁息，至余粮栖亩，户不夜扃，盖东西之极盛也"。延续到孝武帝刘骏大明年间，社会安定、经

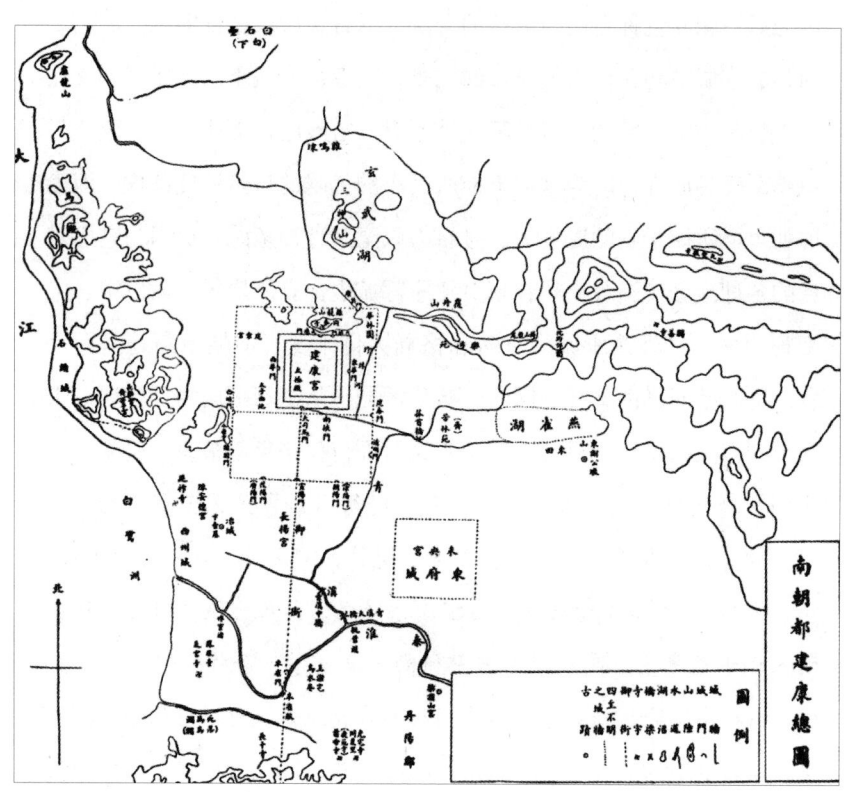

《金陵古迹图考》中的南朝都建康总图

济繁荣持续五十年,"民户繁育,将曩时一矣。地广野丰,民勤本业,一岁或稔,则数郡忘饥"。

从"六门"到"十二门"

也就在元嘉、大明年间,刘宋朝廷着手修建皇家园林、营造奢华宫室。《建康实录》卷十二载,元嘉十五年(438年)七月,"新作东宫,赐将作大匠布帛有差"。二十年(443年)春正月,"郊开万春、千秋等门",在台城东、西新开此二门。二十五年(448年)四月,"新作阊阖、广莫等门。改先广莫门曰承明,开阳曰津阳"。

这里牵涉到都城城门的增加,尤其是都城北墙的变化,值得认真注意。刘宋之前的建康都城,被称为"六门城",东晋时东、南、西三面开六门,都城与台城共用北墙,也就是共用平昌门为北门,实际上有七门。台城原有阊阖门,后改名南掖门,此时新作的阊阖门,是都城西面门,位于西明门之南,东对东阳门。所谓"先广莫门"即台城北门平昌门,因为平昌同时也是都城的北门,所以采用了洛阳都城的城门名。平昌门何时改名广莫门,未见记载,但《资治通鉴》卷一百二十记宋元嘉三年(426年)事,已称广莫门,胡三省注:"广莫门,建康城北门,亦仿洛城之制。"按理这应与陵阳门改名广阳门同时,都是东晋年间的事。此时再改名承明门,是因为都城新开的北门,要依洛阳旧制,沿用广莫门这个名字。都城广莫门位于原台城广莫门之北。

也就是说,此时都城北面不再与台城共用城墙,而已另有北墙。在这都城北墙所开的城门,尚不止于广莫门,所以文中说"广莫等门"。

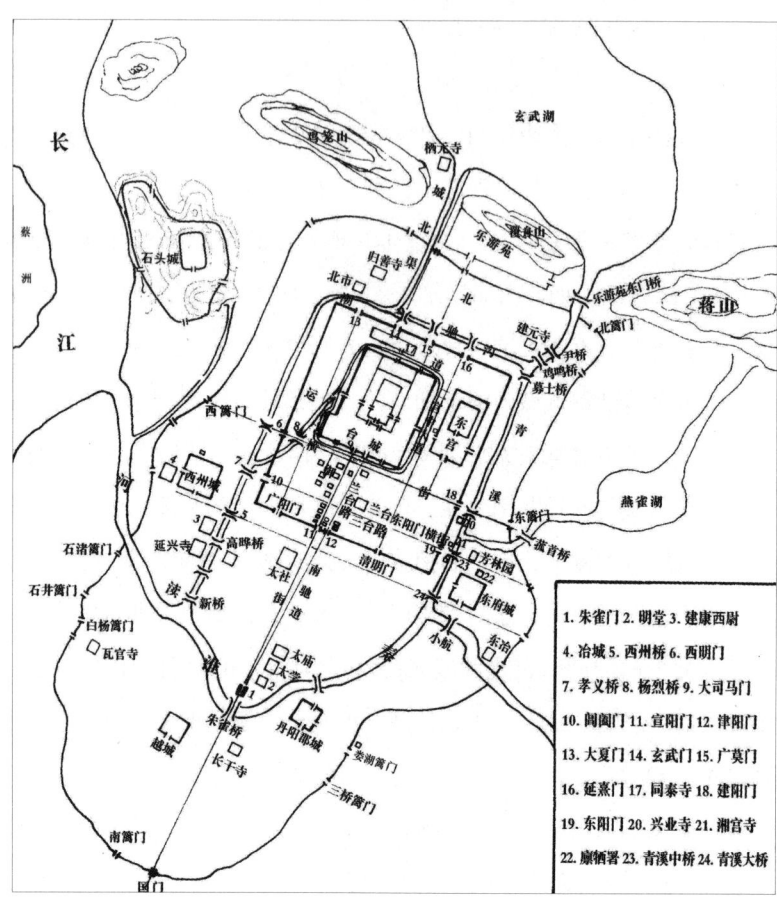

南朝梁建康城布局示意图　　　　　　　　　　王志高 复原

《景定建康志》卷二十在论及此事时引《宫苑记》,建康都城"凡十有二门:南面最西曰陵阳门,后改为广阳门;正门曰宣阳门;次东曰开阳门,后改为津阳门,门三道,直北对端门;最东曰清明门,直北对延憙门,当二宫中大路。东面最南曰东阳门,直青溪桥巷,即今湘宫寺门路;最北曰建春门,陈改为建阳门,西对西明门,即台城前横街。北面最东曰延憙门,南直对清明门,当二宫中大路;次西曰广莫门,门三道,陈改名北掖门,北直对乐游苑南门;次西曰元武门,门三道,齐改名宣平门,北直趋元武湖大路;最西曰大夏门,南直对广阳门,北对归善寺门。西面最北曰西明门,东直对建阳门,即大司马门前横街是也;最南曰阊阖门,东直对东阳门"。这十二门中,广阳、宣阳、津阳、清明、建春(建阳)、西明六门,是东晋时所有,新开六门,即东面的东阳,西面的阊阖,北面的延憙、广莫(北掖)、元武(宣平)、大夏四门。东、西两面都是只增建一门,而北面一下增建四门,可见都城的北墙当始建于此时,即不再与宫城共用北墙。

有鉴于此,还应该指出,建康都城周长二十里十九步,也是有了北墙之后的数据。因为唐人、宋人所能见到的建康都城,都是最后定型的建康都城。确切地说,在南朝宋元嘉年间之前的建康都城,南北要稍短一些,周长和面积也都稍小一些。只是直到现在,考古发掘仍没有关于台城北垣和建康都城北墙的发现,也就没有准确数据可用,所以本书在前文中,也就依前人习惯,沿用了这一数据。所谓"二宫中大路",即皇宫与东宫之间的大路,也就是都城中的一条南北干道。这也说明,东宫的位置在台城之外的都城东部。都城中的另一条南北干道,是大夏门和广阳门之间的大路,位于台城西侧。都城中的东西干道只有一条,即连接西明门与建春门的大司马门前横街,也称台城前横街。宫城北门承明门至都城北门广莫门之间有南北向道路。宫城南面,大司马门至宣阳门的御道,且南延至外郭朱雀门,成为建康的中轴线。

文中说津阳门"直北对端门",是不对的。端门是台城内层城墙的南门,位于大司马门之北,同在宣阳门的"直北"。津阳门的"直北",应是南掖门。不知是《宫苑记》已误,还是《景定建康志》转引时出错。

此外还有一个清明门的位置问题,《建康实录》中说它是"东面最南",而《宫苑记》说它是"南面最东"。《景定建康志》中认为《建康实录》有误。实则清明门位于都城东南角,是没有疑问的。但都城当时尚无定型的城墙,而元嘉十五年(438年)"新作东宫",在清明门与延意门之间的大路以东,为保证东宫前面亦有宽敞空间,故须将南面的篱墙自清明门继续向东延展,这就使清明门从东面门变成了南面门。所以两书的说法都不能算错,而且恰恰证明了都城东垣在元嘉十五年(438年)曾有过变化。《宫苑记》和《建康实录》都是唐人许嵩的著作,可惜的是《宫苑记》今已失传,只能在其他著作中看到它的引文了。

南朝宋宫室和园林

《宋书·礼志》载,刘宋对东晋南、北郊坛都有改作。大明年间一度将南郊坛迁至牛首山西,后又迁回旧址。北郊坛变动更多,先因建乐游苑从覆舟山南迁至西北,再迁湖塘西北,又迁至白石村东,最远迁至"钟山北原道西",已经到了紫金山的北边,最后迁返白石村,约在今郭家山以北、象山以东一带。《建康实录》卷十三载,孝武帝孝建元年

钟山南朝祭坛护墙遗迹

（454年）正月，即"新作正光殿"。大明五年（461年）五月，"新作明堂于丙巳之地，始宗祀皇考太祖文皇帝于明堂，以配上帝"。同年闰九月，"初筑驰道，自阊阖抵大航，北自承天（应为'明'）门抵玄武湖"。驰道即专供皇家使用的快速道路，在宣阳门至大航的御道之外，又新修了自阊阖门至大航的驰道，并首次在都城北部修筑一条快速道路。六年（462年）四月，"新作朱雀门""初置阴室于覆舟山，修藏冰之礼"。南京夏日炎热，所以皇家在冬天将冰块保藏在覆舟山北面中的阴室（冰井）里，以备夏天取用降温。前废帝刘子业仅做了一年皇帝，却在景和元年（465年），"以石头城为长乐宫，东府城为未央宫""以北邸为建章宫，南第为长阳宫"，又"复南北驰道"，将刘宋立国后已经废除的宫外府邸，改作离宫别馆，以供其游憩。不过这些举措，也随着他的被废而结束。对后世影响更大的，是刘宋的皇家园林建筑。据《建康实录》卷十二载，元嘉二十三年（446年）"堰玄武湖于乐游苑北，兴景阳山于华林园，役及居民，民有怨者"。一年之间，兴建多项浩大工程，劳民伤财。

　　首先是仿洛阳华林园建造的华林园。元嘉二十三年（446年）九月，"嘉禾秀于华林园殿""是岁，置华林园，东五里"，注文引《舆地志》："吴时旧宫苑也，晋孝武更筑立宫室。宋元嘉二十二年，重修广之，又筑景阳、武壮诸山，凿池名天渊，造景阳楼以通天观。至孝武大明中，紫云出景阳楼，因改为景云楼。又造琴堂，东有双树连理，又改为连玉堂。又造灵曜前、后殿，又造芳香堂、日观台。元嘉中，筑蔬圃，又筑景阳东岭，又造光华殿，设射棚，又立凤光殿、醴泉堂、花萼池，又造一柱台、层城观、兴光殿。梁武又造重阁，上名重云殿，下名兴光殿，及朝日明月之楼，登之，而阶道绕楼九转。自吴、晋、宋、齐、梁、陈六代，互有构造，尽古今之妙。陈永初（应为'永定'）中，更造听讼殿。天嘉三年，又作临政殿。其山川制置，多是宋将作大匠张永所作，其宫殿数多旧来不用，乃取华林园以为号。陈亡，悉废失矣。"华林园位于台城之北，没有疑问。有人以为在今鸡笼山及其东侧，但鸡笼山东另有上林苑。我以为华林园当在台城北垣与鸡笼山之间，今珠江路北一带。一则文中述华林园方位"东五里"，应指江宁县署东五里，而同泰寺在县东六里，覆舟山的乐游园在"县东北八里"，可见必不至鸡笼山。二则园中所造殿宇众多，亦非鸡笼山所能容纳。三则园中的景阳、武壮等山，都系"筑"成，即前文所说赵牙在东府城中"版筑"灵秀山。如在鸡笼山，则不必多此一举。华林园自东吴至陈，前后营造，几乎贯穿六朝三百余年，堪谓六朝第一园林。

其二是建于覆舟山的乐游苑。元嘉十一年（434年）"禊饮于乐游园"。二十一年（444年）"七月，甘露降乐游苑"，注文引《舆地志》："县东北八里，晋时为药圃，卢循之筑药围垒即此处也。其地旧是晋北郊，宋元嘉中移郊坛出外，以其地为北苑，遂更兴造楼观于覆舟山，乃筑堤壅水，号曰后湖。其山北临湖水，后改曰乐游苑。山上大设亭观，山北有冰井，孝武藏冰之所。至大明中，又盛造正阳殿。梁侯景之乱，悉焚毁。至陈天嘉二年，更加修葺，于山上立甘露亭，陈亡并废。"这座著名的皇家园林，在刘宋奠定基础，而延续四朝。此后还有玄武湖北的上林苑，《建康实录》卷十三载，大明三年（459年）九月，"初筑上林苑于玄武湖北"。

南朝齐首建都城墙

宋顺帝昇明三年（479年）四月，被迫禅位于手握重兵的齐王萧道成。萧道成称帝，改国号齐，年号建元，史称齐高帝。

南朝齐虽然只有二十四年，但在建康城的建设上，很可能做了一项重大贡献，就是将东吴建都以来维持至今的篱门，改建为城墙，使建康都城第一次有了名副其实的城墙。《南齐书·王俭传》载，建元元年（479年），齐高帝萧道成先是打算拆宋明帝紫极殿，以材料重建宣阳门，为王俭所谏止。"宋世外六门设竹篱，是年初，有发白虎樽者，言：'白门三重门，竹篱穿不完。'上感其言，改立都城。俭又谏。上答曰：'吾欲令后世无以加也。'"《南齐书·高帝纪下》载，建元二年（480年）五月，"立六门都墙"。自东晋以来，皆以"六门"作为建康都城的代称，《太平御览》卷一九三引《郡国志》："陈宫城，周二十里，东晋所筑，号曰六门城。"齐高帝要做的既是一件后世无以加的事情，所以研究者多认为，齐时所立应该就是都城的全部城墙，而不仅于六座城门，并且推测城墙的建筑形式是在夯土墙外包砌城砖。

然而令人生疑的是，此后的重大战事中，都不见有攻守建康都城城墙的记载。迄今为止南京地区的考古发掘，也未见都城城墙遗迹。所以，或者齐高帝并未能够建成都城城墙，或者这城墙的规格太低，不能承担军事防御功能。

城墙的功能，除了城市对外的军事防卫和对内的保护控制，还在城市和乡村之间，形成了一道明确的正式分界。也就是说，城墙固然保护了城内的建成区，但也保护了其外围的农业用地，使其在相当长的历史阶段中不被占用。直到 20 世纪后半叶，城墙的存在仍然成为城市跨越发展的一种困惑，使得短视的执政者不将其拆除就不能打破自己头脑中的界限。

皇家园林在南朝齐也有多项新建设。《南史·齐武帝纪》载，齐武帝永明元年（483 年），"望气者云，新林、娄湖、东府西有气，甲子，筑青溪旧宫，作新林、娄湖苑以厌之"。青溪旧宫本是萧道成的旧宅，在他称帝后，有风水先生妄称在新林、娄湖、东府一带有"王气"，需要采取措施以厌胜，遂在永明二年（484 年）扩建青溪旧宫，并在宫内筑山凿池，以供游乐，后称芳林苑、芳林园，位置在今竺桥东南一带。娄湖位于今白鹭洲公园至周处台下老虎头一带，即秦淮河入城处的宽阔水面。"老虎头"实系"娄湖头"之音讹。永明四年（486 年），"九月九日，登商飚馆。馆所立在孙陵冈，世呼为九日台"。重阳登高风俗始于东汉。孙陵冈即孙权陵所在的梅花山，可见帝王的游憩之所，已远推到紫金山下。

《建康实录》卷十五载，齐东昏侯萧宝卷永元年间，"于后宫起仙华、神仙、玉寿诸殿，尽用雕彩，以麝杂香涂壁"，不但采用雕饰彩绘，而且以麝香加在其他香料中涂饰宫殿墙壁，可见奢侈的程度。"种好树美竹，徵求民家，望树便取，朝栽暮拔，道路相继。"看到百姓家有好树美竹，强行挖回宫中，转眼兴趣变化，便拔去换新花木。又在"苑中作土山，筑渠立堰"，大兴土木。东昏侯当政两年间，建康城中多次发生火灾。《南齐书·崔慧景传》载，永元元年（499 年）崔慧景叛军攻入都城，"烧兰台府署为战场"。《南史·齐东昏侯纪》载，永元二年（500 年）"秋七月甲辰夜，宫内火，惟东阁内明帝旧殿数区及太极以南得存，余皆荡尽"。次年"二月丙寅，乾和殿西厢火"。"三年，殿内火合夕便发"，仅"太极殿得全"，"其后出游，火又烧璇仪、曜灵等十余殿及柏寝北至华林西至秘阁，三千余间皆尽"。"于是大起诸殿，芳乐、芳德、仙华、大兴、含德、清曜、安寿等殿，又别为潘妃起神仙、永寿、玉寿三殿，皆币饰以金璧。""又以阅武堂为芳乐苑，穷奇极丽，当暑种树，朝种夕死，死而复种，卒无一生。于是徵求人家，望树便取，毁彻墙屋，以移置之，大树合抱，亦皆移掘。"为了挖取居民家中的大树，不惜拆墙毁屋。这里透露出的信息是，周边山林中已经缺少大树，所以连居民家园的大树也都遭了殃。

有了如此奢侈的皇家园林还不满足，东昏侯还四出游玩射猎，"置射雉场二百九十六所"，"郊郭帷幕，四民皆废业，樵苏路断"，所到之处拉起帷幕，野蛮驱赶百姓，百业皆废。"犯禁者应手格杀，百姓无复作业，终日路隅。从万春门由东宫以东至郊外数十里，皆空家尽室。"这一方面说明当时都城东部人烟仍较稀少，树木较繁茂，主要是居民打柴的地方，也就可能成为猎场，另一方面也说明当时建康居民主要以砍树为烧柴，"樵苏"是一种重要生业。直到民国年间，南京城里仍有大量居民去东郊打柴作为生活燃料。待到萧衍兵临城下，萧宝卷部将李居士烧秦淮河"南岸邑屋以开战场。自大航以西，新亭以北，荡然矣"，自朱雀桥以西至菊花台以南的大片繁华地带，全都被烧。这是自东吴以来，秦淮河南岸居民区遭到的第一次大劫难。李居士大败，东昏侯闭城自守，"虑城外有伏兵，乃烧城旁诸府署，六门之内皆尽"，都城南部建筑也全部化为灰烬。东昏侯最后死于宫内兵变。

齐武帝永明年间是南朝齐最兴盛的时期，也就是在这时，北魏孝文

民国年间南京东郊的打柴人

帝为了重建洛阳都城，特别派遣建筑工程学家蒋少游到建康，"模写宫掖"，"图画而归"。《北史》《南史》和《魏书》中，都记载了这件事，近半个世纪的研究也证明，北魏洛阳宫室制度明显模仿了南朝建康宫殿，御道两侧分列府署的格局，也源自建康。而北魏的宫室制度又为隋、唐两代的长安和洛阳都城部分承袭。当然，建康的宫室制度，从根本上说，是以魏晋洛阳为范本的，但在北方都城被战乱毁坏殆尽之后，南朝建康城反成为延续中华礼制与宫室制度的一个不可或缺的过渡，成为华夏文脉传承中不可或缺的一环。这也是"礼失求之以野"传统的一个典型例证。

南朝梁的都城兴衰

齐和帝萧宝融中兴二年（502年）三月，梁王萧衍受齐禅，国号梁，建元天监，史称梁武帝。梁武帝在位四十八年，是南朝在位最久的皇帝，即使在中国历代帝王之中，也可以进入前十名。这一时期，适逢北魏内乱分裂，无力南侵，使梁朝得到和平发展的时机。长期的政权稳定，也使建康都城的繁盛达到了六朝时期的顶峰。晋取代东吴、宋取代晋、齐取代宋，都算是和平过渡。梁取代齐是经过战争的，都城内外的破坏都相当大。所以梁武帝登基未久，即开始都城建设。《梁书·武帝纪》载，天监七年（508年）正月，"作神龙、仁虎阙于端门、大司马门外"，《建康实录》卷十七中，有"立坛于司马门外仁虎阙下"的记载，可知神龙阙在端门外，仁虎阙在大司马门外。同年二月，"新作国门于越城南"，以显示宫城和都城的庄严威仪。

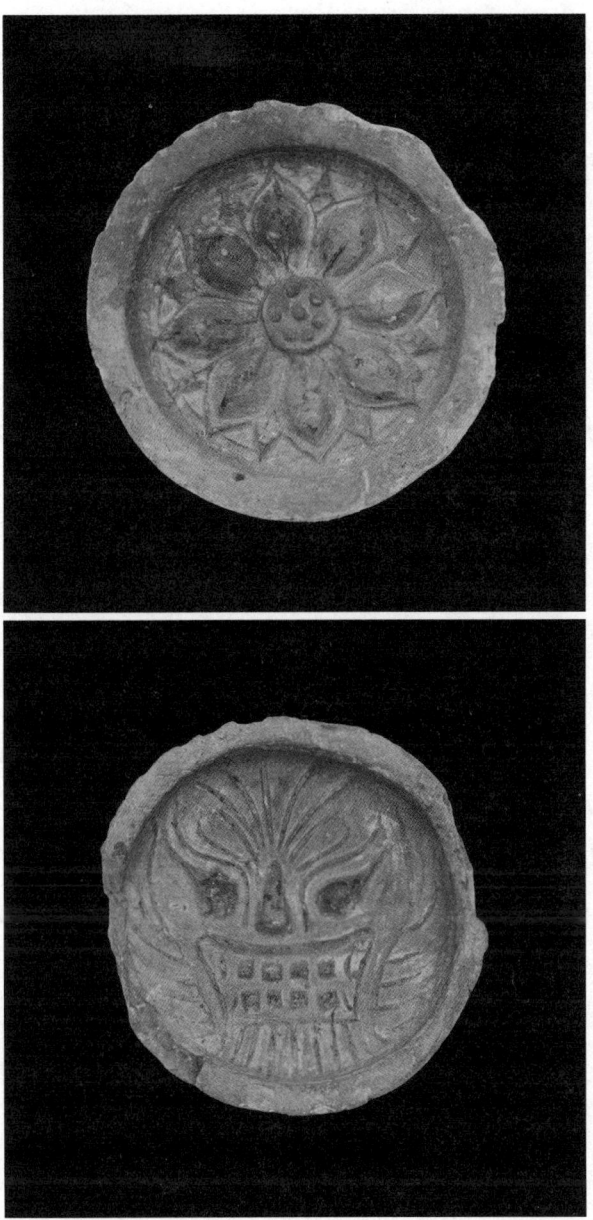

南京大行宫工地出土的六朝莲花纹瓦当和兽面纹瓦当。当时的瓦当图案大体可分四类：云纹、人面纹、兽面纹和莲花纹，代表不同的审美风格。兽面图案的盛行是受北方影响，莲花纹则是因为南朝佛教文化的盛行。

收藏单位：南京市博物总馆

在此之前，国门在建康城南北中轴线（台城南门至朱雀门）的南延线上，偏西另有南篱门。此时国门位置西移至越城之南，或许是因为秦淮河南密集的居民区被李居士烧毁，使得国门有了进一步南移的空间。同时，国门位置的西移，很可能也标志着都城南北中轴线的偏移。前文中我曾估计南篱门或位于今镇淮桥之南，而"新作国门"正好也位于这一线上。此后南唐建金陵城，沿用六朝中轴线，而其南门正在镇淮桥南，是很有力的证据。

虽然史籍没有记载，但可以想象，东昏侯时被烧的殿宇、官署，也在陆续复建。《建康实录》卷十七载，天监四年（505年）"六月，立孔子庙"。六年（507年）八月，"改阅武堂为德阳堂，听讼堂为仪贤堂"。天监九年（510年），"新作缘淮塘，北岸起石头迄东冶，南岸起后渚篱门，连于三桥"。北岸部分西起石头城，直到东府城东南的东冶结束。南岸部分西起后渚篱门，在秦淮河入江口之南，东迄三桥篱门，已在赤石矶北麓。缘淮塘位于秦淮河南、北两岸，是防河水泛滥成灾的水利设施，由此可见当时秦淮河的宽度，远非今日可比。尤其是东冶与赤石矶之间，正是娄湖的宽阔水面。此后"作浮山堰""筑寒山堰"等皆属水利工程。天监十年（511年），"初作宫城门三重及开二道"，台城的城墙由过去的二重增筑为三重，以加强防卫。新筑的第三重在最里圈，南面开端门，东、西的万春、千秋二门，都开有两个门道。天监十二年（513年）二月，"新作太极殿，改为十三间"，至六月，"太极殿成"。东晋所建太极殿面阔十二间，以象征一年有十二个月，此时改为十三间，表示连闰月都包括在内了。这一规制影响深远，后世宫殿都采用了十三间的格局。与此同时又扩建太庙，"增基九尺"，将庙墙基址扩增九尺。普通二年（521年）四月，"改作南、北郊"。大同七年（541年）十二月，"于宫城西立士林馆，延集学者"。这中间也发生过几次意外，一次是普通二年"五月己卯，琬琰殿火，延烧后宫三千余间"。灾情虽严重，不过当时梁王朝财力强盛，大约很快就修复了。再就是中大通五年（533年）五月，"京师大水，御道通船"，御道上可以行船，足见水位之高。大同三年（537年），"四月辛丑夜，朱雀门灾"，地震损坏了朱雀门。梁代是建康地震多发时期，接连发生多次地震，但震级似乎都不太大，破坏性不强。梁代的最后一项建设，是大同九年（543年）"置江潭苑，去县二十里"。注文引《地志》："武帝自新亭凿渠，通新林浦，又为池并大道，立殿宇，亦名王游苑，未成而侯景乱。"

侯景叛乱是南朝建康最为惨烈的一场浩劫。虽然侯景叛乱的原因，是梁王朝的外交策略失误，而非国内政策失误，但对都城的破坏，则是毁灭性的。太清二年（548年）八月，侯景叛军渡江攻入建康，前后围困台城一百三十天，《梁书·侯景传》载，侯景"百道攻城，持火炬烧大司马、东西华诸门。城中仓卒，未有其备，乃凿门楼，下水沃火，久之方灭。贼又斫东掖门将开，羊侃凿门扇，刺杀数人，贼乃退。又登东宫墙，射城内，至夜，太宗募人出烧东宫，东宫台殿遂尽。景又烧城西马厩、士林馆、太府寺"。又"用火车焚城东南隅大楼"，"引玄武湖水灌台城，城外水起数尺，阙前御阶，并为洪波"。攻守双方出于战争需要不断放火烧城，放水淹城，以致建康都城残破不堪。

与此同时，建康百姓也惨遭蹂躏。"初，景至，便望克定京师，号令甚明，不犯百姓。既攻城不下，人心离阻，又恐援军总集，众必溃散，乃纵兵杀掠，交尸塞路，富室豪家，恣意裒剥，子女妻妾，悉入军营。""又烧南岸，民居营寺，莫不咸尽。"《建康实录》卷十七载：侯景"烧劫府寺、营卫、市肆，郭区内外，居人略尽"。建康外郭以内直至秦淮河南岸的居民区，第二次遭到毁灭性的破坏。

太清三年（549年）初，侯景"攻陷宫城，纵兵大掠"。梁武帝被囚禁在台城净居殿，困饿而死。侯景先自封汉王，另立傀儡皇帝，独揽大权，后干脆取而代之，改国号汉，称帝改元。天正元年（552年）三月，陈霸先、王僧辩率梁军击败侯景，收复建康，战事中都城再一次遭到破坏。《梁书·王僧辩传》载，"僧辩命众将入据台城，其夜，军人采柤失火，烧太极殿及东、西堂等。"《建康实录》卷十九注文中说得比较明白："侯景作乱，王僧辩下平之，纵军士入宫探取，火烧宫及太极殿兼西堂省寺。"也就是纵军抢掠，然后放火灭迹。在江陵继位的梁元帝萧绎虽然派人到建康主持重建工作，但自己却不愿回到凋残的建康。而官军对老百姓的搜刮竟比叛军更厉害，"时军人卤掠京邑，剥剔士庶，民为其执缚者，袒衣不免，尽驱逼居民以求购赎"，将老百姓剥得连内衣都不留，还扣为人质迫其家人拿钱来赎回。"自石头至于东城，缘淮号叫之声，震响京邑。于是百姓失望。"梁王朝也就走到了它的末路。

南朝陈的都城重建

在平定侯景叛乱中立下大功的陈霸先，掌握了萧梁王朝的军政大权，随后又打败了北齐军队的侵犯，不可一世，封为陈王。太平二年（557年），梁敬帝禅位于陈霸先，国号陈，建元永定，史称陈武帝。陈朝肇始，就不得不忙于重建宫殿。《建康实录》卷十九记载了一个神化了的故事：永定二年（558年）"七月，新作太极殿，欠一柱，忽有樟木，大十八围，长四丈五尺，自流泊陶家后渚，监军邹子度以闻。诏起部尚书蔡俦兼将作木匠，取木以构之"。陶家渚在越城西南，大木顺流而下，似乎是天意以促成陈宫。但这里也正反映出，作为皇宫正殿的太极殿，修建工程进度并不快，且建筑材料缺乏。建康城周围虽多山，但没有大山。山上的原始森林，经过此前五朝建设宫城时的砍伐，尤其是齐、梁两代的大兴土木，已难觅大材。而且数以万计移民的急剧拥入，建造住房，都需木材，数十万居民中，相当一部分依靠砍树作为烧柴，对于树木的消耗也是巨大的。《梁书·康绚传》载，梁武帝时，为了筑长堤拦截淮水以淹魏军，"伐树为井干，填以巨石，加土其上，沿淮百里内，冈陵木石无巨细必尽"，也可见当时滥伐滥采之一斑。六朝建都，山林植被不断遭受野蛮砍伐，而完全没有意识到需要保护培植，仅仅三数百年，建康城周边的自然风貌已大大改变。因为国弱民贫，陈朝初年无力于都城建设，十几年间，对内致力于恢复经济，对外逐渐扩充疆土，直到陈宣帝太建年间，才开始重建都城的工作，但再也无法恢复到梁代全盛时期的规模了。《建康实录》卷二十载，太建七年（575年）六月，改建台城二重宫墙东面的云龙门和西边的神虎门，九月，在乐游苑内覆舟山上立甘露亭。九年（577年）十月，"修东宫城"，"十二月，移皇太子居新宫"。自东晋建东宫，齐末火灾烧一次，侯景叛乱又烧一次，这已是第三次重建了。十年（578年）九月，"立方明坛于娄湖，临坛誓众"，可知当时娄湖也是重要的驻军基地之一。后主陈叔宝至德三年（585年）十一月，"诏修孔子庙"。次年九月，"幸玄武湖，肆舻舰阅武"，玄武湖始终是六朝最重要的水军基地。陈后主最豪奢的建筑，

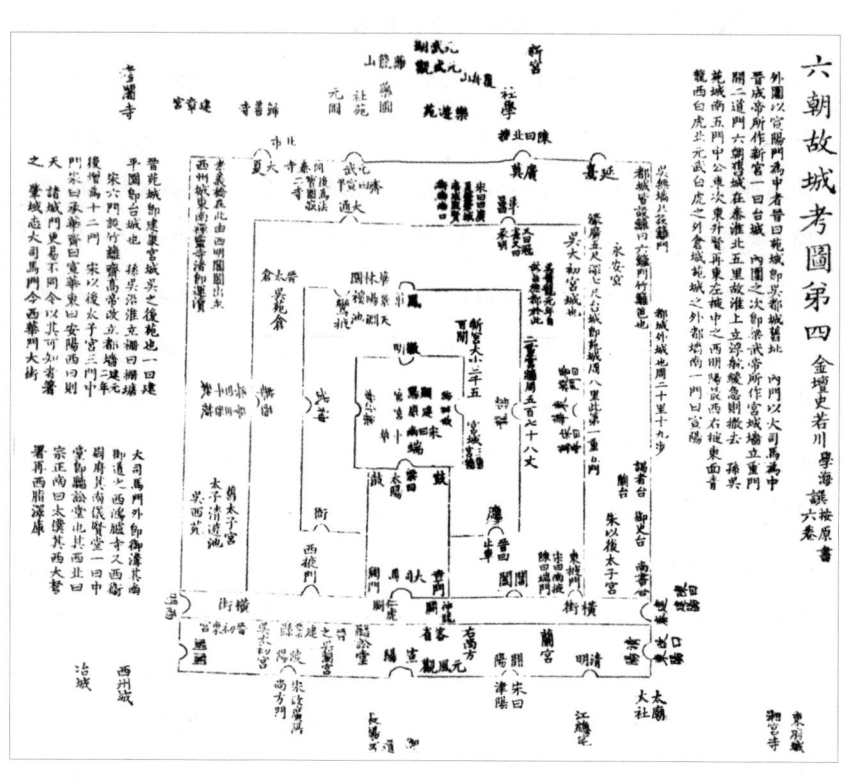

《同治上江两县志》中的六朝故城考图

是至德二年（584年），"于光昭殿前起临春、结绮、望仙等三阁，阁高数丈，并数十间"，"其下积石为山，引水为池"，"复道交相往来"。此前宫府中所造假山，都是堆土夯实（版筑）而成，规模较大。这一回改变为积石为山，可能已类似后世的石假山，一方面规模小得多了，一方面也反映出审美情趣的转变。

这里还提供了一个重要信息，就是六朝时期，"间"的概念与今天并不相同，更接近于"间隔"的本义，凡有墙柱相间隔，即计为一间，一阁就可以计为数十间，一殿所计必然更多。即如太极殿面阔十三间，进深若立七柱为八间，即超过百间。所以当时宫室、民宅计量动辄数千上万间。而几次宫中大火烧毁三千余间，可能就是三四十幢建筑。更为典型的记载，见于《南齐书·文惠太子传》，文惠太子"性颇奢丽，宫内殿堂，皆雕饰精绮，过于上宫，开拓玄圃园与台城北堑等，其中楼观塔宇，多聚奇石，妙极山水。虑上宫望见，乃傍门列修竹，内施高障。造游墙数百间，施诸机巧，宜须障蔽，须臾成立，若应毁撤，应手迁徙"。"游墙"大约是屏风一类的东西，但随时能围合成"数百间"，可见每间不会太大。后主祯明三年（589年），隋朝晋王杨广率军攻占建康，后主被俘，陈朝灭亡。

建康作为都城的历史，也就此告一段落。

东晋南朝的石头城与石头津

东晋和南朝宋、齐、梁、陈定都建康，面临的都是南北对峙的分裂局面，长江天堑被江南王朝倚为屏障，凡江边有警，必先据石头城以为捍御，石头城也就成了兵家必争之地。而东晋南朝内部的叛乱和兵变力量，多半是以长江中游荆州为根据地，挥军顺流而下，同样会先攻取石头城立足，再进而夺取宫城台城。石头城遂成交战双方竭力争夺的军事要塞。同时，石头城又是建康都城与外界联系的生命通道，失去了石头城，台城便成了进退失据的孤城，难以固守。六朝时期几次著名的战役，都以石头城的得失决定胜负：晋军截断东吴的拦江铁索，直抵石头城下，后主孙皓举白旗投降。叛军王敦抢占石头城，晋元帝忧愤而死。叛臣苏峻占据石头城，挟天子以令诸侯。萧道成图谋篡宋，先遣人夺取石头城。叛臣侯景占石头城为基地，梁武帝饿死台城。

所以六朝的帝王，也都把石头城的守御作为国家的重要事务。东吴、东晋时领军驻守石头城的，都是心腹重臣。南朝时期，更是常以太子、王子驻守石头城。在石头城的周围，陆续修建起一些辅助设施。石头城内又设有重要的粮食、军械仓库。古话说"兵马未动，粮草先行"，军事基地更不能缺少粮食储备。石头城内的粮仓，东吴时称石头仓，东晋时称常平仓，南朝相沿不变。东晋庾翼曾经揭露石头仓贪污黑幕，说有的石头城守将盗窃储粮百万石，却把管仓库的人打死以塞责。由此可以看出石头仓存粮数量之巨。各朝发生叛乱时，叛军都要占据石头城，也是因为城中储粮富足，可供军饷、定军心。

继东晋时两次增修之后，陈宣帝太建二年（570年），曾再次修整加固石头城，用以贮藏军粮。

同时，在作为军事中心的功能之外，石头城下的良港石头津，又是建康城首要的交通枢纽。东晋南朝时期，随着都城建康的对外交往与商业贸易进一步扩大，石头津日趋繁华。据《晋书·五行志》记载，在东

南京象山七号墓（王廙墓）出土的东晋玻璃罐、玻璃杯是典型的罗马帝国3—4世纪的产品，是玻璃器皿中的精品。罗马玻璃制品在汉代已经传入中国。王廙是东晋时期著名的书法家、画家、音乐家，他的墓葬品证明东晋时期南京已经是经济发达、文化繁荣的国际大都会。

收藏单位：南京市博物总馆

晋安帝时，石头津渡已经发展到"贡使商旅，方舟万计"的规模。石头城下启航的船队，不仅航行在秦淮上下，大江南北，而且经常"直挂云帆济沧海"，进行海外贸易。

石头津既是重要的交通口岸，也就成为税关的所在地。当时都城"西有石头津，东有方山津"，各设置津主一人，贼曹一人，直水五人，其职责，一方面是检查违禁物品及逃亡叛变的人员，另一方面是对过境的荻、炭、鱼、薪等各种商品，都征收十分之一的税，作为官府的财政收入。因为东路方山津所管理的，只是沿秦淮河流域而来的船只，没有什么违禁的货物，所以检查工作相对简单。石头津管理的不但有长江上、下游往来的船只，而且有海外贸易船只，面广量大，情况复杂，检查相对严格，工作十分繁重，所征收的税金也更多。

东晋南朝对外交往进一步扩大，不仅有大量商船出海交易，而且迎来了许多外国使臣。仅据正史统计，六朝时期来到建康的就有二十多个国家和地区的一百多批使臣，除向中国购求佛教和儒家经典外，还聘请中国的学者、工匠、画师去外国。当时建康输出的货物主要是丝织品，而输入的则有琉璃、象牙、犀角、珍珠、珊瑚、玳瑁、木棉、香料、檀香木、佛像，以至狮子、大象、犀牛、鸵鸟、鹦鹉、孔雀等珍禽异兽。南朝各史均有《诸夷传》或《夷蛮传》，梁朝皇帝画家萧绎画有《职贡图》(见杨仁恺《中国书画》)，画面中有倭国、百济、波斯等三十余国使臣形象。六朝青瓷和陶俑中，皆出现过外国人物造像，这些都是当时与海外交往的切实反映。当年的石头城下，时常可以看到外国人物和奇装异服，居民习以为常，不仅不感到诧异，而且学会了与他们交往，甚至模拟外国人的形状制作日常器具。双方通过贸易互通有无，从各个国家和地区源源不断地运送前来的奇珍异宝、山珍海味,不只是满足南朝统治者的享乐需要,也丰富了建康人的物质和精神生活,开阔了他们的眼界,促进了商业经济与手工业技艺的发展。而不把外国人视为"洋鬼子",就是一种难得的开放胸怀。如果有画家画出一幅六朝石头城风俗图,就会比《清明上河图》更多出一分异国风情。

六朝建康与海外的密切交流,证明南京地区从开始就是一个视野开阔的城市。

石头城,也就成为南京江海文化传统的标志。

建康民居与寺庙

历史文献中,对于宫城官署的记载相对详明,所以纵然实迹无存,今人研究起来还比较方便。而关于平民百姓生活区域的记载就很少。建康民居的建筑形式,《隋书·地理志下》中说"父子或异居",父子分居,可见建筑规模不会太大。又《隋书·高颎传》中载,高颎向隋文帝报告他的"取陈之策",其中说道:"江南土薄,舍多茅竹,所有储积,皆非地窖。密遣行人,因风纵火,待彼修立,复更烧之,不出数年,自可财力俱尽。"这一计策的实施,遂使"陈人亦敝"。由此可以了解民居建筑材料与生活习惯之一斑。

至于居民区域的分布情况,卢海鸣《六朝都城》中,爬梳史料,仅搜得六朝里坊二十五个,其中秣陵县境内十个,建康县境内十四个,位置不明一个。这些里坊记载简单,内涵不一,分布散漫,完全看不出有预先规划的痕迹,也难以反映城市成长建设的脉络。

事实上，建康都城区之外，居民区的开发，虽然受到都城存在的一定影响，但主要仍是依据自身规律在发展的。这始终是六朝南京城市建设的一个重要特点。

在二十五个里坊之外，有研究者注意到官僚贵胄的宅第园林，也是一种可信的城市地标。其实上述六朝里坊，不少就因豪宅园林而得以存名。然而，有记载的豪宅园林数量也不多，且分布相对集中，如青溪一带、鸡笼山附近、乌衣巷、娄湖、钟山上下等处。由此可以看出的趋势是，东吴时期，豪族、官僚宅第尚处于秦淮河南岸长干里一带，东晋以后，逐渐转向青溪一线直至鸡笼山附近，也就是建康城南北御道以东的区域。一方面，后者更接近于都城，沿青溪乘船往来很方便；另一方面，也说明秦淮河南岸居民区已相当密集，不再有新建豪宅所需要的足够空间。当然史籍中也有数次权贵侵占民居土地以建豪宅的记载，但毕竟还不是普遍现象。这片新开发的贵族聚居区，固然是城市中的一个新出现的功能区，也属于居民区的一个构成部分，然而，还是没有涉及最大量的平民居住区分布情况。

我的看法是，六朝时期数量巨大的寺庙建筑，对探究城市居民分布区域，最具参考价值。

现存史料中有记载的六朝宗教寺观不但数量较大，且相对详明，所以佛寺恰可以作为建康都城及周边地区的相应地标。佛寺与居民区的关系可谓相辅相成。选择建寺的地点，离平民聚居区不会太远，尤其是佛教传入的初期，寺庙是造成影响、吸引信徒的重要工具，所以常选择在农、商市场等人流密集之处的附近建寺。而因为寺庙的建立，又会促进周边居民区的发展。有寺庙之处，必有人烟，这是不会错的。而从既有文献记载看,六朝寺庙确实常与市场、里坊相关联,且不乏居民舍宅为寺的情况。所以,研究六朝佛寺的分布,会有助于了解建康城市建设与发展状况。

唐杜牧名句"南朝四百八十寺,多少楼台烟雨中",常常被当成诗人的夸张。后世史志所载有名可考的六朝佛寺只有二百二十余座。但《南史·循吏传》载梁朝郭祖深痛陈佞佛危害事,明确指出"都下佛寺五百余所,穷极宏丽,僧尼十余万,资产丰沃",而《续高僧传》等僧人著述中,则说建康时有佛寺七百余所。可见六朝建康佛寺完全可能在五百所左右。相关人口数量也是惊人的,即以"僧尼十余万"计,平均每所寺庙达二百人,再加上依附于寺庙田产的农民,已成为建康地区举足轻重的一种居民群体。由于寺庙田产均不纳赋税,当时人有"天下户口,几亡其半"的忧虑。可见寺庙密布的事实,对于社会而言,并不如诗人所歌咏的那样优美。

晚清孙文川从相关史志文献中采集六朝佛寺资料,后由陈作霖编纂成《南朝佛寺志》,共举出六朝寺庙二百二十六所,其中多数位置明确,兹利用以考察寺庙分布情况。

佛教自汉代传入中国,进入江南相对较晚。东吴时期现可考的只有一座建初寺。南朝梁释慧皎《高僧传》说,"因始有佛寺,故号建初寺,因名其地为佛陀里"。因寺南即孙权所立大市,又称大市寺。前文说过,大市是东吴的市场管理机构,所管即越城与凤台山之间的小长干里居民商业区。建初寺建于大市之北,当在凤台山南麓。

东晋有名可考的佛寺三十七所,以位置明确者究其分布。

秦淮河南岸九所:大长干寺在越城东大长干里,以里名为寺名,即今大报恩寺遗址一带。这一带地形开阔,大于凤台山一带,很可能就是因为有这"大长干"做比较,凤台山与越城之间的长干里才被叫成了"小长干"。白塔寺在长干寺东。越城寺在越城,即长干寺西。中寺在今镇淮桥南一带。斗场寺在秣陵县三桥篱门外斗场里,以里名为寺名,寺前有市,亦名斗场市。祇园寺在凤凰楼西,与建初寺相邻,一说即建初寺之分刹。瓦官寺在城西隅三井冈,即凤台山。高座寺在石子冈东,又名甘露寺,因寺中有甘露井,即今雨花台江南第二泉。新亭寺在新亭冈(今菊花台西南)。九座寺庙有六座位于长干里,三座环绕长干里。长干里正是建康人口最密集地区。

秦淮河北岸十二所:临秦寺在秦淮水北,南临秦淮。安乐寺在临秦寺旁,系王坦之等高官舍宅为寺。何皇后寺在西州桥侧,即今评事街北笪桥附近。建兴寺在何皇后寺南,运渎高晔桥西渚建兴里。冶城寺在冶城山,即今朝天宫附近。太后寺近冶城寺。开福寺在冶城东南。禅众寺在察战巷(今评事街旁佳兆巷)后。延兴寺在运渎西岸,北乾道桥(今七家湾与打钉巷之间)一带。庄严寺系镇西将军谢尚舍宅为寺,南直竹格港,即今下浮桥附近。彭城寺在秣陵县东南,西大门临古御街,在今建邺路北高井一带。招提寺在石头城北。可见大多在秦淮河尤其是运渎沿线。也就是说,运渎开通之后,长干里商区向北拓展的趋势十分清晰。

都城东、北九所:护身寺在御街东,以晋太子宫地建造。耆阇寺在鸡笼山西,前有纱市,市中有蚕室,为六朝皇后躬桑之所。归善寺在鸡笼山东,上林苑前。青园寺在覆舟山下。天宝寺在玄武湖南,古潮沟前。长寿寺在潮沟后,与天宝寺隔水相望。枳园寺在都城东郊,约在今

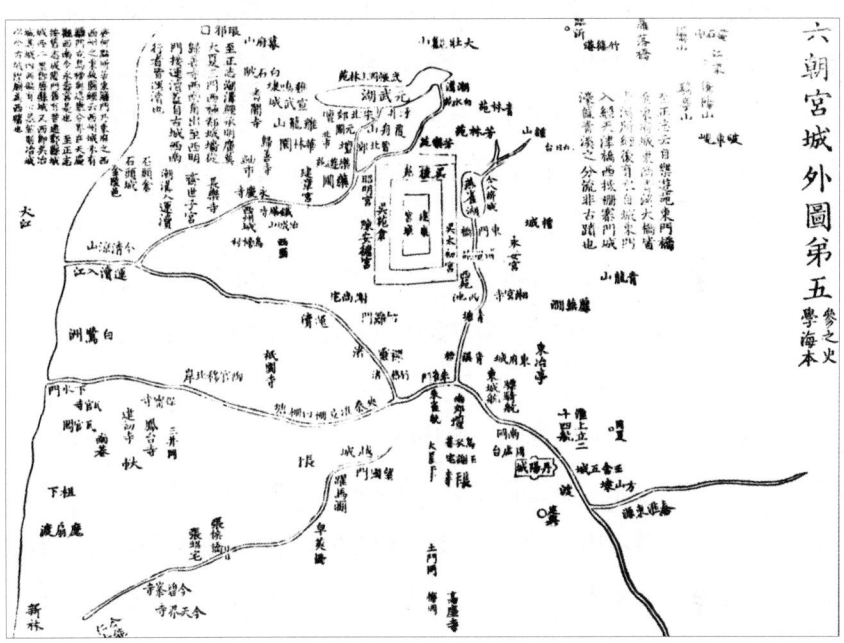

《同治上江两县志》中的六朝宫城外图

明故宫东南。延贤寺在钟山侧。崇明寺在靖安镇。多围绕都城而建,而正与皇家园林区相表里。

在秦淮河南岸,寺庙集中于今门西地区至越城一带,最南远至菊花台。在秦淮河北岸,寺庙集中于运渎和秦淮支流沿线,最北到石头城以北。值得注意的是,秦淮河南北的二十一所寺庙,都位于建康城南北中轴线御道以西,且与里坊、市场多有联系,可见东晋建康的普通居民区与商业区主要处于这一区域。南北御道成为平民区与贵族区的有效分界。同时,也显示出居民区由南向北推进的趋势。瓦官寺的选址是一个典型的例子,《建康实录》卷八载:晋哀帝兴宁二年(364年),"诏移陶官于淮水北,遂以南岸窑处之地施僧慧力,造瓦官寺"。寺庙要建在居民区附近,而窑场当建于人烟较少的空旷处,所以将陶官从淮水南迁往淮水北。

都城东、北的九所寺庙,主要环绕在宫城周边,且多与皇家相关。可见其时建康城向东、向北的发展,仍在鼓楼、玄武湖一线之南。侨郡侨县较多的江乘县境内,也未见有建造佛寺的记录。刘宋立国之初即开始大建寺庙,据记载共新建寺庙六十所,大多有具体位置。考其分布,御道以西新建寺庙十二所,其中秦淮河南岸十所:宋兴寺在长干里南,就宋武帝故居而造。崇福寺在南门外。铁索罗寺在南门外。南涧寺在南门外西街涧子桥。南林寺在中兴里,与祇园寺相近,司马梁王妃舍宅造。报恩寺在天竺山东,南距秦淮数百步。天王寺在梅岭冈。正觉寺在新亭。旷野寺在新亭。龙渊寺在小丹阳牛落山。秦淮河北岸仅二所:大庄严寺在宣阳门外太社西,即今建邺路笪桥西,寺前有市。延祚寺在冶城后冈上。御道西侧佛寺建造的趋缓,一方面说明这一地区佛寺的数量渐趋饱和，另一方面也证明居民区日益密集，已缺少建造佛寺的空间。

御道以东新建寺庙九所：竹园寺在蒋陵里檀桥。新安寺在青溪鸡鸣桥北。湘宫寺在青溪中桥（即今四象桥）北，西南即古草市。兴业寺在青溪菰首桥（即今竺桥）南。禅林寺在县东三里。乌衣寺在乌衣巷，闲心寺在娄湖苑，禅冈寺在赤石矶，天竺寺在丹阳郡城，都在秦淮河南岸今门东地区。这显示出城市发展的一个新趋势，就是沿青溪发展出的贵族聚集区，与秦淮河南岸向北推进的居民区，在今门东地区，渐相连接。

都城周边新建寺庙八所：竹林寺在华林园侧，鸡笼山旁。药王寺在竹林寺附近。青园尼寺在覆舟山下，原王坦之祠堂址。法轮寺在覆舟山下。栖元寺在鸡笼山东北。兴皇寺在建阳门外。长乐寺在台城南。迦毗罗寺为外国僧所建，在珠江路北门桥一带。这些寺庙多与皇室成员有关，显示出皇家崇佛热情的增长。鸡笼山、覆舟山、华林园之间形成寺庙群。但鼓楼以北、今中央路以西的范围内，仍未见建造佛寺。

此外，寺庙还有向远郊发展的趋势，仅钟山上下就新建寺庙九所：道林寺、定林寺、宋熙寺、善居寺、上定林寺、灵曜寺、灵根寺、灵基寺、灵味寺。今沧波门外还有一所隐静寺。距城二十里以外的寺庙有六座，如高台寺远至秣陵城南八十里，永丰寺去县七十里，延寿寺在县西北八十里，说明那些地区已有相当密度的居民区。这种自都城向外辐射的传播过程，也证明六朝佛教的兴盛是在统治者的积极倡导下形成的。而钟山上下佛寺大增，则说明佛教发展已进入一种新阶段。由于佛教信徒的数量增长和虔信程度的提高，佛寺不必再以贴近居民区来吸引信徒，而是以增加神秘感、神圣感来提高声望。越是远离尘嚣的佛寺,越能引得信徒崇仰膜拜。与此相应的是,这一时期对高僧的宣扬也明显增多。

萧齐统治年短,据记载新建寺庙仅二十六所,最重要的是建于栖霞山中的栖霞寺,特别是寺后开凿的千佛岩,是南京仅存的六朝佛教石刻。从分布看,御道以西仅三所:正观寺,在秦淮水侧;齐安寺,在宋兴寺南,本齐高帝故宅;禅灵寺在秦淮与运渎之交,近斗门桥。御道以东有五所:建元寺,在青溪上;齐隆寺,在广明门侧,复成仓附近;孔子寺,在丹阳郡东南长乐桥,当今马道街一带;大仁寺,在长乐桥东孔子巷中;慧眼寺,在同夏里,今赤石矶南。鸡笼山一带新建法云寺。钟山上下有山茨寺、集善寺、草堂寺、石室寺、胜善寺等五所。远郊则尚有城东南三十里的洞玄寺和石城东北六十里的齐古寺。这都说明城市的发展仍延续着刘宋时的趋势。《建康实录》卷十七载,梁武帝天监元年(502年)"旱,米一斗五千文,人多饿死。立长干寺",将东晋的长干寺改建为阿育王寺,而且"敕除市侧数百家,以广寺域,堂殿楼阁,颇极轮奂,其图诸经变相,并是张僧繇丹青之功,为其冠绝"。在"人多饿死"的重灾之年,急于建造佛寺,并拆除周边数百民家以供佛寺扩张,梁武帝佞佛之深可见一斑。自此连年建寺不息,官僚贵胄争相出资捐宅,有一人捐建数所的,僧尼募建寺院亦渐多。终梁之世,据载共新建寺庙九十一所,其分布也较明确。

御道以西五所:净居寺在南郭外;无垢寺在凤凰山南,凤台门外;永庆寺在冶城北;小庄严寺、惠日寺在定阴里,当运渎东曲折处原太初宫西门外。

御道以东九所:智度寺在青溪边;山斋寺在乌衣巷,尚书令谢举舍宅为寺；光宅寺、萧帝寺、天光寺都在同夏里；解脱寺、善觉寺在太清里；到公寺近秦淮河，侍中到溉舍宅为寺；一乘寺在丹阳县东门外。

值得注意的是，都城东北沿江一带寺庙多起来，幕府寺、同行寺在幕府山，清玄寺在城北二十五里，万福尼寺在县北十八里，涅槃寺在建康县北二十里，翠微寺在涅槃寺后，劝善寺在建康县西北十八里。栖霞山又建了座庆云寺。

总而言之，在京师建康、秣陵二县范围内新建的寺庙，不过十余所，除钟山一带另有近十所外，其余六十余所都在距都城数十里外，如牛首山中建造起佛窟寺、仙窟寺、虎窟寺、常乐寺等，如方乐寺在建康城东北六十里，观音寺在城东六十里黄干村，杜桂寺在城东南六十里，金口寺在秣陵县东南八十五里金口里，法苑寺在秣陵县南五十里，资圣寺在城西南六十里，福兴寺在秣陵县西南百里铜井镇，劝善寺、普光寺在建康县西北八十里，等等。由此可见，佛教的传布区域在不断扩大，寺庙在城内与近郊广布之后，遂更向远郊发展。

南朝梁佛寺建设中有一项特殊的艺术成果，就是建于大同三年（537年）的一乘寺。《建康实录》卷十七载："寺门遍画凹凸花，代称张僧繇手迹，其花乃天竺遗法，朱及青绿所成，远望眼晕如凹凸，就视即平，世咸异之，乃名凹凸寺。"中国画的传统是用线条白描，故而难以表现出立体感，张僧繇却能掌握西方传来的技法，在寺门上画出立体花卉。一千年后，西方传教士利玛窦带了有立体感的宗教宣传画到南京，南京的文化人不服气，还举出张僧繇的例子，以证明中国"古已有之"。南朝梁寺庙中，最重要的是大通元年（527年）所建同泰寺。《建康实录》卷十七载："寺在宫后，别开一门，名大通门，对寺之南门，取返语'以协同泰'为名。帝晨夕讲议,多游此门,寺在县东六里。"按宫城原只有一个北门,此时在其西另开了大通门。注文引《舆地志》:"在北掖门外路西,寺南与台隔,抵广莫门外路西,梁武普通中起。是吴之后苑,晋廷尉之地,迁于六门外,以其地为寺,兼开左右营,置四周池堑、浮图九层、大殿六所、小殿及堂十余所。宫各像日月之形,禅窟禅房山林之内,东西般若台各三层,筑山构陇,亘在西北,柏殿在其中。东南有璇玑殿,殿外积石种树为山,有盖天仪,激水随滴而转。起寺十余年,一旦震火焚寺,唯余瑞仪、柏殿,其余略尽,即更构造而作十二层塔,未就而侯景乱作,帝为贼幽馁而崩。"据此,同泰寺的位置,在宫城之外、都城之内,约在今珠江路、浮桥一带,与今鸡鸣寺肯定不是一处。鸡鸣寺即为古同泰寺的传说,与今解放门侧的"台城"一样,都是以讹传讹的产物。同泰寺建寺当年,梁武帝第一次舍身同泰寺。中大通元年(529年)九月,梁武帝第二次舍身同泰寺,"群臣以钱亿万奉赎皇帝,众僧默许。乙酉,百辟诣寺东门,奉表请还宫,三请乃许"。中大同元年(546年)三月,"幸同泰寺,讲三惠经,乃舍身为奴。四月,皇太子已下群臣出钱亿万奉赎。是夜,同泰寺为天火所烧略尽"。中大同二年(547年)二月,"又舍身,群臣以钱亿万奉赎,僧众默许。"皇帝与寺僧达成默契,以舍身的形式,强迫国家将巨额财富转移给佛寺,其佞佛可谓登峰造极。但这也从一个侧面说明,梁武帝时期国家的经济发展情况相当好,国库积累充裕。

陈武帝永定二年(558年)五月,登基刚半年的陈霸先就模仿起梁武帝的样子,《建康实录》卷十九载,"辛酉,幸大庄严寺舍身。壬戌,王公已下奉表请还宫"。十二月,他再次舍身大庄严寺,"群臣备礼,奉迎还宫"。这很可能是因为，侯景之乱中佛寺也受到较大毁损，而陈王朝又没有足够的财力复建，所以皇帝带头为佛寺募集资金。《建康实录》卷二十载，陈后主当政时，也曾因为宫中屡屡出现怪异之事，"自卖身于佛寺为奴以禳之"，但这已经不是信仰，而是一种镇煞辟邪的手段。后主"又于郭内大皇寺造七层塔，未毕功，而火从中起，飞向石头城，烧人家无数"，看来佛是不肯保佑他的了。陈朝为期既短，大约主要在复建过去的名寺，新建寺庙仅十一所，位置明确的仅台城侧怀安寺、运渎东南证圣寺、南门外西街国胜寺等。

综上所述，由佛寺的分布与发展进程可以看出，开发最早的秣陵县境内，也最先佛寺密布。由秦淮河南岸繁盛起来的居民区，先在建康都城中轴线以西越过秦淮河，逐渐发展向中轴线以东的青溪一带，又推进到自鼓楼至覆舟山一线以南。在这一区域中，尤其是秦淮河各条支流两岸，都已是密集程度不同的居民区了。与后世民居沿路而建一样，六朝时期的民居主要是临河而建的，这是因为生活用水和交通的便利，都要依赖河流。江乘县临江一线，主要是县治所在的栖霞山一带，也已成为居民区。鼓楼至覆舟山一线以北的金川河流域，虽有侨县的安置，仍属人烟稀少的地区。

明版画 剪帛

第六章 隋、唐时期的商业都市

过去史家的观念，认为非建都时期的南京就衰落了。其实城市的生命力，并不完全由政治地位决定。失去都城地位的南京，文化和经济仍一脉相承，继续生长。正因为此，才会有新的政权再次建都南京。

台城并未被"平荡耕垦"

隋文帝杨坚开皇九年（589年），陈朝灭亡，六朝终结，同时也是建康都城历史的终结。

失去都城地位的建康城，在隋、唐时期的存在状态，后人多以宋代司马光的说法为定论，《资治通鉴》卷一七七中说，隋平定陈各州郡后，"诏建康城邑宫室，并平荡耕垦，更于石头城置蒋州"。

然而，这一说法不是没有疑问的。

由于陈军将领的叛变，隋军占领建康宫城时，并未发生战事。从北面攻至宫城外的隋将贺若弼，打算火攻北掖门，然而在陈军叛将引领下的韩擒（一名韩擒虎），早已从南面进入台城，捉住了陈后主，这时便将北掖门打开了。

所以，建康宫城不是因为战火被毁坏的。《隋书·韩擒传》透露出

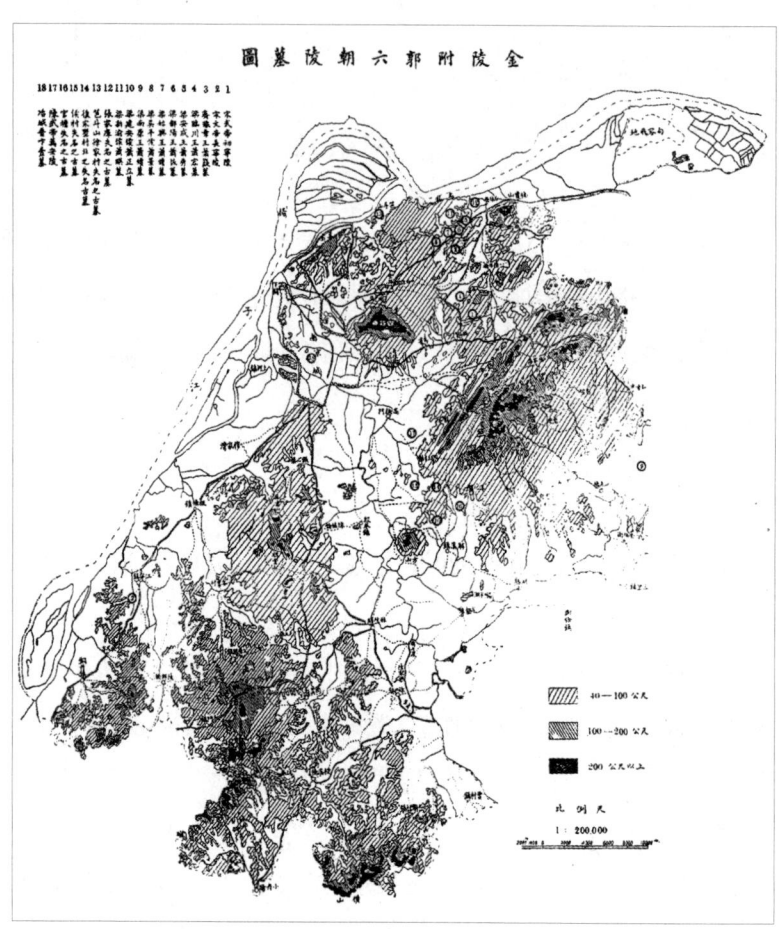

《建康兰陵六朝陵墓图考》中的金陵附郭六朝陵墓图

韩擒"放纵士卒，淫污陈宫"的消息，《建康实录》卷二十也有破城当天"隋军虽乱"的记载，但都没有毁坏宫室的记录。《隋书·炀帝纪上》且记载，隋晋王杨广平陈后，"封府库，资财无所取，天下称贤"。

司马光的说法，源出于《隋书·地理志下》的记载，"丹阳郡，统县三，户二万四千一百二十五"，"丹阳郡"下有注："自东晋已后置郡，曰扬州。平陈，诏并平荡耕垦。更于石头城置蒋州。"蒋州所统三县为江宁、当涂、溧水，"江宁"下亦有注："梁置丹阳郡及南丹阳郡，陈省南丹阳郡。平陈，又废丹阳郡，并以秣陵、建康、同夏三县入焉。大业初置丹阳郡。有蒋山。"隋平陈之初，将建康宫城所在的建康县，并入江宁县，此是一事。隋以蒋州代丹阳郡，另于石头城设蒋州治所，此又是一事。而明确"平荡耕垦"的，则是被废的丹阳郡，且不会是丹阳郡的全部属地，只可能是丹阳郡城。到大业三年（607年）又恢复丹阳郡，仍辖江宁、当涂、溧水三县，治所不变。

也就是说，隋灭陈之际，对于建康都城和丹阳郡城的处置，似不宜简单地混为一谈。

容易引起误会的，还有两条文献。《隋书·五行志上》载："祯明元年六月，宫内水殿若有刀锯斫伐之声，其殿因无故而倒。七月朱雀航又无故自沉。明后主盛修园囿，不虔宗庙。水殿者，游宴之所，朱雀航者，国门之大路，而无故自坏，天戒若曰：宫室毁，津路绝。后主不悟，竟为隋所灭，宫庙为墟。"《隋书·五行志下》载："陈后主时，蒋山有众鸟鼓翼而鸣曰：奈何帝京。京房《易飞候》曰：鸟鸣门阙如人音，邑且亡。蒋山，吴之望也，鸟于上鸣，吴空虚之象。及陈亡，建康为墟。"

这两条都是从迷信的角度,将某种征兆与此后发生的事件相联系,以为预言,因此不能视为严肃的史实记载。"宫庙为墟"也不能等同"建康为墟"。至于从中简单地截取"陈亡,建康为墟"六个字,更是不严谨的。而且,即使建康都城被毁为废墟,与"平荡耕垦",也不是一个概念。

隋文帝有必要毁弃建康都城宫室,是因为"金陵王气"的传说,经过东晋以来二百多年的宣传,再加上六朝建都的事实,已经影响甚大,深入人心。一方面,为了破除建康的"王气",削弱建康的政治、军事地位,防止江南军阀借尸还魂,以其为根据地图谋王霸之业,隋王朝必须消除建康的都城痕迹,使这一方土地,降格为普通的市镇。但另一方面,"普天之下,莫非王土",江南这一片富庶之地,鱼米之乡,既已归入隋朝版图,帝王有何必要将繁荣的城市,都"平荡"成乡野?

建康宫城与民居区域的远相隔离,使得隋军也容易对这两大功能区分别进行处置。

建康宫城及其周边的皇家园囿、官署营舍,无疑都在毁弃之列,且可以确定其在陈亡后渐成一片断垣残壁。不过,这有可能是出于隋王朝有意识的破坏,也有可能是遭废弃之后的自然毁损,抑或二者兼有。中国传统建筑采用砖木结构,二三十年不维修,就难免残破不堪。然而,如此大面积的建筑废墟,在当时的条件下,清理起来就有很大难度。在土地尚不紧缺、居民区又相隔尚远的情况下,未必会有人去将其辟为耕地。从此后的城市空间发展实际看,隋、唐两代,建康都城区实际上处于被弃置的情况,也从未鼓励民间进行开发。

同时,史籍中还提供了更为重要的证据,即陈宫遗址此后且有多次被利用的记录。隋朝末年,中原各地纷纷举起义旗,抗击朝廷暴政。隋炀帝明知东都洛阳已回不去,也无意回去,遂在大业十三年(617年)下令建设丹阳宫,以作为自己的终老之地。《隋书·炀帝纪下》载,当年"十一月,景辰唐公入京师,辛酉,遥尊帝为太上皇,立代王侑为帝,改元义宁。上起宫丹阳,将逊于江左",打算扎根南京做太上皇了。然而未等到新宫落成,炀帝在次年三月已被杀死。丹阳宫址虽无明确记载,但研究者多以为在陈朝旧宫遗址上进行修复的可能最大。到了唐高祖武德六年(623年),辅公祏称帝于丹阳,国号宋,亦修缮陈朝宫室以居,并部署百官。《旧唐书·辅公祏传》明确记载:辅公祏"自称宋国,于陈故都筑宫以居焉,署置百官"。甚至到了唐僖宗光启三年(887年),张雄据上元,暗怀称王之意,还打算治台城为府第。《新唐书·张雄传》载,张雄"即以上元为西州,负其才,欲治台城为府,旌旗衣服僭王者"。

由此可见,直到唐代末年,陈宫遗址尚存。晚唐诗人陆龟蒙诗咏景阳宫井,有"古堞烟埋宫井树"之句。张乔笔下的《台城》透露了更多的信息:"宫殿余基长草花,景阳宫树噪村鸦。云屯雉堞依然在,空绕渔樵四五家。"他与陆龟蒙都写到城墙上的雉堞和宫内的树,雉堞既存,可见城墙一定还在,树多,可见既未"平荡"也未"耕垦",所以宫殿残余的基础上长的是草花,而不是庄稼。台城周边的居民也不多,只是"渔樵四五家",没有说到农夫。

唐代诗人留下了大量"金陵怀古"诗作,如李白的"吴宫花草埋幽径,晋代衣冠成古丘""亡国生春草,离宫没古丘""六代更霸王,遗迹见都城""白杨十字巷,北夹湖(应为"潮")沟道。不见吴时人,空生唐年草。天地有反覆，宫城尽倾倒。六帝余古丘，樵苏泣遗老"。韦庄的"无情最是台城柳，依旧烟笼十里堤"，王贞白的"御路叠民冢，台基聚牧童。折碑犹有字，多纪晋英雄"，司空曙的"辇路江枫暗，宫庭野草春"，李群玉的"野花黄叶旧吴宫，六代豪华烛散风。龙虎势衰佳气歇，凤凰名在故台空。市朝迁变秋芜绿，坟冢高低落照红"……都反映出六朝都城当时的状况，宫城倾倒，野草满庭，台基嬉童，尽管衰败荒凉，但同样可以证明台城确实没有被"耕垦"为田地。

可以作为佐证的，还有台城北面一路之隔的同泰寺，《景定建康志》卷四十六载："南唐改净居寺，寻又改圆寂寺，其半为法宝寺。"引《舆地志》："法宝、圆寂寺，即古同泰寺基旧址。"又述法宝寺，"亦曰台城院，乃梁同泰寺基之半也，今在行宫北精锐军寨内"。其"考证"中说："梁武帝大通元年创同泰寺，伪吴顺义二年，以同泰寺之半，置为台城千福院，本朝改赐今额。"又说同泰寺"寺基最阔。淳祐七年，创置精锐军，同泰寺旧基皆为寨屋及蔬圃"。同泰寺基到唐末五代尚存，直到杨吴南唐时才被利用，南宋中期尚有遗迹，可见建康都城在隋唐时确未被"平荡耕垦"。

《资治通鉴》卷一七七载，平陈之际，"开府仪同三司王颁，僧辩之子，夜发陈高祖陵，焚骨取灰，投水而饮之"，以报杀父之仇，"既而自缚，归罪于晋王广。广以闻，上命赦之。诏陈高祖、世祖、高宗陵，总给五户分守之"。由此可见，对于陈朝陵墓，隋文帝不但没有"平荡"的意思，而且还专设看坟人户，世代看守加以保护。与此命运相类的，还有青溪沿岸的南朝贵族园墅。陈朝权贵随着陈后主一起做了俘虏，被押送北去，其园墅失了主人，即使不拆毁也难免荒圮。从江总《南归寻草市宅》诗意看,"见桐犹识井,看柳尚知门"两句,说明自然风貌还保持着原样,亦未见"平荡耕垦","径毁悲求仲,林残忆巨源","花落空难遍,莺啼静易喧。无人访语默,何处叙寒温"等句,则说明当时的路径、园墅荒芜后,这一带几乎没有人烟。

对于秦淮河两岸,尤其是秦淮河以南密集的居民区,隋王朝是并不打算破坏的,然而需要清除其中能够显示都城规模的痕迹,以消灭民众对前朝权威的记忆。这一区域中,最重要的行政建置便是丹阳郡城,其地处于秦淮河南岸偏东,约在今箍桶巷一带,所以不但要平毁,而且对于出现的空地,也要明确用途,只限于垦殖耕作,不得重建城邑。紧邻丹阳郡城的乌衣巷也在劫难逃,"旧时王谢堂前燕,飞入寻常百姓家",说的就是这种变化。不仅如此,就连南朝梁皇家兴建的阿育王寺,也不允许保留。《建康实录》卷十七记阿育王寺变迁,说"陈亡,寺内殿宇悉皆焚毁。"甚至重要的水利交通设施,也要破坏。《建康实录》卷二注文记破冈渎的变迁:自东吴赤乌八年八月开凿,"晋、宋、齐因之,梁避太子讳,改为破墩渎,遂废之,而开上容渎"。"上容渎西流入江宁秦淮。后至陈高祖即位,又埋上容而更修破冈。至隋平陈,乃诏并废此渎"。其目的,自然是切断建康地区与吴、越腹地的交通,压迫其影响。到隋炀帝开凿大运河之际,也是从京口(今镇江)即北转扬州,使交通枢纽东移,有意将南京摒于这一南北交通干线之外。由此可以想到,虽然史无明文,但邻近居民区的御道和其他重要道路,以及御道两边的府署建筑,一定也会遭到破坏。唐人诗中说"御路叠民冢",六朝御道上埋了许多民间墓冢,可以作为旁证。

隋、唐时期的江宁建置

弄清这一点，对于把握此后数百年间南京地区的城市空间状况是有意义的。六朝时期南京地区南北两极相向发展的局面，在陈亡之后被打破。隋、唐以降，又回到了从南部秦淮河两岸缓慢向北推进的态势，而原建康都城的范畴，很长时期内都是闲置的空地。

除此之外，隋王朝还在行政建置上极力压低建康的地位。如上所述，开皇九年（589年）废除丹阳、建兴等郡，置蒋州，治所在石头城故址，统江宁、当涂二县，以后又增加溧水县。先将建康、秣陵、同夏三县并入江宁，后又将丹阳、湖熟、江乘等县及侨置临沂等县都并入江宁，当涂本是东晋所立侨县，隶属淮南郡，隋废淮南郡，将原淮南郡所辖于湖、繁昌、襄垣、西乡等县并入当涂，移县治于今当涂县城。开皇十一年（591年），析溧阳县西北境及丹阳故地东部，置溧水县，后又将溧阳全县并入溧水县，县治设溧水县在城镇。经过这样一番折腾，建康都城的痕迹，在实地上与建置上，都被抹去了。

隋初的江宁一县，几乎涵括了原建康京邑之地，反过来说，六朝都城区此时竟被降为县以下的建置。江宁县治迁移到晋西州城旧址，即今朝天宫东建邺路中段一带，秦淮中支北岸，正介于原都城区与居民区之间，既便于管理南面和西面的居民区，也可以有效地监控北面的原都城区。

这个位置值得加以关注，因为此后八百年间，南京地区的行政中心，一直就在这一带。而秦淮中支，也就成为行政中心与居民商业区之间一条有效的分隔线。

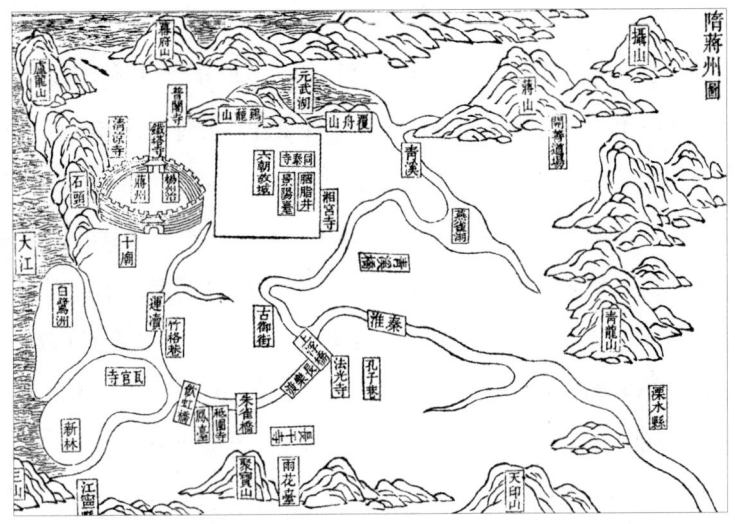

《金陵古今图考》中的隋蒋州图

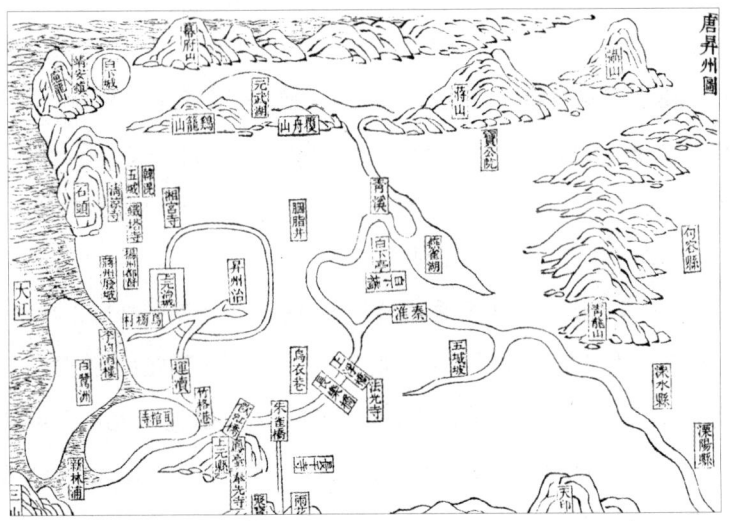

《金陵古今图考》中的唐昇州图

唐王朝代隋而兴，但在对待建康故都的态度上，却与隋王朝如出一辙，极力贬抑，可说有过之而无不及。唐初，建康故地先后为沈法兴、李子通、杜伏威等割据。唐高祖武德三年（620年），杜伏威受唐封为吴王，江南土地一入唐王朝版图，朝廷即废除丹阳郡，改置扬州，治所仍在石头城。将江宁县易名归化县，并析江宁、溧水两县地设置安业、丹阳、溧阳三县，五县统属扬州。归化、安业这两个新县名的政治色彩十分明显。武德六年（623年），大约局势已经安定，才将安业并回归化，易名金陵县。扬州所辖增加了延陵、句容二县。武德八年（625年）将扬州大都督府及州治从金陵迁往江都（今扬州），并将许多居民迁往江都。自此以后，扬州成为江都的专名。金陵县易名白下，改属润州，治所在古白石垒旧址。而白下县又不断改名，忽归化，忽江宁，直到唐肃宗上元二年（761年），改为上元，一百四十年间七易其名，八变隶属。此后因唐王朝日趋衰败，顾不上这个前朝故都了，上元县名才得以沿用到唐末。其间，唐肃宗至德二年（757年）曾于江宁县置江宁郡，以建邺路中段原江宁县城为治所，辖江宁、句容、溧水、溧阳四县，时仅一年，乾元元年（758年）又改江宁郡为昇州，不久即废，至唐僖宗光启三年（887年）复立。这时唐王朝已经日薄西山，而复立的昇州，却成了未来南唐新都的基础。

隋、唐两朝统治者对于南京地区，自然谈不上有什么城市规划与建设，只在前人基础上修建了一些衙署，有的加筑了城池。重要的几处，一是石头城，在唐初被扩建为扬州大都督府。武则天光宅元年（684年），徐敬业起兵反武则天，也曾遣部将崔洪修石头城以固拒守。安史之乱后，藩镇割据，战乱不断，长安失守，唐德宗逃往陕西，建中四年

（783年），润州刺史、镇海军节度使韩滉对石头城进行改筑，准备唐德宗迁都上元，史称"韩滉五城""石头五城"。《旧唐书·韩滉传》载：韩滉"筑石头五城""毁拆上元县佛寺道观四十余所修坞壁，建业抵京岘，楼雉相属，以佛殿材于石头城缮置馆第数十""去城数十里内先贤丘墓多令毁废"。拆毁上元县佛寺道观以至前人墓葬，以取得砖、木等建筑材料。由此也可见当时石头城周边数十里内，已无成材树木可以利用。今人说起韩滉，都会想到他画的《五牛图》，很少提到他与南京的这一份因缘。

二是昇州城，是在原江宁县城的基础上修建的，位置在今朝天宫东建邺路中段丰富路一带，也相当于以后南唐宫城的西南角。了解这一点，对南唐宫城的选址也就容易理解了。再就是辅公祏称帝时所建城，位于古燕雀湖畔、原齐文惠太子苑地，大约在今黄埔路以西。辅公祏失败，此城即被毁废，没有留下什么痕迹。

现在还留下遗迹的重要隋、唐建筑，是栖霞寺。隋文帝仁寿元年（601年）得到一包佛骨舍利，分给全国八十三州建塔收藏，第一批三十个州中就有蒋州栖霞寺。现栖霞寺舍利石塔虽已是南唐时所重建，但专家认为塔基下面藏舍利的石函，应是隋代原物。唐代初年，栖霞寺改名功德寺，增建殿堂佛舍四十九所，成为当时江南最大的佛寺，"天下四大丛林"之一。唐高宗时还为栖霞寺创始人明僧绍立碑，即今栖霞寺前保存完好的明征君碑。

此外还有乌龙潭畔，颜真卿所建的放生池。唐肃宗乾元元年（758年），颜真卿来江宁任昇州刺史，他向皇帝建议在全国修建八十一处放生池。而他所辟的江宁放生池，据传就选在了清凉山下的乌龙潭。后人为纪念颜真卿和有功德于放生的人,在乌龙潭西建造了放生庵和颜鲁公祠,祠内置颜真卿所书《有唐天下放生池碑铭并序》石碑。颜鲁公祠屡毁屡建,至今犹不失为南京为数不多的唐代文化遗址之一。

"腰缠十万贯,骑鹤上扬州"

尽管在行政上屡受贬抑,隋、唐时期,南京地区的成长并没有停止。

一方面,由于建康时期都城与居民区、商业区的远相隔离,建康都城在隋初被废弃,居民区、商业区并没有遭到破坏,正常的经济活动与社会生活仍在进行。另一方面,六朝时期奠定的厚实的经济、文化基础,绝不是简单的行政命令所能消解得了的。再加上优越的自然地理条件和交通枢纽地位,隋、唐时期,江宁仍是东南驿道和漕粮转运的重要枢纽之一,江南设有临江驿、石头驿、白下亭,江北设上沛、武德、瓦梁、汤村、盘城、汤村六驿,其经济的发展并不因行政地位的下降而停滞。在这三百余年间,南京地区仍不失为东南一带的经济、文化重镇,不失其举足轻重的地位。换个角度说,或者正因为南京地区在隋、唐时期的政治地位低下,其经济商贸、手工业的繁荣和市民文化的发达,才更容易突显出来。六朝时期,是中国历史上继汉开唐的一个重要过渡时期,对于南京地区来说,尤其是这样。这一论断,就文化角度而言,容易为人接受,从经济角度说,则难免引起疑问。因为后人对六朝社会,往往有着某种程度的误解,以为"六朝烟水"间人,都"口不言阿堵物",是不食人间烟火之辈。连日本诗人大沼枕山也写出这样的诗:"未甘冷淡作生涯,月榭花台发兴奇。一种风流吾最爱,南朝人物晚唐诗。"

实则被作为六朝士人风习标本的《世说新语》，早就被人看出其记事择言"以玄虚简远为宗旨，失之偏颇，范围亦狭"。——就算它说的都是真话，也绝不是社会真实的全貌。而这种盲目崇尚"玄虚简远"的心理，恰恰反映了文化人面对商品经济和拜金主义大潮的消极与无奈。后世关于六朝风雅的大量文字，都未免带着过于强烈的文化浪漫色彩。

对此，《隋书·地理志下》做了较为确切的评判："丹阳旧京所在，人物本盛。小人率多商贩，君子资于官禄。市廛列肆，埒于二京。"隋时南京地区商人在市民中占有相当高的比例，市场的繁盛不亚于长安和洛阳。

据《宋书·五行志》记载，东晋安帝时，石头津渡已经发展到"贡使商旅，方舟万计"的规模。"资于官禄"的"君子"们，也并非不参与商业活动。早在东吴时期，在从三吴地区长途运输政府和军队所需物资时，就允许、鼓励官员和军人参与商贸活动，以补充都城的物资不足，这也就为民间广泛的商品交易提供了良好的生长基础。

东晋干宝《搜神记》中"青蚨还钱"的故事，说"汉时南方有虫，其形如蝉而大，其子著草叶如蚕种。得子以归，则母飞来就之。杀其母，以血涂八十一文，又以其子涂八十一文，凡市物，或先用子，皆复飞归，循环无已，故淮南子术，以之还钱，名曰青蚨"。取母虫的血涂在八十一枚钱币上，再取幼虫血涂在另八十一枚钱币上，然后将涂了母血的钱留在家里，用涂了子血的钱去买东西，这些用掉的钱一定会飞回来，据说这是当年淮南子的法术。这种神话，实际上是商品经济的一种镜像，反映了在商品交换中，以最少付出换取最大利润的幻想。南朝梁人殷芸《小说》中有一个故事，说几个人在一起"各言所志"，有人愿为扬州刺史，有人愿富有钱财，有人愿做神仙骑鹤升天，最后一个人总而言之，道"腰缠十万贯，骑鹤上扬州"。这两句话也成了千古名言，现在还是扬州人的骄傲。其实南朝梁的扬州，治所正在都城建康。由这小故事既可见建康的繁华，也可知时人的追求。

南朝齐武帝萧赜登基前，游历长江中游襄樊（今湖北襄阳）一带，常听到《估客乐》的歌唱，永明年间他试作二首，但不合曲调，遂召诗僧释宝月另作。释宝月前后作四首《估客乐》，从楚地商人妇思夫的角度，反映了当时商贾纷纷前往扬州经商的现实：

郎作十里行，侬作九里送。拔侬头上钗，与郎资路用。
有信数寄书，无信心相忆。莫作瓶落井，一去无消息。
大艑珂峨头，何处发扬州。借问艑上郎，见侬所欢不。
初发扬州时，船出平津泊。五两如竹林，何处相寻博。

六朝官僚，不乏商人出身者。《梁书·傅昭传》载，贵为金紫光禄大夫的傅昭，十一岁时曾"随外祖于朱雀航卖历日"。《梁书·王僧孺传》载，梁御史中丞王僧孺"幼贫，其母鬻纱布以自业，尝携僧孺至市，道遇中丞卤簿，驱迫坠沟中"。甚至朝中权贵，也热衷于聚财。《世说新语·俭啬》载，东晋官至司空的郗愔，"大聚敛，有钱数千万"，连他的儿子郗超都不以为然。《建康实录》卷十五载，齐东昏侯当政时，甚至在宫中立"宫市"，"太官乃朝进酒肉肴果，使宫人阉竖共为禆贩，潘妃为市令，帝为市魁"。论者多以此为东昏侯荒淫之证，而这也正该是当时社会思潮的一种反映。《南史·萧宏传》载，梁武帝之弟萧宏，

"性爱钱,百万一聚,黄榜标之,千万一库,挂一紫标。如此三十余间"。由于钱库深藏密锁,被人误以为是武器库,怀疑他要造反,小报告打到皇帝那里。梁武帝也很紧张,当即找了个由头跑来查看,结果不是兵器而是钱。一向节俭的梁武帝忍不住叹息:"老弟,你的日子过得很不错呀!"武帝的小儿子萧综,因此作了一篇《钱愚论》,讥刺这位敛财成性的叔叔。

正是因为这样的经济基础,隋、唐两代不再受到政治中心遮蔽的南京地区,经济优势便会突显出来,为骚人墨客所关注。同时,在大一统的王国之中,商业贸易也更能够得到长足的发展。唐代"扬一益二"所指的扬州,实际上仍是指以南京为中心的区域。

王勃在《江宁吴少府宅钱宴序》中写道:"遗墟旧壤,数万里之皇城;虎踞龙盘,三百年之帝国。关连石塞,地实金陵,霸气尽而江山空,皇风清而市朝改。昔时地险,实为建业之雄都;今日太平,即是江宁之小邑。"中国南北分裂时期的"雄都",到了大一统的隋唐时代,只能是"江宁之小邑",然而,霸气虽尽,但江山未空,在经济与文化上,隋唐金陵都是不可忽略的。

发达的手工业

商业之外,六朝时期建康地区的手工业也很发达。

东汉建安四年(199年),孙策和周瑜袭取庐江皖城,得到原属袁术的百工和鼓吹部曲三万余人。所谓百工,就是各行业的手工业者。当时北方的手工业水平高于南京地区,这样一大批手工业者来到东吴,也将北方的先进手工业技艺带到了建业。吴永安六年（263年），交趾郡太守孙谞"科郡上手工千余人送建业"，则又将南方的手工业技艺带入了建业。东吴宫内已有专门的纺织宫女。《三国志·陆凯传》载陆凯谏后主疏，其中提到孙权时说"后宫列女及诸织络，数不满百"，孙权死后，会稽王和景帝在位时，"闻织络及诸徒坐乃有千数"，至少增加了十几倍。陆凯认为这是宫廷奢侈的表现，但也正反映出当时纺织业的兴盛。

东晋义熙十三年（417年），刘裕北伐攻占长安灭掉后秦，迁关中百工于建康，并设立专门的织锦机构——斗场锦署。《太平御览》卷八一五引《丹阳记》："斗场锦署，平关右，迁其百工也。"长安久为帝都，会聚全国各地手工业能工巧匠，是技艺传承的重地。如此兼容并蓄，建康的手工业应该也达到了较高的水准。

南朝时对各种手工业，都已设置专门的管理职官。《宋书·百官志》载，有"左尚方令、丞各一人，右尚方令、丞各一人"，"并掌造军器"，大致相当于汉代的考工令，"主作御刀绶剑诸玩好器物"。又有"东冶令一人、丞一人，南冶令一人、丞一人"，并说明其沿革："晋置令，掌工徒鼓铸，隶卫尉。江左以来，省卫尉，度隶少府。宋世虽置卫尉，冶隶少府如故。"地方郡县有冶铸业的，"或置令，或置丞，多是吴所置"，可知东吴、东晋即已有类似设置。当时的冶铸能力已相当强，《梁书·康绚传》载，梁武帝时"堰淮水以灌寿阳"，筑长堤拦截淮水去淹魏军，不能合龙，"或谓江淮多有蛟，能乘风雨，决坏崖岸，其性恶铁。因是引东、西二冶铁器，大则釜鬵，小则铧锄，数千万斤，沉于堰所"，一时竟能筹集数千万斤铁器。同时也可见其冶铸器具不仅限于官方所用的礼器或兵器，也有大量民用农具。又有"平准令一人、丞一人，掌染"。又有"将作大匠一人、丞一人，掌土木之役"，"晋世以来，有事则置，无则省"，及"材官将军一人、司马一人，主工匠土木之事"，也都是东晋就有的职官。《南齐书·百官志》中，除上述各官，又增设了"锻署丞一人"。《建康实录》卷八载，晋哀帝兴宁二年（364年），"诏移陶官于淮水北，遂以南岸窑处之地施僧慧力，造瓦官寺"。可知当时有管理陶器烧造的陶官。《六朝事迹编类》引《舆地志》有纸官署："宋永初中旧立，齐高帝于此造银光纸。"

更为突出的是造船业，船是江南重要交通工具，从行军作战到商旅贸易，都离不开船。《太平御览》卷七七零引《江表传》："少帝于宫内作小舡三百余艘，饰以金银，师工昼夜不息。"建业宫中就能造出几百艘装饰华丽的船来。又引夏侯湛《吴都赋》："严严舡舻，泛泛杨舟，权河高峙，风骇云浮，坚壁金扶，有若高楼。"大船上建楼可达数层。《释名》：船上"屋曰庐，像庐舍也。其上重屋曰飞庐，在上故曰飞也。又在其上曰爵室，于中候望如鸟爵之警视也"。所以能令人生"风骇云浮"之感。又引《义熙起居注》："卢循新作八槽舰九枚，起四层，高十余丈连营。缮令曰，诸私家不得有战舰等舡。"可见当时私家制造大船已成风气，朝廷不得不下令禁止。到了隋代，更将这种大船视为威胁。《隋书·高祖纪下》："（开皇）十八年春正月辛丑，诏曰：吴越之人，往承敝俗，所在之处，私造大船，因相聚结，致有侵害。其江南诸州人，间有船长三丈已上，悉括入官。"以没收大船入官来加以限制。六朝时期建康所造的船，溯江泛海，往来商贸，不但证明南京地区从开始就是一个跨江发展、面向大海的城市，而且为隋、唐长安与海外各国的友好交往，奠定了良好的基础。

唐诗中的长干里

隋、唐时期,南京地区的商业与手工业继续繁荣发展。只是,"士农工商"中排在末尾的商业,不受待见,正史中对于这一方面的记载太少。所幸的是,六朝故都的盛名,江南风物的秀美,引得许多文人学士纷纷前来游览观光,并写下了大量的诗文,不同程度地反映出南京地区的繁华景象。在某种意义上说,正是这些文字记载,使得南京城市的内涵大为增加,在遗存到后世的实物之外,保存下了更多的城市记忆,使城市在空间维度之外,能够形成相对完整的时间维度。换句话说,城市正是依靠记忆而存在。

值得注意的,是崔颢的一组《长干曲》:

> 君家何处住,妾住在横塘。停船暂借问,或恐是同乡。
> 家临九江水,来去九江侧。同是长干人,生小不相识。
> 下渚多风浪,莲舟渐觉稀。那能不相待,独自逆潮归。
> 三江潮水急,五湖风浪涌。由来花性轻,莫畏莲舟重。

诗中的横塘,与长干里关系密切。三国年间,东吴沿长干里江岸筑长堤,称为横塘,故址在今越城一带。秦淮河畔的长干里,在唐代仍是南京最稠密的居民区和最繁华的商业区,横塘则是商民驾船出航的重要通道。所以写长干里的诗歌,常常会提到横塘。这几首诗里透露出的重要信息,是长干里人的经商活动,已经达到了这样的程度:一是许多人长年在外,以至于邻里不相识;二是长干里人在商人队伍中的分布甚广,长江之中两船相遇,就可能有同乡相会,颇有后世"无商不徽"的气势。长干里这块土地上滋生出的手工业、商业和运输业的繁荣,无疑是那个时代的新潮,所以唐人的诗歌中,长干里几乎成了南京地区的代词。

唐代抒写长干里的诗歌难以枚举,其中最著名的,自然要算李白的《长干行》:

> 妾发初覆额,折花门前剧。郎骑竹马来,绕床弄青梅。
> 同居长干里,两小无嫌猜。十四为君妇,羞颜未尝开。
> 低头向暗壁,千唤不一回。十五始展眉,愿同尘与灰。
> 常存抱柱信,岂上望夫台。十六君行远,瞿塘滟滪堆。
> 五月不可触,猿声天上哀。门前迟行迹,一一生绿苔。
> 苔深不能扫,落叶秋风早。八月胡蝶来,双飞西园草。
> 感此伤妾心,坐愁红颜老。早晚下三巴,预将书报家。
> 相迎不道远,直至长风沙。

诗人通过抒写"同居长干里,两小无嫌猜"的青梅竹马,衬托商家女眷对爱情生活的美好向往。然而更值得重视的,是诗中对长干里人经商活动的细致描述:男人们十五六岁就踏上了经商的途程,直上湘潭、巴蜀,他们的妻子虽有幽怨,但又能充分理解自己的丈夫。

李益所作《长干行》中,细腻地描绘出"商人妇"对远行夫婿的担忧:

> 忆妾深闺里,烟尘不曾识。嫁与长干人,沙头候风色。

明版画 相迎不道远,直至长风沙

> 五月南风兴，思君下巴陵。八月西风起，想君发扬子。
> 去来悲如何，见少别离多。湘潭几日到，妾梦越风波。
> 昨夜狂风来，吹折江头树。淼淼暗无边，行人在何处。
> 北客真王公，朱衣满江中。日暮来投宿，数朝不肯东。
> 好乘浮云骢，佳期兰渚东。鸳鸯绿浦上，翡翠锦屏中。
> 自怜十五余，颜色桃李红。那作商人妇，愁水复愁风。

商旅生涯的风险是确实存在的，如李白写海外贸易的《估客乐》："海客乘天风，将船远行役。譬如云中鸟，一去无踪迹。"这一风险命题，在江东诗人刘驾那里更被张扬。他反乐府《贾客乐》之意作《反贾客乐》："无言贾客乐，贾客多无墓。行舟触风浪，尽入鱼腹去。"又有《贾客词》："贾客灯下起，犹言发已迟。高山有疾路，暗行终不疑。寇盗伏其路，猛兽来相追。金玉四散去，空囊委路岐。扬州有大宅，白骨无地归。少妇当此日，对镜弄花枝。"商人在途中死于非命，留在扬州大宅中的女眷，可能永远不得而知。

但这并不能阻挡商人远行求利的脚步。中唐时代生活在南京的女伶刘采春，唱过这样一首《望夫歌》：

> 不喜秦淮水，生憎江上船。
> 载儿夫婿去，经岁又经年。

"夫婿"的离去已经是势在必然，也只有夫婿的暂时离去，才会有将来的安乐生活。明白这一点的少妇，只肯迁怒于将其夫婿载去的"秦淮水"与"江上船",而不忍责备"见少别离多"的夫婿。

张潮的《长干行》,更为我们描绘出这种商业大潮下商人妇的矛盾心理:

> 婿贫如珠玉,婿富如埃尘。贫时不忘旧,富贵多宠新。
> 妾本富家女,与君为偶匹。惠好一何深,中门不曾出。
> 妾有绣衣裳,葳蕤金缕光。念君贫且贱,易此从远方。
> 远方三千里,发去悔不已。日暮情更来,空望去时水。
> 孟夏麦始秀,江上多南风。商贾归欲尽,君今尚巴东。
> 巴东有巫山,窈窕神女颜。常恐游此山,果然不知还。

她变卖自己心爱的衣裳为夫婿筹集经商的资金,可是夫婿远行后,她又后悔不已。

同时应该指出的是,长干里商人妇的离愁闺怨,与白居易《琵琶行》中的描绘完全不同。浔阳江头的商人妇,是饱经风霜而后期望安定生活的女性,斑驳的身影和斑驳的情绪,给人以薄暮的悲凉。而长干里少妇的闺怨,则是一种清纯少妇对美好生活的思念,色彩要明亮得多,虽对未来有所担忧,但决不失希望和勇气。这是正在上升的时代与社会的反映。有着商业家庭背景的李白,对于商人的生活与情感自有特殊的敏感,又有着沿长江上下的丰富旅行经验,故而能够创作出《长干行》这样的名篇。读李白的《长干行》,绝不会让人泪湿青衫。千余年来的一代代读者穿越时空隧道,仿佛也成了唐代长干里的居民,成了这位无名少妇的邻人和朋友,分享着她的喜乐哀愁,甚至愿意陪伴她沿江上溯七百里,到水流湍急的长风沙去迎接她的夫婿。

长干里的居民,驾船经商,沿江往来,从江之尾到江之头。外地的商人同样也往来扬州,甚至有长住长干里的。如李白《江夏行》中所写到:"去年下扬州,相送黄鹤楼。眼看帆去远,心逐江水流。只言期一载,谁谓历三秋。"王建的《江南三台》也透露着这样的消息:"扬州桥边少妇,长干市里商人。三年不得消息,各自拜鬼求神。"商人久居异乡,亲人难得音讯,只能借拜鬼求神作精神寄托了。

长干里,是唐人诗歌塑造出来的金陵胜迹,更是唐代繁盛商业经济孕育出来的金陵胜迹。而这些诗歌,正是在此基础上孕育产生的新兴的市民文化。一些人在解读这些诗歌时,迷失在长干里的诗情画意中,忘记了长干里只是一个端点,真正波澜壮阔的活剧,则发生在长江之上。所以,长干里同样在证明着,南京是一座沿江发展的城市。离开了长江的长干里,必然走向衰落。将长干里的繁华仅与秦淮河相联系,肯定是一种误读。

从常见的唐人诗歌中可以了解到的历史信息,不止于此。通过诗人们记录下的活动地点,也能大致看出当时的城市空间状况。储光羲写到的临江亭,可以望见龙尾湾,当在今水西门附近。李白曾经登临和眺望的,有凤凰台、瓦官阁(今凤台山上)、金陵城西楼、白下亭、秦淮河、白鹭洲、冶城西北谢安墩、三山(在凤台山南江岸)、劳劳亭(即东晋新亭,在今菊花台附近)、板桥浦(今南郊板桥一带)、卢龙山(今狮子山)、后湖、钟山等,除了钟山和后湖两大风景区,其余都在秦淮河沿岸、凤台山上下。杜牧写到的秦淮酒家、杏花村和烟雨楼台,也都在凤台山东麓。温庭筠写的是朱雀桥南的谢公墅。韩翃笔下的江宁日常生活:"朱雀桥边看淮水,乌衣巷里问王家。千间万井无多事,辟户开门向山翠。楚云朝下石头城,江燕双飞瓦棺寺。"杜甫也曾在凤台山麓瓦官寺里看顾恺之的画,可见瓦官寺在隋初亦未遭破坏。刘长卿、权德舆、皮日休都到过栖霞寺。隋唐两代都有佞佛的帝王,而又不愿继续张扬六朝重要寺庙,所以将原先规模不大的栖霞寺扶持起来,给予特别的重视。元稹游过钟山玩珠峰前的开善寺,则是原建于南朝梁代的寺庙。刘禹锡写到石头城、乌衣巷、台城、生公讲堂、江令宅,台城已经"万户千门成野草",乌衣巷则化为"寻常百姓家",他还到过冶城和西塞山(清凉山北高峰)。

闻名于西晋、繁盛于唐代的长干里,宋代已成为历史地名,现实生活中少有人提起。此后的长干里诗文,不是沉醉于少男少女的青梅竹马,就是沉溺于独守空闺的少妇怨艾。至于孕育产生这一切的商业背景,却被淡忘舍弃了。后人的解释,多说长干里在南唐建金陵城时被隔在城墙外,宋、元以后长江江岸西移,又失去了交通便捷的优势,所以渐趋衰落。清人赵启宏的一首《长干竹枝》,写的就是这种变化:"大长干接小长干,却被城垣隔瓦官。近日江流西去远,鹭飞何处认沙滩。"

这个结论是值得推敲的。南唐既有意将秦淮河南岸的商业区与居民区包入金陵城内,为什么会放弃长干里呢?实际上,长干里商区沿运渎向北延展,形成的新兴商业区,大略相当于后世的门西地区。唐人笔下的长干里和秦淮河,主要指凤台山东麓一带。南唐建金陵城,由于城墙的阻隔,龙光西门和南门成了新的交通道口,也成了新的商品集散地。包入城内的门西地区,则被规范为若干坊、市。长干里的名称,便是在这变化中被消解了。

这里顺便说到，"城市"这个词，已经被人们用得太熟，以致很少有人还记得它的本来意义。其实"城"与"市"本是两个不同范畴里的概念。"市"的本义是交易行为，引申为交易的场所。而"城"则是出于政治或军事需要所设置的墙垣，后来才引申为墙垣内的区域。"市"是由居民的正常社会生活中自然生发出来的，而"城"往往是统治阶层外加于居民的。只是由于长达数千年的专制社会，重政治而轻经济，在经济活动中又重农而轻商，对于商业活动始终持抑制态度，"城市"这个词的意义，才完全偏到了"城"的一边。

南唐顺陵　　　　　　冯方宇 摄

第七章 南唐营建金陵城

南唐建金陵城，是南京城市史上一个重要转折，第一次将市民商业区包入城内，使秦淮河成为南京的内河。这一新格局不但沿续四百余年，而且决定了此后的城市发展趋向。宋、元时期南京水系的大变化，是又一个影响后世的重要因素。

从杨吴到南唐

唐代实行职业军人的募兵制，设置位高权重的节度使，为野心将帅和职业士兵相结合创造了条件，在中央集权力量削弱之际，连续导致藩镇割据、军阀混战的严重后果。唐末黄巢起义席卷中原，唐王朝几近崩溃，而诸多藩镇却在镇压黄巢起义军的过程中拥兵自雄，割据疆土，互相争夺，最终形成五代十国的大分裂局面。

北方的连续战乱，使中原地区的经济遭受严重破坏。唐代后期，朝廷的财政收入，已主要依靠免于战乱的长江流域。五代十国时期，南方各国战争较少，经济一般都在上升，而黄河流域遭受近百年的军事破坏，经济发展水平与长江流域比较已相差甚远。五代十国时期中原梁、晋、汉、周四代及其后北宋都选择在河南开封建都，较洛阳更接近江南,证明北方对南方经济依赖程度的增强。而南方的强国南唐,地位就更为重要。

说南唐历史,要从杨吴说起。在唐末大混乱中,吴国杨行密割据淮南,阻止北方战乱波及长江流域,使江南地区得以休养生息。在此基础上产生的南唐,是当时江南疆土最大、实力最强的国家,对于南京城市的发展,也做出了里程碑式的重要贡献。

唐昭宗景福元年(892年),杨行密占据扬州,被朝廷委任为淮南节度使。他节省财用,选贤任能,招徕流民,减赋轻徭,奖励农桑,又恢复与相邻地区的茶、盐贸易,几年之间,迅速强盛起来,据有的土地北起海州(今连云港),南至虔州(今江西赣州),东起常州,西至沔口(今湖北汉口)。天复二年(902年),唐昭宗封杨行密为吴王。吴国建都扬州,当年六月,攻取昇州(今南京),作为犄角重镇。唐朝灭亡后,吴国仍沿用唐哀帝天祐年号。天祐二年(905年),杨行密死,长子杨渥继位,为大将张颢所杀。徐温杀张颢,立杨行密次子隆演为吴王,军政大权从此落到徐温手中。天祐六年(909年),徐温以"金陵形胜,战舰所聚",战略地位重要,自兼任昇州刺史,派养子徐知诰任昇州防遏兼楼船副使,治理昇州。当时各州刺史多是武将,不懂得行政事务,徐知诰则有政治头脑,欧阳修《新五代史·南唐世家》说他"好学,接礼儒者,能自励,为勤俭,以宽仁为政,民稍誉之",所以势力迅速壮大。天祐九年(912年),徐知诰以军功升任昇州刺史。

天祐十一年(914年),徐知诰开始营建金陵城。

《新五代史·南唐世家》载,天祐十四年(917年)五月,徐温听说徐知诰治理昇州有政绩,亲自去看,"见其府库充实,城壁修整",于是听从润州（今镇江）司马陈彦谦的劝告，决定以昇州为镇海军节度使治所，让亲子徐知训在扬州管理国事，自己移住金陵城遥控，而改派徐知诰为润州团练使。养子徐知诰与徐氏父子间为权力争夺，渐生矛盾。徐知训骄横淫暴，凌辱吴王和大臣，第二年就被吴将所杀。事起突然，徐温还没得到消息，徐知诰隔江看见扬州城中大火，当天就率军渡江进入扬州，平定了变乱，控制了局势。徐温只得让徐知诰管理吴国国政。徐知诰改善政事，"宽刑法，推恩信，起延宾亭以待四方之士"，减轻赋税，发展农桑，招揽士人，一时军民归心。吴武义二年（920年）改昇州为金陵府，徐温兼任金陵府尹，府署在唐昇州府衙的东面，今洪武路南段近内桥处。次年，杨隆演死，徐温又立杨行密小儿子杨溥为吴王。

吴乾贞元年（927年）十月，徐温病死。国家大权完全落到徐知诰手中。九天以后，徐知诰迫使吴王杨溥称帝，自任都督中外诸军事、太尉、中书令，次年改元大和。吴大和三年（931年），徐知诰让长子徐景通留守扬州执掌朝政，自己兼任金陵府尹，移住金陵，开始营建自己的帝王基业。第二年二月，他在金陵府舍中建礼贤院，聚集图书，招揽人才，八月起拓宽金陵城墙。大和五年（933年），徐知诰以准备杨溥迁都为名，把金陵府治改筑为宫城，同时在宫城以北的台城旧址上建都统府，自己暂居都统府。

但吴国旧臣多不愿迁都。徐知诰的亲信周宗也说，如果杨溥迁来金陵，徐知诰便该去镇守扬州，来回搬迁不但耗费巨资，而且会丧失人心。徐知诰醒悟，恰大和六年（934年）二月中旬金陵发生大火灾，徐知诰趁机中止了迁都之议，后来便自己搬进准备好的宫城里去了。

大和七年（935年）九月改元天祚，十月封徐知诰为齐王、尚父、太师、大丞相、天下兵马大元帅，扬州城里的吴帝杨溥，实际上已只剩一个空名。第二年，徐知诰又以金陵为西都，与东都扬州分庭抗礼。天祚三年（937年）正月，徐知诰改金陵府为江宁府，建造齐国的太庙、社稷，将府衙改称宫城，厅堂称殿。八月，在徐知诰势力的逼迫下，吴帝杨溥只得下诏禅位给齐王徐知诰。十月，徐知诰在江宁称帝，国号唐，改元昪元，史称南唐烈祖。

杨溥被移往丹阳宫（即原润州州治改称），派了重兵严加看守，不久就死了。

昪元三年（939年），徐知诰为了表示自己是唐王朝的正统继承人，授意徐温的儿子们提议请他复姓李，他再让群臣讨论要不要复姓。然而此时他连该认唐朝哪一个皇帝作为自己的祖先，还没有弄清楚，最后查出唐宪宗的儿子建王李恪之孙李志做过徐州判司，便冒认李志为祖父，成了建王的四世孙，改名李昪，改国号为大唐，史称南唐。其实他虽是徐州人，小字"彭奴"（徐州旧称彭城），但自幼就成了孤儿，在淮南流浪，先被杨行密收为养子，杨家的几个儿子不能容他，杨行密便将他送给徐温做了养子，所以他连自己姓什么都不清楚，更谈不上知道祖先的情况。他用的这个昪字也很有趣，下面的"弁"是小兵，上面是象征帝王的"日"，也就是由小兵上升为皇帝。他的长子徐景通也改名李璟。

昪元七年（943年）二月李昪死，长子李璟继位，改元保大，史称南唐中主。

南唐肇基淮南，同样是一个跨江发展的政权。但到了中主交泰元年（958年），在后周强劲的军事攻势下，南唐不得不放弃长江以北的疆土，同时除去帝号，称南唐国主，采用后周年号，改交泰元年为显德五年。

显德七年（960年）李璟决意迁都南昌，说："建康与敌境，隔江而已，又在下流，敌兵若至，闭门自守，借使外诸侯能救国难，即为刘裕、陈霸先尔。今吾徙豫章，据上流而制根本，上策也。"他意识到，敌国兵临城下，即使有本国将帅能率兵救援都城，他们也会拥兵自重，就像南朝的刘裕、陈霸先一样，趁机篡夺王位。所以他选择上游的南昌，同年七月以南昌为南都。

建隆二年（961年）七月李璟死在南昌，运回金陵安葬。李昪的钦陵和李璟的顺陵都在祖堂山下，史称南唐二陵。

李煜继位，史称后主，仍居金陵。

开宝九年十一月二十七日（976年元旦），宋军围城年余后，攻破金陵，后主做了俘虏，南唐灭亡。

金陵城始跨秦淮水

从徐知诰天祐十一年（914年）营建金陵城开始，到南唐灭亡，六十余年间，金陵城先后进行了四次规模较大的修建。

南宋陆游《南唐书·烈祖本纪》载，徐知诰在天祐"十一年加检校司徒，始城昇州。十四年五月城成"。《南唐书音释》注：这一次修建的昇州城"始东南跨淮水，即今城也"，也就是南宋时还可以看到的金陵城。南唐金陵城第一次南越淮水，将秦淮河两岸的居民区与商业区都涵括在内。这是南京城市发展史上的一个重要突破，也是南唐建都对于南京城市建设的一个里程碑式的贡献。

虽然史无明文，但从建设实践看，徐知诰营建金陵城时，是有一个预定规划的。这个规划最重要的一点，是改变了六朝都城只包容宫殿衙署的旧格局，将军事重地石头城及秦淮河下游两岸的繁华商业区、稠密居民区全部包容在内，初步形成了政治、经济、军事相结合的城、市统一体。

明顾起元《客座赘语》卷一载："南唐都城，南止于长干桥，北止于北门桥。盖其形局，前倚雨花台，后枕鸡笼山，东望钟山，而西带冶城、石头。四顾山峦，无不攒簇，中间最为方幅。而内桥以南大衢直达镇淮桥与南门，诸司庶府，拱夹左右，垣局翼然。当时建国规摹，其经画亦不苟矣。"强调了建城时的"规摹"和"经画"，也就是今人所说的规划。

相较于六朝建康城，徐知诰将城市整体南移，放弃了六朝都城的北部地区。

徐知诰能无视东晋以来流传已久的"风水"说，摒弃六朝都城格局，做出这样的规划决策，有几方面的因素。一是隋唐以来，都城规制已经十分明确，只相当于后世皇城的六朝都城的缺陷，也被看得相当清楚，新建都城不可能再倒退回六朝都城的模式。二是徐知诰最早作为经营基点的昇州府治，即唐昇州府衙，位于今建邺路中段丰富路一带，而徐温的金陵府署，已经东迁到六朝都城的中轴线上，即今洪武路南段，后来的南唐宫城就由此拓展而成，这一政治中心已经营二十余年。宫城位置既已确定，所以都城北垣必须南移，才能符合宫城居都城中心偏北的规制。三是唐朝后期，战乱不息，军兵所至，往往肆意掠夺屠杀，造成居民流失，严重地破坏经济生产与社会生活，面临南北对峙局面的统治者，为了巩固政权，不能不保护直接创造财富的臣民。此外，南唐时宫殿的结构形式和建筑材料都与六朝时期有所不同，也决定了南唐不可能沿用六朝的宫城。

作为东晋南朝宫城的台城，应是此时方被完全拆除的。

因为，徐知诰营建都统府，即在台城旧址上，而南唐金陵城的北墙，又正从建康城旧址中间穿过。为了新城建设，残余城墙以及殿宇基址自须清除。同时，拆出的六朝墙砖，也还可以用来建造新城。再四百多年后，朱元璋营建明都城时，又将从南唐城墙中拆下的旧砖砌入新城。今天在明城墙考古中，不但发现有南唐砖，而且发现有六朝砖，就是这个原因。倘若六朝建康城在隋初已经被"平荡耕垦"，那就很难想象，六朝墙砖还能完整保存，到数百年后仍可利用。徐知诰在短短二三年间营建的金陵城，应该说还只是初具规模，并未全部完成，所以天祐十四年（917年），徐温进驻金陵之后，委任陈彦谦为镇海军节度判官，继续主持金陵城修建事宜。《资治通鉴》卷二七一载，武义二年（920年）十二月，"吴金陵城成，陈彦谦上费用册籍。徐温曰：'吾既任公，不复会计。'悉焚之"。也就是说，这三四年间，徐温一直在做修建金陵城的工作。据《景定建康志》载，杨吴顺义年间（921—927年），又在城墙与护城河之间，距城墙四丈一尺之处，增筑了一道高五尺左右的围墙，称作羊马墙，也称卧羊城。在发生战事时，城外的居民可以避入城内，居民的羊、马等大牲畜也可以撤进羊马墙内加以保护。如此算来，徐温、徐知诰父子这一次营建金陵城，前后用了十年以上的时间。

金陵城的第二次修建，是大和四年（932年）八月，《资治通鉴》卷二七八载，掌握了杨吴军政大权的徐知诰"广金陵城，周围二十里"，注文说："徐温先已筑金陵，今知诰广之，将以贻子孙也。"可见这次将用来作为子孙万代的帝王基业了。这次增筑，应该是历次修造中规模最大的，不但将金陵城的周长扩展到二十里以上，而且加固了原有的城墙。

金陵城由此定型，并对此后的城市发展产生重要影响。

秦淮河下游被包入金陵城内，上游来水在上水门（今通济门附近东水关）分流，一支成为城外的护壕，沿城墙外新开运河南行，随城墙转折向西入江，即今外秦淮河。一支从上水门入城，向西南斜抵南门（今中华门）内镇淮桥，转向西北，由下水门（今水西门附近西水关）出城，在都城的南半部形成一个"V"形。城墙与河流之间，东、西各形成一个三角形地块。因为此前的城市，实际上是以秦淮河为边界的，所以这两个三角地块，便属于新进入城市的地块。而南门处于都城南北中轴线的端点，所以后人便以南门为地标，将东面的三角地称为"门东"，西面的三角地称为"门西"。今人习称的老城南门东、门西，即由此得名。

第三次维修金陵城，是后周显德六年（959年）六月，这时南唐已向后周称臣。《资治通鉴》卷二九四载："唐主遣其子纪公从善与钟谟俱入贡。上问谟曰：'江南亦治兵修守备乎？'对曰：'既臣事大国，不敢复尔。'上曰：'不然，向时则为仇敌，今日则为一家。吾与汝国大义已定，保无他虞，然人生难期，至于后世，则事不可知。归语汝主，可及吾时完城郭，缮甲兵，据守要害，为子孙计。'谟归以告唐主。唐主乃城金陵。"这一次的维修工程规模不会太大，目的只在于加强城市的防守功能。

最后一次是北宋开宝七年（974年）十月，宋太祖派大将曹彬率数十万大军讨伐南唐，《十国春秋》载，后主李煜"重筑建康城，高三丈，因江为险固，其受敌为东、北两面，壕堑重复，皆可坚守"。这只能算是战争时期临时抢险式的局部加固维修工作。

南唐都城大体呈方形,据《金陵古今图考》所载《南唐江宁府图》《宋建康府图》《元集庆路图》,《景定建康志》所载南宋建康府《府城之图》,可知其东面城垣从今雨花门处向北,过上水门(今东水关)、东门(今通济门附近),向北至竺桥。北面城垣即由竺桥折向西,沿今珠江路杨吴城壕南岸,过北门(今北门桥南),再沿干河沿南岸、乌龙潭南岸至长江(今外秦淮河)东岸;其西北角的突出部分,就是南迁后的石头城。西面城垣沿长江东岸经大西门(今汉西门)、栅寨门(今涵洞口)、龙光西门(今水西门)、下水门(今西水关)至西干长巷,折而向东。南面城垣由长江东岸东行,经南门(今中华门)至今雨花门处,与东面城垣相接。其西、南两面的城墙,以及东面城墙上水门以南一段,大致为明朝建都城时所沿用,即今天所能看到的明都城城墙的位置。城墙东南隅还建有"伏龟楼",即在城墙上建楼,发生战事时,便于观察远方敌情的军事设施。

南唐都城的规划建设,同样体现了六朝以来南京城市规划的优良传统,从城市功能的实际需要出发,利用自然山水作为屏障。

前文说到,宫城的位置决定了都城的大体方位,而包容居民区、商业区的要求,致使都城的南垣推至秦淮河南岸。其西垣沿长江东岸建造,明显是出于以长江为自然屏障的意图,但西北端点定在哪里,则牵涉到如何处理六朝以来军事重地石头城的问题,是费了心思的。

从历史地图上看,乌龙潭肯定是在城墙之外,但《景定建康志》中又明确地说,金陵城"夹淮带江,以尽地利。城西隅据石头冈阜之脊,其南接长干山势",则石头山至少有一部分是被包入南唐都城的。现石

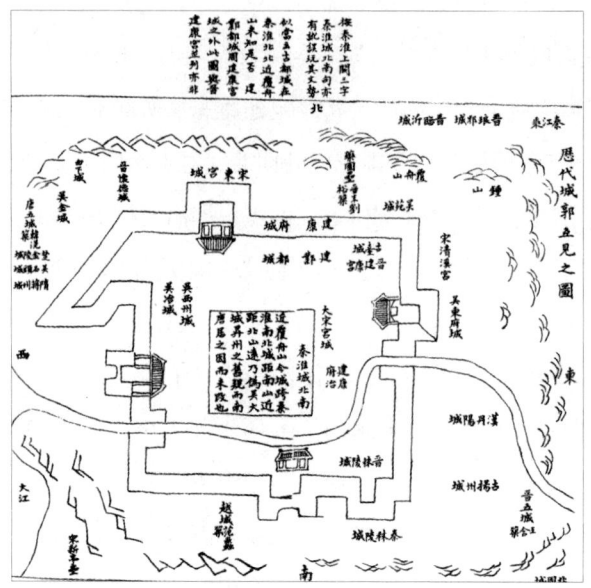

《六朝故城图考》中的历代城郭互见之图

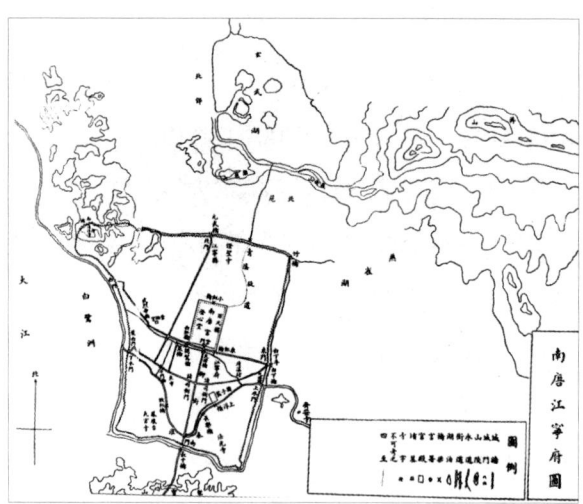

《金陵古迹图考》中的南唐江宁府图

头山在乌龙潭西北,这就产生了矛盾。

细察上述四幅地图,石头山的主峰,即今清凉山,确实在南唐城墙之外,但城墙在北部西端明显向外突出一段,并向南延伸,其间清晰地画出山形,应可确定石头山南麓的一部分,即今峨嵋岭、蛇山等小山冈,即是城墙所踞,这也符合城墙修筑在"石头冈埠之脊"的记载。这个突出于方形南唐城墙之外的不规则拐角里,就是南唐石头城的北端,都城西北角的重要军事基地。南唐石头城,相对六朝时期的石头城址发生变化,就是这个原因。《石城山志》中所记载的"石城故基,又为杨吴稍迁近南",也就是从乌龙潭以北,迁到了乌龙潭以南,近今汉西门之处。南唐石头城的面积,也未必有六朝石头城那样大。南唐金陵城利用冈埠为城基,不只于西北角,其西南角利用了凤台山麓冈埠,东南角则利用了赤石矶冈埠。

明朝修筑南京城时,虽然笼统地说,西边是沿用了南唐城墙,但在这一段肯定有所改变,因为南唐城墙那个明显的拐角被拉直了,并将整个清凉山包进了城内。现鬼脸城处的城墙,经考古证实,正是明代所建。石头城因此湮没,以致今人辩驳不休。但明初南京城墙辟十三门,汉西门原名石城门,并明确说是因为正对石头城而得名,是一个可靠佐证。而鬼脸城偏南的城门则名为清凉门,可见南唐时期石头城的位置肯定在汉西门与清凉门之间。朱偰先生《金陵古迹图考》中复制的《南唐江宁府图》,当是比较可信的。同时应说明,南唐烈祖李昪在石头山麓所建石城清凉大道场,中主李璟时称"右卫清凉寺",南唐诸帝都以其作为行宫,其位置必不在今清凉山中,而应在蛇山以南、峨嵋岭以东一带。《金陵古今图考》中的《南唐江宁府图》,明确将清凉寺标示于城墙之内、石头城之东。而南唐时"稍迁近南"的石头城，正可以作为皇家行宫西边的拱卫。今清凉山中清凉寺，始于宋太宗太平兴国五年（980年）闰三月，将原在幕府山的清凉广惠寺迁移到石头山南麓，北宋几代帝王都曾赐给御书，重视非常，显然是想以新清凉寺取代南唐清凉寺的影响。而山随寺名，此后石头山渐渐被叫成了清凉山。

徐知诰不能将整个清凉山包入金陵城内，比六朝时期还有所退缩，显示他的襟怀气度远不及后世的朱元璋。当然这也是受南唐国力所限，他在修筑城墙时，就考虑到尽量多利用自然水道为城壕。其城西以长江为城壕，前已说过；在城北，则利用了与长江相通的乌龙潭，至五台山麓，再向东开凿一段新城壕，自干河沿经北门桥至竺桥，至今仍称为杨吴城壕。清光绪《续纂江宁府志》卷八载："杨吴北城壕水，源小仓诸山，自见山亭、不二庵，历武胜桥（即北门桥）而东合于青溪焉。"其东城壕，有些史籍上也说是杨吴开凿，但北段实为青溪故道，六朝时已成为都城的东面屏障，此时因青溪水涸而淤塞，杨吴重行疏浚，也比新开运河要大省工费。这也是影响其东面城垣择址的重要因素。

《南京建置志》以为杨吴北城壕，"过今太平桥、浮桥、通贤桥、北门桥，向西顺干河沿，沿五台山北麓，连乌龙潭，西出亦汇外秦淮河入长江"。两书所述流向正好相反。袁枚族孙袁起《随园图记》中也说："池水自西山来，下通北门桥，绕秦淮，出西水关赴江。"直到1952年9月，南京市人民政府建设局编《南京市城南区秦淮河整治计划的讨论》，仍明确指出：杨吴城壕北段（干河沿至竺桥）"最高点在干河沿，承五台山水注入东段"，东段（竺桥至东水关）"承北段水，注入南段"。清凉山及其余脉五台山、小仓山的山水，汇入乌龙潭和杨吴北城壕，在竺桥与东来青溪水相汇，南转入杨吴东城壕，至淮青桥与秦淮河交汇，至西水关出城，北行入江。修筑中山路时，地面下埋设了大管径的水泥管以连通水道。直到20世纪末，每当夏日暴雨，清凉山山水仍能使乌龙潭水位高涨，向东漫流，甚至引起广州路路面积水。南唐时乌龙潭尚与长江相通，长江水位高时，也会灌入乌龙潭，所以杨吴城壕水流不断。宋元以降，因长江岸线逐渐西移，外秦淮河水位下降，杨吴北城壕西段首先成为"干河"，地名也被叫成"干河沿"。1960年代我在金陵中学上学时，广州路与金陵中学之间尚有一条宽二米余的大河沟，夏日大雨后水漫沟沿，冬日则常干涸无水。现在河沟已完全填平，成了干河沿路。

南唐都城的规模，超过了六朝都城。据《景定建康志》载，其周长达到二十五里四十四步，以宋代一里三百六十步、一步五尺、一尺约三十点七二厘米计算，折合今近十四公里。城墙上阔二丈五尺，下阔三丈五尺，高二丈五尺，部分增筑至三丈。城周开有八座城门，其中五座陆门：由尊贤坊东出曰东门（今大中桥西），由镇淮桥南出曰南门（今中华门），由斗门桥西出曰龙光门（今水西门），由武卫桥西出曰西门（今汉西门瓮城），由清化市而北曰北门（今珠江路北门桥南）。三座水门：由武定桥溯秦淮而东曰上水门（今东水关），由饮虹桥（今新桥）沿秦淮而西出折柳亭之前曰下水门（今西水关），由崇道桥西出曰栅寨门（即今虎踞南路涵洞口）。城内面积约十七平方公里，人口包括驻军达到四十万。

南唐宫城与街市

南唐都城的中心建筑是宫城。如前所述，南唐都城范围的确立，正是服从于宫城的位置，也就是说，是为了保证宫城的位置在都城中心偏北，依据这个原则来划定的。

《客座赘语》卷一载：南唐宫城在六朝台城的西南，"今内桥北，上元县中兵马司卢妃巷是其地，相传内桥为宫之正门所直。南宋行宫亦在此地，改内桥为天津桥。而桥北大街，东西相距数百步，有东虹、西虹二桥。东虹自上元县左，北达娃娃桥，有石嵌古河遗迹。西虹在卢妃巷大西，穿人家屋而北达园地。亦有石嵌河迹。土人言：此南唐护龙河者是也。自卢妃巷北，直走里许，又有一桥，亦名虹桥，而东虹、西虹两桥北达之水，环络交带，俱绾毂于此。想当日宫内小河四周相通，形迹显明，第近多湮塞，不复流贯尔。"卢妃巷即今洪武路，内桥位置迄今未变，所以南唐宫城的位置可说相当明确。20世纪90年代以来的城市建设中，在张府园等地多次发现南唐护龙河石驳岸遗迹，也证实了史料记载。宫城有城墙，开东、南、西三门，无北门。宫墙外四面都有护龙河环绕。只是这些河道在明朝已开始湮塞，如今只剩南面，也就是内桥下的水道尚存。

前面说过，徐知诰以昇州府治作为他的经营基点。在经营之初，他未必意识到这会成为将来的宫城。但到了徐温主持下的续建，特别是徐知诰的第二次修建，建造皇宫的意识应该相当明确了。昇州府治位于六朝都城的西南角，是隋、唐以来已形成的政治中心，所以他们选择在府治东面，也就是原建康都城中轴线北段，建造新的统治中心。一方面，隋、唐两代，建康都城区域尚没有居民进入，留下了较大的发展空间。另一方面，六朝御道南段，处于周边居民区和商业区之间的部分，仍可以使用，此时便成为城市的有效中轴线。他们既将秦淮河下游的居民区与商业区都包纳进入新城，自然非常重视与其之间的联系。占据六朝御道的北端建造宫城，使城市格局相对紧凑，且宫城中轴线与原六朝中轴线两相迭合，正好处于新城中心偏北的位置，也便于全城的规划和经营。

史书上都说，徐知诰登基执政前后，多次强调要让百姓休养生息，尽量减轻民间的负担。这是五代十国的纷乱局面中，南唐统治能够相对稳固的重要因素。如果说都城的修建，会让金陵居民增加安全感的话，那么宫城的修建，则可能成为统治者利益与居民利益的一次重要碰撞。倘若统治者肆意逼迫居民迁居拆房让地，必然会造成原住民的反感甚至反抗。在城内空旷地区尚多的情况下，统治者没有必要为此导致与居民对立。从六朝至隋唐时期的城市发展状况看，居民区的发展，在达到今建邺路一线后，主要是自秦淮河两岸向西北推进，直到冶城、石头城一带。也就是说，徐氏父子营建未来的宫城之际，与六朝建都一样，没有发生与民争地的情况。这是南京城市发展史上的又一个优良传统。

当时作为昇州府治的这一片建筑群中，已经具备了皇宫的规模，只是没有皇宫的名目和外部装饰罢了。马令《南唐书·先主传》说李昪称帝后，"即金陵使府为宫，唯加鸱尾栏槛而已，终不改作"。其实"不改作"，是因为没有必要改作。陆游《南唐书·烈祖本纪》载，升元四年（940年）十一月，改"崇英殿为延英殿，凝华内殿前为昇元殿，后为雍和殿，兴祥殿为昭德殿，积庆殿为穆清殿"。可见崇英殿、凝华内殿、兴祥殿、积庆殿等，都是早就建成了的。鸱尾和栏槛是显示宫殿尊严华贵的表面饰物，它的有无并不影响宫殿的规模与内在质量。有趣的是，南唐时期曾多次在这些表面饰物上做文章。后主李煜向宋称臣之后，每当有北宋使者来金陵，他就将鸱尾等除去，以表示宫殿规格的降低，待使者走了又装上，直到亡国前的三四年，才不敢再玩这种把戏。

中主李璟于保大二年（944年）正月在宫城中建百尺楼、绮霞阁，还在北苑建清晖殿。陆游《南唐书·萧俨传》中，有"元宗于宫中作大楼"的记载。后主李煜又在清晖殿后建澄心堂，陆游《南唐书·后主本纪》："又置澄心堂于内苑，引能文士及徐元机、元枢兄弟居其间，中旨由之而出。"澄心堂成为后主执政时的权力中心。据记载，宫城内还建有小金山、摩诃池、瑶光殿、柔仪殿、红罗亭、饮香亭等。后主还在苑中凿池一顷，池中叠石，像三神山，号小蓬莱，又在宫城东北角上建高台，人称望月台。明陈沂《金陵古今图考》中有《南唐江宁府图》，对南唐宫城与都城建筑分布表现得比较细致。除了北部珠江路至四牌楼一带，六朝都城的大部，是被包进南唐都城的。徐知诰并且曾经利用台城的基础，为自己建造都统府。陆游《南唐书·周宗传》载，大和五六年（933—934年）间，"烈祖镇金陵为都押衙时，用宋齐丘议，迎吴让皇都金陵，缮府治为宫，马步都虞侯蔡弘业为宫城营奉使。徙都统府于古台城，使都教练使孔昌祚营之。都统府成，凡二千四百间，环一千五百步"。唐代以后以五尺为一步，三百六十步为一里，一千五百步相当于周长四里多，已超过台城面积的四分之一了。都统府的位置，相当于台城的中部区域，约在今洪武路、中山东路交会处一带。

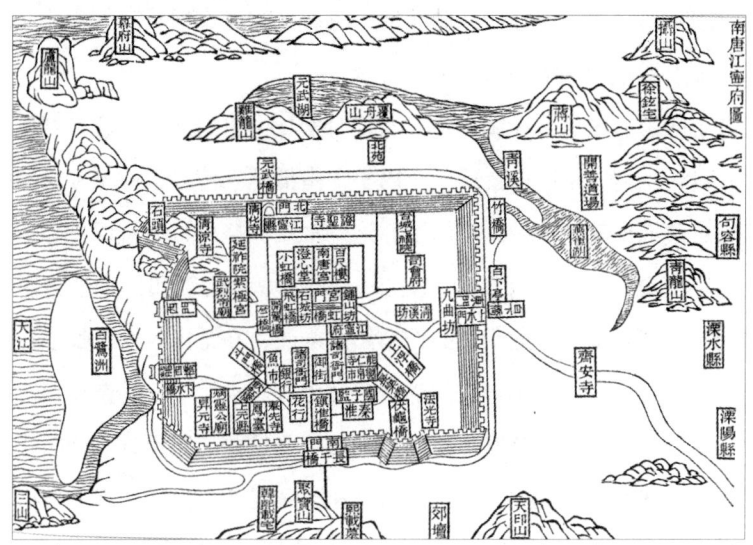

《金陵古今图考》中的南唐江宁府图

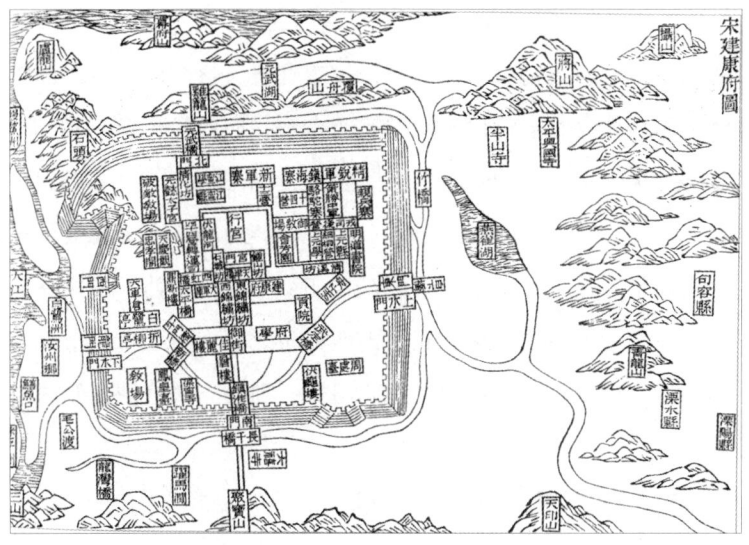

《金陵古今图考》中的宋建康府图

南唐都城之外的原建康都城北部，也有一些建设项目，如前述在同泰寺基址上新建的法宝寺、圆寂寺。

由于南唐宫城坐落在御道上，六朝时期长七里的御道，就只剩下了三里左右，从宫城正门前虹桥（今内桥）南抵镇淮桥，也就是今天的中华路。过镇淮桥就是都城的南门了。这一轴线和格局，一直保持至今未变。像中华路这样，一千五百余年来，无论城市轮廓如何变迁，而它的位置，尤其是南北交通干道的作用始终未改，在全国各大古都中，可能都要算少见的。南唐御道路面铺砖，两侧开排水边沟，并杂植槐、柳作为行道树，沿续了六朝时道路绿化的传统。这些道路设施直到明代还保存着，《金陵古今图考》中说："内桥南直抵聚宝门大街，即当时御街也，按《志》：'宫前御街，傍夹大沟，杂植槐、柳，台省相望。'今沟犹存。"

都城东西方向的主干道，位于宫城南门之南、虹桥之北，即今白下路、建邺路一线。由宫城南门向东，过东虹桥直达东门，向西过西虹桥，经冶山南侧，直达西门。同样始于东门，向西经今建康路、三山街、昇州路直达龙光门，即水西门，是另一条东西主干道。水西门长期占据着南京城东西主干道的端点地位，也是因为水西门外是重要的水运码头、商品集散地。这两条主干道东端相交于大中桥西，形成一个尖角，今天在大中桥下仍可以看到。由西虹桥北行，经今木料市、大香炉、明瓦廊、糖坊桥、估衣廊，达北门桥，则是当时宫城西侧的南北干道。

这几条干道分划出都城的几大功能区。宫城是都城的中心，也是最重要的政治活动区。南北御街两侧，分布着诸司衙门。御街以东地区，与六朝时期一样,以官僚衙署和府第为主,南端今信府河、军师巷一带是国子监,成为都城的文教区。而御街以西地区则主要是居民区和商业、手工业区。东西干道东段,今白下路以北,有东宫和尚书省等中央行政管理机构,西段今建邺路以北,则是地方行政管理机构江宁县衙。石头山下石城清凉大道场,内有德庆堂,是南唐帝王的避暑离宫,以后山名也改为清凉山。此外,在南郊建有行宫。

除历史以来形成的大型集市以外,新出现的有金陵市、清化市等。秦淮河及其支流两岸,还汇聚了大量商肆和手工业作坊,尤以城西南区为集中。《至正金陵新志》卷四中记述六朝古市后说:"《南唐书》有金陵市。至今有清化市、罗帛市。而自昔言市者,则以东市、西市、凤台、鹭洲四坊之达为市,盖即鱼市。今银行、花行、鸡行、镇淮桥、新桥、笪桥,皆市也。"其记坊里位置时说:"东市坊,在鱼市东;凤台坊,在鱼市南;西市坊,在鱼市西;鹭洲坊,在鱼市北。"又说:"清化坊、钦化坊,并在西市之北。"凤台坊在凤台山一带,鹭洲坊在其北近秦淮河入江口,应无疑问。清化坊近清化桥,即今绒庄街北口的鸽子桥,钦化坊即今评事街,则南唐时西市的位置,当在颜料坊、牛市一带。东市的位置,则在铜作坊一带。金陵市即银作坊。这同样可以证明前文所说市场由南向北、由西向东发展的趋势。街路交会处,出现了许多服务性行业如茶楼、酒肆、旅店。金陵城不但是南唐的首都,也是全国最重要的商业都会。

节俭是南唐君王被称誉的好传统。马令《南唐书·先主书》注文说,李昪"少长丧乱,知人艰苦,故不以富贵自处,唯务节俭"。陆游《南唐书·烈祖本纪》中记载了一个故事,说太子李璟"欲得杉木做板障，有司以闻，帝曰：'杉木固有之，但欲作战舰，以竹作障可也'"。这也从侧面说明当时南京地区木材的短缺程度。马令《南唐书·嗣主传》注文中评价他"常患民间侈靡，第宅衣服，咸为节制"。

当然，南唐君主也并不是一味节俭，同样有侈靡的时候。陆游《南唐书·浮屠》载："吴都广陵而烈祖居建康，大筑其居，穷极土木之工。既成，用浮屠说，作无遮大斋七会，为工匠役夫死者荐福。"徐知诰建居宅，不但"穷极土木之工"，而且还造成不少工匠役夫的死亡，不得不大做佛事来抚慰亡魂。陆游《南唐书·烈祖本纪》载，升元三年（939年）二月"庚午，作南郊，行宫千间"。南郊坛是皇朝重要礼制建筑，但在建南郊的同时造"行宫千间"，规模是很可观的。尤其是南唐君主佞佛，在建造佛寺上不惜代价。马令《南唐书·浮屠传》载："南唐有国，兰若精舍，渐盛于烈祖、元宗之世，而后主即位，好之弥笃，辄于禁中崇建寺宇，延集僧尼。"据说当时宫内就有寺院十几座。有淮北僧人号小长老，"说后主广施梵刹，营造塔像"，"又请于牛头山大起兰若千余间"。马令还分析南唐与吴越对待寺院田产的态度，形成后世的不同风俗："南唐好释，而吴越亦然。南唐每建兰若，必均其土田，谓之常住产。钱氏则广造堂宇，修饰佛像而已，曰：'桑门取给十方，何以产为？'至今建康寺院，跨州隔县，地过豪右。浙僧岁出远近，敛率于民。"陆游《南唐书·浮屠》载："元宗、后主之世，好之遂笃。幸臣徐游专主斋祠事，群臣和附，惟恐居后。宫中造佛寺十余，出金钱募民及道士为僧，都城至万僧，悉取给县官。"马令《南唐书·后主传》载："昇元阁崇构，因山为基，高可十丈，平旦阁影半江。梁时为瓦棺阁，至南唐民俗犹因其名。士大夫暨豪民富商之家美女少妇，避难于其上,迨数百人。越兵举火焚之,哭声动天,一旦而烬。"虽然说的是助宋攻南唐的吴越兵打进金陵时的暴行,但也反映出昇元阁的巍峨。

南唐建都,在南京城市发展史上,具有重大意义。不过,当时的南京居民,大约未必会为家乡的"城市化"而欢欣鼓舞。因为南唐统治集团同样来自北方,新的王朝仍然是强加给原住民的。更重要的是,南唐的建都,与六朝建都一样,仍然以封建王朝的利益为主旨,城市的规划与建设,也都是以皇宫为中心。六朝建都,在给建康地区的发展带来机遇的同时,也给当地居民带来战争兵火的灾难。相比之下,隋、唐时期南京远离政治中心,经济尤其是手工业、商业反得以在和平环境中迅速发展,使南京居民意识到,经济繁荣不是非得依赖政治中心的地位不可。这种历史记忆使南京人对于建城、建都,都没有太大的热情,尽管被包容进了都城,对于统治者仍然保持着观望以至疏离的态度。南唐三代君王,先后经营金陵六十余年,给后世文人画士留下了不竭的创作素材。然而对于当时的百姓来说,只有李昇统治期间,以保境安民、兴利除害为号召,注重恢复生产,奖励农桑,减轻赋税,民间稍感宽松平允。中主李璟登基后,连年征战,胜少败多,割让疆土,导致府库空虚,国弱民贫。后主李煜在位时,不断搜刮财富向北宋进贡,国内经济趋于崩溃。尤其是北宋灭南唐后,并没有限制金陵的发展,还给予一些优惠政策,这就更淡化了南唐政权存在的意义。所以在南京的民间文化中,南唐几乎就没有留下什么痕迹。

南唐灭亡时,金陵都城以至宫城都没有受到大破坏。因为南唐后主当政时,已经将宫殿的仪制规格降低。陆游《南唐书·后主本纪》载,"初,金陵宫阙皆设鸱吻,元宗虽臣于周,犹如故,乾德后遇中朝使至则去之,使还,复设。至是遂去不复用"。这是开宝五年(972年)的事情,同时降格的还有各府署:"中书门下省为左右内史府,尚书省为司会府,御史台为司宪府,翰林院为文馆,枢密院为光政院,大理寺为详刑院,客省为延宾院。"也就是降格成为一个地方政权的治所,所以宋灭南唐,就将这一套衙署完整地接收了下来。

倒是在杨吴和南唐统治时期,金陵城曾经发生过两次重大的火灾,一次是大和六年(934年)初徐知诰打算将杨吴迁都金陵时,接连两天发生大火灾,使徐知诰担心是有人制造变乱,放弃了迁都之议。一次是中主李璟当政时。马令《南唐书·嗣主传》载:保大十一年(953年)"三月,建康大火逾月,庐舍营署殆尽"。这次火灾之后的恢复耗资甚多,对南唐经济的影响相当大。

现在南京城中能看到的古代建筑,都是明清形式,六朝建筑、南唐建筑都没有留下痕迹。不过,在明清建筑形式中,理应存在对前代建筑合理成分的承袭。比如明清建筑中很突出的风火墙,以及两幢建筑之间留下的火巷,很可能就是前人从多次城市大火中吸取教训,而创造出来的。

王安石围垦玄武湖

宋灭南唐后,没有再像隋、唐那样贬抑南京,而始终以其为东南军政重镇。因为江南已成为全国最重要的经济支柱,统治者只能设法控制利用它,而不可能忽略它。开宝八年底(975年)改江宁府为昇州,即为行政等级较高的节度州,辖上元、江宁、句容、溧水、溧阳五县,昇州知府还"兼管当江南水陆诸州转运使",兼任府以上行政建置"路"的转运使,而且就以南唐旧宫为治所。宫前虹桥改称天津桥,桥南御街也称天津街。天禧二年(1018年)二月,改昇州为江宁府,并以九岁的皇子赵崇仁(即赵祯)任江宁府尹,充建康军节度使、管内观察处置等使,加太保,进封昇王,江宁府作为昇王封地,遂称昇国。四年后赵祯即位,史称宋仁宗,江宁府以"龙兴之地",更成为有宋一代等级最高的州府。但庆历八年(1048年)府治失火,延烧数日,只有一座便厅玉烛殿幸存,后由新任知府精选建材,限时督工,按照原有规制,很快完成了复建工作。北宋年间对后世影响最大的建设项目,第一要数王安石任江宁知府时,在熙宁八年(1075年)将玄武湖围湖造田。王安石的奏章《湖田疏》中说,"金陵山广地窄,人烟繁茂,为富者田连阡陌,为贫者无置锥之地",所以他建议在玄武湖中"开十字河源,泄去余水","使贫困饥人,尽得螺蚌鱼虾之饶,此目下之利。水退之后,分济贫民,假以官牛官种,又明年之计也"。目光短浅,不惜以牺牲自然生态环境为代价,牟取暂时利益,以减缓社会危机,这种破坏性的建设,王安石可以作为典型。遗憾的是,像王安石这样"规近利而失远图"的地方官绵延不绝,直到当代,还不乏为"政绩工程"而不惜严重破坏生态环境者。

值得讨论的是,王安石为什么能围垦玄武湖。现玄武湖水面约四百公顷,据文献记载,六朝时玄武湖面积是今天的三倍,北宋时的玄武湖不会比现在小,王安石是如何将大量湖水排出去的?

实际上,南京当时正处于一个枯水时期。据王安石《湖田疏》中所说,玄武湖的面积只有二百余顷。早在天禧元年(1017年),时任江宁

清朝末年的玄武湖全景

据1910年日本出版的《金陵胜观》，乐淘乐书店 供图

太守的丁谓，就向皇帝上疏，报告玄武湖淤塞严重，并有化湖为田的情况，"往时岁旱水竭，给为民田，凡七十六顷，出租钱数百万"，但他认为这样做"荫溉之利遂废"，是因小而失大，所以主张疏浚玄武湖。

据专家研究，9世纪至11世纪，相当于晚唐五代、北宋时期，中国处于凉干气候，降水量有较大幅度的减少。在公元1000年之后，曾多次出现历时长久的干旱。历史上，每当寒冷期代替温暖期，就会出现北方游牧民族大规模向南方迁徙的情况。北宋王朝接连遭受辽、金、元的侵袭，不得不退居江南，直至灭亡，这是一个重要因素。

与之相类似的，是四世纪前后的一次寒冷期，导致中原地区沦入"五胡十六国"的大混战局面，而成就了在南京建都的六朝繁华。六朝时期同样有过一次水面收缩的过程，现在见于历史文献记载的，应该是已经收缩之后的数据。本书第一节中曾说过，新石器时期，秦淮河宽达数百米，玄武湖尚是秦淮河入江水道的一部分。可见在南京地区，水面收缩、水位降低，是一个大趋势，而遭遇寒冷期时变化就更为明显。

由此可以得知，北宋时期玄武湖因枯水而水量大减，严重淤塞，所以王安石于湖心开挖十字河泄水，即可进行围垦。

北宋时期南京地区水位偏低，尚另有重要证据。同在宋代，秦淮河的水面也在大幅收窄。2010年春，南京市博物馆考古部在门西颜料坊地块的考古中，发现了秦淮河岸边一处古码头驳岸遗址，可以清晰地看出六朝、南唐的码头变迁状况。王志高先生邀我前往观看，现场可以清楚地看出，六朝时期的两岸码头之间，距离约在一百米。南唐时期的码头，单侧收窄约五米，地面较六朝稍低。而宋代的河面，据文献记载，则急剧收窄，仅剩四五十米。南宋周应合《景定建康志》卷十六记载，南宋乾道五年（1169年）建康府留守史正志重修镇淮桥和饮虹桥，修镇淮桥时，建康府观察推官丘崇作《记》，说到两桥的长度和宽度："因民所欲，为作而新之，率增其旧四之一。镇淮长十有六丈，为二亭其南，属民以诏令；饮虹长十有三丈，加屋焉，凡十有六楹，而并广三十有六尺。"宋代一尺约合三十一厘米，十六丈约合五十米，十三丈约合四十米。此后开禧元年（1205年）丘崇重建，"纵横广袤，一视前日"，宝祐四年（1256年），马光祖重建，"修、广如其旧"。在那近百年间，两桥的长度至少没有发生太大的变化。

新建二桥"率增其旧四之一"，都比旧桥长了四分之一，由此可以知道，北宋时期的河道宽度要较此更窄。也就可以断定，正是北宋年间，南京处于一个严重枯水的时期，导致秦淮河水面大幅收窄。前面说过，南唐时门西秦淮河两岸居民已相当密集，所以空出的河岸，很快被居民占据利用，秦淮河的宽度自此日渐狭窄，现在已只剩二十米。

居民在空出的河岸上建房，一方面要解决斜坡上的地基平整问题，一方面也要防备河中水位再次升高遭淹，所以多在河岸坡地上垒砌地基，以与岸边地面取平。也有人在坡地上竖立木桩为支柱，在其上建房，有类于湘西的吊脚楼。这就形成了南京秦淮"河房"的两种主要建筑形式。这两种河房，都有下达河面的阶梯，以便取水用水。由此可见，河房这一富有特色的建筑形式，同样是因为功能需要而产生的。

宋代枯水期对于南京的另一个重要影响，是长江岸线的西移。长江岸线西移的事实无可怀疑，研究者通常认为，这是江水不断蚀西岸淤东岸所造成。然而那是一个十分漫长的历史过程，不会在短期内发生太大的变化。可实际上，长江岸线的大面积北移，就是在宋、元之际完成的。其原因是沿江沙洲相连成为大片陆地,使近岸的夹江消失。唐代的诗人李白,还曾看到"三山半落青天外,二水中分白鹭洲"的美景,留下这脍炙人口的名句。然而到了宋代或元代,这景象便已消失。白鹭洲与江中的蔡洲、长命洲等近岸洲渚相连,逐渐形成了今天的河西地块。原江流中低洼之处,遂形成了大大小小的新湖泊,如莫愁湖、南湖等。长江水从此被隔在洲外,原夹江水道成为秦淮河的入江通道,流经石头城下的,已是秦淮河水而非长江水。秦淮河的入江口,也逐渐被北推到三汊河一带。发生这变化的时间上限,可能是南唐,其时夹江一带已很容易淤积成洲渚。《景定建康志》卷十九记簰枪洲:"在城西南三十五里,周回一十七里。南唐保大中,治宫室,取材于上江,成巨筏至此,时会潮退,为浮沙所沫,涨成洲渚。"木筏搁浅在岸边,就会导致偌大洲渚的形成,足见水浅淤重。

  而其下限,则可以莫愁湖的形成为证。莫愁湖确是因莫愁女的传说而得名,但若以为莫愁湖真是"六朝胜迹",则肯定属于误会。只因早就有了"莫愁家住石城西"的名句,紧邻石城门(今汉西门)的新湖,遂顺理成章地被叫成了莫愁湖。莫愁湖之名首次见于文献记载,已是明代中期,正德《江宁县志》卷二载:"莫愁湖在县西,京城三山门外。莫愁,卢氏妓,时湖属其家,因名。今种芰荷,每风动,香闻数里。"湖的得名自应在入志之前,湖的形成更应在得名之前,说莫愁湖形成于宋、元时期,当不会有太大的出入。至于明代初年,朱元璋与徐达在湖畔茶楼下棋,并为徐达建胜棋楼的传说,则只能姑妄听之。莫愁湖邻近的三山门、石城门,当时都是重要的交通节点,繁华商市,湖畔茶楼或有之,但胜棋楼云云,则可以肯定是明代中期,徐氏后人为霸占莫愁

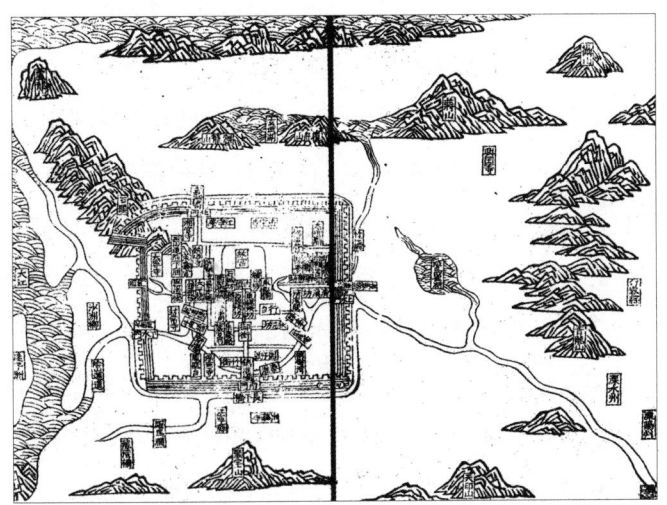

《金陵古今图考》中的元集庆路图

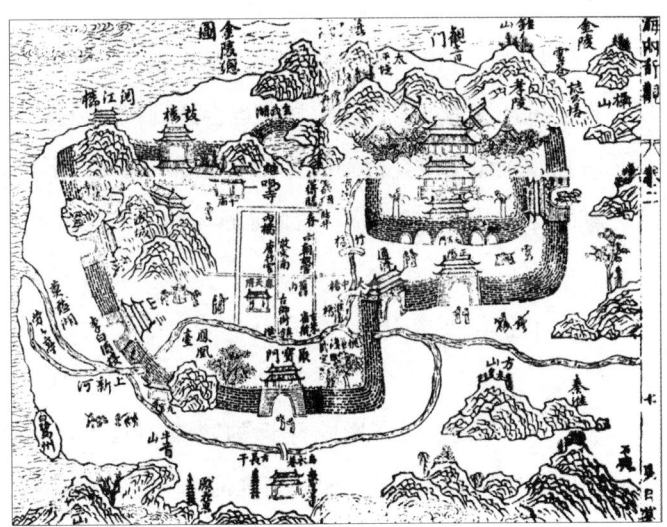

明版画 金陵总图

编造出来的。此外，在明万历年间《新镌海内奇观》中的版画《金陵总图》左下角，也可以清楚地看到，白鹭洲已与江岸完全衔接。从史籍中可以看到，长江近岸的江心洲渚，在六朝时期已有开发利用。《晋书》中说到，东晋权臣王敦据守石头城，看到老百姓在蔡洲上砍伐苇荻，打算下令禁止，温峤引《诗经·小宛》中的诗句"中原有菽，庶民采之"，说这种野生的植物，就是天赐予百姓的。不许采伐苇荻，老百姓没法烧饭，你有什么办法满足他们的需要？可见那时百姓已常上洲渚。《南史》说到宋武帝早年贫困，曾上新洲伐荻。《六朝事迹编类》说到，梁武帝曾将长命洲作为放生地，并专门安排十户人家住在洲上，负责饲养放生的禽畜。《景定建康志》卷十九载，石城西的鄱阳浦，"梁鄱阳王尝于此置屯田，因以为名"。又记董云洲："在城西南一十五里。西有小江名澧江，故一名澧江场。其上有田五百顷。"

到了隋、唐时期，秦淮河中下游居民已经相当密集，近岸洲渚的垦殖开发，肯定更甚于前朝，而洲上居民也会达到一定数量。江岸与洲渚间，平时须靠舟船交通。待到严重枯水之际，在夹江上修筑堤坝就很容易。而这堤坝所促成的淤塞，就此永远阻断了夹江的水流。

宋、元时期的城市变迁

北宋年间，另一项对南京影响深远的建设项目，是景祐年间（1034—1038年）创立江宁府学，即今秦淮河畔夫子庙的前身。后世屡经重建，明清两代更成为南京的科举文化中心，人文荟萃之地，至今犹不失为旅游胜地和商贸重地。

南宋建炎三年（1129年）改江宁府为建康府，统辖不变。建康府知府也是江南东路的军事行政长官，并兼行宫留守、制置、安抚使、兵马都督等要职。南唐旧宫遂成为皇帝的行宫，《景定建康志》中有《宋建康行宫之图》，可以看出它的规制。建炎四年（1130年）五月，入侵的金兵纵火焚烧建康府，行宫也遭破坏。金兵退走后，绍兴二年（1132年）南宋重建建康行宫，次年在行宫东南，今中华路以东的王府园小区一带新建建康府治。建炎、绍兴年间，宋高宗曾三次驻跸建康行宫。终南宋一朝，士人仍念念不忘中原，希望移都于建康，所以关于"金陵王气"的说法又被大大张扬。宋徐梦莘《三朝北盟会编》卷一二三载，建炎三年（1129年）宋高宗诏幸江宁府，诏书中说："以江宁府王气龙盘，地形绣错，据长江之险，兹为用武之邦，当六路之卫，实有丰财之便，将移前跸，暂驻大邦，外以控制于多方，内以经营于中国。"南宋陈亮《戊申再上孝宗皇帝书》中也有对六朝都城的评价："台城在钟阜之侧，其地居高临下，东环平冈以为固，西城石头以为重，带元武湖以为险，拥秦淮、青溪以为阻。"强调六朝宫城地理位置的优越性。《景定建康志》卷五《辨金陵》一节中，更是重述神话，"当时以天子气以五百年为期，自是四百九十年而晋元帝渡江，建都金陵，适符其数"，并强调："山融川结，天地之气为之，岂区区智术所能变之哉！惟修德足以永天命，惟施仁足以固人心，惟行帝王之道足以消奸雄之变。圣贤以理御气，大抵然也。"绍兴、乾道年间也曾两度修筑建康府城，但因长江以北尽入金人之手，统治者畏避，南宋最终定都临安（今杭州）。

两宋时期，建康府的城市格局、结构形态、交通网路、行政管理、

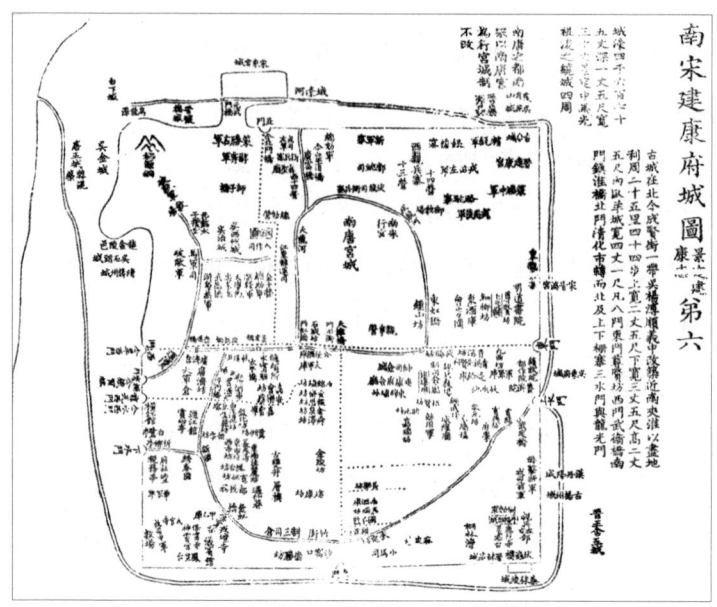

《同治上江两县志》中的南宋建康府城图

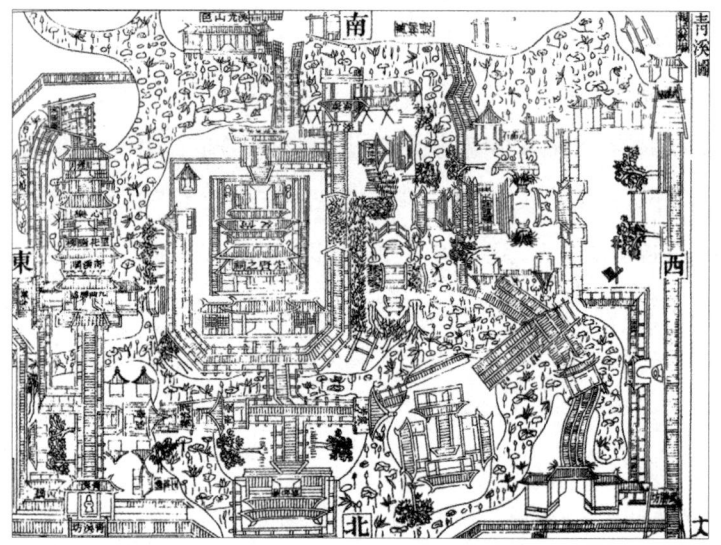

《景定建康志》中的青溪图

军事机构等分布，基本上延续南唐旧有基础，没有大的变化。但由于南宋统治集团的整体南迁，以及中原居民不堪金兵压迫南渡移居江南，建康城作为江南重镇，富庶之地，人口增长迅速。尤其在南宋末马光祖任知府期间，城市建设也有所发展。南宋史正志《乾道建康志》载建康坊里是四厢二十坊，一百年后，周应合《景定建康志》所载坊里已达三十六坊。《南京建置志》认为是三十四坊，除将两处状元坊算成一坊外，还漏掉了武定桥东的宾兴坊。从《景定建康志》中的《府城之图》上，可以清楚地看到建康城内坊里也即居民聚居区域的分布情况：在天津街以西、今建邺路以南的片区中，集中了二十坊，而天津街以东、今白下路以南片区中，也有十二坊，今建邺路、白下路以北只有四坊。这一分布，证实了我前文对南京居民区发展趋向是由南而北、先西后东的分析。马光祖还主持重建府治堂宇，重建镇淮桥、饮虹桥，重建新亭，以砖铺设天津街路面，直达南门，建居养院，以处贫困无告百姓，创安乐庐，以拯流浪疾病、无家可归者，兴工疏浚护城河四千七百六十五丈余，修筑同样长度的羊马墙，疏浚青溪，并增建堂、馆、亭、榭三十余所，名青溪园，筑题飞桥，重建赏心亭和白鹭亭，建东南佳丽楼，重建东冶亭、知稼亭、望岑亭，修社坛，上元、江宁两县始建县学，又修江宁府学和明道书院，并修建、复建了一批祠庙。为了加强建康地区的防卫，还在西门内建游击新军寨屋三千余门，招募军士一万二千多人。元世祖至元十二年（1275年）二月，大军进逼建康，守城宋军投降。建康府先后改称建康路、集庆路，在元朝算是较高等级的行政建置，并曾设行中书省、江南诸道行御史台、江淮行枢密院、行宣政院等更高一级行政机构，其统辖区划仍延续宋朝旧制，没有变化。建康府治被沿用，先后作为行中书省、江南府道行御史台治所，但南宋行宫遭到了破坏。《至正金陵新志·古迹志》载："至元十五年，拆其材瓦赴北，以地属财赋提举司，民佃为圃。其宫殿、府寺、台榭遗址犹存。阙门今为军总铺警火之所。"财赋提举司的治所在原行宫外的西面，原行宫城墙虽在，墙内范围已成为建筑遗迹和旷野空地，租给百姓开垦种植，只留下一座阙门作为瞭望火警的高台。自此开始，初创于南唐的宫城区域，亦由南向北逐渐被开发蚕食，发展为新的居民区。

元集庆路的功能区划，大体延续前朝。以东西向干道即今白下路、建邺路为界，路北属政治、军事功能区，行政衙署、军营府舍多在路北。路南以商业、居住区域为主。值得注意的是，原先的南北干道天津街，在功能区划分上的意义已经淡化。天津街以东地区，除保留着文教区以外，官署府舍明显减少，大部已成为居民区。居民坊里的名目和分布，仍沿续宋朝所置未变。面对居民区的平缓发展，官署府舍向北退让，应该说是统治阶层的明智策略。元朝也有一个皇帝，登基前曾经在南京住了五年，就是元文宗孛儿只斤·图帖睦尔。他的住所在今鼎新桥东北一带。文宗在致和元年（1328年）登基，改元天历，就在钟山麓建大崇禧万寿寺。第二年，又在他原住所建大龙翔集庆寺，由国家拨款，工部尚书主持，并改建康路为集庆路。两座寺庙都建得十分华丽壮观，如同宫殿。除此之外，就没有什么大规模的建设活动。

元朝统治南京八十一年（1275—1356年）间，对南京城市发展最大的贡献，要算疏浚恢复玄武湖。南宋后期，气候已开始回暖，江南降水丰富，因失去了玄武湖的调节作用，遂致南京城里常遭洪涝之害。

据《至正金陵新志》,元大德五年(1301年),"十一月,申奉省札行下钟山乡,开后湖河道"。到至正三年(1343年),"四月,都水庸田司以本路言,开浚后湖河道,令壕寨官相视。上至钟山乡珍珠桥,下接金陵龙湾大江,通一十七里",但湖面已大为缩小,大约只有六朝时期的三分之一。经王安石这一番折腾,玄武湖此前的人文遗迹荡然无存。明代在湖中建皇册库,遂成禁区,清初毁了皇册库,又成一片荒湖,直到晚清才渐有园林建设。南京人常常感慨玄武湖与西湖的差距。其实北宋时西湖同样面临淤塞的问题,元祐五年(1090年),也就是在王安石围垦玄武湖后的十五年,时任杭州知州的苏轼上书朝廷,请求兴工疏浚"草长水涸"的西湖,得到批准后,用以工代赈的办法,募集民工,将清除的葑草和淤泥在湖中筑起苏堤,并建造六桥,为西湖又增添了一处重要景观。所以杭州人会在苏堤南端建起苏东坡纪念馆。不同的施政思路,就这样影响着后世。

至正十六年(1356年)三月,朱元璋率红巾军攻占集庆路,改集庆路为应天府。元朝虽尚未灭亡,但在南京的统治就此结束。

清冯宁仿杨大章宋院本《金陵图》局部图（全图见附册） 德基美术馆 藏

特辑一 宋院本金陵图

流传有序的仿《宋院本金陵图》

这一卷《金陵图》，全称《冯宁仿杨大章宋院本金陵图》，纸本设色，纵三十五厘米，横一千零五十厘米。

清乾隆三十年（1765年），清高宗第四次南巡，于江宁（今南京）得到《宋院本金陵图》，即宋代画院宫廷画师所作的金陵图，十分喜爱，在画卷引首写下了《题宋院本金陵图》七绝六首：

王气埋金秀且雄，六朝文物擅江东。试看负贩舆台辈，都有谢颜徐庾风。

笔妙得神已去形，高楼斜矗酒旗青。桂枝香咏临川好，遗曲犹闻唱后庭。

佳丽东南信莫俦，胜朝犹自建都留。赵家歌馆宁相让，别有轻烟翠柳楼。

琼窗绮榭簇勾栏，密意酣情各缔欢。官妓遗风自唐宋，政成何体污衣冠。（官妓之设，最为败坏风教。而姜南《蓉塘诗话》乃艳称明初缙绅宴集皆用官妓，与唐宋同，且以后始有禁为惜，缪盩甚矣。）

几经富庶几离乱，富庶欢娱离乱愁。只有秦淮一片月，溶溶无意照千秋。

画品稼纤出内家，九衢万户斗豪奢。秣陵五国天渊隔，一例东京录梦华。

清高宗多次命宫廷画师仿画《宋院本金陵图》，现台北故宫博物院藏有谢遂乾隆五十二年（1787年）《仿宋院本金陵图》、杨大章乾隆五十六年（1791年）《仿宋院本金陵图》。据《清宫内务府造办处档案总汇》第五十三册记载，乾隆五十七年（1792年）正月："二十日，接得员外郎金江押帖，内开正月初八日太监鄂鲁里交杨大章仿画宋院本金陵图手卷一卷。传旨：交启祥宫冯宁仿画。钦此。"也就是说，杨大章仿作完成之际，即交冯宁据以仿作。此卷卷尾署款"乾隆五十九年十一月臣冯宁奉勒恭仿宋院本金陵图"，前后历时近两年。《石渠宝笈》三编对此有著录："冯宁仿杨大章画宋院本金陵图一卷。本幅纸本，纵一尺七分，横三丈四尺二寸五分，设色画江乡城郭，人物熙恬。款：臣冯宁奉勒恭仿宋院本金陵图。铃印二：臣、宁。卷内铃：高宗纯皇帝宝玺、乾隆御览之宝。"现画卷上另有"三希堂精鉴玺""宜子孙""嘉庆鉴赏""嘉庆御览之宝""宣统御览之宝"及"石渠宝笈""宝笈三编""宗治珍藏"等印,说明此画卷直到清末仍在清宫收藏。1922年逊帝溥仪以"赏赐溥杰"的方式盗窃故宫文物,清单中即有此卷,后流落民间,为东北金融家彭贤收藏。彭贤曾受张学良之托在抚顺为张作霖修"元帅林",其旧居彭公馆现为辽阳博物馆。

《宋院本金陵图》如今已无踪迹可寻。台北故宫博物院曾展出过杨大章《仿宋院本金陵图》。2015年,《冯宁仿杨大章宋院本金陵图》在保利香港秋季拍卖会露面,南京德基美术馆斥巨资竞拍,将这一映现南京城市历史风貌的长卷带回南京,作为镇馆之宝。

尽管我们无缘得窥《宋院本金陵图》(下文简称《金陵图》)的真相,但清代宫廷画家的奉旨仿作,即或在技法上与原作会有相差,画面内容上应该不会有太大的变化。也就是说,可以相信这一画卷中的景象,即是宋代金陵城的真实风貌。

《金陵图》中的城市风貌

《金陵图》十米长卷,山川城阙,市井风物,历历在目,绘有人物五百余个,动物近百头,商铺宅院四十几处,舟船车舆二十多驾,可说是宋代南京的"清明上河图",对于我们了解南唐金陵城规模格局、宋代建康府市井风貌,都有重要的参考意义。

南唐所建、延续宋、元的金陵城,文献记载不多,图画资料绝少。《景定建康志》中的"府城之图"等只是粗略的示意图。《金陵图》则是形象生动的彩画长卷。画卷自右向左，以两座城门为分隔，可分为三个部分，左、右两端都是乡野风光，中部是繁华城市。这两座城门也成为我们判断图中区域的地标。左边的城门并列着水门和陆门，城门外水面浩荡，不远即山石起伏，可以肯定是金陵城西垣南门龙光门（亦称龙西门，今水西门），水门即栅寨门。当时秦淮中支出栅寨门即进入长江。江岸山石则是石头山（今清凉山）余脉。

　　由此可以推知，右端的城门即金陵城南门（今中华门）。南门外护壕上有长干桥。在南唐建金陵城之前，长干里地区是南延至越城一带的，此时虽被城墙和护壕隔断，南门外仍有市井延续，相当于今西街地区。由此再向南，便是雨花台余脉丘陵了。

　　两门之间的商市区，即今门西地区，也即从东吴大市到唐代长干里，再到南唐和宋代的"边淮列肆禅贩"，是延续千年的商业中心区，与历代文献中的记载完全吻合。画面中主要绘出的是秦淮河与凤台山之间的繁华市井，秦淮河在画幅上方，所以在画幅的下沿，常常可以看到丘陵山石。画师之所以选择城西南隅这一局部来表现金陵，因为它正是非建都时期金陵城中最有代表性的区域。

　　从城市建设的角度看，南门的形式最值得研究。与我们看惯的明城墙内瓮城不同，金陵城南门不但采用了外瓮城，而且设计成半圆形，有如半个水瓮。这应该就是"瓮城"得名的由来，而且可能是现存最早的瓮城实景图。半圆的圆心处建造了一幢方形城堡，城堡上方设单层城楼。巧妙的是，从圆心外伸的两道隔墙，与城墙同等规格，将这半圆分割成三个六十度的扇形，居中一个扇形对外开门。行人进门后，必须经过隔墙上的门，进入第二个扇形，再经过城墙的门，才能进入城内。隔墙上的门易守难攻,从隔墙和城墙上可以有效打击进入扇面空间的敌人,所以从外面看只是一个简单的半圆瓮城,内部实为两道三门的防御设施,功能相当于明城墙的两道内瓮城。

明都城城墙,只有正阳门(今光华门)外保留了这种半圆形的外瓮城形式,但内部没有隔墙,对外开南门和小东门,其防御功能远不及金陵城南门。

南门外的羊马墙,也是一个亮点。文献中关于羊马墙的记载都很简略,只知道它位于城墙与护壕之间。从图中可以看到,不但城墙与护壕之间有一道羊马墙,护壕对岸还有一道羊马墙,可以阻碍敌人渡越护壕。从墙与人的比例看,羊马墙高在两米以上,是壁立难攀援的砖墙。

龙光门的形式看似与南门相类,但半圆形瓮城内只做了一道分隔,而将城楼下的方形城堡作为城门。画家突出了城楼的歇山顶、敞门窗、雕梁画栋、镂空围栏,使其不像一个军事设施,更像观景台。这应该是入宋以后的变化。

《金陵图》中的市井风情

画卷中心部分,即自南门入城至龙光门出城一带的繁华商市风貌。

《景定建康志》卷十六记载:"按《宫苑记》:'吴大帝立大市,在建初寺前,其寺亦名大市寺。……又有小市、牛马市、谷市、蚬市、纱市等一十所,皆边淮列肆鄽贩焉。'内纱市在城西北耆阇寺前,又有苑市,在广莫门内路东,盐市,在朱雀门西。今银行、花行、鸡行、镇淮桥、新桥、笪桥、清化市,皆市也。"除了纱市、苑市等少数几处,商市都在秦淮河两岸经营。

《至正金陵新志》卷四记载："《南唐书》有金陵市。至今有清化市、罗帛市。而自昔言市者，则以东市、西市、凤台、鹭洲四坊之达为市，盖即鱼市。"其所记坊里位置是："东市坊，在鱼市东；凤台坊，在鱼市南；西市坊，在鱼市西；鹭洲坊，在鱼市北。"凤台坊在凤台山一带，鹭洲坊在其北近秦淮河入江口。鱼市的位置，当在今新桥一带，所以新桥会成为秦淮河西五华里上最重要的桥梁。

《金陵图》中所画正是这一带，也即为文献记载提供了切实生动的图像诠释。认真研究画面内容，对于认识宋代金陵城乡建筑、市肆商铺、交通工具、工匠技艺、农业劳作、服饰鞋帽、饮食娱乐、风物民俗，都有很大的帮助。

画家对于建筑情有独钟，街路两边的房屋，不但建筑样式、院落组合各不相同，而且顶盖、斗拱、梁柱、台基、门窗、配饰，都有相当准确的结构图或剖面图，一些房顶铺瓦只铺了一半，让人可以看清承托部分。若非刻意为之，很难想象会有这样的巧合。房屋内部的陈设，也几乎没有重复的，如果逐一描摹出来，可以组成一部相当完全的家具图录。对于复杂的交通工具如大车，画家还特意安排了一家修车铺，门前有拆散了的大车零件，车轮、车架、车轴等部分一目了然。

从商铺中可以看出数十个行业，有饭馆、面店、酒肆、茶棚、粮铺、油行、染坊、当铺，还有学堂、书舍、街头杂耍等。其门里门外，都有相应的行业用具和人员操作，如饭店里的灶台，酒肆里的蒸馏炉，画得都很逼真，简直可以据此复制。临近桥头的一处临时摊点，以推车为摊位，车旁竖着三柄大遮阳伞，伞柄插在大方砖中以固定，这方式现今仍在使用。

栅寨门内的这一座拱桥,大约是崇道桥或鼎新桥。河南岸即今红土桥、评事街,当时也属于繁华闹市。河里有打鱼船,有渡船,有游船,有货船。栅寨门和桥之间的河岸,可以看到四个纤夫。因为船进栅寨门后是逆流而上,载重的货船须靠纤夫拉行。

道路上可以见到多种运输工具,有四头牛拉的大货车,运水的双轮车,有单人推的独轮车,驮货的有驴、马,还有骆驼。还有人挑担子、扛货架、头顶货匾。行人多数步行,也有骑马、骑驴、坐轿、乘船的。男女老少、不同身份者的动作神态,栩栩如生,服饰式样不同,色彩缤纷。这些都是旧时文献中很少具体记述的。

从收割完的麦地、赶牛耥水田,农民以连枷打场、罗筛筛麦,街上有人卖扇子和蝈蝈笼子,可以肯定是夏收时节。城乡树木枝繁叶茂也证明着这一点。天气渐热,有人撑伞遮阳,时近黄梅,行人多带着雨伞。

简而言之,在这幅《金陵图》长卷中,我们可以看到宋代形象生动的南京风貌,广涉城市建筑、交通运输、商贸经济、手工业、农业及生活日常、风物风情等多个方面,如果细细推敲,足以写成一本书。承德基美术馆盛情,同意我们将《金陵图》全卷高清印制,供有兴趣的朋友欣赏。

清朝末年的朝天宫　　　　　　　　据1910年日本出版的《金陵胜观》，乐淘乐书店 供图

第八章 明都南京——壮丽瑰玮

南京号称"六朝古都",实际上我们所面对的南京老城,正是明初建都所形成的。明都南京留给我们的,远不止于"世界第一大城"的城墙,城市规划的跨越式发展,宫城建设的不与民争地,依山傍水的自然生态,远航海外的视野胸襟,都有值得借鉴之处。"城南十八坊"、多进式小院落等,更是明初建都遗留的印迹。

朱元璋应天建大明

元至正十六年(1356年)春,朱元璋改集庆路为应天府,就含有"上应天命"的意思。但此时元王朝尚有势力,各路义军更是不相上下,朱元璋公开称帝的条件尚未成熟,所以仍奉小明王韩林儿为领袖,用韩宋政权龙凤年号。同年七月,韩宋在应天府设置江南等处行中书省,以朱元璋为行省平章,不久又升任行省左丞相、都元帅。诸将奉朱元璋为吴国公。朱元璋自行委派所辖各府、州、县官员,又自设"天兴建康翼大元帅府",组成强有力的参谋集团和军事指挥系统,实际上已经成为一个独立的政权机构。应天府成为朱元璋统一江南、夺取天下的坚实根据地。

清末明孝陵四方城　　　　　　　　　据1910年日本出版的《金陵胜观》，乐淘乐书店 供图

明孝陵神道（1867—1872年）　　　［英］约翰·汤姆逊（John Thomson，1837—1921）摄
　　　　　　　　　　　　　　　　　　　　　　　　　　　　　牛婕 供图

至正十七年（1357年）七月，胡大海打下徽州（今安徽黄山），邓愈向朱元璋推荐当地隐士朱升。朱元璋召见朱升，"问时务。对曰：'高筑墙，广积粮，缓称王。'"朱元璋认为这个策略很好，并以此作为此后十年间的战略指南。当时各路农民起义军纷纷称王称帝，徐寿辉早在至正十一年（1351年）称帝，张士诚在至正十四年（1354年）称王，陈友谅也于至正二十年（1360年）称帝，明玉珍在至正二十二年（1362年）称帝，而实力最强的朱元璋，却一直称吴国公。但他属下的军政机构日渐完备，职能划分也渐明确，在连续征战的同时，实施军垦，储备粮食，发展经济，并自行铸造货币。至正二十二年（1362年），韩林儿兵败投靠朱元璋，已成主从颠倒之势。第二年，朱元璋彻底打败了强敌陈友谅，且另一强敌张士诚败局已定，朱元璋才于至正二十四年（1364年）正月初一称吴王，建立起成系统的中央军政领导机构，但仍袭用韩宋龙凤年号。两年后，朱元璋暗杀了韩林儿，在至正二十七年（1367年）改元称吴元年，开始修筑宫城。这一年，朱元璋以"驱逐胡虏，恢复中华"为号召，派二十五万大军北伐元朝大都（今北京），正式摆出了与元王朝不共戴天的姿态。至正二十八年（1368年）正月，在应天府苦心经营十二年的朱元璋，终于正式称帝，建立明王朝，改元洪武。这年七月，元顺帝退出大都，逃进沙漠。明王朝成为全国的统一政权。八月，明王朝决定，以应天府为南京，以大都为北平府。这是南京历史上第一次成为全国统一政权的最高政治中心。自此开始，直到永乐十九年（1421年）迁都北京，南京作为明王朝的首都共五十四年。北迁之后，南京仍作为明王朝的南都，东南地区的政治、军事、经济、文化中心，直到明朝灭亡。作为明王朝的尾声，在清顺治元年（1644年）五

明孝陵墓　　　　　　　　　　　据1910年日本出版的《金陵胜观》，乐淘乐书店 供图

明孝陵神道　　　　　　　　　　据1910年日本出版的《金陵胜观》，乐淘乐书店 供图

月,南明弘光政权又在南京建都,但仅维持一年就结束了。

朱元璋在南京的吴国公府和吴王府,最初都是利用了元朝御史台旧署,"在古御街东,青溪之右",大致位于今内桥东南王府园小区一带,当时建有宫殿和围墙。嘉庆《重刊江宁府志》卷九载:"吴王府,建白虎殿,东西两宫,左渠为金水河(今旧王府内有水是),正南为阙门(在今承恩寺左),东为东华门(在针巷,犹有墙垣),西为西华门(在府治前,初犹可见,今为居民屋所蔽),旁列中书省,分六部堂(今皆无迹可考)。"朱元璋移居新宫后,这一片建筑称为"旧内",终明之世,空关不准使用。

在决定以南京作为国都之前,朱元璋在城市建设方面没有什么大作为,只修建了少量军事设施。《明史纪事本末》卷三载,至正二十年(1360年)闰五月,陈友谅大军沿江而下,进逼建康,朱元璋"命赵德胜跨新河筑虎口城守",在上新河入江口建造虎口城以据守。这大约是朱元璋在南京最早的建设工程,有研究者即将其作为明初修建都城的前奏。不过,虎口城实际上只是一座军事堡垒或城堡。也有人提出稍后还在今仪凤门外建有龙湾城,并引顾起元《客座赘语》为据。但《客座赘语》卷十中明确地说,龙湾城"即《新志》所称靖安镇是也",就是《至正金陵新志》卷四中所列举的靖安镇,所以不应作为明初始建。

准确地说,明初的都城建设,始于至正二十五年(1365年)。据《明史·太祖本纪》,这年九月"建国子学",以搜罗人才。国子监是属于都城的机构设置。第二年八月,"改筑应天城,作新宫钟山之阳"。十二月,"建庙社宫室,祭告山川。所司进宫殿图,命去雕琢奇丽者"。吴元年(1367年)八月,"寰丘、方丘、社稷坛成",九月"太庙成""新宫成"。经过短短一年多时间的建设，南京已经具备了一座都城的规模。

《明史·舆服志·宫室制度》载：吴元年（1367年）"作新内，正殿曰奉天殿，后曰华盖殿，又后曰谨身殿，皆翼以廊庑。奉天殿之前曰奉天门，殿左曰文楼，右曰武楼。谨身殿之后为宫，前曰乾清，后曰坤宁，六宫以次列。宫殿之外，周以皇城。城之门，南曰午门，东曰东华，西曰西华，北曰玄武"。这里的"皇城"，应为宫城。《明史纪事本末》卷十四载：吴元年（1367年）九月建成的宫殿"皆朴素不为饰。命博士熊鼎类编古人行事可为鉴戒者，书于壁间。又命侍臣书《大学衍义》于两庑壁间。"认为这比前代宫殿以画为装饰有意义。有人说瑞州（今江西高安）出产花纹美丽的石头，可以用来铺地。朱元璋批评他说："我一向提倡俭朴，唯恐奢华成为风习。你怎么还引我追求侈奢华丽呢？"十一月，"寰丘成。太祖出视，世子从行。太祖因命左右导之，遍历农家，观其居处、饮食、器用"，农家"所居不过茅茨草户"。十二月甲子，"太祖御新宫"。洪武元年（1368年）十一月"建大本堂"，作为教育太子诸王的场所。洪武二年（1369年）正月，"立功臣庙于鸡笼山下"。

洪武二（1369年）九月，朱元璋与群臣讨论建都地点。朱元璋曾因为六朝建都南京，为时都不长久，而有所顾忌，但最后因为"平定之初，民未休息，供给力役，悉资江南"，也就是说，经济条件的优越，压倒了意识形态上的顾虑，还是选定南京为首都。这说明朱元璋是一个讲求实际的人。同时决定，以朱元璋的家乡凤阳为中都。这以后的几年中，明王朝的建设重点转向凤阳，而南京的城市建设虽未停止，速度却明显地缓慢下来。不过，在洪武三年（1370年）兴建、次年十月建成的奉先殿，可以说是朱元璋的一个创举。他认为太庙里的祭祖活动有严格的时节规定，不足以寄托孝思，为了能够经常性地祭奠祖先，他在奉先殿中供奉自己的四代先祖，随时都可以去烧香祭拜。这实际上是他为了推行"以孝治天下"而专门设置的一个标志。

洪武八年（1375年）停建中都以后，南京的都城建设进入了一个新阶段，几乎每年都有重大的建设工程。《明史·舆服志·宫室制度》载，"洪武八年改建大内宫殿，十年告成。阙门曰午门，翼以两观，中三门，东、西为左、右掖门。午门内曰奉天门，门内奉天殿"，奉天门"左、右为东、西角门，奉天殿左、右门，左曰中左，右曰中右。两庑之间，左曰文楼，右曰武楼。奉天殿之后为华盖殿，华盖殿之后曰谨身殿，殿后则乾清宫之正门也。奉天门外两庑间有门，左曰左顺，右曰右顺。左顺门外有殿曰文华，为东宫视事之所，右顺门外有殿曰武英，为皇帝斋戒时所居。制度如旧，规模益宏"。洪武二十五年（1392年）"改建大内金水桥，又建端门、承天门楼各五间，及长安东、西二门"。《明史·太祖本纪》载，洪武八年（1375年）七月改作太庙，直到次年十月才完成，十年（1377年）八月改建大祀殿于南郊，用于合祀天地，次年十月完成，洪武十五年（1382年）五月，太学建成，同年九月"葬孝慈皇后于孝陵"，可知孝陵的修建，必早于此年。十七年（1384年）四月增筑国子学舍，三十年（1397年）十月，重建国子监先师庙成。第二年，朱元璋就去世了。明初南京的宫室制度，在中国宫殿建筑史上，具有极为重要的意义。因为《明史·舆服志·宫室制度》中明确记载，永乐年间修建北京皇宫，"凡宫殿门阙规制，悉如南京，壮

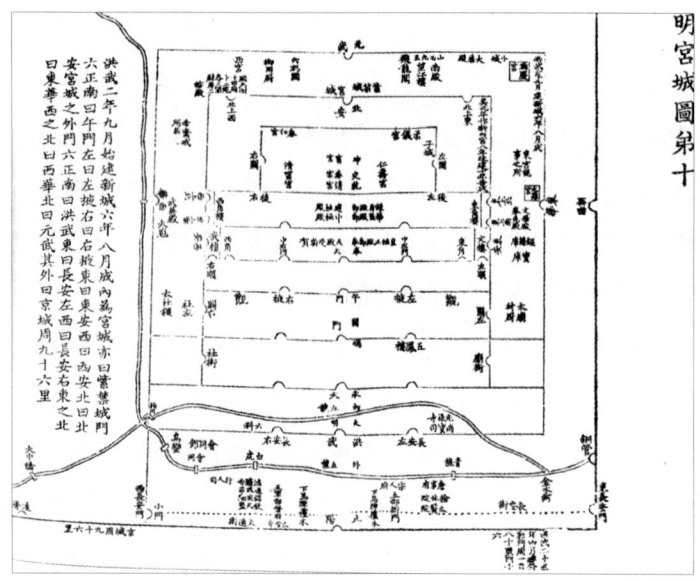

《同治上江两县志》中的明宫城图

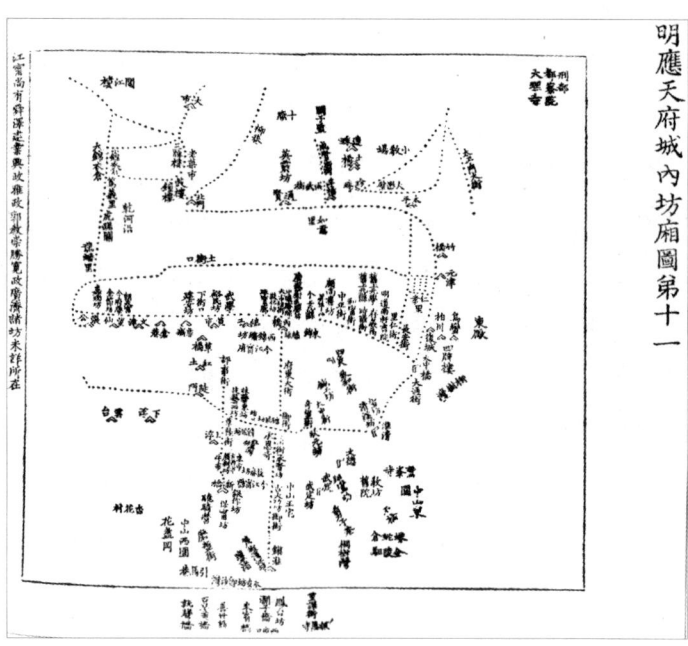

《同治上江两县志》中的明应天府城内坊厢图

丽过之"。延续明、清两代五六百年的北京故宫的宫室制度，就是以南京明故宫为蓝本的。

明皇宫不与民争地

明初建造起如此恢宏的南京城，不能说事先没有一个预定的蓝图，没有较为明确的规划思想指导。然而遗留的史料虽然丰富，但明初的都城建设情况，见于正史记载的并不多。除了传统的都城规范，对于都城建设的规划理念或先期规划，更是未见只言片语，且留下了两个至今仍为研究者争议不休的问题：一是宫城的选址偏于城之一隅，二是都城的格局极不规则。这两个问题都属于城市规划方面的重大决策。而争论的焦点，则在于明初建都规划的决策依据，究竟是都城功能的实际需要，还是"风水"观念。

都城布局的核心是皇宫的位置。前文说过，南唐建设金陵城时，已经接受了中原的都城规范，将皇宫安排在都城的中心偏北方向。或者说，在皇宫的位置确定后，按照这一原则来规划都城的范畴。然而明初选择皇宫位置时，朱元璋再一次摒弃了这一原则，将皇宫安排在都城的东边一隅。这一打破常规的选择，使已经习惯于传统都城规范的人感到难以理解，遂引起了后世的种种揣测，民间传说纷纷，不少文人学士也努力以各种迷信观念进行解释，试图将其纳入"正统"的规范。

我认为，明初皇宫的选址，恰恰是统治者正视南京城市发展现实，不惜摒弃"正统"与"风水"观念，以满足都城功能实际需要为目标，做出的明智决策。

清朝末年明故宫五龙桥　　　　　　　　　据1910年日本出版的《金陵胜观》，乐淘乐书店 供图

清朝末年明故宫午门　　　　　　　　　据1910年日本出版的《金陵胜观》，乐淘乐书店 供图

朱元璋建都时所面对的南京城，虽然曾是南唐的都城，但经过宋、元时期的改造利用，以及数百年来居民区域的拓展，原有的范畴内，已经难以满足新都城建设的空间需要。当时城区之内，依南北中轴线，大致可以分为三片。中间偏北一片，是原南唐宫城即南宋行宫区，然而南唐宫城原本就偏小，在元初拆毁南宋行宫以后，原宫城区域已部分化为居民区，部分建造了官衙府第，剩余部分远不足以容纳一个新的皇宫区。原宫城区南部一片，是稠密的居民区和繁华的商业区，如果拆迁改建成皇宫区，就等于毁掉这座城市的精华部分，毁掉城市的经济依托，换句话说，也就是部分毁掉朱元璋定都南京的重要根据。原宫城区以北一片，是六朝台城旧址，此时虽开发建设不多，尚有空旷之地，但是，一则因为其南部已被官衙府第占用，北部又受覆舟山、鸡笼山的限制，南北距离短浅，发展空间逼仄，二则六朝皆为"偏安""短命"王朝，这块"风水宝地"连南唐都不愿利用，遑论大一统的明朝。

这样，原金陵城区内，已没有适合明王朝建造宫城的地块。

再看金陵城近郊的情况。西边是长江，河西地区虽已渐成陆地，但仍多为沼泽湿地，南边主要是成熟而富庶的耕地，又是丘陵区，显然都不适合用于建造皇宫。剩下的是东郊和北郊。从五台山、鼓楼到北极阁一线的丘陵北部，玄武湖以西，虽然是较平坦的未开发区域，但西部和北部都濒临长江，倘若将皇宫建于此地，一旦有敌军沿江来攻，皇宫便首当其冲。朱元璋就曾在上新河、龙江关一带与陈友谅进行过激战，记忆深刻，所以这一片区作为军事驻防区更为适当。这样，唯一可供选择的，就只有东郊。当时的东郊，还是一片农田，居民稀少，从地形上看，北部的紫金山成为天然屏障，青溪、秦淮河既可解决供水需要，又可利用为城壕。皇宫建在这里，与西南的老城区、西北的军事区，交通联络都很方便。开辟这片新城区，也顺应了朱元璋开创新基业的心理。唯一不利的因素，就是青溪流域遗留下的水道沼泽，特别是面积不大的燕雀湖位于地块中部，需要填平。多方权衡利弊得失，在旧城东部另建新皇宫，可以说是当时的最佳选择。

　　至于都城的布局形制，则是在皇宫位置确定之后，才重行确立的。它必须包容老城区和新建的皇宫区。因而在兴建新宫的同时，已开始对南唐金陵城城墙进行改造。一方面，是将旧城西面和南面的城墙，进行拓宽、增高、加固；另一方面，是保留了旧城东墙的南段，在原南唐都城东门处转向东延伸，再向北、向西发展，直到太平门，将新建的皇宫区域包容进去。

　　皇宫修好之后，朱元璋才着眼于都城北面城墙的修建。南唐旧城的北墙肯定已无法沿用。然而直到此时，对于南京城的北界究竟应该划到何处，朱元璋尚未拿定主意。起初，他打算自太平门沿覆舟山、鸡笼山向西，据自然山冈之脊，以玄武湖为北城壕，延伸到鼓楼，再向西到清凉山一带，与改造后的金陵城西墙相衔接。这一意图已经付诸实施，开始在鸡鸣寺后今台城公园至鸡笼山一线建造城墙。这项工程的遗迹，至今尚存二百多米。但在建筑过程中，朱元璋又放弃了这一方案。很可能是考虑到都城北面与长江之间，留下了大片开阔地带，不利于防守，而同样是在这一地区驻扎重兵，军队位于城内与位于城外，防御效果是大不相同的。所以朱元璋最终决定改由玄武湖西岸向北筑城，新城直逼长江边，再沿外秦淮河东岸南下，将富贵山、覆舟山、鸡笼山、卢龙山、四望山、马鞍山、清凉山等众多丘陵都包容进城内。至此，南京城的格

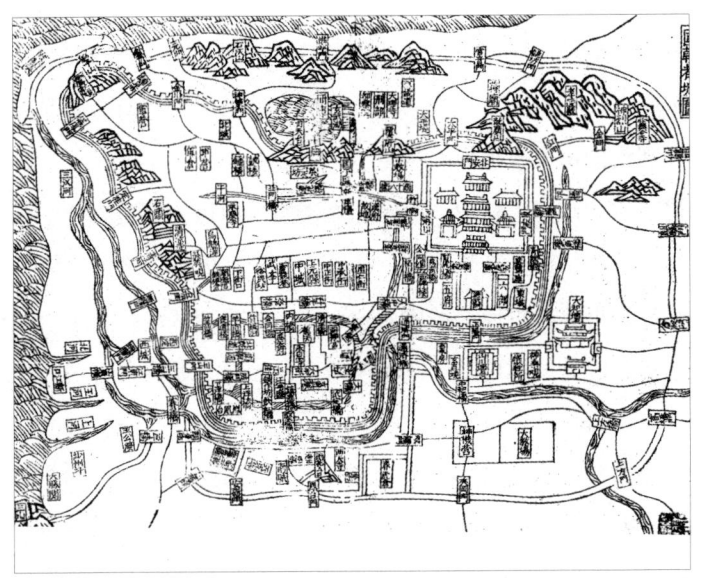

《金陵古今图考》中的国朝都城图

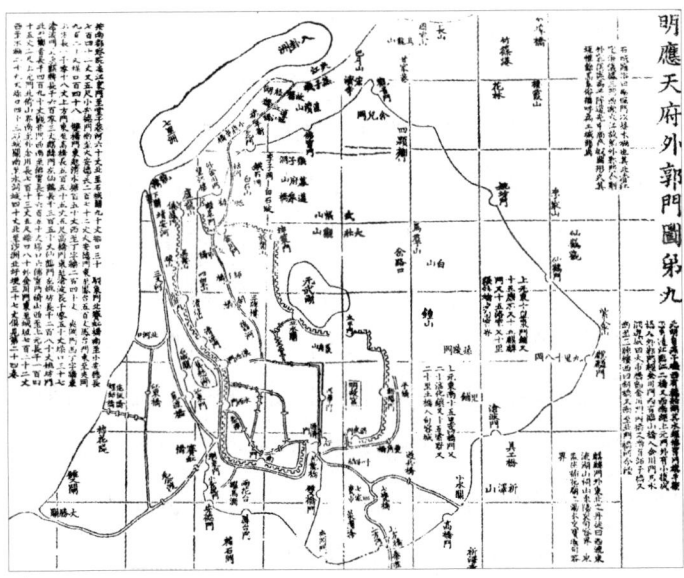

《同治上江两县志》中的明应天府外郭门图

局，便成了在老城居民商市区、新建皇宫区这两个小方块的北面，又增加了一个更大的不规则方块。三个方块拼合的结果，使南京城变成了一直保持到现代的这个怪模样。

明初都城的修建过程中，历史上处于城市周边的墙垣与城堡，多被利用，加筑改建，成为新城墙的一部分。处于都城范围之内的大小城垣堡垒，则都被拆除，以使全城成为一个统一的规划区域。这对于南京城市发展是有利的，但古代数十座城堡遗迹，如石头城、东府城、南唐北城墙等，此后再无从寻觅。

洪武十五年（1382年），又在城中修建鼓楼和钟楼。鼓楼至今尚存，位置未变，成为南京城中的显著地标。钟楼原位于鼓楼之西，在清初康熙年间倒塌，遗迹不存。今鼓楼东侧的大钟亭，虽然悬挂着明代的大钟，但并不是钟楼的原址。鼓楼下方开三座拱券门，当时是自老城区通往城北驻军防卫区的交通咽喉，南北交通干道从其中通过，发生意外时军方很容易控制。这一状况，一直保持到清代末年。

洪武二十三年（1390年）四月，为进一步加强南京城防，又动工建造外郭城垣，自都城北面长江边的外金川门起始，沿江岸向东北修筑，将幕府山等江防重地都包入外郭，到燕子矶附近开观音门。由此转折向东南，在紫金山东麓开麒麟门，再转折向西南，将玄武湖、紫金山全部包入，沿城东南冈垅直抵南端夹冈门，折向西北，直抵长江边，将南郊雨花台一带制高点也包入外郭。外郭西面没有合围，自栅栏门到外金川门之间，利用长江为天然屏障。而在长江北岸，早在洪武四年（1371年）已建造了浦子卫（今浦口城），作为南京城的卫城。

外郭周长约六十公里，主要利用黄土冈垅，筑土为垣，故民间俗称

"土城头"。只在险隘处用砖砌筑郭墙，并建造城门，砖砌部分约二十公里。外郭城门，各书记载不同，自十五门到十九门说法不一，门名也不统一。民间普遍认为十八门，有南京城门"里十三、外十八"的俗语。也有人以为明初都城外郭，并未全部建成，就因迁都北京而中止。陈作霖《金陵通纪》中说：明初"都城既建，环以外郭，西北据山带江，东南则阻山控野……仅立标识，而未及起筑，即迁于北。至今冈阜络绎，俗呼为土城头者以此"。外郭与都城之间，虽仍为农田、村落，并没有向"城市化"发展的迹象，但确实有多项重大的建设项目。

南京城的这一次布局规划，虽然不及传统都城格局庄严规范，却避免了对旧城区进行大拆大建的损失，这充分体现了朱元璋讲究实用的农民本色，也符合明初让人民休养生息的政策精神。在元末明初那个国力衰微的时代，这无疑是十分明智的。而城市与自然山水的有机结合，和谐交融，却也在无意间造成了南京城在历代都城中的别具一格。值得指出的还有，明初南京城大幅度跨越式发展形成的格局，不但满足了当时建都的功能需要，而且为此后六百年的城市建设提供了发展空间。从这个意义上说，朱元璋在南京城的规划建设上，也同样显示了他的雄才大略。

也可以说，明初宫城的选址，继承了六朝以来在居民区以外另择新址建造宫城区的好传统。

清朝末年的仪凤门　　　　　　　　据1910年日本出版的《金陵胜观》，乐淘乐书店 供图

清朝末年的明故宫西安门　　　　据1910年日本出版的《金陵胜观》，乐淘乐书店 供图

"世界第一大城"

终洪武之世、耗全国之力建造起来的南京城,城墙雄伟壮丽,"高坚甲于海内",周长超过三十五公里,城内面积超过四十平方公里,是南唐旧城的两倍半,成为当时的"世界第一大城"。

后世一些研究者,努力用风水理论解释明初的宫城选址与都城格局,毫无根据地生发出不少奇闻异说。如说明都城轮廓"像朱元璋的脸",朱元璋时尚无摄影术,没有照片留下,流传的朱元璋画像,面相各各不同,如何能确定哪一幅是朱元璋的真容?如说明都城十三门的设置是"南斗合北斗",不但不见于任何历史文献,而且石城门、三山门、聚宝门以及替代南唐东门的通济门,位置都是南唐所定,莫非南唐建城时已考虑到明都的风水?

问题不在于这些后人的附会能否与前人的建设实践相吻合,也不在于生活在21世纪的研究人员为什么要从历史的垃圾堆里翻捡"新发现",关键是必须弄清,当时主持都城建设的朱元璋,是否接受这些理论并将其应用于建设实践。从现存史料记载中,完全看不出有这样的依据。且不说朱元璋是和尚出身,他登基后下诏严禁白莲教和明教,并把取缔"左道邪术"写进《明律》,今人有什么理由说他崇信道术?

相反,朱元璋重视让百姓休养生息,洪武初年,多次减免赋税,鼓励生产。"不忍伤民之财,劳民之力",且一再告诫官吏清廉简省,不可扰民,有大量的史实可以为证。如《明史纪事本末》卷十四载,洪武元年(1368年),地方府、州、县官来朝见,朱元璋告诫他们:"天下初定,百姓财力俱困,譬犹初飞之鸟,不可拔其羽,新植之木,不可摇其根，要在安养生息之而已。惟廉者能约己而利人，贪者必朘人而厚己。有才敏者或尼于私，善柔者或昧于欲。此皆不廉致之也。尔等当深戒之。"

同样可以作为证据的是，明都城城墙的位置，一是利用南唐以来的旧城址，一是利用自然冈阜，"据岗垄之脊"，凭高制险，一是利用玄武湖、秦淮河等自然水道为城壕，完全是从功能需要来确定的。从标示出地形的现代地图上，就可以十分清楚地看出，南京城墙的多处转折，都与自然山水的走向紧密相关，其原则是尽可能将山冈包进城内，将水面留在城外，以有利于城防。如通济门处向内的大折角，实是城墙由南唐东门处向东延伸而形成。为什么一定要在这个位置东延，而不与金陵城南垣取平？因为有西来入城的秦淮河水限制，皇宫如果不打算跨河而建，就只有退到河北岸，以秦淮河作为都城护壕。如前湖与琵琶湖段的曲折，是为了将两湖留在城外。如钟阜门和仪凤门处的向外突出，是为了将狮子山包进城内。如果一定要说南京的城墙是依据了道家的什么观念而设计，那就等于说上帝创世纪时，就是按照道家的理念来创造南京山水的。

都城四面开有十三座城门。其中南面的聚宝门、西面的三山门和石城门，因城墙沿用南唐旧城址，城门也是据南唐旧城门重建的。由于城门内外已形成交通干道，所以位置没有变化。其余十座则开设于新建的城墙段。十三座城门上，都建有重檐敌楼，以皇宫南门所对正阳门规格最高，是三层敌楼。三山、聚宝、通济、正阳、石城五座城门还建有内瓮城。内瓮城的建造，也与中原都城通常采用外瓮城的传统不同。这并不是建造者有意标新立异，而是因为这几座城门外都紧临护城河，无法修造外瓮城。至于朝阳门外曾经存在的外瓮城,神策门外现存的外瓮城,据有关专家考证,都是清代后建的。

同样,要想科学地研究明都南京的规划与建设,也必须从这三个功能区出发,分别讨论。

三大功能区中,最符合传统礼制规范的是皇宫区。除了没有居于都城中心位置这一点以外,明代皇宫是严格地按照传统礼制规范建造的。皇宫由内层的宫城和外层的皇城所组成。宫城又称大内、紫禁城、禁城,始建于吴元年(1367年),东西宽约七百五十米,南北长约九百五十米,周长约三点四公里,略呈方形。城垣南部中间一部分凹入,正中为午门,后在两侧增开左掖门、右掖门。东门为东华门,西门为西华门,象征日月的光华。北门为玄武门,俗称厚载门,今讹为后宰门。宫城内南北轴线上,午门北为内五龙桥,桥北为奉天门,门北依次为奉天殿、华盖殿、谨身殿,合称"前朝"。其北是乾清门、乾清宫、坤宁宫,建文年间在两宫之间增建省躬殿,合称"后廷"。两者组合成为"朝廷"。南北轴线以东,依次建有文楼、文华殿、奉先殿、东六宫等,以西依次建有武楼、武英殿、春和殿、西六宫、御花园等。宫城的这一条南北轴线,向南延伸至皇城的洪武门、都城的正阳门,向北延伸至皇城北安门,也就成为明代的都城中轴线。

宫城之外为皇城,作为宫城的护卫设施。皇城的位置,大致在今龙蟠路以东、青溪路以西、大光路以北、佛心桥以南,东西宽约二公里,南北长约二点五公里,周长约九公里。在淮青桥汇入秦淮河的青溪,原本是金陵城东面的护城河,现在成为皇城西侧的护龙河。皇城南部突出,形成T字形空间,以增加中轴线的纵深感,强调皇权的威严。其南门为洪武门,进洪武门为南北向的千步廊,两边建有廊屋,为中央官署"五部六府"所在地。循御道向北,依次为外五龙桥、承天门、端门。端门正对宫城的午门,两门之间的御道两侧,建有宫墙,气氛森严,宫墙以东为太庙,以西为社稷坛。皇城东门称东安门,对宫城东华门,西门称西安门,对宫城西华门,东安门、东华门、西华门、西安门之间形成皇宫的东西中轴线。北门称北安门,对宫城玄武门。永乐三年(1405年)拓宽皇城西垣,使西华门至西安门的距离,约为东华门到东安门距离的两倍。皇城之外,就是都城了。作为都城的南京城形状虽然极不规则,但皇城的形制却方方正正,与此相应,环绕护卫皇城区域的都城城墙,也较为规整,大致接近长方形。其南垣西起南唐金陵城东墙,在金陵城东门处东转,失去用途的东门被拆除,为保持原有交通格局,新建了南北走向的通济门以便市民出行。自通济门向东延展八里,过正阳门,城墙随着秦淮河的流向,以秦淮河为护壕,再转而向北,直抵朝阳门。正阳门正对皇城的洪武门,在皇宫南北中轴线的南延展线上。朝阳门几乎就在皇宫东西中轴线的东延展线上,只因为城外是宽阔的月牙湖,不便交通,才稍向北移。值得注意的是,皇宫东西中轴线向西延展,出西安门,过土街(今大行宫以西)、新街口,经双石鼓、罗寺转弯(今螺丝转弯)、石鼓路,即可达石城门,成为明都城的一条东西轴线。由此可见,当时在择定皇宫新址时,也考虑到了全城的统一格局,通过这条轴线将两大功能区有机地联系在一起。而原有的两条东西干道,过大中桥向东延伸到洪武门,成为皇宫物质运输的通道。从《新测南京城市详图》中可以清楚看出,自朝阳门向北,因为要将半山园一带山冈围入城内,所以稍向东北折转,绕过山冈后再折向西北,形成一个突出的三角。此后继续向北，因要将前湖、琵琶湖留在城外作为城壕，而将富贵山包入城内，遂形成一个向内的折角和一个向外的尖角。富贵山正当皇城北面，又名龙尾山，当时就被传说为皇城的"靠山"。富贵山西麓开太平门，太平门本应在皇城南北中轴线的北延展线上，因正当富贵山，而不得不西移至山麓与玄武湖相交处，才便于通行。

由此可见，环绕皇城的都城城墙，转折变化，都是为了遵循一个原则，即将山冈包入城内、河湖留在城外。这一段城墙上的四座城门，除了通济门是替代南唐金陵城东门的，其他三座则是对应皇宫布局而开设的。宫殿轴线与都城轴线的叠合，也十分明晰。

皇宫区是一个控制严格的禁区，虽与居民区紧邻，但两相隔离。百姓不得进入皇宫区，要向东出城，只能走通济门或太平门。

第二个功能区，是都城北部军事驻防区，这一区域的城墙走向相对简单。自太平门向北，城墙紧贴着玄武湖，湖面宽阔，无路可走，自然用不着开城门，直到玄武湖的北端，才开设神策门，以利东北面的交通。都城的北面，自神策门到金川门，基本是一条直线。金川门的位置是依金川河而定的，并非为凑齐"北斗七星"之数。金川门向西，为了将卢龙山（狮子山）包进城，才形成一个突出的尖顶。卢龙山是朱元璋情有独钟的山阜，元末他在这里与陈友谅的会战，是决定成败存亡的重要决战，所以一度还打算在山头建阅江楼以为纪念。他十分看重此山的战略意义，所以专门在山的东西两侧开设钟阜门和仪凤门，以充分发挥其军事制高点的作用。都城的南北干道，此时从北门桥向北延伸，经唱经楼西街、黄泥冈到鼓楼，由此分途，一条直北至神策门，一条向西北至仪凤门。由仪凤门向南，西面城墙紧临外秦淮河，因外秦淮河是南京重要的运输水道，所以沿河又开辟了清凉门和定淮门，方便交通，也可以用于阻击自长江上溯的敌军。

这一军事驻防区内，主要建置军卫营房和贮藏仓库，并开辟教场，用于军事训练。同时，按照明初的驻军屯垦政策，当时都城内驻军常在二十万人以上，和平时期，在都城内外从事农业耕作，都城北部有相当一部分土地仍用于垦殖。

在第三个功能区，环绕旧城区的城墙，基本上沿用了南唐金陵城的城墙。其东垣北段和北垣已被包入新城之中，所以被废弃而拆除，城砖用于新城墙的建造。东垣南段城墙被沿用，只是东门改建为南北向的通济门。南面与西面的城垣位置未变，聚宝门（原南门）、三山门（原龙光门）、石城门（原西门）三座城门位置也未变。因为当时城中的道路格局，是与城门紧密相关的，如果改变城门位置，就必然要改变道路走向，耗费财力之外，也难免要影响到已有的民居与商铺。

南京城为什么恰恰设置十三座城门，城门的位置是如何确定的，近年来也成了一个众说纷纭的话题。尤其是将城墙与城门从城市中剥离出来，绘成独立的示意图时，城墙的走向和城门的设置似乎全无规律可循，确实会令人感到费解。其实这十三座城门，就是根据城内三个不同功能区的需要，以及各自的交通干线布局，而分别设立的。每一座城门位置的选择，都依城内三个功能区的实际需要而决定，实在没有什么神秘之处，更非冥冥中有什么虚幻的理念在引导。

除了城墙、皇宫与中央机构府署之外，明都南京还有一些重要的城市建设项目。

在建筑方面，有建成于洪武十四年（1381年）的国子监。面积很

晚清时的夫子庙　　　　　　　　据1910年日本出版的《金陵胜观》，乐淘乐书店 供图

晚清时的贡院孔子庙　　　　　　据1910年日本出版的《金陵胜观》，乐淘乐书店 供图

大,东到小营,南至珍珠桥,西抵进香河,北迄鸡笼山麓。国子监的学生,主要由全国各州县每年选送贡生,外加一些高级官员的子弟,少数民族土司子弟,以至来自日本、朝鲜、暹罗(今泰国)等国的留学生。洪武、永乐年间,一度多达八九千人。

应天府学,即今夫子庙和贡院,是全国举子参加会试之地,重要的科举中心。在永乐北迁之后,仍作为江南乡试的考场,并建有一系列配套设施,如供考生居住的上江考棚、下江考棚,官私大小书院,再加上为考生服务的各种行业,形成一个庞大的文化市场。夫子庙建筑群也是陆续扩建而成的。《客座赘语》卷八载:"府学明德堂后,旧是一高阜,土隆隆坟起。嘉靖初,都御史陈凤梧夷其阜,建尊经阁于上。"到万历年间,才续建青云楼,又在孔庙门前建"天下文枢"巨坊,造聚星亭,在泮池下手造文德桥。夫子庙的整体布局至此完成,延续至清末未变。洪武十七年(1384年),在冶山南麓道观旧址上建朝天宫,作为演习官廷礼仪的场所。现存朝天宫为清同治年间重建,仍属江南地区规模最大的古建筑群。

鸡笼山上,元代至正元年(1341年)建造的司天台,在明洪武十八年(1385年)扩建为国家天文台,称观象台。据此而言,中国国家天文台的建立,要早于英国格林尼治天文台二百九十年。鸡笼山南麓,则建有表彰明代开国功臣、历代帝王名臣以及供祀道教神仙的十庙。明代南京的街道,今人据古籍和古地图整理,计得四十八条。其中绝大多数仍在南唐老城区之内,最集中的地区还是白下路、建邺路以南地区。明初建都时,都城外围的护城河,主要利用自然水道,但也开凿数处运河,以使自然水道能够贯通为一体,在防卫作用之外,也成为京师的重要运输干线。城内整理秦淮河与青溪支流，以形成皇城和宫城的护城河，则主要用于防卫。同时疏浚城中各水道，以便利运输，但只能通行小船。各条水道上修建了大量桥梁。《客座赘语》卷九载："留都自秦淮通行舟楫外，惟运渎与青溪、古城壕可容舴艋往来耳。然青溪自淮青桥入，至四象桥而阻。运渎自斗门桥入，西至铁窗棂，东亦至四象桥而阻。以其河身原狭，又民居侵占者多，亦为埋塞也。顷工部开浚青溪、运渎……仅城中民家利搬运耳。"这也说明了明代民居仍多傍水而建，居民亦将水道作为最重要的运输通道。

都城外围的建设

朱元璋虽然建造了一座空前庞大的都城，但并没有把城市建设局限在城墙之内。环都城城墙之外，几乎都有重大的建设项目。对于认定不拆城墙就会阻碍城市建设发展的某些当代官员，这实在是一种莫大的讽刺。

都城东面朝阳门外，钟山南麓独龙阜玩珠峰下的明孝陵，是规模宏大、结构复杂、建筑精美的皇家陵寝。其周长达四十五里，有专设的孝陵卫军守护。明孝陵在制度设计上自成一格，废弃了既往帝陵所用的方上、灵台、方垣、上下宫制度，新辟圜丘、方城、明楼、享殿以及长方形陵宫等新体制。这一新体制为北京明十三陵、湖北明显陵等所沿用，并成为清代帝陵制度的主要基础。明孝陵的总体布局尤有特点，下马坊、大金门、神道、棂星门等前部设施，不在陵宫主体的南北中轴线上，而是依自然地形蜿蜒曲折。这同样体现了朱元璋讲求实用的思想。

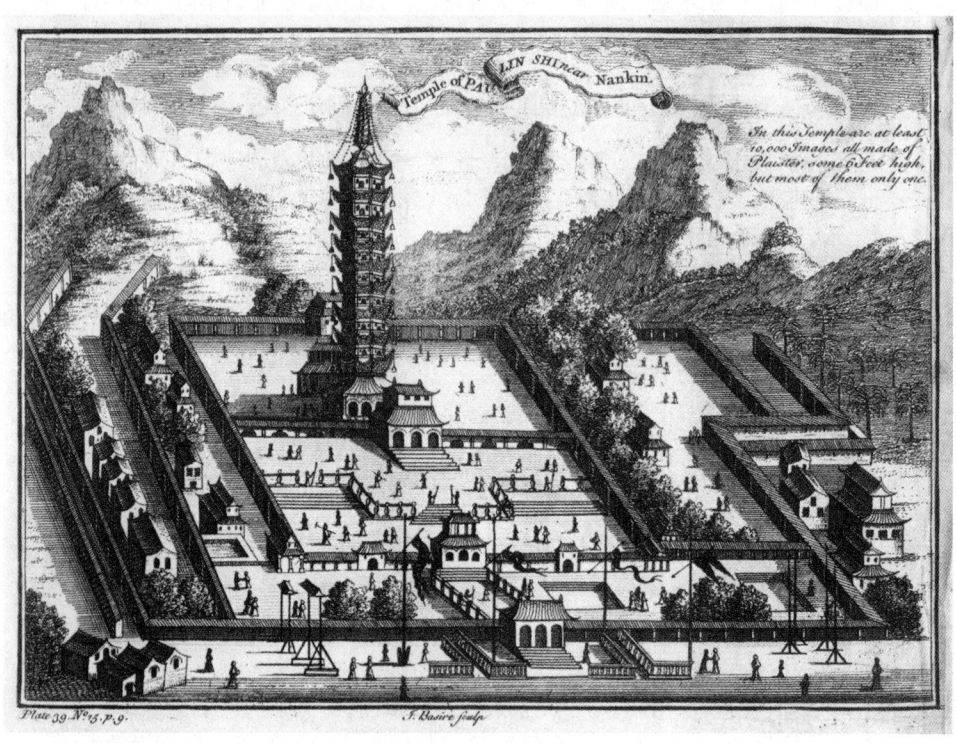

英国人绘大报恩寺全景

明孝陵周围，且散布着多座高规格的明初功臣墓。

作为都城东北城池的玄武湖中，则设有收藏国家户口赋役簿籍的黄册库，自洪武二十四年（1391年）起，先后在湖中梁洲、环洲、樱洲建造库房九百六十间，存放黄册达一百七十万本，可以说是中国古代规模最大的档案库。黄册库有严格的管理护卫制度，沿湖隔几十步就设立一处铺舍，分班巡查。有明一代，玄武湖也因此成为禁区。

太平门外太平堤西侧，是刑部、都察院、大理寺三法司所在。因属中央官署，周围建有高大围墙。从明代王圻、王思义辑《三才图会》中的《后河图》上，可以清楚地看到湖中各洲黄册库、神祠的分布情况，以及沿湖铺舍及三法司的位置。都城西侧的外秦淮河两岸，是明代南京主要的商贸中心区。明初朱元璋建"十六楼"，"以接四方宾旅"，其中有十一楼在今河西地区。这将在下文详谈。秦淮河入江口北推至龙江关，位于仪凤门外的下关地区，在明初即建造了皇家规模的静海寺和天妃宫，是与"郑和下西洋"相关的宗教建筑。金川门外另有龙江市，是柴炭等物资的集散地。

都城南面聚宝门外，自永乐十年（1412年）至宣德六年（1431年），前后历时十九年，建造起皇家规模的大报恩寺建筑群，寺中的一座九层八面五彩琉璃塔，开世界琉璃宝塔之先河，建成之际即号称"第一塔"，中外瞩目，近世更被与长城、罗马大剧场、比萨斜塔等并列，誉为"中古时期世界七大奇观"之一。18、19世纪的西方报刊上，曾登载过大量报恩寺塔的图画，我所寓目的就有二十余种。朱棣不惜代价建造大报恩寺，据说是为了报生身父母朱元璋和马皇后的大恩。朱元璋因太子早逝，传位于太孙朱允炆，朱棣发起"靖难之役"，在四年后夺

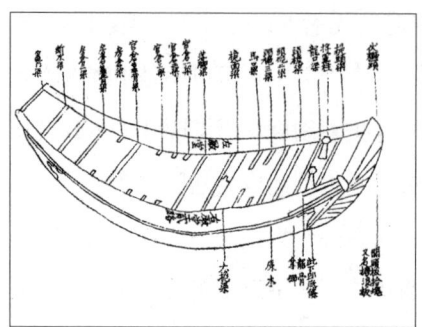 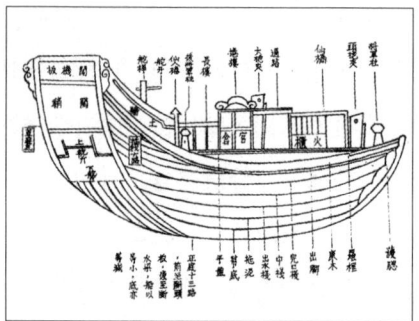

明版画　龙江船厂造船式

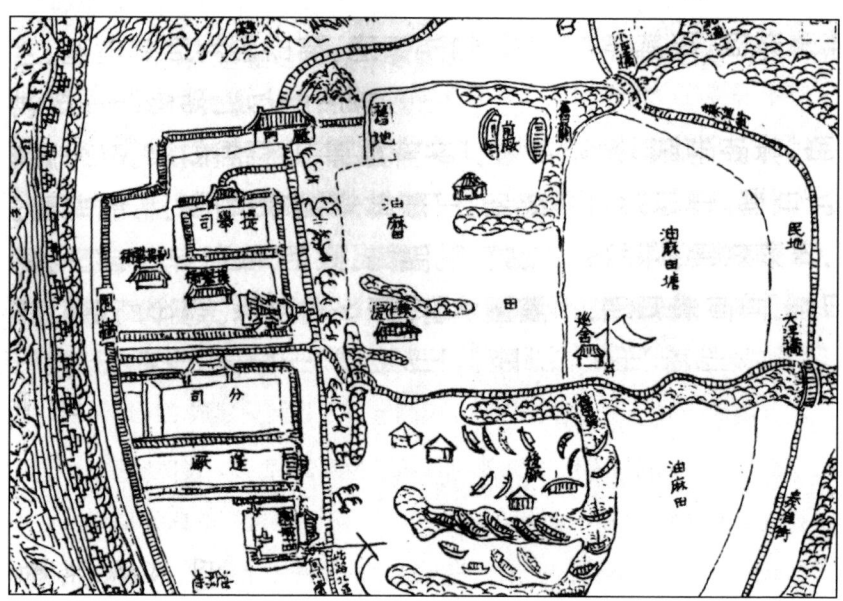

明版画　龙江船厂图

取了皇位。民间因此传说朱棣非马皇后所生。朱棣选择在城南居民区中建造大报恩寺，固然因此地古来即是佛教圣地，但也不无要在平民百姓中造成影响的意图。

位于定淮门外中保村的龙江宝船厂，以及其附近的龙江船厂，可说是南京河西地区时代最早、规模最大的皇家建设项目。

在朱元璋夺取政权的关键战事中，水军、水战多次发挥巨大作用，而明初定都南京，地处江南水乡，交通与经济的发展都离不开舟船，所以立国之初，明太祖朱元璋对于造船事业就十分重视。史载朱元璋曾将建造皇宫的钱粮和木料移用于宝船厂，以求建立强大的海军，迅速加强海运能力，满足向北征军队提供粮饷的需要。由此也可以看出开国君主以国家强盛为本的思想，与清末慈禧太后将海军军费移用去修颐和园，正形成鲜明对照。

同时，为了谋求安定和平的国际环境，朱元璋积极开展"宣德化以柔远人"的和平外交活动。洪武初年，他就连续派出外交使团，分别出访日本、朝鲜、安南（今越南）等三十六个国家，与各国建立友好关系。明成祖朱棣继位以后，继承这一政策，在永乐元年（1403年）就派出三批外交使团，乘船出海访问十几个国家。特别是自永乐三年（1405年）到宣德八年（1433年）的二十八年间，郑和等人统领的庞大外交使团，以船舰一二百艘、军士二万余人，组成史无前例的远洋船队，七下西洋，远航十余万里，到访三十余国，成为世界航海史上的一件壮举。

这些航海活动中所用的船只，很多就是由举世闻名的龙江宝船厂制造的。龙江宝船厂因邻近龙江关而得名。据《龙江船厂志》记载，宝船厂"外萦天堑，内倚石城，衍沃四望、卢龙、马鞍、挂榜诸峰，前后拱揖，足称形胜"，北临长江天堑，南倚石城山，有四望山、卢龙山、马鞍山、挂榜山等环拱，形势优胜。这一带地势开阔，水深流缓，可停泊多艘巨舰，是理想的造船基地。厂地东西阔一百三十八丈，南北长三百五十四丈，面积约五十四万平方米。宝船厂的大门三间，开在南面。当地至今仍保留着与造船相关的地名和几处十分象形的船坞遗迹。在20世纪80年代，尚有七个作塘（船坞）的具体方位可以辨识，而以四、五、六这三处作塘保存最好，其中四作塘最大，长约三百米，宽约七十米，水深约一米，这样的规模，足以建造郑和船队的大小船舶。1957年5月，在六作塘中出土了一根长达十一米多的巨型舵杆，安装这种舵杆的船舶，长度当在五十丈左右，因此很可能是郑和下西洋时大舣宝船的配件。现龙江宝船厂遗址已建设开辟为宝船公园。

明太祖洪武初年，陆续从浙江、江西、湖广、福建及南直隶（今江苏、安徽）滨江府县等造船地区征调而来的能工巧匠四百余户，使南京地区的造船业迅速成长，年产量很快达到二百艘左右。船厂内设工部分司、龙江提举司、帮工指挥厅等管理机构，分工细致而组织严密，工匠编为四厢，一厢出船木、梭、橹、索匠，二厢出细木、铁、缆匠，三厢出艌匠，四厢出棕篷匠，每厢分为十甲，每甲管辖十户，此外还有内官监匠、御马监匠、宝船厂匠、看料匠丁等杂役工人。就工艺而言，分为船木作、艌作、铁作、篷作、油漆作、索作、细木作等七个作坊，每个作坊有"作头"管理。此外还有临时调集的搭罩篷作、旗作、油画作、鼓作、铜作、绦作、铸作、蜊壳作、穿椅作、贴金作、缨作、旋作、箍桶作等工匠。制作船篷的篷厂，有房屋十幢，共六十间，其他各作坊也各有作房数间。明代南京造船业组织完善，分工明确，管理规范，形成了专业化的工匠队伍和定型化的行业规模，就船型设计、模型制造、船坞设备、滑道下水等技术而言，已达到16世纪前世界木帆船建造的顶峰。撰著《中国科学技术史》的英国学者李约瑟，曾惊叹中国的造船业当时"远远走在欧洲的前面"。

南京的江海文化传统，又一次得到弘扬与发展。

"远远走在欧洲的前面"的中国船队，在航海家郑和率领下，二三十年间七下西洋，经历"大小凡三十余国，涉沧溟十万余里"，始终是以友好使者的形象出现在兄弟国家面前。而欧洲的造船业一旦走到世界前列，产生的却是凭藉船坚炮利横行全球、为血腥的资本原始积累开道的"无敌舰队"。

能工巧匠会聚京师

明初建都以后，旧城区的商市与居民区内，居民成分发生了巨大的变化，这是因为明王朝曾在南京实施大规模移民，包括移出原住民和移入新居民。这在正史中只有含糊其辞的记载，但明人笔记中叙述颇为详细。

顾起元《客座赘语》卷二载："高皇帝定鼎金陵，驱旧民置云南，乃于洪武十三等年，起取苏、浙等处上户四万五千余家，填实京师。壮丁发各监局充匠，余为编户，置都城之内外，名曰'坊厢'，有人丁而无田赋，止供勾摄而无徵派。"这年起实施的编户管理制度，将全城居民按职业类别分为不同户类，承担不同的差役，且必须按类居住。从苏、浙等地区召来的较富裕居民，都被充作手工业匠户，其中的壮丁，由监局统一调配，其他成员则作为在编人员，统一管理，不用交纳田赋，但随时要服从征调。以此满足当时南京城市建设和皇室生活的需要。如此大规模的移民活动，完全改变了南京城内原有的居民结构，破坏了自然形成的居民形态。新的居民结构中，手工业工匠的比例过大，在使南京城市化程度大大提高的同时，也使南京城区变成了一个庞大的手工业作坊群。一旦都城建设中止，这些工匠的就业便会成为极大的难题，而重建城市的正常生活秩序也不是一件易事。

　　洪武初年的"驱旧民置云南"，迁出居民人数未见记载。但同时既从全国迁入手工业匠人以建设都城，至少南京的手工业匠人应该不在迁出之列。迁往云南这样遥远的边疆地区，明显含有发配的意义。所以迁出的"旧民"，估计是与元政权有较密切的联系，而被新政权感到不可依靠的人。他们既是旧政权下的既得利益者，富裕程度应该是比较高的。这些人的迁出，就会使南京居民的整体经济水平下降，所以需要"徙富民实京师"。据洪武二十四年（1391年）统计，京师人口达到四十七万三千多，其中手工业匠户有四万五千户，以平均每户五口人计算，就有二十余万人。另外，明初在南京担任城内各项运输工作的"仓脚夫"有二万多户近十万人，多是从苏、浙、皖征调来的贫苦农民。洪武年间从全国各地强制迁来"填实京师"的富户达一万四千余户，也应有近十万人。这几部分人口构成当时南京的基本居民成分。三部分相加已在四十万人左右。换句话说，此外的南京原住民只有七万余人左右，很可能以小商人和下层市民为主。当然，在手工业匠户中，应当也有一部分是南京原住民，以当时南京手工业发达的水平，人数应该不会太少。不在上述统计之中的，应该还有皇室人口和城内常驻军队约二十万人，所以当时南京人口总数至少应在六十八万左右。

明初全国手工业匠户约二十三万户，南京的手工业匠户达四万五千余户，几乎占了总数的五分之一。这些匠户严格地按照官方指定地点，依行业分类居住，也就是皇帝明令实施的"改作在京街衢及军民庐舍"，使"百工各有区肆"，并即以所业命名。换个角度说，就是南京本地的手工业匠户，可能也必须离开家园，另迁新居。这种"组织军事化，生活集体化，行动战斗化"的安排，对于皇家的征用与管理自然是方便了，但对于城市生活秩序则是一场灾难。工匠安置范畴主要集中在都城南部秦淮河两岸，有"坊""厢"两种行政设置，其下隶单位为"图"（见本书228页下图）。《客座赘语》卷二载："国初徙浙、直人户填实京师，凡置之都城之内曰坊，附城郭之外者曰厢，而原额图籍编户于郊外者曰乡。坊、厢分有图，乡辖有里。"上元县境内的坊有"十八坊、十三坊、十二坊、织锦坊、九坊、技艺坊、贫民坊、六坊、木匠坊"，共九坊，城东南、西南隅的厢有"太平门厢、三山门厢、金川门厢、江东门厢、石城关厢"共五厢。江宁县境内的坊有"人匠一坊、人匠二坊、人匠三坊、人匠四坊、人匠五坊、正西旧一坊、正西旧二坊、贫民一坊、贫民二坊、正南旧二坊、正东新坊、铁猫局坊（凤凰台下）、正南旧一坊、正西新坊、正西技艺坊"，共十五坊，厢有"城南技艺一厢、城南技艺二厢、仪凤门一厢、仪凤门二厢、城南人匠厢、瓦屑坝厢、江东旧厢、城南脚夫厢（东城下）、江东新厢、清凉门厢、安德门厢、三山旧一厢、三山旧二厢、三山技艺厢、三山富户厢、石头门厢、刘公庙厢、神策门厢、毛公渡厢"，共十九厢。嘉靖《南畿志》所载坊、厢数目与此稍有差别,"上元所治坊、厢十有六",多出东南隅、正东隅两厢。"江宁所治坊、厢三十有五",多出三山新厢。《洪武京城图志》中所记载的城坊也与此不尽相同,但标示出了明确的位置,如:织锦一坊在聚宝门内旧桐树湾街,织锦二坊在镇淮桥北旧国子监街,织锦三坊在织锦二坊北旧关王庙巷,杂役一坊在聚宝门内镇淮桥南沙河街,杂役二坊在镇淮桥北旧竹街,杂役三坊在杂役二坊北旧建业坊,鞍辔坊在杂役三坊北,银作坊在鞍辔坊北旧金陵坊,铁作坊在弓匠坊东旧小木头街,弓匠坊在铁作坊西旧舆子巷,毡匠坊在弓匠坊西旧水道巷,皮作坊在旧评事街,习艺西街在皮作坊东旧土街,习艺东街在习艺西街东。从中可以看出,第一,原来的建业坊、金陵坊及上述各街巷的居民,很可能都被迁走,或驱往云南,或迁向新居,所以原地能全面规划为工匠的集中地。第二,这些工匠坊全部集中在城南一带,自镇淮桥到评事街之间。第三,原有的居民聚居区,街衢和房屋经过"改作",以便于分类居住和集体管理,未必全部拆除重建。此外,该书还记载了非工匠居住的几处街坊,多数仍在城南,如建安坊在鼎新桥北街,俗呼下街,善政坊在大中桥西,旧名九曲坊,全节坊在朝天宫西,旧名忠孝坊。少数在城北,如裕民坊在太平门北街,旧真武庙街,英灵坊在十庙西,即今北极阁西鼓楼附近。又记载了一些坊与街的变化,如广艺街在上元县西,旧名细柳坊,一名武胜坊,务公街在善政坊西,旧名清溪坊,大中街在针工坊北,旧名状元坊,等等。

这一次大规模移民,对于南京城市文化的影响尤其深刻。因为以往建都时期的迁入人口,主要是社会上层的统治阶级,他们与普通市民之间有一定的距离,随着王朝的灭亡又有相当一部分被迁往别处,如陈朝灭亡和南唐灭亡后，帝王与官僚集团都作为俘虏被迁往北方。而明初进入南京的新移民不仅有皇室统治集团，而且有为数巨大的普通市民，其总数大大超过原住民，又来自全国各地。南京居民五方杂处、城市文化多元的特点，可以说在此时已经定型。

六十八万人可说已是明代南京户口的最高值（也有研究者认为洪武末年南京人口已超过八十万）。然而，强行迁移而来的人口，同样也可以强行迁移而去。永乐十九年（1421年）明成祖迁都北京，"取民匠户二万七千以行，减户口过半"，城内的驻军也相应减少。这对于南京应该是好事，因为避免了大量工匠失业困居的难题。此后二百年间持续和平发展，南京的人口总数也再未能达到明初的高峰。居民的减少，而且是若干居民片区的整体迁移，也使城内的居民区相对空疏。就是在今中华门西凤凰台、杏花村一带，也因匠户的集体迁移出现了大片闲置土地，所以明代中后期，权贵士夫能够在这一带建起数十处私家园林，成为城中地区以外的另一个官绅聚居区。

另一个私家园林集中的地区，是清凉山周边。

隋唐以降，在大一统国家中，石头城不再是军事重地，虽一度作为行政中心，但更多地成为诗人文士游访怀古之地。南唐时期在清凉山建石头清凉大道场，并作为皇家避暑行宫，更增加了后世的文化资源。明代嘉靖年间，督学御史耿定向在清凉山东冈建崇正书院，此后清凉山一带遂成为文化区，尤其是乌龙潭一带，被誉为"水木清华"，建有多处官绅园林，文人雅居，在明末清初最为繁盛。

明代的市井商街

当时南京的坊、厢,已经与古代的坊里制不同。古代的坊里四周筑墙,彼此隔绝,居民只能由坊门出入,每晚定时关闭坊门,实行宵禁,临街不准开门,更不可能开设店铺。唐、宋以后,随着城市经济的发展和商业的兴起,里坊制度渐被打破,破坊墙而开设店铺,形成后世的街巷格局。南京的坊厢,虽沿用旧名,对坊厢匠户也实施统一的行政管理方式,但已没有坊墙的围隔,实际上仍是街巷的格局。不过,这种坊里在城市管理上,仍有其特殊的作用。《明史纪事本末》卷十四载,洪武五年(1372年)五月下诏:"天下大定,礼仪风俗不可不正。诸遭乱为人奴隶者,复为民。冻馁者,里中富室假贷之,孤寡残疾者,官养之,毋失所。乡党论齿,相见揖拜,毋违礼,婚姻毋论财,丧事称家有无,毋惑阴阳拘忌,停柩暴露。流民复业者,各就丁力耕种,毋以旧田为限。僧、道斋蘸,杂男女,恣饮食,有司严治之。闽、粤豪家,毋阉人子为火者,犯者抵罪。"这些有利于社会安定和经济恢复的举措,不乏借助里坊之处。洪武二十八年(1395年)二月,"谕户部,编民百户为里。婚姻死丧,疾病患难,里中富者助财,贫者助力。春耕秋获,通力合作,以教民睦"。同样强调里坊的作用。也就是说,那时的里坊承担着当代社区的某些服务功能。

与此同时,朝廷对官员权贵居宅的建造,也有明确规定,由官方按等级拨给相应的土地。《明史·舆服志·宫室制度》载:洪武二十六年(1393年)定制,"官员营造房屋,不许歇山转角、重檐重拱及绘藻井,惟楼居重檐不禁。公侯前厅七间,两厦九架,中堂七间九架,后堂七间七架,门三间五架,用金漆及兽面锡环。家庙三间五架,覆以黑板瓦,脊用花样瓦兽,梁栋斗拱檐桷彩绘饰,门窗枋柱金漆饰。廊庑庖库从屋不得过五间七架。一品、二品厅堂五间九架,屋脊用瓦兽,梁栋斗拱檐桷青碧绘饰,门三间五架,绿油兽面锡环。三品至五品厅堂五间七架,屋脊用瓦兽,梁栋檐桷青碧绘饰,门三间三架,黑油锡环。六品至九品厅堂三间七架,梁栋饰以土黄,门一间三架,黑门铁环"。这些权贵居宅,多分布在今中华门门东地区一带,如徐达府第在瞻园路,汤和府第在信府河,常遇春府第在常府街,等等。也有一些已进入城中地带,如邓愈府第在长江路中段邓府巷,蓝玉府第在鸡鸣寺下的蓝家庄。

明初因严禁奢侈,都城之内不许营造园林。《明史·舆服志·宫室制度》载:"功臣宅舍之后,留空地十丈,左右皆五丈,不许挪移军民居止,更不许宅前后左右多占地,构亭馆,开池塘,以资游眺。"明令禁止拆迁"军民居止"以建功臣豪宅,有效地起到了防止官僚肆意侵占商民居宅的作用,于社会安定和谐很有好处。明中期以后,禁令渐弛,始出现官绅私家园林,多集中在今中华门西凤凰台一带,利用的应是永乐年间匠户集体迁徙后留下的空地。

对于普通百姓居宅的规模,更有严格的限制。《明史·舆服志·宫室制度》中规定:"庶民庐舍,洪武二十六年定制,不过三间五架,不许用斗拱、饰彩色。三十五年复申禁饬不许造九、五间数。房屋虽至一二十所,随其物力,但不许过三间。"正统十二年(1447年)"令稍变通之,庶民房屋架多而间少者,不在禁限"。虽然禁令稍有松弛,但民间敢于冒险违禁者毕竟很少。南京明清建筑多轴线、多进穿堂式、小院落的特点,含蓄收敛、不事张扬的特点,明显受到这一规定的影响。

这种以住宅面积的大小来体现贵贱贫富的差距，并将其制度化的影响，极其深远。直到当代，不但实物分房按职务高低确定面积，而且货币分房中的补贴标准，同样是按职别高低制定的。

与城市人口增长、手工业繁荣相对应的，是商业的昌盛。明初的南京市场，与居民聚居区紧密依存，而且有明显的专业分工趋向。《洪武京城图志》所载商市有："大市，在大市街，旧天界寺门外，物资所聚。大中街市，在大中桥西，三山街市，在三山门内斗门桥左右，时果所聚。"这几处是综合性的商业街市。专业性的商市则有"新桥市，在新桥南北，鱼菜所聚。来宾街市，在聚宝门外，竹木柴薪等物所聚。龙江市，在金川门外，柴炭等物所聚。江东市，在江东门外，多聚客商船只米麦货物。北门桥市，洪武门街口，多卖鸡鹅鱼菜等物。长安市，在大中桥东。内桥市，在旧内府西，聚卖羊只牲口。六畜场，在江东门外，买卖马牛驴骡猪羊鸡鹅。上中下塌坊，在清凉门外，屯卖段疋布帛茶盐纸蜡。草鞋夹，在仪凤门外江边，屯集伐木"。集市所在，必然是居民密集、交通便利之处，所列十三处市场，可以看出几个特点：一是傍水邻桥者多，说明当时货运主要依靠水路；二是有十处集中在城南与西郊，城北只有三处；三是当时都城西墙之外，外秦淮河两岸，从仪凤门、江东门到三山门一线，分布着众多水陆码头，因而成为重要的商品集散地，繁华闹市的外延区。官方在这一带建立多处塌坊，有类于后世的栈房，供客商中转存放货物，也便于官府收税。从《洪武京城图志》中的《楼馆图》也可以看出，明初所建十六楼，有十一楼在三山门、石城门外，二楼在聚宝门外西侧，城内只有南市楼、北市楼和叫佛楼，也都集中在城南三山街附近，离三山门不远。可见当时三山门、石

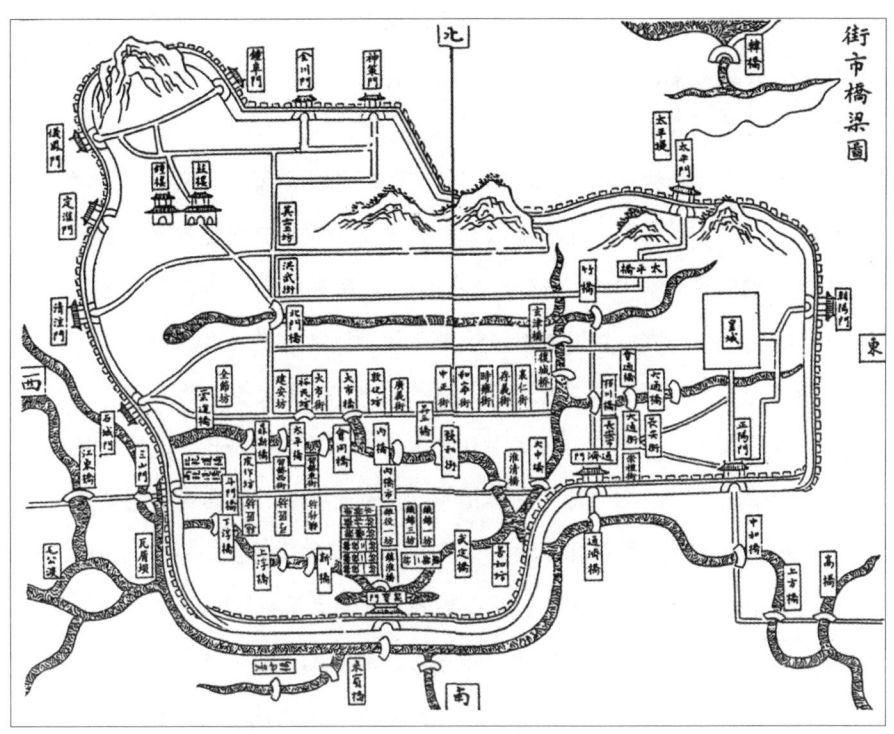

《洪武京城图志》中的街市桥梁图

城门外，是最重要的水运码头。由此也可以看出，十六楼未必像某些人所说是风月场所，而是具有官方性质的宾馆旅舍，以接待四方客商。杜泽《洪武京城图志序》中明确说到"如十庙以祀忠烈，十楼以待嘉宾，此皇上之所经制也"。十六楼也被归在《楼馆》卷的"酒楼"条目之下。缪荃孙《秦淮广纪》卷一引明《实录》："洪武二十七年八月庚寅，新建京都酒楼成。先是，上以海内太平，思欲与民偕乐，乃命工部作十楼于江东诸门之外，令民设酒肆以接四方宾旅。既又增作五楼，至是皆成，赐百官钞宴于醉仙楼。"更明确称其为"京都酒楼"。至于《实录》只言十五楼的原因，是北市楼建成即被焚。此外，官方在城内也盖起了多处廊房，租给客商经营居住，遗存至今的，还有明瓦廊、估衣廊、珠宝廊、裱画廊、糖坊廊、红纸廊等。成书于明万历年间的《客座赘语》卷一所载，与明初市场相比，已出现不少变化："南都大市，为人货所集者，亦不过数处，而最夥为行口，自三山街西至斗门桥而已，其名曰果子行。它若大中桥、北门桥、三牌楼等处亦称大市集，然不过鱼肉蔬菜之类。如铜铁器则在铁作坊，皮市则在笪桥南，鼓铺则在三山街口，旧内西门之南，履鞋则在轿夫营，帘箔则在武定桥之东，伞则在应天府街之西，弓箭则在弓箭坊，木器南则钞库街、北则木匠营。盖国初建立街巷，百工货物买卖各有区肆，今沿旧名而居者，仅此数处。其它名在而实亡，如织锦坊、颜料坊、毡匠坊等皆空名，无复有居肆与贸易者矣。城外惟上新河、龙江关二处为商帆贾舶所鳞辏，上河尤号繁衍。近年以税重，客多止于鸠兹，上河遂颇雕敝，人有不聊生者。"鸠兹港在安徽芜湖县东四十里，今名句兹。因征税过重，使商船不愿进南京，更不会深入外秦淮河，以致三山门、江东门渐渐丧失商旅集散地的地位，这只是变化之一。与此相应，明初的十六楼也纷纷消亡，只剩下了南市楼。

再就是民间手工作坊与经营店面合一的运作形式，已渐成型，不同于明初官方行政管理手工业的模式。因匠户北迁，导致一些坊巷空有其名，不但是商业、手工业的变化，也说明南京城内的居民形态，已逐渐摆脱了明初移民造成的单一化，而恢复为城市正常生活的自然形态。这种住宅、作坊、商铺混合的形式，看起来功能区分不甚明显，但对于市民的日常生活则非常方便，这也是其得以产生且长期持续的根本原因。不仅如此，上述区域往往还兼有人际交往和社会娱乐的功能。这应该是最重要的变化。区域的综合性功能，也可以说是南京传统街区的一个优点，值得今天城市规划者认真研究借鉴。近年来老城更新中，大板巷、小西湖片区成功振兴的经验，也都证明了这一点。

《客座赘语》中谈到当时南京市民生活对商贸的依赖以及受奢华的影响："衣丝蹑缟者多，布服菲屦者少，以是薪粲而下，百物皆仰给于贸居。而诸凡出利之孔，拱手以授外土之客居者。如典当铺，在正德前皆本京人开，今与绸缎铺、盐店皆为外郡外省富民所据矣。以是生计日蹙，生殖日枯。而又俗尚日奢，妇女尤甚。家才儋石，已贸绮罗，积未锱铢，先营珠翠。每见贸易之家，发迹未几，倾覆随之，指房屋以偿逋，挈妻孥而远遁者，比比是也。"外地商人经营规模较大，店铺位置也占据着繁华的商业中心或大街通衢。而南京本土居民反而多经营小店零摊，在居民区之中，做家门口的生意。这与明代中后期资本主义萌芽发生、市场经济繁荣、贸易竞争激烈有关。但南京居民丧失了唐、宋时期那种从商的激情与能力，肯定与明初的移民置换密切相关。此时的南京居民，多为明初移民（工匠和富户）的后代，而非唐、宋商家的后人了。这一传统，一直延续到当代，南京本地人在商业经营上，始终不敌外地客商。

《客座赘语》中还记录了明初建都造成的南京城内不同居民区片的划分及对民情风俗的影响："南都一城之内，民生其间，风尚顿异。自大中桥而东，历正阳、朝阳二门，迄北至太平门，复折至玄津、百川二桥，大内百司庶府之所蟠亘也。其人文，客丰而主啬，达官健吏，日夜驰骛其间，广参其气，故其小人多尴尬而傲僻。自大中桥而西，由淮青桥达于三山街、斗门桥以西，至三山门，又北自仓巷至冶城，转而东至内桥、中正街而止，京兆赤县之所弹压也，百货聚焉。其物力，客多而主少，市魁驵侩，千百嘈哳其中，故其小人多攮攘而浮兢。自东水关西达武定桥，转南门而西至饮虹、上浮二桥，复东折而江宁县、至三坊巷贡院，世胄宦族之所都居也。其人文之在主者多，其物力之在外者侈，游士豪客，兢千金裘马之风。而六院之油檀裙屐，浸淫染于间阎，膏唇耀首，仿而效之，至武定桥之东西，嘻，甚矣！故其小人多嬉靡而淫惰。由笪桥而北，自冶城转北门桥、鼓楼以东，包成贤街而南，至西华门而止，是武弁中涓之所群萃，太学生徒之所州处也。其人文，主客颇相捋，而物力啬，可以娱乐耳目，膻慕之者，必徙而图南，非是则株守其处，故其小人多拘狙而劬瘠。北出鼓楼达三牌楼，络金川、仪凤、定淮三门而南，至石城，其地多旷土，其人文，主与客并少，物力之在外者啬，民什三而军什七，服食之供粝与疏者，倍蓰于梁肉纨绮，言貌朴儜，城南人常举以相啁哳，故其小人多悴孔而寒陋。"古代京师所治的县称赤县，明初上元、江宁两县为赤县。这里对城东皇宫区、城南商业区、十里秦淮科举与妓院区、城中文化区、城北军卫区等不同区片内的民风民俗，以及其形成原因，做了较明晰的分析。而鼓楼至石头城一线以北依然"其地多旷土"。

除了居民区内的变化，皇宫区的变化也很明显。永乐北迁之后，皇宫就不断衰败，曾遭火灾，也因年长日久而朽坏，但明王朝明令不许维修。《客座赘语》卷八中，转引《大明会典》，成化十六年（1480年）有"南京皇城内宫殿不许重修"之例，以致"宫门任其颓敝"。就此而言，隋、唐时期对于六朝宫城区采取间隔措施，任其毁废，也就不是不可理解的。

这也再次证明，在南京城市发展史上，皇宫区同其他一切外加于城市的设施一样，是一种不稳定的建设区域，它在某个阶段会因建都而迅速趋于极度繁荣，但也会因王朝的中心转移或溃灭而同样迅速地趋于荒废。城市中真正具有持久生命力的区域，是基于满足市民生活需要而自然形成的功能区域。这种区域当然也需要调理，但只要居民没有达到饱和状态，没有出现基于某种利益的恶性竞争或垄断，调理就不会是太困难的。

幸运的是，南京地区皇宫区与居民区相分隔的特点，使处于自然增殖状态的平民生活区域，得以长期保持着稳定、平衡、和谐的发展与成长，成为南京城市发展中最有生命力的成分。真正支撑着南京这座历史文化名城的生命力，使它不至于像某些历史名都那样在建都史结束后就走向衰落的，正是它相对独立的平民区域。而且，随着平民区域在城市内比重的增加，它也渐渐成为城市的主体。

特辑二 金陵四十景图像诗咏

余孟麟首倡《雅游编》

明代万历年间，南京的人文之盛，达到了开国以来的极致。万历二年（1574年）余孟麟中榜眼，十七年（1589年）焦竑中状元，是有明二百余年来南京人首中状元，仅隔一科，二十三年（1595年）朱之蕃又中状元，二十六年（1598年）顾起元中探花。大约也就在此际，官至南京国子监祭酒的余孟麟告老退休，"因有余闲，遇风日晴好，每寻山水佳处，以寓眺赏。有会于心，辄援笔纪之"，拉开了这一轮文人雅游的序幕。

余孟麟选择南京二十个景点，各赋五言律诗一首，诗前并有短序，述及相关自然、人文掌故。诗成邀约友人唱和，焦竑依韵作五律二十首，顾起元作七律二十首，朱之蕃亦作七律二十首。约在万历三十年（1602年）许，余孟麟将四人之诗汇刻成书，"以志一时之雅游"，即名为《雅游编》。时任南京礼部右侍郎的叶向高作《雅游编序》，文中说到"余、焦、朱、顾四君子，并时而起，称极盛已"，且皆心存淡泊，多已闲居，"佳辰美景，选胜招欢，岩壑毕搜，篇章迭奏，琳琅金石之韵，被于山川"，尤其赞赏他们"网罗旧迹，尽入品题，使荒台废榭，颓址遗基,不至湮没于寒烟衰草、间井市廛之中,令后来者得有所考镜"。参与其事的顾起元对此颇为自豪,在《客座赘语》中记述称"一时以为胜事"。

朱之蕃意犹未尽。朱之蕃(1559—1624),字元介,号兰嵎,先祖定居南京,附籍南直隶锦衣卫。他工诗文能书画,中状元后官至礼部侍郎,曾奉旨出使朝鲜,与彼国文人学士交游,大受敬重。朝鲜士人以人参、貂皮等特产求取朱之蕃书画,朱之蕃则以此换回流落朝鲜的中国古籍、书画和文玩。他淡泊名利,晚年因母丧回乡后,即称病不愿再出仕,潜心著述。其故居在南京水西门附近,地名朱状元巷。因重读《雅游编》,回忆二十余年前"胜事",为免观览者遗珠之叹,他"搜讨纪载,共得四十景,属陆生寿柏策蹇浮舫,躬历其境,图写逼真。撮举其概,各为小引,系以俚句",请画家陆寿柏骑毛驴、乘小船,四处寻访,身历其境,绘出图画,自己各撰引言以述胜概,并赋七律一首,编成《金陵四十景图像诗咏》,亦称《金陵图咏》,并得同好南京太常寺卿杜士全和诗四十首,朱之蕃"手书以付梓人"。这是天启三年(1623年)十月的事。同年腊月,朱之蕃亲笔抄写《雅游编》全书,"重梓以并传之,不徒纪一时之盛,亦深寄今昔之感",其时余孟麟、焦竑均已去世,他以此作为纪念。随后他又重抄前辈乡贤陈沂正德年间所撰《金陵古今图考》的图说部分,并原图俱付以再版,直到第二年春天才全部完成。也就在这一年,六十六岁的朱之蕃辞世。

朱之蕃诗咏四十景

余孟麟《雅游编》所选二十景，是钟山、牛首山、梅花水、燕子矶、灵谷寺、凤凰台、桃叶渡、雨花台、方山、落星冈、献花岩、莫愁湖、清凉山、虎洞、长干里、东山、冶城、栖霞寺、青溪、达摩洞，即以地名为景名，先后次序也看不出什么规律。朱之蕃的"金陵四十景"，不但全部统一为富于诗意的四字景名，而且以两景为一组，对仗工稳，如"钟阜晴云"对"石城霁雪"，"天印樵歌"对"秦淮渔唱"，"桃渡临流"对"杏村问酒"，"灵谷深松"对"清凉环翠"，"幕府仙台"对"达摩灵洞"，显示出作者的文字功力。在景点的排列次序上，并不考虑其空间位置关系，如"秦淮渔唱""桃渡临流""青溪游舫"与"长桥艳赏"，"龙江夜雨""狮岭雄观"与"宿岩灵石"，"凤台秋月"与"杏村问酒"，"鸡笼云树"与"凭虚听雨"，皆为相近景点，都没有排在一起。决定顺序的是人文内涵，如前十六景紧扣金陵帝都的历史。"钟阜晴云""石城霁雪"自是敷演龙盘虎踞，无须多说。"天印樵歌"位列第三，是因为传说秦始皇在此凿断"金陵王气"，"秦淮渔唱"，"因秦所凿，故名秦淮"。"白鹭春潮"，白鹭洲"控扼上流，足为天险"。"乌衣晚照"，"王导、谢安渡江来，同居此巷"，是东晋中兴之最重要人物。"凤台秋月"，"宋元嘉时凤凰集于此山"，所以朝廷"筑台山椒，以表嘉瑞"。"龙江夜雨"，"设关津以征楚、蜀材木，备修制官舫之用"。"弘济江流"，"魏文帝称天限南北者此也"。"平堤湖水"，"刘宋元嘉末有黑龙见，故改今称。齐武理水军于此，号曰昆明池"，明代玄武湖"洲上置库，以贮图籍"即皇册库。"鸡笼云树"，"宋元嘉中雷次宗开馆，齐竟陵王子良移居,集四学之士抄五经、百家书",明代"国学建其下,千载文秀钟焉"。"牛首烟峦",山有二峰,东西相对,"王导指双峰曰,此天阙也"。凡此诸景,在在强调的是南京的都城意象。

此后所叙文人雅事、仙佛名迹、山水奇观等,亦不忘与此相呼应。如"狮岭雄观":"晋元帝初渡江,见此山绵亘,以拟北地卢龙,易名卢龙。""凭虚听雨":"相传晋有四帝陵,列在鸡笼山之麓,想即其处。""天坛勒骑":"定鼎时郊天之所","与祖陵神烈山相联络"。"幕府仙台":"晋元帝初渡江,丞相王导建幕府于此山。""清凉环翠":"又有暑风亭,乃李后主避暑殿之故址。"朱之蕃、杜士全之诗作中,同样于此多咏叹之语,不胜枚举。

叶向高《雅游编叙》中说金陵名胜"自六朝以来,甲于天下",到明代更"神圣宅中,缀旒九有",虽然永乐北迁,仍不失为南都,"衣冠文物,声光奋赫。丰水、镐京,方之犹逊",周代的丰京和镐京都无从相比。朱之蕃《金陵图咏序》中,更对此大加强调:"金陵自秦、汉、六朝,凤称佳丽,至圣祖开基定鼎,始符千古王气,而龙蟠虎踞之区,遂朝万邦,制六合,镐、洛、殽、函,不足言雄,孟门、湘、汉,未能争钜矣。"周、秦、汉、唐的古都,黄河及湘水、汉水,都不在话下。由此可知,朱之蕃和他的朋友们作此图咏,意旨明确,就是以人文、自然景观为依托,重构南京的"千古王气"。

从《金陵图咏》看明都故实

《金陵图咏》诗前朱之蕃的引言,主要是引证典籍,所述亦有不尽准确之处,可贵之处在于或多或少涉及景观的变迁,及其亲眼所见的现实面貌。而陆寿柏的画,既称"躬历其境,图写逼真",也就与此前一些画家的艺术创作不同,倾向于写实,尤其是当时仍存在的景观,应当较为准确。这就为今天的读者,提供了认识明代南京风貌、了解当时社会生活的诸多可贵信息。

在《钟阜晴云图》上,可以看到朝阳门的形式,门外有桥横跨城壕,而城壕之东不远,即是明孝陵的围墙,可以想见孝陵的规模。

"石城霁雪"小引说到石头城六朝时"大江环绕其趾,今河流之外,平衍如砥,民居繁密十数里,始达江浒。陵谷之变迁,此其徵验"。图中标示的石城门(今汉西门),应是石城门内瓮城的南门,朝西的正门尚在灵应观岩壁之后,隐约露出城楼。远景是明外郭江东门和江北诸山。因为石城门与三山门(今水西门)是有史以来的交通枢纽和商贸中心,宋、元以来逐渐形成的河西地区,正是在石城门、三山门与江东门之间,率先成为"繁密十数里"的新开发区。

"秦淮渔唱""桃渡临流"和"青溪游舫""长桥艳赏"等图可以对照来看。《秦淮渔唱图》中,可以看到通济水关(东水关)、淮青桥。至于城墙外的方山,在这个方向是看不到的,画家意图强调秦淮河与方山的关系。"桃渡临流"只是前者的中心部分,参照地标就只有钞库街了。这一段是秦淮河连接青溪的部分。而《青溪游舫图》中的青溪,则是从贡院前经夫子庙、文德桥直至武定桥的一段,实为城中"十里秦淮"的东段。如果只看文字描述，是很难弄清这一点的。《板桥杂记》《桃花扇》中的旧院，位于钞库街至武定桥间的秦淮河南岸。《长桥艳赏图》中，旧院与回光寺隔街相对，那条街便叫旧院长街。长桥则在旧院之南，其南就是鹫峰寺与东花园（今白鹭洲公园）了。

"凤台秋月"与"杏村问酒"，证实了金陵杏花村的位置，凤凰台"在府治西南二里杏花村中"，杏花村"在江宁县治西，下浮、上浮两桥之内，逼近城隅，与凤凰台相接。旧有古杏林，立春多游人"。江宁县治在今建邺路、丰富路一带，上浮桥、下浮桥现存，也即这一段秦淮河与凤台山之间的区域。并且说到其变化，因杏树被伐，"近岁芳园棋布"，变为文人园林区，如顾起元的遁园即在其中。画中标出的万竹园，主人是徐达后裔锦衣徐继勋。画面前景是几个人在射箭，且有一人坐地击鼓，当是踏春时的助兴游戏。

"龙江夜雨"是明代兴起的新景观："在府城西南仪凤门外，设关津以征楚、蜀材木，备修制官舫之用。百货交集，生计繁盛。今虽凋敝，而稳船湖荡、临江桥梁、水陆兵营规制依然，直达观音、上元诸门，连接弘济、燕矶，江天旷望，景称最胜云。"按府城"西南"，应为"西北"。修制官舫的，即如今名重天下的龙江宝船厂和龙江船厂，至宣德年间结束下西洋的壮举，也就归于凋敝，仅存遗址。

"鸡笼云树"与"凭虚听雨"两图实为一地，占据画面中心的都是鸡鸣寺。为了让凭虚阁另成一景，所以《鸡笼云树图》中有意忽略了凭虚阁，而右下角画出了成贤街、国学、国子监的位置关系，左下角可见十庙之一功臣庙的规模格局。"凭虚听雨"引言中说到凭虚阁"右臂山冈，绵亘十庙，各据一垄"，由此可知十庙分布在鸡笼山南麓，自功臣庙向西,每一山垄建一庙,并非《洪武京城图志》所绘的连成一长排。

"谢墩清兴"一图,明确画出了李白所咏谢公墩的位置,在清凉山东,虎踞关与永庆寺(今永庆巷)之间,也就是今百步坡顶端。引言中说:"在府治西五里干河岩上,永庆寺前。李太白将营园其间,有诗在集中。其丘阜宽敞,冶城、清凉诸山四面环绕,居民灌园植蔬,近乃多种松于高冈上。每春秋晴爽时,游人毕集,中夜忘返。"这里还透露出南唐北城壕的信息,即今广州路南侧干河沿,当年是一直西延至永庆寺、谢公墩下,连接乌龙潭。

"天坛勒骑"引言说:"坛傍神乐观,乔松古柏,秀色扑人眉睫,盖不远城市,别启仙都者矣。与祖陵神烈山相联络,居人种梅甚多,每花时车马杂沓,即雨雪亦不为之阻。"原来明孝陵种梅、赏梅风俗,始于明代,源出天坛。从画面上看,天坛坐北朝南,神乐观则坐西朝东,观门正对天坛。值得注意的是正阳门外瓮城,并非通常介绍的长方形,而是画成了椭圆形,正面的南门紧闭,偏东的小门开放通行。

"长干春游"与"报恩灯塔"两景也在一地。《报恩灯塔图》是自西向东,画出寺、塔全景。《长干春游图》是自雨花台下北望聚宝门(今中华门),画面中的南北向道路,即今雨花路,大报恩寺门前的一段,明确标示为长干里,且两端各有四柱三门牌坊。大报恩寺墙上写"古长干寺"四字,这一段确也是六朝时的大长干。路西边则有养济院、普德寺、五显庙、师姑庵等建筑群落,以普德寺最为壮观,今仅存遗迹。聚宝门外跨城壕桥名镇淮桥,或是画家笔误。桥南有地名小市口,可见东西向道路即小市所在。

《清凉环翠图》中的清凉寺,布满了整个西山谷。近年考古发现了明代清凉寺大殿遗址，由此前推，山门的位置当在今广州路上。门内偏东画有一井，引言中说"门内胭脂井尚存"，与今存还阳泉肯定不是一井，还阳泉的位置当在中殿之后。山门距乌龙潭不远，可以看出当年乌龙潭西过龙蟠里，在清凉山与盋山之间穿过，汇入外秦淮河。

"东山棋墅"引言中，说东山"一名土山"，且说清了其得名之由："方山虽小，而登览旷阔，亦郊坰之胜地。环列四野，有金、石等山，八音之名咸备，此盖其一尔。"八音典出《周礼》，指可用于制造乐器的金、石、土、革、丝、木、匏、竹等八种材料。土山之名，所见最早是《建康实录》卷三，太平三年（258年）十月，孙休即帝位，"孙綝迎于土山之半野"。土山附近，确有金星山、石碫山、竹山等小山。朱之蕃这一解释，比民间流播的种种传说都为可信。

《莫愁旷览图》中的莫愁湖一片汪洋，东岸城墙下隐约可见树木房舍，西南角仅一组亭榭。引言说："据湖滨一望，则钟阜、石城，横亘于前，遥与江外诸峰相映带，山色湖光荡漾几席间，最为空旷平远。中山王孙置楼近水，构亭湖心，屡勤修葺，游者忘倦。"建园者是徐达的后代，完全没有提到胜棋楼的传说。画面的视角是自西向东，画面左上角的铁塔仓的塔，原在朝天宫北宫后山，今已不存。在《冶麓幽栖图》的上方，可以清楚看到铁塔仓的塔。此前文伯仁《金陵十八景图》中的莫愁湖则是自东向西，才能以长江西岸的群山为远景。

《金陵图咏》的影响

《金陵图咏序》中，朱之蕃说道："相沿以八景、十六景著称题咏者，互有去取。"现在能够看到的图画，有嘉靖、隆庆间黄克晦《金陵八景图》（今存六景），现藏江苏省美术馆；隆庆六年（1572年）文伯仁《金陵十八景图》，现藏上海博物馆；万历二十八年（1600年）郭仁所绘《金陵八景图》，现藏南京博物院；见于著录而不存的尚有文徵明《金陵十景图》。《金陵图咏》的前八景，正是承袭了黄克晦、郭存仁的八景，但调整了次序。有文无图的，在《雅游编》之前，则有周晖《金陵琐记》所记嘉靖年间贡生盛时泰所拟"金陵十景"："祈泽寺龙泉""天宁寺流水""玉皇山观松林""龙泉庵石壁""云居寺古松""朝真观桧径""宫氏泉大竹""虎洞庵奇石""天印山龙池""东山寺蔷薇"。周晖说"此十景皆世人所忽，仲交所独取者"，大约此时"金陵十景"之类的说法已经不少，而所取各各不同，盛时泰这十景全属山、水、竹、木，可谓别具只眼。

不过，像朱之蕃这样汇成四十景，且如周亮工所述"景各为图，图各为记，记各为诗"，仍然是一种创举。这"四十景"也就成为后世作金陵景物图咏的蓝本。清初"金陵八家"之一高岑，康熙七年（1668年）应江宁知府陈开虞所约，绘《金陵四十景图》，刊入《江宁府志》。这四十景完全承袭《金陵图咏》，仅改景名为地名，最重要的区别是将原编次序完全打乱，以淡化南京的旧都印记。乾隆年间出现的《金陵四十八景图》恢复为四字景名，明显是基于《金陵图咏》景名而调整，但远不及前者整齐。新增的八景中，"珍珠浪涌""甘露佳亭""化龙丽地""楼怀孙楚""台想昭明""商飚别馆"六景，都是有记载而实景无存，"赤石片矶"自然景观尚在，只有纪念方孝孺的"木末风高"，是明人忽略的景点。《金陵四十八景图》同样重排了景观的次序，以"莫愁烟雨""祈泽池深""雨花说法""天界招提"冠首，时当文字狱盛行之际，编绘者不能不懂政治。

然而，《金陵四十景图》给南京城市景观留下的烙印，是难以消除的。这里只想再举一个例证。嘉庆二十年（1815年），马士图编撰《莫愁湖志》，第一卷名为《莫愁湖诗借》，所"借"即《金陵图咏》和《雅游编》中之诗。"金陵四十景"之一的"莫愁旷览"，马士图解读为"一景之内又能收八景，洵称旷览矣"，其"湖上所见远近八景"，也都在《金陵图咏》之中，即"钟阜晴云""石城霁雪""清凉环翠""冶麓幽栖""秦淮渔唱""报恩灯塔""雨花闲眺""牛首烟峦"，所以他将朱之蕃和杜士全两人唱和的十六首诗"借"来。为壮声势，马士图又将《雅游编》中余孟麟、焦竑、朱之蕃、顾起元咏钟山、清凉山、冶城、桃叶渡、青溪、长干里、雨花台、牛首山的三十二首诗一并"借"来，藉此以证明莫愁湖为"金陵第一胜境"。

所以，本版《南京城市史》将《金陵四十景图像诗咏》全部影印收入，作为一个特辑，以使读者可以对明都南京多一些直观印象，补充文字表述之不及。

金陵图咏·钟阜晴云

金陵图咏·石城霁雪

金陵图咏·天印樵歌

金陵图咏·秦淮渔唱

金陵图咏·白鹭春潮

金陵图咏·乌衣晚照

金陵图咏·凤台秋月

金陵图咏·龙江夜雨

金陵图咏·弘济江流

金陵图咏·平堤湖水

金陵图咏·鸡笼云树

金陵图咏·牛首烟峦

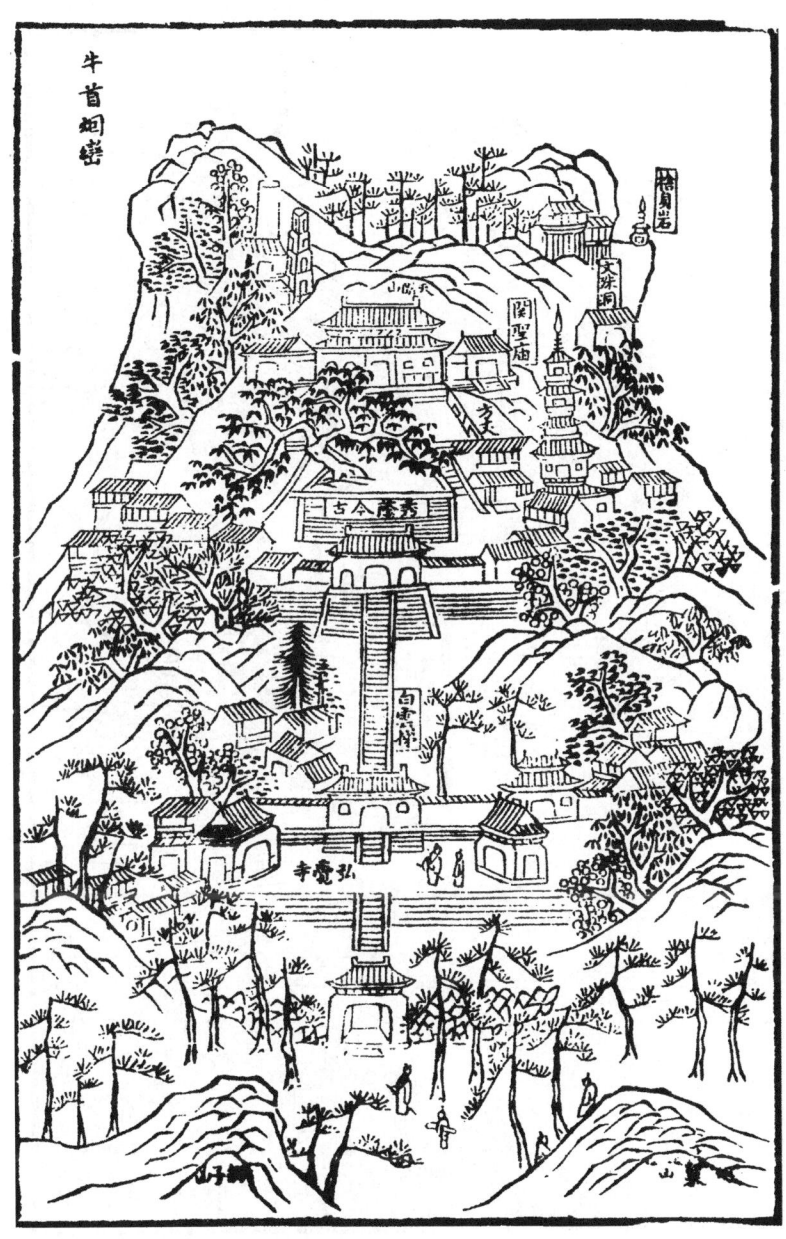

金陵图咏・桃渡临流

金陵图咏·杏村问酒

金陵图咏·谢墩清兴

金陵图咏・狮岭雄观

金陵图咏·栖霞胜概

金陵图咏・雨花闲眺

金陵图咏·凭虚听雨

金陵图咏·天坛勒骑

金陵图咏·长干春游

金陵图咏·燕矶晓望

金陵图咏・幕府仙台

金陵图咏·达摩灵洞

金陵图咏·灵谷深松

金陵图咏・清凉环翠

金陵图咏·宿岩灵石

金陵图咏·东山棋墅

金陵图咏·嘉善石壁

金陵图咏·祈泽龙池

金陵图咏・青溪游舫

金陵图咏·虎洞幽寻

金陵图咏·星冈饮兴

金陵图咏·莫愁旷览

金陵图咏·报恩灯塔

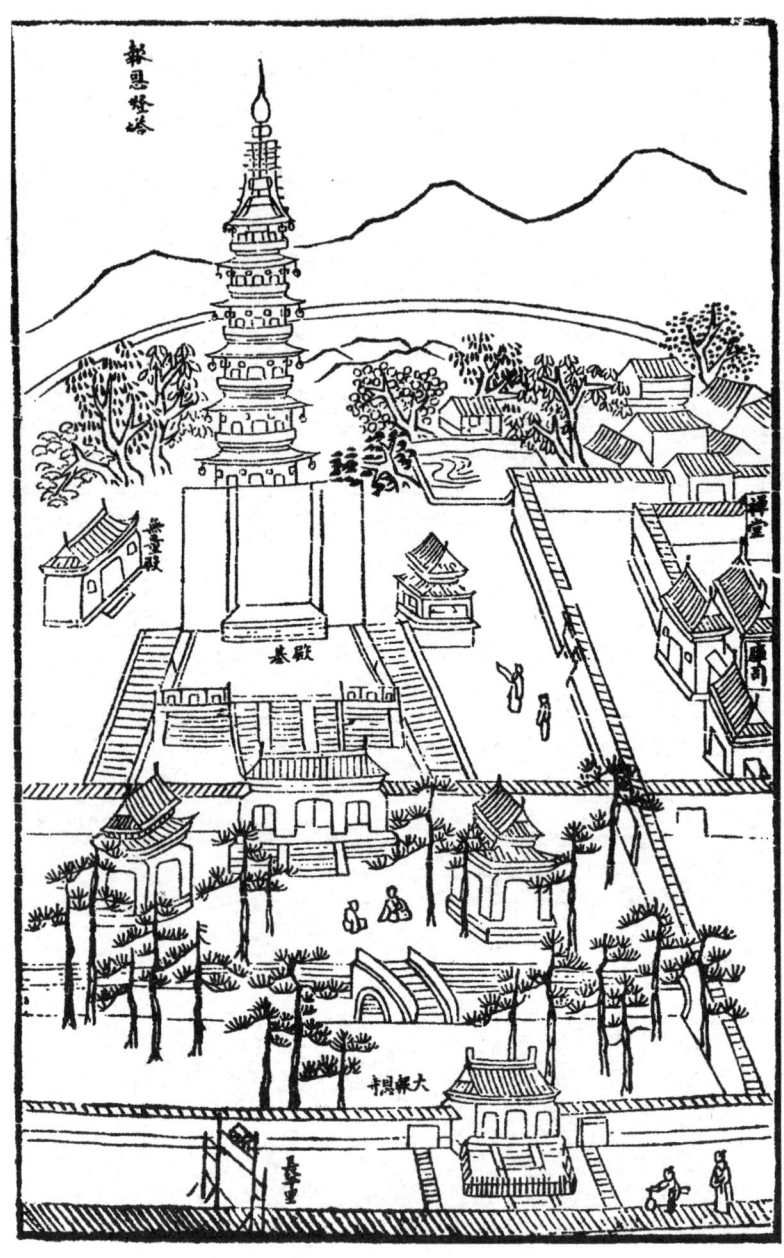

金陵图咏·天界经鱼

金陵图咏·祖堂佛迹

金陵图咏·花岩星槎

金陵图咏·冶麓幽栖

金陵图咏・长桥艳赏

19世纪六七十年代的南京城,迄今最早的南京城俯瞰图,英国摄影家约翰·汤姆逊摄于南京城南门外的一座小山上(牛婕 供图)。他写道:"如图所见,城墙非常高,有些地方高达七十英尺,墙基厚三十英尺。城墙上那座异常醒目的建筑是南门上高大的城楼,已经恢复了它旧时的光辉。城墙外是一片广阔的郊区,兵工厂被一间间房舍包围,坐落在大报恩寺塔曾经矗立的位置上。"(引自约翰·汤姆逊《中国与中国人影像》,徐家宁 译)

沪宁线铁路火车 据1910年日本出版的《金陵胜观》,乐淘乐书店 供图

第九章 清代南京——浴火重生

清代前二百年,南京城平稳发展,日渐繁华。太平天国十年浩劫,千余年街市建筑、经济产业、文化遗存毁损殆尽。晚清最后五十年,南京城不再是恢复性的重建,而是顺应时势,涅槃重生,开放变革,迎来了现代城市建设的新开端。

清代二百年和平发展

清顺治二年(1645年)五月,清军南下江南,南明弘光帝逃走,官员开城门投降,南京算是"和平解放",在改朝换代中没有受到大损失。闰六月,清廷改应天府为江宁府,隶属江南省,仍下辖上元、江宁、句容、溧水、高淳、溧阳、六合、江浦八县(雍正八年[1730年]后溧阳县改属镇江府),以原南京城为府城,上元、江宁两县附郭,同城而治。顺治四年(1647年),置江南、江西、河南三省总督,驻江宁,可见对江宁府的高度重视。顺治六年(1649年)河南并入直隶,改称江南、江西总督,仍驻江宁。顺治十八年(1661年),江南省划域分治,江宁府隶江南右布政使,其治所移苏州,江南左布政使却寄治于江宁府。康熙六年(1667年)江南省分为江苏、安徽二省,江宁属江

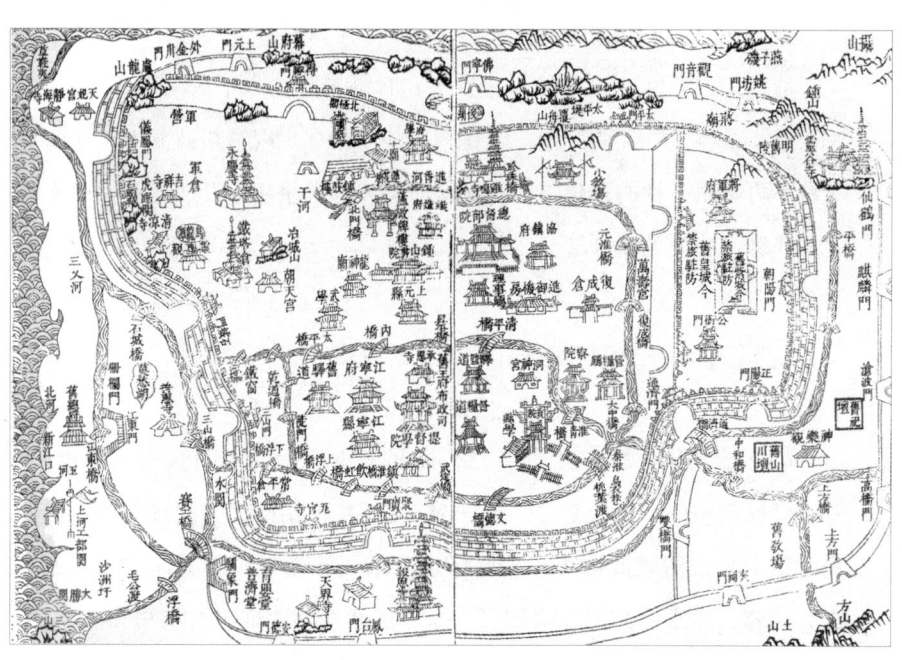

乾隆《江南通志》中的江宁府城图

苏省，省治在苏州，安徽布政使司仍设在江宁，成为一种怪现象。康熙二十一年（1682年）起，两江总督即长驻江宁。直到乾隆二十五年（1760年），安徽布政使司始自江宁移治安庆府。后江苏省增设江宁布政使，驻江宁。布政使司为清代省级行政机构，江苏一省却有两布政使司，也可见江宁地位之特殊。有清一代，江宁府始终是东南地区的政治、军事、科举、文化中心。咸丰三年（1853年）至同治三年（1864年）间，江宁府为太平天国占据，作为都城，改称天京。太平天国败亡后，仍恢复原建置。

同治、光绪年间，洋务运动兴起，新式工业、交通、学校、开放商埠等事物相继在南京出现，使千年古城逐渐向近现代城市演化，成为南京城市发展史上的一个崭新阶段。

与此相应，清代南京城市建设状况，也当分为三个大阶段来加以叙述。

第一阶段为时最长，超过了两百年，但在城市发展史上的影响并不大。如前所述，清军进入南京时，并没有造成城市的大破坏。南京都城城墙被作为江宁府城城墙，在这一阶段也没有大的变化，只有城门的开塞不同。明代后期封闭了仪凤、钟阜、金川三门，清初又封闭神策门和清凉门。顺治十六年（1659年）郑成功兵临城下，守城的吴淞总兵梁化凤开神策、仪凤门出袭获胜，这两座城门遂不再封闭，且将神策门改名得胜门。道光二十三年（1843年）又封闭了定淮门。官府还对局部城墙、城楼进行过修葺工作。

清军入城后，首当其冲遭到改造的，是明故宫，被用作满族八旗武装的驻地，称八旗驻防城，也称满城。驻防八旗由江宁将军统辖，将军府就设在明皇城的西南角。旗人为了保持血统纯正，与汉人不混居，更不通婚，所以官兵家属也都住在驻防城内。

八旗驻防城的范畴，比明皇城还要大一些。嘉庆《重刊江宁府志》卷十二载："驻防城略因明旧内城，其西一面系顺治十七年重造，起太平门东至通济门东止，长九百三十丈，连女墙高二丈五尺。其城外之河，自正阳门西，因杨吴城壕所凿淮流，绕城为池，西流北转抱城，至仪凤门外流入江。城之东北依山冈，无城河。而正北则后湖当其曲隈矣。"从该书卷三《江宁府城图》中可以看出，驻防城东墙和南墙利用了明都城城墙。西墙的北端并未抵达太平门，实际上仍以皇城的西北角为顶端，将皇城的西墙南延，至通济门东侧与都城城墙相接，将皇城的北墙东延，与都城东墙相接，形成一个大致的正方形。驻防城四面的城门，东面即原朝阳门，南面即原正阳门，西面即原西安门，但又于近通济门处开一小门，北面即原北安门，改称后门。因为驻防城占用了正阳门和朝阳门，使得城中平民仍无法由东面出城，必须从太平门或通济门出城绕行。两江总督署亦于清初建于汉府街口，原明初汉王府旧址，即今总统府所在地，但当时的范围要大得多。江宁织造署初建于两江总督署南面，因康熙皇帝南巡曾住在织造署内，乾隆十六年（1751年）改建为行宫，当时名利济巷大街，即今大行宫、利济巷一带。织造署则迁至淮青桥东北，原明人息园旧址重建。江宁布政使司署在大功坊徐达府第旧址，即今瞻园路太平天国纪念馆所在地。江宁提刑按察司署建于奇望街针工坊口，即今秦淮区一中心小学校址，后按察司迁苏州，司署改作江南盐法道署。江安督粮道署也在大功坊徐达府第旧址，布政使司署的东面。江宁府署沿用了明应天府署，在今府西街。上元、江宁两县

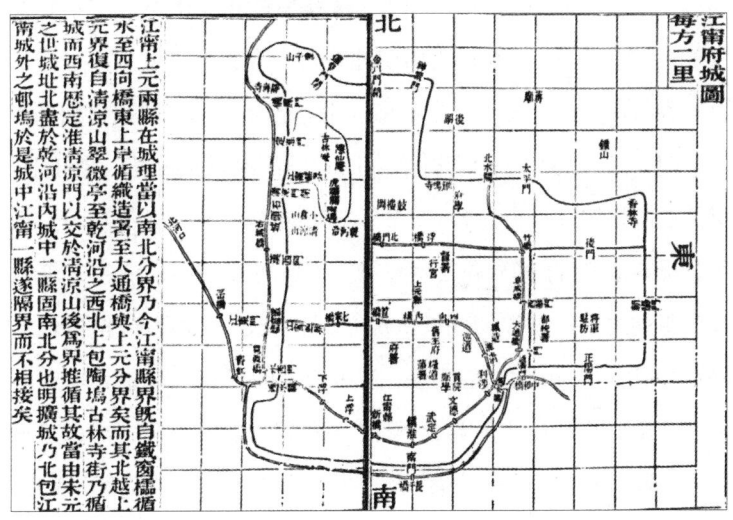

《重刊江宁府志》中的江宁府城图

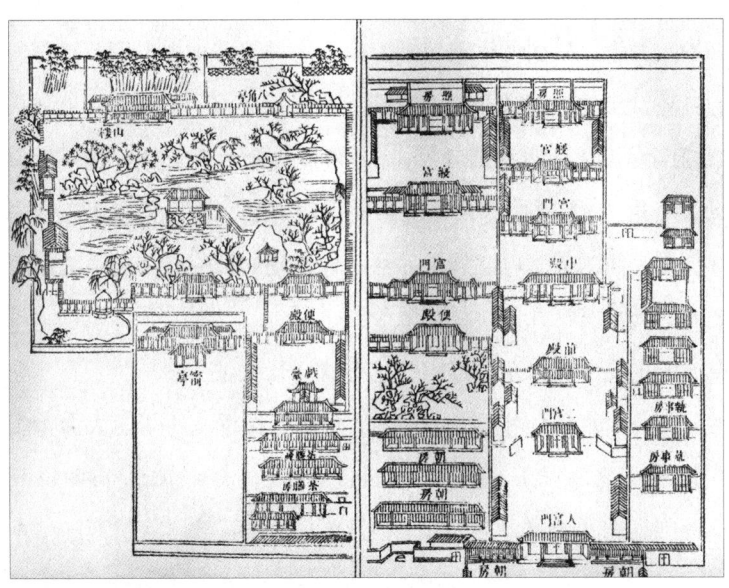

康熙《南巡盛典》图中的江宁行宫

署也都沿用明朝之旧，分别在今白下路昇平桥和长乐路三坊巷。乾隆二十二年（1757年），另在栖霞山中建行宫，今犹存遗迹。江宁府学设在明国子监旧址，即鸡笼山下成贤街一带。上元、江宁两县学则在明应天府学，即今夫子庙。江南省科举乡试考场江南贡院也在夫子庙地区，现中国科举博物馆址。今江苏、上海、安徽的秀才都来此处应考，是仅次于北京顺天贡院的全国第二大考场。由此可以看出，清朝官署的选址，多依明朝之旧，或以明朝权贵府第园林改建，没有出现强拆民居、强占民地的情况。明朝遗留古迹，破坏最大的可能就是朱元璋的旧王府。嘉庆《重刊江宁府志》卷九载："国初阙门犹存一额，曰'旧内之门'。岁久居民稠密，中、左二门为市肆、民居所蔽，然犹有断垣可见。乾隆庚午，吏取垣砖为甃甓用，遗迹荡然矣。今址为艺植之圃，每春夏凝望菜花弥漫，饶有野趣。"旧王府本在城南居民稠密之处，一旦失去皇权保护，商铺、民居便迅速包围上来。府城墙砖被拆去砌井壁，失去最后的屏障，土地也就被开垦为花圃、菜园了。

城内上元、江宁两县的分界，"自内桥中分，西至铁窗棂，东由四象桥至大通街"，大通街即大中桥至通济门街道，所以大致仍以今白下路、建邺路一线为界，以北属上元县，以南则属江宁县。但清凉山至仪凤门之间，沿江又有几小块土地属于江宁县。

城内的主要干道，东西方向的，有这样几条：

洪武街（今珠江路中段），自浮桥西抵莲花桥。西华门大街（相当于今中山东路之一段），从驻防城西过大行宫，接土街，再西过双石鼓，至罗寺转弯（今螺丝转弯），南折又西，经石鼓路达旱西门（今汉西门）。中正街（今白下路、建邺路、堂子街），东至大中桥，西迄旱西门。水西门大街（今升州路斗门桥以东），西过油市（今升州路斗门桥西至仓巷口）达水西门，东过三山街为奇望街（今建康路），再过淮青桥察院前街，抵大中桥。贡院前街（今贡院街），沿秦淮北，西南交南城大街（今中华路南段），西为篦街（今糖坊廊），再西到下浮桥之北。钞库街，东自东水关，沿秦淮南，交南城大街，再西到下浮桥之南。

南北方向的，有这样几条：

内桥大街（今中华路北段），即南唐御街北段，南行为府东大街（江宁府署时在西锦绣坊），又南交三山街，迄南门。评事街，自笪桥南出，过果子行口，再西南折过彩霞街，抵秦淮河岸为止，是连接上元、江宁两县的重要干道。卢妃巷街（即今洪武路），西北抵土街口（即今中山东路洪武路口），南抵内桥。北门桥街，南经糖坊桥抵新街口，北至唱经楼。高井大街（今丰富路），南达下街口（今鼎新桥、笪桥一带），北与西华门东西干道相交于新街口，经糖坊桥抵北门桥。新街口地名，至迟在乾隆年间已见于文献记载。花牌楼街（今太平南路），起大行宫前，南抵旧王府（今太平南路、建康路口一带）。

由此可见，这些道路的走向，大多延续到现当代，虽然多经过扩建，地名对于今人尚不算陌生。这些路网所包围的地块，自然就是当时南京城内主要的繁华地段了。其中旱西门、水西门、南门、评事街、三山街、下浮桥、内桥、大中桥、北门桥等地，更是重要的交通枢纽。自明初修筑城墙，出入城市就必须经由城门，所以城内干道，只能以城门为端点。因为东城明代是皇城区、清代是军事区，市民往来多集中于西、南面的城门。清初康熙、乾隆南巡返程时，也都是由旱西门外登船的，走的就是从大行宫过新街口，经双石鼓、石鼓路这一条东西干道。

《康熙南巡图》中就清晰地描绘了旱西门内外的繁华气象。吴敬梓小说《儒林外史》以南京为背景,说南京"城里几十条大街,几百条小巷,都是人烟凑集,金粉楼台","大小酒楼有六七百座,茶社有一千余处"。书中多次出现水西门、汉西门、聚宝门、三山街、评事街等地名。同时也可以看出,平民的生活区,已较明初向北推进,将原南唐皇宫区域蚕食,并逐渐越出南唐金陵城的北垣。南唐时开杨吴城壕,建桥于北门外,地处水陆交通节点上的北门桥,遂成为重要的农副产品市场。明代北门桥被包入城中,位于城南居民区、城东皇宫区与城北军事区之间,为大市之一,"多卖鸡鹅鱼菜等物",北门桥南北,至今仍有鸡鹅巷、鱼市街等地名。北门桥北的唱经楼,相传始建于明初。北门桥街遂成为重要的南北交通干道,沿线商市繁华,居民众多,且不乏官绅大家,如万历年间状元焦竑住在豆巷,后易名焦状元巷,明末重臣马士英住鸡鹅巷。清代以迄民国,北门桥、唱经楼一带繁盛依然,当时北门桥且设有邮务支局。北门桥迄西,清凉山余脉之间,仍多属农田。乾隆年间诗人袁枚在小仓山修建随园,面积达到三百亩,并有诗咏道:"北门桥转水田西,路少行人鸟渐啼。"出北门桥向西即是大片水田,虽有道路而行人稀少。直到清代后期,南京城北与城东,仍主要属于军事区。

据袁枚说,随园即康熙年间江宁织造曹家大观园旧址。无论这话是否确实,此地当时尚属幽雅清静之地,是可以相信的。小仓山是清凉山的余脉。袁枚之前,有龚贤在清凉山麓建扫叶楼为隐居之所,有方苞建家祠教忠祠于龙蟠里。袁枚之后,有魏源在龙蟠里小卷阿中撰著《圣武记》和《海国图志》,有薛时雨在乌龙潭畔薛庐讲学课徒。惜阴书院、江南图书馆先后设于龙蟠里,足以证明,在夫子庙一带日渐为市井尘嚣所包围之后，清凉山一带起而成为当时的精英文化区域。随着街巷的增多，南京城内里坊数量大为减少。嘉庆《重刊江宁府志》所载，上元县境内只剩下六坊：裕民坊，在卢妃巷西；善政坊，大中桥西，旧名九曲坊；全节坊，在朝天宫西，明朝旧坊；英灵坊，在十庙西，明朝旧坊；善和坊，武定桥东；建安坊，鼎新桥北，俗呼下街，已经在向街道转化。

江宁县境内也只剩下八坊：银作坊，旧金陵坊；铁作坊，在三山街；颜料坊，江宁县治西，草鞋街（今彩霞街）西南；箭匠坊、弓匠坊，总名弓箭坊，在三山街；铜作坊，在三山街；毡匠坊，在奇望街；鞍辔坊，在江宁县左九儿巷。这几处都是明朝旧坊。

同时，在城南老居民区内，清代街巷的密度，也较明代有较大增加。2006 年 12 月公示的《南京门东"南门老街"复兴规划社会意见征询》中，对该地块内明、清时期街巷网络进行剥离，发现始于明代及明以前的街巷有十七条，而清代增加了十五条。街巷是因建筑物的排列延伸而形成，发展到一定程度才会得到命名，由此可见清代当地居民与建筑都较明代有相当数量的增加。我没有条件对全城街巷进行比对，仅举此作为一个实例。

不过也应说明，就是清代，南京城南老居民区的街巷肌理，也没有密集到当代这种层层叠叠的程度，建筑群与建筑群之间，还存在着不少空地。所以民国年间的《首都计划》中，对于城南老居民区内的道路改造，提出了一个"牺牲房屋最少、费用最廉"的原则，其具体建议就是利用"房屋段落"之间的空地辟建新道路，而不是拓宽原有道路。

顺便说一下所谓"房屋段落"的形成规律。如前所述，在六朝时期，居民多是临河而居的，但南京居民的临河而居，与今天在苏南古镇中看到的不同，不是面朝河流，而是背朝河流，也就是说，房屋的后门通向河流，而前门外就形成了道路。河流的走向也就决定着道路的走向，老城区里的道路弯弯曲曲，正是江南水乡的特征之一。直到现在，南京城里一些弯曲度颇大的道路，都与相临的河道走向有关。随着人口的发展，临河地段建满了房屋，后来者于是只能在道路的对面平行建房，而利用临河房屋之间的巷道（俗称水巷）走向河边取水用水，这样就形成了最初的十字交叉路网。道路两边都建造房屋后，其功能除交通之外，又成了居民交往的场所，为满足居民日常生活需要又增开若干商铺，这就发展成了后世的街道。最初的"房屋段落"由此出现。新建的房屋也都会开后门，后门外便会形成新的道路，此后再有人增建第三排房屋。"房屋段落"也随之不断长大。古代南京城内水网密集，在相距较近的两条水网间，两个"房屋段落"便逐渐拼合到一起，而相距较远的两个"房屋段落"间，就会保留着一定的空地。这里所说，当然只是理想的模式，现实的街道房屋发展，还会受到其他因素的影响，未必都能如此典型。

据《南京城镇建设综合开发志》，明、清时期，"南京有房屋面积约二百五十八万平方米"，因为商业和手工业人口所占比例甚大，"民宅形式多为家连店、店连家单门独户的私人住宅"，也可以视为南京普通商店和手工作坊的建筑形式。官绅富豪人家的宅院规模要大得多，"今保留的几处明、清民宅中，常见的有三、四、五进，最多达七进、八进穿堂式高墙深院。宅间以青石板铺路，室内嵌砌方砖地面，门周饰砖石雕刻的人物、花卉、禽兽等精美图案，院墙饰有青砖磨砌成的圆形、方形等花窗。有的民宅为两层建筑，楼上格门窗棂，复道悬廊曲折回绕、婉转相通"。民间将明、清建筑形式特色归纳为"青砖小瓦马头墙，回廊挂落花格窗"，是有一定道理的。

简而言之，清初二百年，南京处于平稳发展时期，经济繁荣，文化发达，城市建设也随着市民生活的自然需要，不断有所发展。

太平天国时期的浩劫

咸丰三年（1853年）太平军攻占南京，定都于此，改称天京。全面评价太平天国运动不是本书的任务，但从城市建设方面来看，太平天国确实给南京城带来了一场千年不遇的空前浩劫，城中房屋十之八九毁于兵火，六朝建都以来一千六百年文化遗存，明初建都以来五百年和平发展的成就，毁于一旦。

太平军围城之际，南京城中清军仅五千人，其中半数为驻防旗兵。咸丰三年（1853年）二月，太平军合围南京城，于南门外大报恩寺塔架炮向南城轰击。二月初十，太平军自静海寺挖地道，以地雷炸塌仪凤门附近城墙，突入数百人，直冲至小营，杀两江总督陆建瀛，后被清骑兵击败，仍退出仪凤门。而南门、清凉门、旱西门、水西门守军听说北城已破，总督战死，遂溃散逃走。当晚太平军已从西、南两面入城，次日太平军大队入城，清军退守驻防城，双方在中正街一带激战，上元县衙被毁。驻防城被攻破后，城内满人约四万人，绝大多数为无抵抗能力的旗兵眷属，几乎全部被杀，仅逃出百余人。这是南京有史以来罕见的惨烈屠城。

太平军进入南京之后，即将城内居民家庭拆散，分居男馆、女馆，

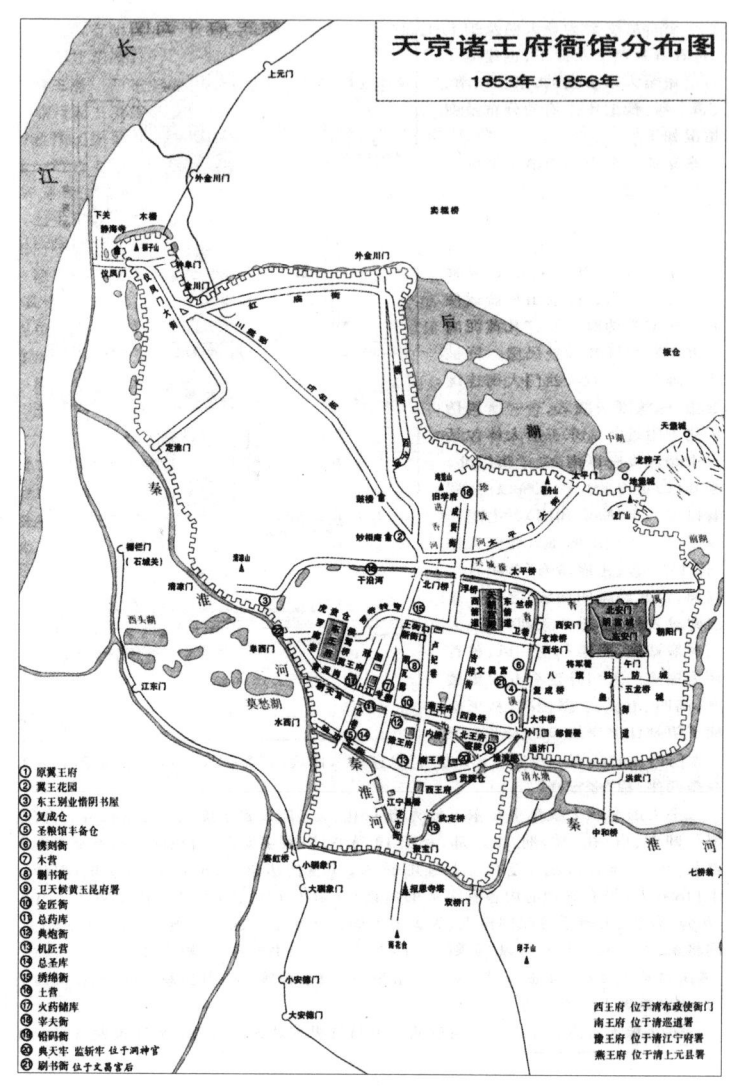

《南京建置志》中的天京诸王府衙馆分布图

工匠按行业集中，民间金银财物全部掠入"圣库"，并宣称城内一切房屋"皆属天朝所有"，清官府"衙署及大宅均为王府或高级首领所占，其余中下级头目则占住民宅或商肆，名曰'打馆'"。公然与民争房，强占民房为己所用。占据之后，各王又进行大规模的改建增修，兴造成王府或衙署，既是其办公处，也是其生活住所。如东王杨秀清先后据大功坊布政使司署、驻防城江宁将军署，后占汉西门黄泥巷（今黄鹂巷）前山东盐运使何其兴住宅改建，将黄泥巷一带及罗廊巷等地民居，都拆为空地，截汉西门大街连虎贲仓为一体，并拆取明城墙砖砌筑围墙，周围六七里。东王属官数千人，也在附近建府居住。而咸丰六年（1856年）天京事变，太平天国领袖自相残杀，东王府被北王韦昌辉纵火焚毁，使这一带建筑大部化为灰烬，仅残留少量属官衙署。又如西王府据大功坊布政使司署扩建，南王府据针工坊按察司署扩建，北王府先在西辕门李氏宅，后据中正街前湖北巡抚李长华新宅扩建，翼王府先在青溪里熊氏宅，后移大中桥靖逆侯张勇府第，最后据朝天宫东侧王府巷原上江考棚建造，燕王府据中正街昇平桥董姓、胡姓两宅扩建，后又圈入前湖北宜昌知府程氏宅。豫王府据江宁府署扩建。太平天国的前期王府中，最重要的自是天朝宫殿，俗称天王府。太平天国年间最重要也最早开始的建设工程，就是在原两江总督署旧址，建造天朝宫殿。《同治上江两县志》卷十一载："堕明西华门一面城，自西长安门至北安门，南北十余里，穷砖石筑宫垣九重，毁祠庙、坏衙署、夷坛壝、攫仓库、圮桥梁、斫竹木，堙洼峻高，拆上下数百里宫室陵墓、坊表柱础，作伪宫殿苑囿。余建伪王府宫廨，大小百余。如是者十三年，工作弗息。"张德坚《贼情汇纂》载："天王洪秀全改两江总督署为伪天朝宫殿，毁行宫及寺观，取其砖石木植，自督署直至西华门一带，所坏官廨民居，不可胜记，以广基址。日驱男妇万人，并力兴筑，半载方成，穷极壮丽。以金陵文弱之人，逼令挑砖运土，稍不遂意，则鞭捶立下，妇孺惨遭凌虐……"因为建天朝宫殿需要建筑材料，拆毁了明宫城西墙和明故宫遗存各殿，清乾隆行宫，以及周围官署民居、陵墓祀庙等无数建筑，驱使数以万计的平民百姓，自四月动工，苦干半年。然而刚刚建成，就被一把火烧掉了。第二年正月"复兴土木，于原址重建伪宫，曰宫禁，城周围十余里，墙高数丈，内外两重，外曰太阳城，内曰金龙城，殿曰金龙殿，苑曰后林苑，雕琢精巧，金碧辉煌"。究其规制，则依旧是一个封建帝王宫殿。

建造王府的同时，太平天国为加强城市防御能力，曾对南京城墙进行加固，其措施，一是缩小城门，砌堵到只能容一人出入；二是加高加固城墙；三是在城内外挖掘大量城壕，上置虎刺荆棘，下埋密钉竹签，控制交通。此外还在城内建立大量望楼，以随时把握军情，在城外构筑大量营垒，"以营护城，复以城护营"，交相呼应。

除此之外，太平天国对于天京的建设，完全没有预定的规划。定都天京后，天王洪秀全下诏说："天下万国，朕无二，京亦无二。天京之外，皆不得僭称京。"杨秀清并且发动追随太平天国的文人，写出四十一篇《建天京于金陵论》，刊印成书。其中最荒唐的谬论，是认为上帝创世纪时，就预先造好了一座金陵城，以等待太平天国建都。既然是上帝预先创造好了的，太平天国自可以坐享其成，用不着费心去规划建设了。

天京事变之后，洪秀全大权独揽，一度停止封王。咸丰九年（1859

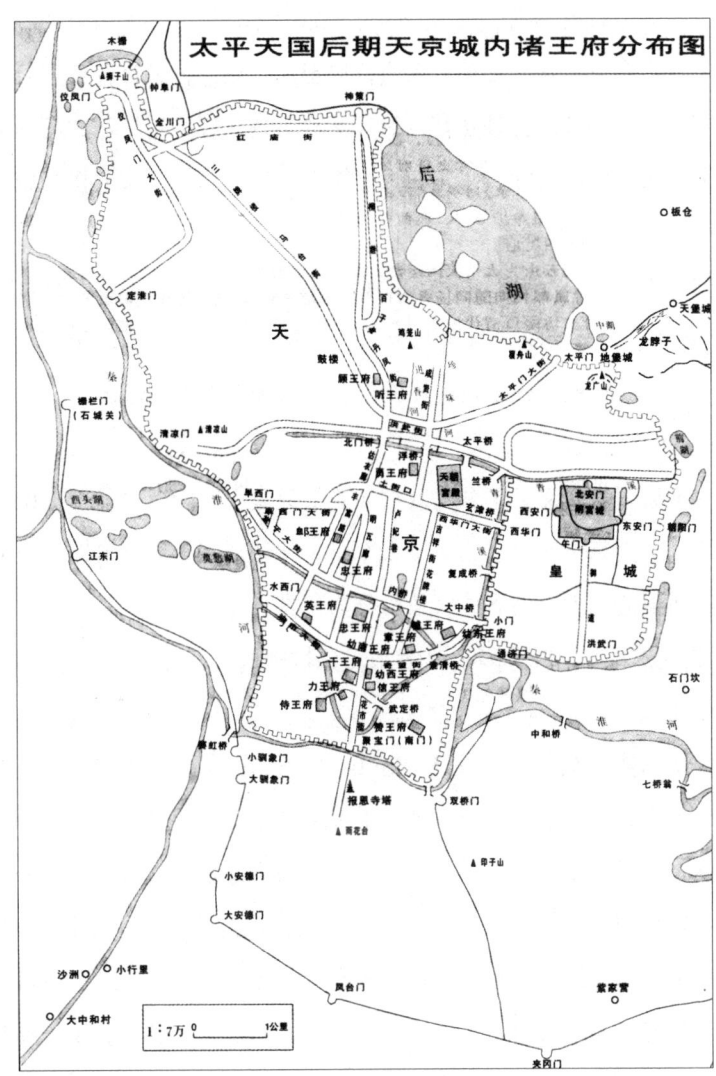

《南京规划志》中的太平天国后期天京城内诸王府分布图

年)三月,洪秀全族弟洪仁玕到天京,封为干王,据江宁县署扩建为干王府。因其他官员不满,洪秀全由此开始大肆封王,到天国末期竟封出二千七百多个王。各王都建造王府,以至天京城内,触目皆是王府。为建王府,则滥拆城内各种建筑,历代文物古迹,破坏殆尽。然而到了天国溃灭、清军入城之际,清军与太平军展开激烈巷战,战火将全城烧成一片火海,"各王殿府馆自焚者十之三,被焚者十之七"。数日之后,南京城内火光方灭,全城几成一片瓦砾。第二年来南京代理两江总督的李鸿章慨叹:"一座空城,四周荒田","无屋、无人、无钱,管、葛居此亦当束手"。管仲、诸葛亮这样的能臣,面临这样的局面也没有办法,"似须百年方冀复旧"。

太平天国官制文武不分,政权实质上只是军政府,中心工作始终是攻伐战守,南京全城也成为一座大军营,一切从军事需要出发。各王府之外,还设置了大批衙署,大致可分为三类。

首先是军政衙署,多隶属诸王,机构臃肿,叠床架屋,政出多门,难以尽述。

其次是供给衙署,太平天国立国之初,在天京城内普遍实行供给制,不但军队,而且普通居民也在供给体制内,禁止商贸,不准用钱,人藏钱十枚以上就犯死罪,所以须有一系列掌握公共财物、分配生活物资的专职衙署。如天朝圣库,设于水西门内灯笼巷(今登隆巷),将逐户搜刮来的财物粮食,及商店货物资本,全部存于圣库,按不同职位身份另行分配。如圣粮馆,主管粮食收储与分发事项,粮库则分布城中各处。太平天国明令宣布,"百姓之田,皆系天王之田,每年所得米粮,全行归于天王收去",实行彻底的掠夺政策。

第三是生产管理衙署。太平天国将城内手工业者按不同行业，分别编入诸匠营和百工衙，实行军事化管理，只发口粮，不付工钱，实际上是无偿的劳役制。资金与生产资料均由官方调拨，产品供各王府和天朝官兵使用，不得进入市场。诸匠营中，据记载有瓦匠营，设北门桥干河沿（今广州路口南侧），主要兴建王府官衙。木营，设高井大街（今丰富路），主要兴建王府官衙。织营，中心在内桥附近，共分五营，生产绸缎供应王府和军用。镌刻营，设复成仓大街（今复成桥一带），集中天京镌刻工人，负责刻书版、公文及印玺等。太平天国实行极端文化专制，除了天国印刷发行的书籍，其他书籍都被斥为"妖书"，严禁阅读，清代南京两大藏书楼，甘熙津逮楼和朱绪曾开有益斋，都被太平军烧毁，江宁府学被改为宰夫衙。绣锦营，设土街口（即今中山东路洪武路口），专事绘画和刺绣。天国在绘画上也有严格规定，各王府衙署壁画、旗帜、彩衣等都不得随意绘制。金匠营，专门打造金银器皿，为王府服务，诸王吃饭的碗筷都是金器，甚至洗脚盆都是金的。金靴营，专业制作靴鞋。百工衙与诸匠营稍有区别，除生产外，兼管收纳、分发事务。据记载有四十余种，制造兵器的有典炮衙、铜炮衙、铅码衙、典硝衙、红粉衙、典铁衙、金龙船衙、战船衙、弓箭衙、旗帜衙等；生产食品的有油盐衙、宰夫衙（肉类）、舂人衙、豆腐衙、酱人衙（酱菜）、醋人衙、茶心衙（茶食点心）、天茶衙等；制造服饰的有典织衙、染匠衙、缝衣衙、国帽衙、金靴衙等；生产日用杂品的有铜匠衙、锡匠衙、洋遮衙（雨伞）、梳篦衙、灯笼衙、结彩衙、金匠衙、玉器衙、钟表衙、风琴衙等；建筑器具业有典木衙、典竹衙、典石衙、油漆衙等；出版印刷业有镌刻衙、刷书衙等；此外还有制造舆轿的整舆衙和铸造钱币的铸钱衙等。

太平天国期间，南京城内居民生活秩序遭到破坏。太平军入城之初，城内居民大量逃亡，留在城内的多被抓去充作苦役，连妇女儿童也不能幸免，五十岁以下十六岁以上者更被征入军队，迫其参加作战。两年后虽允许解散男馆、女馆，但相当一部分女性被强行配给太平军官兵，军官有一人强占数人至十数人的。回到家中的居民，也无法恢复正常生活，一方面手工业仍为官营，田地收成全部被收归天国所有，百姓无以谋生，一方面城中禁止经商，基本生活资料都无来源。后因供给制实在维持不下去，才允许在天国指定的城外六处"买卖街"进行商贸交易：城东北太平门外，城南聚宝门外，城西南驯象门外，城西江东门外、栅栏门外，城北神策门外。但网点太少，路途过远，货物缺乏，仍极不方便。太平军遂令老兵出城购物，在北门桥设市，转卖给城内居民。居民有愿从商的，可向官方领取执照和资本，开设专业小店，称"天朝某店"，"本利皆归天王，不许百姓使用"，不准私自经营。城中居民极端贫困，无以为生。《李秀成自述》中说，他在同治二年（1863年）十一月回天京，"京城穷家男妇俱向我求，我亦无法"，报告洪秀全，洪秀全让全城人食"甜露"养生。"城中穷家男女数万余人，缠我救其命。"因为在当年七八月间，李秀成手中还掌握有银钱和粮食，可以救济城中穷苦官兵与百姓，"开造册者有七万余，穷苦人家各发洋钱廿元，粟米二担"。后来李秀成也无粮可放，"不得已，即已强行密令，城中寒家男妇，准出城外逃生"，几个月内"各门分出足有十三四万之数"，然"城内贼盗蜂张，逢夜城内炮声不绝，抢劫杀人，全家杀尽，抢去家内钱财"。清军破城之际，城内居民已不到二万人。

南京的传统手工业也多因此衰亡。最典型的是南京云锦，据《南京云锦史》载,云锦始于元,盛于明、清,清代道光年间,"城厢内外各类丝织机台总数已达五万多台。机杼之声,比户相闻,是为南京丝织生产发展的鼎盛时期,也是南京丝织生产有史以来的最高峰"。以一台织机二人操作计,则直接从业工人超过十万人,并带动与此相关的成品加工、织机零件制作、染坊、营销、运输等附属行业的兴盛,如连工人家属计算,则全城至少有数十万人据此为生。其时云锦销售地区遍及全国,年产值高达白银二百余万两。机户大多集中在聚宝门、骁骑营、孝陵卫、秣陵关等地,聚宝门内门东、门西地区不下数千家。太平军入城,"殷实机户大多流寓外地,躲避战火",加上战火毁坏大量织机,至太平天国灭亡,云锦业已"元气挫伤,生产规模大不如前",到光绪六年(1880年),恢复十六年后,规模仍不及战前十分之一。

城市现代化的最初实践

清同治三年(1864年)六月十五,清军收复南京城。此后,清政府陆续开始城建恢复工作。官方在原址重建各级官署、学府,而且当年即在铁作坊原太平天国慕王府设金陵书局,开始刊行经史典籍,后迁至朝天宫冶山飞霞阁。同治四年(1865年)江宁府署建成,重筑驻防城,恢复钟山书院、凤池书院,建金陵织造局于珠宝廊。五年(1866年)朝天宫新江宁府学落成,龙蟠里惜阴书院恢复。六年(1867年)布政使司署建成。七年(1868年)杨仁山与友人在北极阁创立金陵刻经处,以刻印、流通经典为基础,进而兼及佛教义理研究和人才培养。八年(1869年)江安督粮道署建成,上元、江宁两县学在旧址重建,尊经书院恢复,武庙竣工。九年(1870年)江南盐法道署、上元县署、江宁县署建成。九年起重建两江总督署,至十一年(1872年)建成,同年江宁将军署、江宁织造署建成。十二年(1873年)修葺明孝陵。

与此同时,政府采取种种积极措施,促进民间经济活动的恢复和社会生活的正常化。首先是抢修贡院,收复南京当年的冬天即恢复江南乡试,约两万士子来南京应考,不但安定天下人心,使读书人看到前途与希望,也为南京的服务行业带来了大好商机。曾国藩亲自主持重开上新河木市,以保证供应城市重建所需木料。次年设江宁府属七县招垦局,招垦无主荒田,恢复农业生产,以保证城市的粮食供给。又填平太平军在城内外所挖壕沟,修补城墙,连年多次疏浚秦淮河及城内各水道,重建要道桥梁,修筑南北道路,疏通各街道水沟。光绪三年(1877年)并以工代赈,疏浚玄武湖,修筑沿湖堤坝。光绪十五年(1889年)在鼓楼东北建大钟亭。光绪十六年(1890年)铺水西门大街石路,并设下水道。光绪十七年(1891年),为仓巷大街铺砖,南京首家客运马车修造行贤泰公司在成贤街与保泰街之间成立,后在糖坊桥、浮桥、延龄巷、丹凤街和丰富巷等处也出现了新修造行。到清末南京已有马车行十八家,有四十余辆马车可为乘客提供服务。光绪十八年(1892年),南京重修城墙,并为十三城门重建城楼。

战乱期间的逃亡人口陆续回归故里,重建家园。据统计,战乱前南京人口曾达到九十万,战乱平息安定后,也仅有二十七万人。城内民居建筑虽然多遭兵火之劫,所幸空间格局未变,街巷尺度都还有迹可寻。居民沿街或沿河重建居宅,数年之间,就大致恢复了战前的城市肌理和街区面貌,道路也多沿用过去的名称。但此前的坊、厢编制已无法

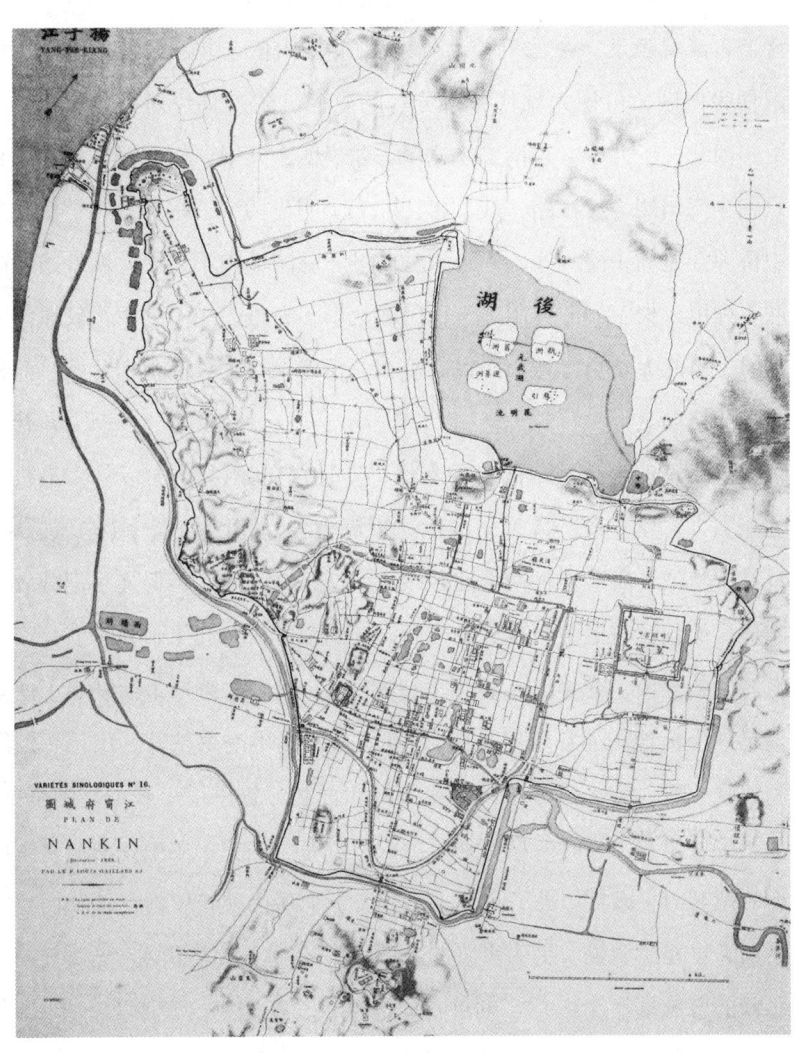

盖拉蒂绘制的江宁府城图

查考，遂改编为保甲制，以十户为一牌，十牌为一甲，十甲为一保。据《同治上江两县志》卷五，太平天国乱后，"图牒散佚，乡制仅存，坊厢诸名，浸就湮没。今之甲，古之坊也"。城内依东北、西北、东南、西南划为四区，可视为现代城市分区的滥觞。区内分片列甲，东北十八甲，西北二十九甲，东南二十六甲，西南四十九甲。但居民区北界实际只到今广州路、珠江路一线，再往北人烟明显稀少，东界只到竺桥至大中桥即今龙蟠中路一线，不进入驻防城。驻防城内不列甲，城外通济门厢不列甲，聚宝门厢九甲，三山门厢七甲，石城门厢不列甲，仪凤门厢八甲。由此大略可知城市居民的分布，仍然保持了战前南密北疏、西密东疏的格局。

记述晚清南京城市面貌的文献，《同治上江两县志》以外，最重要的当数方志学家陈作霖所著《运渎桥道小志》《凤麓小志》《东城志略》及其子陈诒绂所著《钟南淮北区域志》《石城山志》，不但文字记载较为准确，而且配有地图。这五种书所记述的范围拼合起来，几乎就是南京老城区的全境。光绪二十四年（1898年），法国人盖拉蒂绘制出了南京最早的坐标地图《江宁府城图》，准确地标示出南京城郭、山川、道路和建筑位置，为今人了解清末南京城市面貌，提供了一种可靠的依据。从图中可以看出当时的城市建筑与人口分布，主要仍集中在南唐宫城以南的范畴内。鼓楼以西、以北人烟稀少。而城内建筑依河、依路而建的格局，也相当明显。更为重要的是，因为同治、光绪年间，先后任两江总督的曾国藩、李鸿章、刘坤一、沈葆桢、左宗棠、曾国荃、张之洞、端方等，都是洋务运动的骨干，使南京在引进新兴工业、实施新式教育、建设新型城市等方面，都能得风气之先，所以这一次大劫难后的大

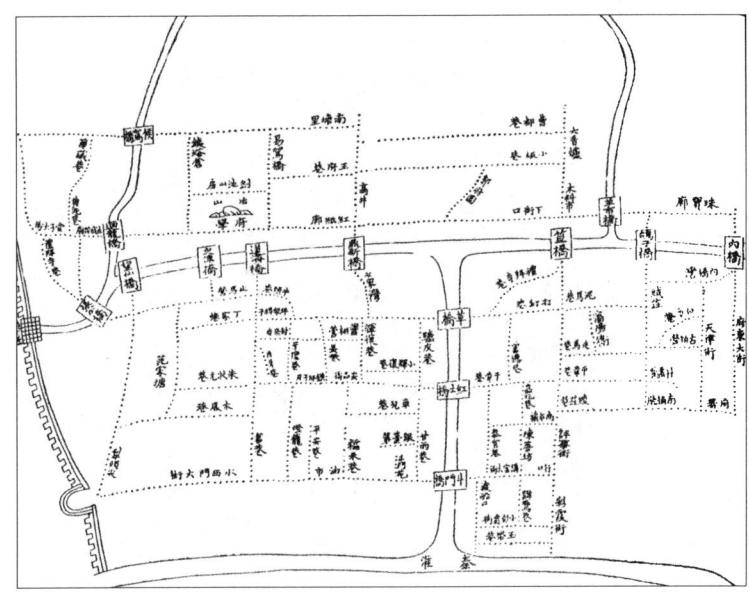

运渎桥道图

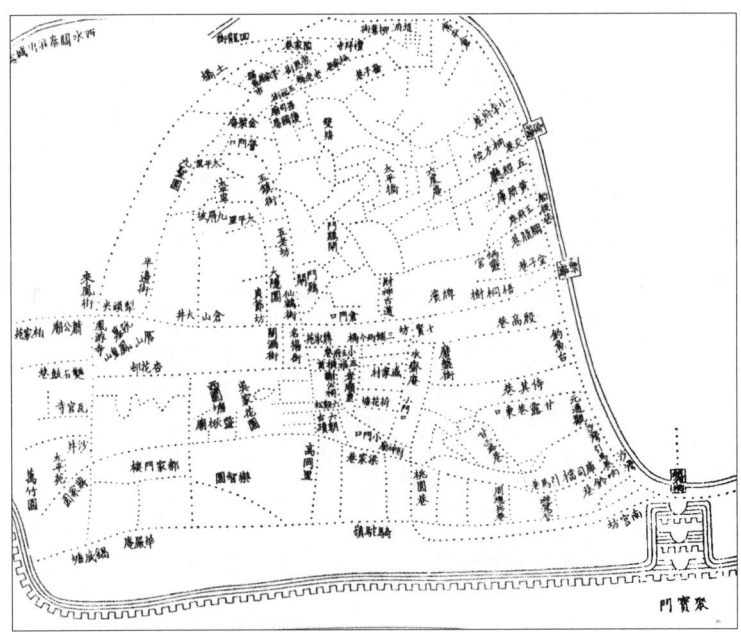

金陵城西南隅街道图

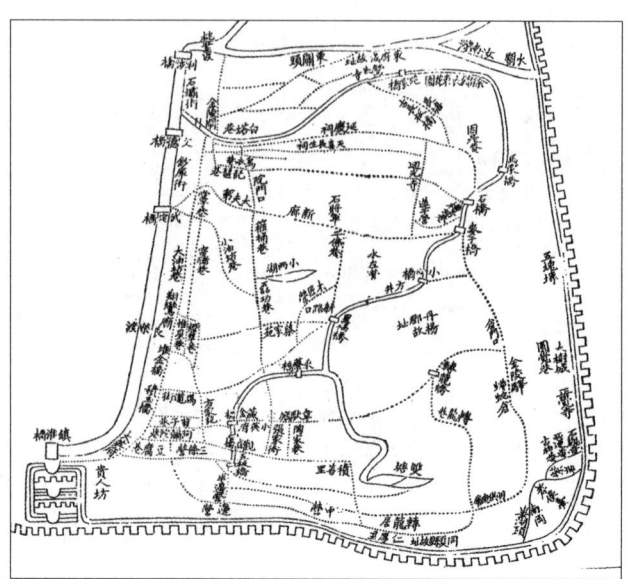

东城山水街道图

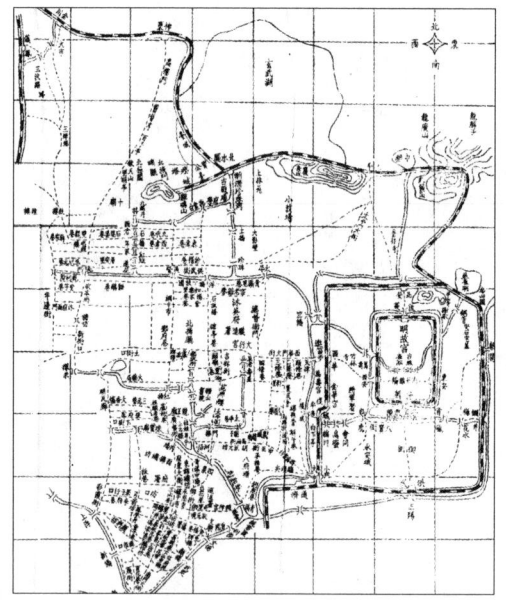

钟南淮北区域图

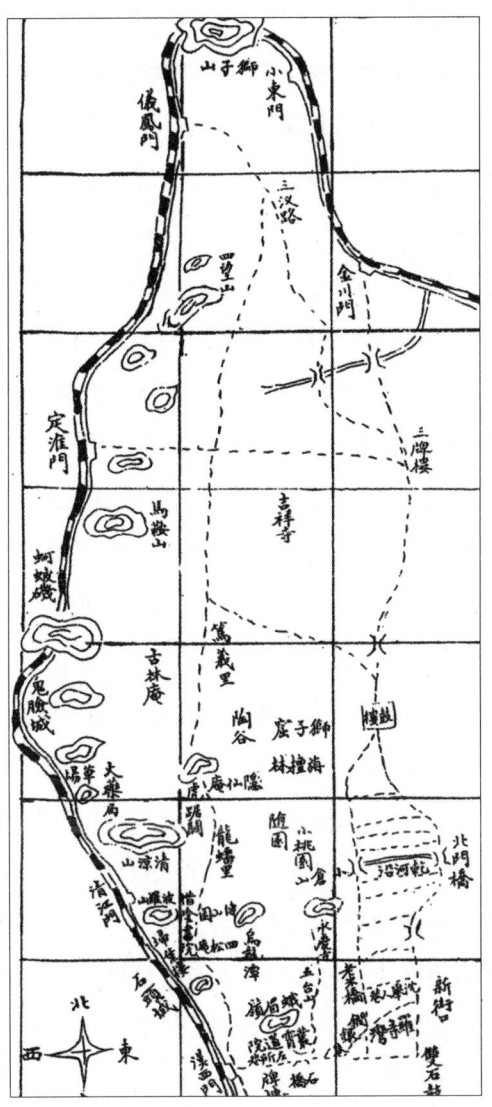

石城诸山图

恢复，不再是简单的老城重建，而是一种浴火重生。同时，西方列强迫使江宁开埠，中国官方民间积极应对，使城北下关江边迅速形成新的交通、实业与商贸中心，成为南京最早的现代化城区，也大大拉开了城市发展的框架，已显现出现代南京的雏形。

在城市建设恢复之初，新兴工业就已经进入南京。

同治四年（1865年）八月，李鸿章主持创办了南京第一座现代化工厂——金陵机器制造局，次年八月竣工。厂址位于聚宝门外西天寺旧址附近，今正学街一号，现南京晨光1865科技创意产业园内。该厂每年经费为白银十万两，"购机器于外洋，募洋匠为师，督诸匠制造炮位、门火、车轮盘架、药弹箱具、开花炮弹、洋枪抬枪、铜帽等项"。厂房"皆仿外洋之式营造"，为人字形屋顶，三角桁架，青砖清水墙面，门窗上部砌成圆拱等，属典型的欧洲折中主义时期的厂房形制。投产之际，有员工、役夫、匠目、亲兵约四百人。后几经扩充，成为全国四大兵工厂之一，规模仅次于上海的江南机器制造局。

同治五年（1866年），清廷加授两江总督李鸿章为南洋通商大臣，除负责外交、通商外，还主办练兵、防务、工业、交通、教育等新政，统称洋务，被视为当时国家最重要的事务。同年设两江洋务局于江宁土街口（今中山东路洪武路口），并于下关设洋务分局。洋务局负责与通商各国往来及交涉事件，江宁开埠后又设金陵关。十年（1871年）在龙蟠里惜阴书院设劝学官书局，为南京最早的学生图书馆。十二年（1873年），轮船招商局在下关设立棚厂（简易码头），开办客运业务。十三年（1874年）设江宁洋务局于碑亭巷。

光绪七年（1881年）设江南官电局于金陵机器制造局内，下辖有

1872年南京金陵制造局外景与内景　　　　　　　　约翰·汤姆逊 摄，牛婕 供图

两江总督署分局、下关分局等。八年（1882年），津沪电报总局设江宁电报局供民用。同年，南京第一座轮船码头在下关江边建成，轮船能够直接停泊到江岸码头边，使乘客避免了乘小木划上下轮船的风险。十年（1884年），金陵制造洋火药局竣工，位于通济门外七里街近五龙桥处，次年又扩建，并疏浚附近河道，以便于运输。

光绪十一年（1885年），清廷为发展海军，设立海军衙门。十六年（1890年），两江总督兼南洋大臣曾国荃经海军衙门批准，在南京创立江南水师学堂，设驾驶、管轮两科。这所学校最有名的学生是鲁迅先生，他在光绪二十四年（1898年）考入管轮科就读。校址近挹江门，即今南京中山北路三四六号。

光绪二十年（1894年），南京首家民营工厂胜昌机器厂在下关建成开业，主要业务为修理船舶和动力机械。后相继出现杨永兴机器厂、泰记和茂工厂、金陵机器火砖厂、咸阳火柴厂、亨耀电灯厂等，规模虽不算大，却是最早一批具有资本主义性质的企业。本年全城已有产业工人一千多人。

光绪二十一年（1895年），张之洞提出了修筑沪宁铁路的设想，以为铁路是国家的"气脉"，对农、工、商业的发展都有利。这一主张次年得到清廷批准，因资金困难，采取分段筹筑的办法，清廷拨款白银五十万两，向德国借款二百五十万两，先筑吴淞至上海的一段。同在这一年，下关江边又修建了一座公用轮船码头，称接官厅码头，俗称官码头，供过往官船及外国轮船停泊，同时也用以抵制英国在下关自建码头的要求。

甲午战败，资产阶级改良派思想家认识到"风气未开，人才未备，一切新政自无以实行",主张变法要从"振兴教育、培养人才、启迪民智"入手,于是积极设学会、办学校、开报馆,开办面向社会的公共图书馆。

光绪二十二年(1896年),原金陵同文馆改为江南储才学堂,以培养实政人才为目的,校址设仪凤门三牌楼。次年开学,后改为江南高等学堂,为南京第一所高等学堂。同年,设立江南陆师学堂,以培养军事将领人才,校址也在三牌楼。

光绪二十七年(1901年),两江总督刘坤一和湖广总督张之洞联手创设江楚编译局,聘著名学者刘世珩、缪荃孙、陈作霖、柳诒徵及罗振玉、王国维等翻译、编纂新学教科书,局设江宁白下路祁门会馆。二十八年(1902年)底,张之洞再署两江总督,时仅四个半月,仍以造就人才为当务之急,筹设三江师范学堂,以培养江苏、安徽、江西三省的中小学教师。校址经张之洞选定,在北极阁前原明代国子监遗址上。建筑设计参考日本东京帝国大学的蓝图而定,校内建有洋楼五座,有五百四十室的大校舍。三十年(1904年)七月,三江师范学堂正式在进香河畔校舍招生开学,成为华东地区培养师资的重镇。三十二年(1906年)六月,三江师范学堂改称两江优级师范学堂,以培养中学师资为目标。

稍后,南京文化人在两江总督端方支持下,由著名学者、藏书家缪荃孙主持,在龙蟠里惜阴书院的基础上筹建江南图书馆,以七万余元购下号称晚清四大藏书家之一的钱塘丁氏八千卷楼全部藏书,又用三万多两白银建造起四十四间具有民族风格的藏书楼,光绪三十四年(1908年)奏朝廷获准定名,宣统二年(1910年)八月十八日正式开馆接待

清末下关惠民桥

清末下关火车站　　　　　　　　据1910年日本出版的《金陵胜观》，乐淘乐书店 供图

读者。江南图书馆是我国最早建馆的现代公共图书馆之一，而规模和影响则是当时最大的。该馆后又购得武昌范氏木樨香馆藏书及宋教仁先生遗书等，到民国初年藏书已超过十万册。

光绪二十六年（1900年），江南官电局设立德律风总汇处，即电话交换所，所址在城南润德里，南京城内自此有了电话。最初的十六个电话用户，都是清廷衙署，五年后始对商、民开放。宣统二年（1910年）金陵电灯官厂发电成功，开始供电，该厂在西华门外购买民间土地建厂，目的是首先保证驻防城内江宁将军署和两江总督署的用电。

光绪二十八年（1902年）清廷推行新政，将设在珠宝廊的江宁保甲局改为警察局，后称警察总局，巡勇、巡警兵全数改为警察，后又改称江南巡警局。三年后，创设江南省城模范监狱于进香河畔老虎桥。宣统二年（1910年）倡行司法独立，改按察使为提法使，行使司法行政权。江宁亦于长乐路旧厘局设审检厅，隶属提法使，下辖第一、第二初级审检厅，受理江宁府属七县民、刑诉讼案件。

光绪二十九年（1903年），由江宁布政使筹办的裕宁官银钱局在评事街开局，以满足大规模建设过程中大量资金需求和流通、汇划的需要。三十年（1904年），设江南商务局，局址在复成桥。四年后，南京钱业公所设于绒庄街。宣统元年（1909年），大清银行江宁分行正式开业，行址设在珠宝廊卢妃巷口（今白下路洪武路口）。由此可知当时南京的商务金融中心，就集中在建邺路、白下路一带。

光绪三十二年（1906年），两江总督拨款白银十万两，以工代赈，改善下关市政设施，疏通惠民河和三汊河，平整地面，建惠民桥，修筑和拓宽了多条马路，如太古码头到金陵关的沿江马路，金陵关到惠民桥

南洋劝业会农业馆

清末鼓楼街及劝业会场　　　　　据1910年日本出版的《金陵胜观》，乐淘乐书店 供图

马路、自怡和码头入城马路等，并且设置了煤油路灯。三十四年（1908年），为满足交通运输的需要，在神策门和金川门之间，新辟小北门，俗称四扇门，又在城西外秦淮河沿岸清凉门和定淮门之间，开辟草场门。

清朝末年，出使外洋官员，已经接触到西方的博览会，中国也曾挑选商品参加世界博览会并获奖。光绪三十四年（1908年）秋，两江总督端方、南洋新兵督练陈琪赴欧洲考察，返国后奏请在南京开办南洋劝业会。第二年清廷委员筹办，并通令各省大商埠成立出品协会事务所，南洋大臣所属各府州成立物产出品所，南洋群岛的泗水、三宝垅、爪哇、巴达维亚、新加坡等地，也纷纷成立出品协会征集展览品。上海、南京、两湖、直隶、广东等地并成立协赞会进行赞助。宣统二年（1910年）夏，南洋劝业会在南京开幕，堪称中国举办的第一次世界博览会。南洋劝业会主会场在丁家桥、三牌楼一带，面积四十多公顷，二十多座馆舍分门别类，有中式，有西式，有如园林，有如殿宇，异彩纷呈。会场内外附设有马戏场、动物园、植物园、剧场等游艺场所。尤其值得指出的是，这也是南京第一个经过详细规划设计的大型现代建筑群。南京城内的小火车也因此新增劝业会站（后改称丁家桥站），以运输物品，便利交通。会场外并铺设轻便轨道，每小时发小火车绕场一周。各地送来的展品达一百万件。展览持续六个月，吸引中外商旅游客数十万人。劝业会设立五等奖项，评出五千多件获奖品，出展商品总成交额达数千万银元。为给观众提供一个环境优美的游览休憩场所，同时又在附近城墙开辟丰润门（今玄武门）以通玄武湖。这也是玄武湖成为现代公园的肇端。曾国藩修建了湖神庙、湖心亭、观音阁、赏荷亭等，左宗棠修筑了连接梁洲的长堤，张人骏扩大绿地面积，并修筑翠虹堤，湖中园林楼阁渐多。宣统三年（1911年）玄武湖正式向游人开放，很可能是全国第一个国人自办的公园。同年秋，还利用南洋劝业会会场举办了第一届全国学界运动会。虽然只有一百四十名运动员参赛，但参观者每天都超过四万人。中华民国成立后，追认此次运动会为全国第一届运动会。南洋劝业会的举办，拉开了城北丁家桥、湖南路直到三牌楼一带开发建设的序幕。

光绪三十三年十二月（1908年1月），上元、江宁两县先行试办地方自治，于评事街附近七家湾设江南自治局，以培养人民参政能力，为实行君主立宪做准备，并筹办宁省咨议局。次年10月，江宁咨议局正式成立，作为议会的基层组织，也在丁家桥购地建造公署，后发展为江苏咨议局，由张謇的得意门生孙支厦主持设计建造。它类似西方的议会建筑，以中央部位的会议大厅为主，周边围绕两层办公用房，成内院回廊式。不过，这幢大厦没有成为君主立宪的讲坛，却成了推翻帝制的会场。1911年12月10日，全国响应武昌起义的十七省"都督府代表"在此聚会，商讨建立临时中央政府，于12月29日推举孙中山为临时大总统，并宣布改国号为中华民国。从某种意义上说，清王朝的寿终正寝，就是在这个会议大厅中决定的。

在晚清洋务派致力于南京现代开发建设的同时，西方列强迫使南京开埠，西方传教士办学行医，对于南京城市的发展，也产生了一定影响。

西方列强强迫南京开埠，始于第二次鸦片战争期间，英、法、美、俄四国迫使清政府签订《天津条约》，其中已有增开南京为通商口岸的条款，但因南京被太平天国所占，未能实行。同治四年（1865年）四月，英、法官员前来南京勘察开埠地点，因见城内一片废墟，居民流失，以为在通商上没有什么价值，所以只大致指划"狮子山城河之间"为备用之地，没提出设立租界的要求。

随着长江航运的发展，仪凤门外的下关地区渐成为南京新的工商区，往来中、外商船日渐增多。同治六年（1867年），清政府在下关设立稽查洋务局，负责处理港内外涉外事务。次年，美国旗昌轮船公司率先在下关兴建简易码头一座，时称"洋棚"。为便于管理，清政府于同治十年（1871年）在下关筹建轮船招商局，并建造正规码头，添置大型渡江轮船，接运过往客商。西方列强也纷纷在下关沿江设立码头，强占地盘，开办洋行，并排斥中国商人。惠民桥一带，英商怡和、太古洋行，美商美最时洋行，日本邮船会社，德国商宝公司等相继开业。这是西方列强进入下关地区的第一阶段。

太平天国败亡之后，各国传教士陆续返回南京，建教堂，办学校，开医院，一时成为风气。同治九年（1870年），法国传教士在汉西门附近石鼓路建成圣母无染原罪始胎堂，是南京现存最早的教堂。光绪八年（1882年），北美长老会美国传教士李满（Charles Leaman）在汉西门内莫愁路租地建成小基督教堂。同年，美国基督教美以美会传教士哈佛格，在汉西门黄泥巷（今黄鹂巷）购地兴建金陵医院，又名斯密斯纪念医院。次年开业，由传教士比毕主持。这是西方传教士在南京所建的第一所现代医院，虽然医生、护士仅十余人，但坚持不懈，到清末累计就诊人数达五十余万人。光绪十年（1884年），基督教北美长老会在汉西门内四根杆子（今莫愁路）创办明德书院，是南京第一所女子学校。南京城西汉西门内原本居民稠密，交通方便，而黄泥巷一带在太平天国东王府被烧后成为一片废墟，有空间容纳新建筑，所以成为西方传教士早

金陵大学堂正门

两江师范学堂　　　　据1910年日本出版的《金陵胜观》，乐淘乐书店 供图

期活动较为集中的地方。

光绪十四年（1888年），美国基督教美以美会传教士傅罗（C. H. Fowler）创设汇文书院，即今金陵中学前身。十七年（1891年）又在鼓楼西南创办基督书院。二十年（1894年），美国圣公会将户部街的一所全日制学校发展为益智书院。三十二年（1906年），益智书院并入基督书院，改称宏育书院，宣统二年（1910年）汇文书院与宏育书院合并为金陵大学堂，校址在汇文书院（今金陵中学）校园内。原汇文书院的中学堂改称金陵大学附属中学，迁设宏育书院原址。1915年后金陵大学堂改名金陵大学校。1916年金陵大学校迁入建于干河沿北岸、清凉山余脉小仓山麓的新校址（即今南京大学校址），金陵中学仍迁回汇文书院原址。

光绪十八年（1892年），美国基督教会创办基督医院于鼓楼，次年建成，开始收治病人。因院长是加拿大人马林（Williams Edward Macklin），所以俗称马林医院。同年创办贵格医院于汉西门内螺丝转弯。

光绪二十五年（1899年），清廷批准西方列强提出的《修改长江通商章程》，再次将南京列入通商口岸。金陵关宣布开关，南京港正式开放，列强得以在下关永远租借土地，建造码头和行栈，甚至停泊兵轮。清政府与各国领事正式划定南京口岸界址。各国领事认为南京全城都属于通商开放范畴。但两江总督刘坤一极力维护国家主权，将其限制在江边的划定区域内，他将《天津条约》中使用的"城口"一词，解释为"城外之口"，通商口岸也就是"口之滨岸地方，便于泊船，货物上下"。最后确定为惠民河以西，沿长江岸长五里、宽一里左右地带，为外国商人开设洋行、建造码头货栈之地。而且此地并未成为租界，中国商人同

清末的鼓楼　　　　　　　　　据1910年日本出版的《金陵胜观》，乐淘乐书店 供图

总督衙门　　　　　　　　　据1910年日本出版的《金陵胜观》，乐淘乐书店 供图

样可以进入经营。自惠民桥通往中山北路约一里长的街道，因下关商埠局所在而被叫成商埠街。

与此同时，西方列强争相掠夺中国的铁路权益，以获取铁路贷款权为手段，以债权人、受托人的身份，修建和经营中国铁路，借此控制中国交通命脉。英国胁迫清政府签订沪宁铁路借款合同，沪宁铁路于光绪三十一年（1905年）开工，三十四年（1908年）竣工。沪宁铁路南京站设在城北下关龙江路，称沪宁铁路南京车站。国民政府定都南京后，改称南京下关火车站。下关火车站是南京的重要门户。向英、德两国借款修建的津浦铁路于宣统三年（1911年）接轨，北来火车直达浦口，乘客、货物可于浦口转乘轮船抵达下关，转上沪宁线。原本就是长江东西航运重要港口的下关，又成了铁路南北交通的转运站，遂成为中国最重要的交通枢纽之一。下关地区迅速发展，现代交通、工业，与大马路、二马路、永宁街等宽阔而规范的商业街市，组成了南京城中引人注目的现代城区。因下关商埠的兴起，南京城市人口增加了约十万，占人口总数四分之一多。下关地区既已成为南京举足轻重的新城区，其与城南地区的联系，也就提到了城市建设的日程上。当时海陵门尚未开辟，自下关江边入城，须进仪凤门，南行经今兴中门大街、祖师庵、萨家湾、虹桥、三牌楼、将军庙、马台街、新菜市、狮子桥到鼓楼。

自鼓楼向南行，偏东一路，经黄泥冈、唱经楼西街、鱼市大街、北门桥。至此分途，一经估衣廊、沐府西门、糖坊桥、大丰富巷、欣欣园、三道高井、二道高井、头道高井抵鼎新桥，又可由大丰富巷拐入明瓦廊、沿大香炉、木料市至笪桥，南接评事街。一经香铺营、上乘庵、土街口、洪武路、内桥、府东街、三山街、花市大街、大功坊、南门大

陆军小学校　　　　　　　　　　　据1910年日本出版的《金陵胜观》，乐淘乐书店 供图

两江总督府东墙外的小火车道

街,直至中华门。

鼓楼南行偏西一路,经小粉桥、高家酒馆、管家桥、铁管巷、三茅宫、大王府巷至朝天宫,经仓巷转至水西门。然而,鼓楼以北地区仍相当荒凉,道路崎岖难行,且时有盗匪出没。

光绪二十一年(1895年),南京修建起第一条穿越城区、联系南北的近代道路——江宁马路。这条马路是南京古道改建为近代道路的开端,参照上海租界马路技术结构标准修筑,路幅六米至九米,个别路段是木块路面,大部分是砂石路面,能通行马车和黄包车。江宁马路以两江总督署为中心,东南至通济门驻防城边,西北穿过碑亭巷,绕鸡笼山麓过鼓楼,再循旧年石路出仪凤门至下关,成为贯通南京城区南北的主干道。从19世纪末的照片上可以看到,当时的道路仍是直接从鼓楼下的拱券门中通过的。二十五年(1899年),南京开埠后,因市内交通量大增,又将江宁马路扩建,分别向贡院、内桥、汉西门等处延伸,并在沿途先后开筑三牌楼到陆军学堂、三牌楼到贡院、大行宫到西华门、洋务局到汉西门、昇平桥到内桥、碑亭巷到通济门、花牌楼(今杨公井)到贡院、贡院到内桥、中正街到汉西门等支线,路幅略窄于主干道。江宁马路的修建,大大改善了南京城区的交通状况,从中已可看出南京现代道路系统的雏形。从筑墙到开路,是社会由封闭向开放转化的最鲜明表征之一。

光绪三十三年(1907年),南京又仿照杭州修筑城中铁路的办法,开工修筑城中铁路,花费白银四十万两,至次年底建成宁省铁路约十二公里,宣统元年(1909年)初全线通车,因线路短、站距近、设施简单,车速也慢,俗称小火车。小火车路线,起自下关江边,过惠民河桥，由金川门入城，经三牌楼、丁家桥、鼓楼无量庵，沿北极阁南麓，经两江师范学堂墙外，过珍珠河后南折，经两江总督衙署东侧东箭道、长白街，到中正街（今白下路）止。沿途有江口、下关、三牌楼、无量庵（后改鼓楼）、督署（后改国府路）、万寿宫（后改中正街、白下路）等六个车站。1910年清政府在丁家桥、山西路一带举办南洋劝业会期间，又增设劝业会站，会后保留，易名丁家桥站。1912年元旦，孙中山先生从上海来南京就任临时大总统，乘沪宁线火车至下关后，就是转乘小火车直达两江总督署的。可以看出，在江宁马路和城中铁路的路线选择中，行政中心两江总督署都是一个必经之点。而且这两条城市主干道，在鼓楼以南的路段，几乎都是紧贴着城市的东沿。这一方面是因为须经过两江总督署，另一方面也因为城西的外秦淮河，当时还是重要的交通干线。一陆一水两条干线，环抱南京城的东、西，应该说，布局是较为合理的。而繁华城区内的交通，则主要依靠历史上形成的原有道路。同时，因为有驻防城的存在，两条道路都没有进入明故宫区域，使这一遗址尚保持完整状态。

洋务新政，可以视为中国近代史上的一次改革开放运动。从某种意义上说，南京成为晚清洋务派的一个试验场。这个试验场不可能在北京，因为清朝最高统治者还未允许在首都进行如此之大的新变革，也不可能在上海，因为那里已成为西方列强直接运作的基地。而南京，由于其优越的地理位置便于经济建设发展，尤其是历史名都与近世政治文化副中心的地位又便于在全国造成影响，无疑是作为这种典范的最佳选择。南京江海文化的传统，在此际又一次得到弘扬。现代工业、交通、商贸、金融各项事业的发展，教育、文化、卫生事业的兴盛，政治体制的改良，多方面交相推进，交相呼应，使南京这座古城向现代城市迈出一大步，成为南京城市建设史上又一个大幅度跳跃发展的阶段。

南京城市建设的总体格局，也发生了根本的变化，五百年来，大规模的城市建设第一次越出明城墙之外，同时改变了一千多年来由南向北单向发展的格局，再次形成南北相向推进的局面。六朝时期，南京地区曾形成南北相向发展的趋势，但那是因封建帝都的扩张向附近乡镇的迫近，双方是不对等的，发展也是不均衡的，更不是出于有意识的规划。这一次，成为推动力的，是两个经济区域之间加强联系、相互促进的要求，已经体现出经济发展和城市建设相当自觉的主观意识。下关地区成为最早进入现代城市的区域，促进了城北地区的开发与繁荣，也使南京的有效空间成倍增长，经济实力迅速上升，真正具有了一个大城市的规模。可以说，正是因为有了这样一个基础，中华民国定都南京才成为可能。所以，从同治初年到清末，这一时期虽然不到五十年，但应视为清朝南京城市建设中，最为重要的一个阶段，也是二千五百年南京建城史中，最为重要的阶段之一。

下编

现当代南京的发展史

1910年代的南京城全景

据1910年日本出版的《金陵胜观》，乐淘乐书店 供图

1937年，日军入侵后被焚烧过的下关。

第十章 民国建都与《首都计划》

20世纪上半叶，以《首都计划》为代表的规划理念，以"黄金十年"为典范的建设实践，成为南京走向现代城市进程中的最大亮点。人们容易注意到的是民国建筑，其实新形成的城市格局和交通干线，主导南京城市发展和社会生活超过半个世纪。由于日本侵略军强占南京八年，血腥屠杀市民三十万以上，疯狂掠夺社会经济财富，遭到严重破坏的城市，发展之路就此夭折。

民国初期的建设与规划

清宣统三年（1911年），辛亥革命爆发，12月，革命军攻占南京城。1912年元旦，孙中山在南京就任中华民国临时大总统，废江宁府及所属上元、江宁二县，改置南京府，作为中华民国首都。临时大总统办公室设在两江总督署煦园西花厅。中华民国不但是中华大地上的第一个民主共和国，也是亚洲的第一个民主共和国。它所代表的，已是一种有别于封建王朝的全新社会的开创。所以，民国建都，绝不是在南京历代建都史上，再加上一个简单的量，而是增添了一种截然不同的质。

时仅三个月，孙中山辞职，临时政府北迁。次年南京府改为江宁县，1914年复改为金陵道。北洋军阀统治时期，南京多次遭受劫难。1913年9月张勋、冯国璋等部北洋军先抢后烧，南京城被洗劫一空，下关商埠竟成焦土。1924年，直系军阀齐燮元纵兵掠城，大功坊被烧，城南商铺、民居遭抢掠。这一阶段，工业、教育等事业陆续有所发展，市政建设进展缓慢。下关地区垫地筑路、开海陵门以便交通，对商埠发展促进较大。1915年前后用以工代赈方式拆除明故宫内驻防城城墙，是带有消除清朝统治痕迹的社会事件，没有引起任何社会反响，并导致明宫城城墙亦被拆毁，使这一遗址自此失去了保护的屏障。

1918年拆除闲置十余年的贡院，龙门街、贡院街皆成为商肆，使夫子庙地区的商业空间扩大，更趋繁荣。当年秦淮河两岸多河房，商家或酒店、茶楼，都是临街与临河两面开门窗，有阶梯或挑台直达水面，与秦淮河中的画舫互动便利。在店中可观河景，在船上可观店景，店里的客人随时可以下船，船上的客人随时可以进店。秦淮画舫，桨声灯影，其醉人之处正在于此。河房建筑也就趋时追新，民国年间，河房多有改传统风貌为西洋形式的。直到20世纪中叶，十里秦淮两岸河房尚多。20世纪80年代以来，从夫子庙地区改造到"老城区改造"，河房几乎全军覆灭。有些建筑界的人士，都已弄不清河房的形式，更不用说它的源起了。现在沿河建筑临水一面一律封死，粉成白壁，作画舫游的客人，自无从领略当年的风情趣味。

1926年中山陵的设计与建造，是最为重要的一项建设工程，不但直接影响到南京东郊地区的发展趋势，而且也影响到城市干道的走向和格局变化。这一点在后文再详谈。

1927年3月，国民革命军光复南京。4月18日，南京被定为中华民国首都，国民政府设在原两江总督署内，定南京市为特别市，市政府设在夫子庙贡院旧址。南京不仅是江南的商业、手工业中心，文化教育中心，而且再次成为全国的政治中心。作为一个现代民主国家的首都，南京的规划建设，也是中国第一个现代都城的规划建设。此后十年，被誉为"黄金十年"，是南京城市建设成就最为显著的时期，全市人口也迅速增加到百万以上。1937年12月13日，侵华日军攻占南京城，南京三十万以上民众惨遭屠戮，城内大片繁华商区和稠密民居被焚毁，经济建设停滞，人口锐减。抗日战争胜利后，国民政府还都南京，人口一度增加到一百三十一万人。不久内战爆发，金融崩溃，社会急剧动荡。1949年4月23日，国民政府弃城溃逃，中国人民解放军占领南京。

民国定都期间，南京市下属区划曾有数次变化。初设八个功能区，1929年8月"推行自治"，改分为十二个自治区，1931年3月按居民户数划分为二十一个自治区。1933年3月改自治区为行政区划单位，根据城市各区域功能、历史状况和自然界线，划定为八个区，次年9月增为十一个区，抗战胜利后又增两个区，1949年1月增至十五个区，其中市区八个，乡区七个。

民国年间，南京城市建设中的一个重大进步，就是现代城市规划的产生与实施。这与世界性城市规划潮流的形成有关。当时所编制的南京城市规划不只一件，但对南京城市建设影响最为深刻、迄今仍不失研究意义的，则是1929年编制的《首都计划》。

孙中山先生在1918年写作的《实业计划》中，高度赞许南京"位置乃在一美善之地区，其地有高山，有深水，有平原，此三种天工，钟毓一处，在世界中之大都市，诚难觅如此佳境也"，并提出了南京和浦

曾经繁华的下关

国立东南大学大门

口部分地区建设的原则性计划。孙先生以他一贯的浪漫主义情怀,建议"削去下关全市"以拓宽水道,将沿江码头移至江心洲,闭塞江心洲上游支流,形成天然港埠,并可在附近形成"工商业总汇"。他还设想建设过江隧道以加强南北交通联系。但孙先生重视民生,在1916年《建国方略》中,谈到住宅建设时,已提出自来水供应、设立电工厂、煤气工厂、蒸汽工厂以及民用电话等设施,还提出"只有进行住宅工业化生产,才能造出更廉价的住宅,两者互相关联,相辅相成",萌发出住宅区规模化开发建设的设想。后人将孙先生的这些论述,称为"孙总理新建设计划"。然而此时,正是下关商埠日趋繁盛之际,削平下关无异于天方夜谭。所以1920年南京督办下关商埠局所编制的《南京北城区发展计划》,则从现实出发,力求顺应南京北城区用地的扩展趋势,并加强、改善下关新区与城南老城的联系。其中的"区域分配计划",从功能分区的角度,将北城区分为住宅区、商业区、码头区、铁路站场、公园、公墓区、要塞区及混合区,对已经存在的用地状况进行了适当调整,以沿江地带为生产区,在玄武湖畔建住宅区,中间形成过渡区。这种土地分区使用的规划,实际上以主持者心目中的理想城市为目标,试图通过调整或重新分配土地用途,让各区承担不同现代城市功能,相互依存,而整合全市为一体。同样作为规划主体的"干路计划",设计了两条城市交通主干道:一条纵贯城区南北,以联系下关与城南老城区;一条为滨江大道,说明城市的对外交通联系也受到重视。城内次要干道,则在利用旧路网的同时添建新路,并规定了路幅宽度标准。

这一时期内,南京的现代教育得到进一步发展,1920年,在原两江师范、南京高等师范旧址筹建国立东南大学。1923年,金陵女子大学迁入宁海路新校址，陈鹤琴先生创办南京鼓楼幼稚园。现代城市建设的一项重要实践，是南京侨乡华兴村的建设。因美国、加拿大等国在第一次世界大战后掀起排华浪潮，数百位华侨集资，于1922年在南京中华门外板桥镇购置土地一百二十公顷，兴建起仿欧美式的住宅七十余幢，村中房屋排列有序，道路宽阔，附属设施配套，归国华侨纷纷到此定居。

五大公园和三个飞机场

1925年春，南京各界代表聚议现代市政建设问题，商定组建南京市政筹备处，并责成其制订《市政计划》。次年完成的综合性计划包括市区规划、交通计划、工业计划、商业计划、公园计划、名胜开发计划、住宅计划、教育计划、慈善公益计划、财政计划等十个方面。其中交通计划系在北城区"千路计划"的基础上调整而成，拟新辟与修整道路二十八条，总长为二百三十三里，路宽分为五级，城南老居民区道路则没有拓宽与调整计划。同时还提出了兴办环城电车、开辟新城门以利交通、疏浚秦淮河、填筑下关江岸以兴商业等内容。工业用地仍安排在下关沿江一带。住宅计划中，拟将海陵门内三牌楼至双门楼、丰润门（今玄武门）一带辟为住宅区，以"使下关住民移居城内"。在明皇城区域内建新住宅区，要求"一律规定图式，分配地段，辟路种树，合资建筑，以为住宅之模范"，对老城区住宅则暂不作改进打算。这种期望以新区示范而逐渐改变城市面貌的设计，也是当时的普遍做法。此外，还计划兴建五大公园与五大名胜，即利用明故宫遗迹建东城公园，利用贡院、夫子庙建南城公园，利用清凉山、随园、古林寺一带山水建西城公园，利用鼓楼、钟楼至北极阁、台城一带建北城公园，利用静海寺、三宿崖等建下关公园，以及建设秦淮河、莫愁湖、雨花台、玄武湖、燕子矶三台洞等五大名胜。《市政计划》还考虑到了实施手段及程序，对投资来源、施工人力与物力等都做了具体安排。

这份《市政计划》，可以说是南京历史上第一个具有一定社会基础的城市规划，也是第一个范围涉及南京全城的规划。规划的制定和内容，可以看出西方城市规划理念的影响。其中首先值得关注的，是五大公园和五大名胜的提出，一方面，五大公园的范畴都很大，从侧面反映出当时的城市空间状况。更重要的是，从21世纪的南京城市建设实践看，形成老城区内重要大块绿地的，也正是上述范畴，可见当时的规划理念是先进的，某些规划内容也是可行的。

另一个值得关注之处，是规划首次提出了对城东明故宫区域的开发，一是利用故宫古迹修葺建设东城公园，一是在皇城区建新住宅区。宫城区与皇城区，大致可以午门为界划分，也就是午门以北为公园、午门以南建住宅。可算是对明故宫核心区域全部加以保护的方案。

由于时局变迁等原因，这份计划只取得了局部实施成果。城市整体面貌尚未因此发生重要的变化。

国民政府定都南京以后，1927年底在明故宫西南部修建明故宫飞机场，是对南京古都风貌区现状的第一个重大改变。明故宫区域也是第一次被大规模改造占用。在此之前，1918年建成的省立公共体育场，1923年建成的第一公园，还算只进入了明故宫区域的边缘。从实际功能考虑，飞机场选址于此，不能说没有道理。当时国民政府设于原两江

日军扩建后的明故宫飞机场

总督署内，离其最近的空阔平坦之地，就是明故宫，汽车行驶其间只需几分钟。民国要人往来，既便捷又安全。在那个刚刚推翻帝制、接连粉碎复辟、以批判传统文化为时髦的年代，不会有人去考虑保护旧皇宫遗址的意义。1915年建立古物保存所，目的只是对零散文物和地面残余建筑进行保护，至于对明故宫全部遗址进行保护，可以说当时没有任何人具有这样的胸怀与眼光。客观地说，机场的范围，相当于今玄津桥以东、中山东路以南、御道街以西、明御河以北，虽大部在皇城之内，但尚在宫城之外。机场最初的设施就是一条土跑道和几间棚屋，大致与今天的瑞金路相吻合，跑道周边仍为农田与荒地，对于明故宫旧址的影响还不是太大。但重要的是，在人们的心目中，造成了一种对明故宫区域可以放手利用的趋向。

民国年间，南京城内先后建有三个飞机场，全都与明代军政遗址相重叠。1912年1月所建小营机场，1934年所建大校场机场，利用的是明代的军事场地。当时将飞机场建在城市内，也不是南京一个城市的现象，而是一种潮流。小营机场既无跑道，也无通信设备，仅供试飞表演之用，且因飞机起降困难，在另辟明故宫机场后，即被废弃。1931年4月在大校场设立航空学校，1934年开辟为机场，成为国民政府唯一的空军基地，但仍供军民合用，长期只有一条土跑道。直到1947年，大校场机场才按国际民航组织B级标准修建跑道，长二千二百米，宽四十五米。

平心而论，修建飞机场肯定需要大片空阔场地。利用小营、大校场这样的军事场地，显然是当时代价最小的选择。

明故宫飞机场在1929年4月首次扩建，将土跑道拓展为八百米长的碎石路面跑道，同年8月开通的"南京—上海"民用航线，是南京民航之始。1936年10月再次扩建，将东南角的第一公园部分纳入其中，建成长四百八十九米、宽二十五米的滑行道，并装置了夜航灯光等设施。当时机场仅以铁丝网为界，走在中山东路上可以清楚地看到飞机起降。日寇侵占南京期间，明故宫机场也被日军所占用。1938年日军扩建机场，修筑滑行道和停机坪等，将第一公园全部占用。抗战胜利后，1947年1月国民政府成立交通部民用航空局，将明故宫机场划归民航专用。同年6月再行扩建，跑道向南延展二百米，并新建候机室等设施，机场周边也不断造起各式建筑。1956年7月，由于周边建筑渐多，净空恶化，明故宫机场停用，南京民航迁至大校场机场。1958年10月后，明故宫机场废弃，后逐渐建成御道街、瑞金路及周边工厂、民宅区。

《首都大计划》和中山大道

1928年初，北伐战争胜利在望，全国政局渐趋稳定，作为国家统治的实施中心、最高权威的重要象征，首都建设不能不提上议事日程，而能否建设与管理现代都市，也被视为执政能力的一种显示。同时，短时期内大量迁入人口的居住生活需求，也成为影响城市正常秩序的迫切问题。据1925年调查，南京人口三十九万，国民政府定都以后，数年之间迅速增长，突破百万人。南京历史上，多次出现外来人口多于原住民的现象，而以这一次数量最多、速度最快，因而压力也最大。南京市政府一面派员出国考察现代市政，一面筹设城市"设计委员会"。由此可见，当时的城市规划工作，不但在相当程度上接受了西方的理念，而且直接参照了西方相关机构。

至当年10月,设计委员会所编制的都市开发计划已三易其稿,定名为《首都大计划》。计划明确提出指导思想,是"要把南京建设成'农村化''艺术化''科学化'的新型城市"。编制者针对现代大都市"向来以工商业为生命""居民的生活往往过于反自然,过于不健全,所以主张都市田园化,于都市设施时注意供给清新自然之环境",根据南京城区内有山有水,当时且尚有大片农田的具体条件,提出"农村化",实际上是西方各国都市"田园化"的另一种提法。《首都大计划》并强调城市建设民族化,"东方文化历史悠久,不必模仿人家",明确指出"不要按照巴黎或伦敦资产阶级化的都会式样,依样仿照",在建筑样式上应弘扬国粹精神,提倡"民族化"的中国传统形式。同时,应吸取欧美国家城市规划建设方面的成功经验,重视现代社会发展的新趋势和新需求,从客观实际出发,制定"科学化"的城市规划。这些思想,应该说都具有先进性。

在当年2月完成的《首都大计划》初稿中,就首都功能提出了七项分区:旧城区、行政区、住宅区、商业区、工业区、学校区和园林区。中央行政区是首都建设的首要内容,在功能上,须满足国家行政的正常运行需要,同时也要建构某种特定意义的空间形式,以争取民众在意识形态方面的认同。规划者将行政区规划于城内东北隅、玄武湖西岸,认为此地"地势平坦,处境幽静",地旷人稀,可节省投资,又位于城北干道一侧,交通便利,并对区内空间布局、建筑内容与形式都做了具体设计。工商业区则依孙中山的设想,布置在沿江一线,同时对下关工商业区做了详细设计。住宅区分别设置三处:一是城南老城区;二是在城北

1940年代的中山路

中山路之伟观

自狮子山至五台山之间，取行政区与商业区以外的余地近期建设新住宅区；三是将城市东郊山区作为远期规划地段。学校区则安排在城东明故宫故址。正如当时全国性的将庙宇改造成学校的风潮受到肯定，规划也理所当然地打算将明故宫改建为学校区。

分区规划之外，另一项基本内容是道路规划，因为工业革命与新科技成果对城市基本建设的影响，首先表现在道路上。《首都大计划》中首次拟定了中山大道的建设，最初的设想是由鼓楼直抵仪凤门。其他南北方向的干道有鼓楼至聚宝门，鼓楼东行至成贤街转南、经花牌楼（即今杨公井）至益仁巷，鼓楼南行经干河沿西至秦淮河。东西方向的干道有汉西门经大行宫至朝阳门，汉西门经中正街至大中桥，水西门经奇望街至通济门，等等。路幅宽度分别有五十米、四十米、三十米、二十四米四种。由道路的布局也可以看出，城市基本建设的重点，已明显向城中、城北地区转移。

半年之后，《首都大计划》修订稿问世，在功能分区上有所调整，以江浦及下关为商业区，以浦口下游及八卦洲为工业区，改学校区为教育区，位置调至鼓楼至北极阁一带，将清凉山一带定为居民区。同样出现重要变化的是中山大道的设计，改由1915年新开的海陵门入城，过鼓楼后继续南行至新街口，东折出朝阳门，与陵园大道相衔接。沿途还修建了中山桥和逸仙桥。后并将海陵门改为三拱券门，定名挹江门，朝阳门改为三拱券门，定名中山门。这也就是今天可见的中山北路、中山路与中山东路。同时设计的子午线干道（今中央路），拟在城北地区按正南北方向开辟，自神策门沿玄武湖西直到鼓楼。这同样显示出当时南京市府将开发城北地区作为首要任务。也正因为当时城北地区建筑稀少，所以可由其任意规划。学校区的调整，则可能是考虑到已经建成的东南大学和金陵大学。按照规划，中山大道东段，即今中山东路段，将从明故宫遗址中部穿插而过，将这一重要遗址割裂为南、北两块，古都风貌将被永远改变。这一设想在当时有没有遇到反对意见，不得而知，但至少没有见到反对意见被记录下来，而中山大道的建设确实就此开始。

10月完成的《首都大计划》第三稿，对功能分区进行了重大调整，将中央行政区移至明故宫旧址，东起朝阳门，西至西便门，南扩至城外教场村、双桥门，北至后宰门。南京市行政区则设在鼓楼。学校区自中央行政区北界起，沿太平门向西北行至丰润门止，东南至西华门。商业区一处在中正街（今白下路）以北、鼓楼以南、朝天宫以东、行政区以西，大致以新街口为中心，一处为下关商埠全部及城内三牌楼一部分。住宅区则自神策门以西至朝天宫为止，西迄水西门、汉西门、草场门一线城墙根，东北与商业区相毗连。此外还有市园区，在中正街以南，西至水西门，东至通济门，南至中华门，均为老城区。玄武湖与莫愁湖全部划为市园。农林区在紫金山周围及沪宁铁路西南各地。工业区在沪宁线以东至长江边，东起乌龙山、西至下关，包括八卦洲。而以南京周边广大地区为预备扩充区。

《首都大计划》制订之中，即已对南京市政建设发生实际指导作用，所以每一稿都在城市建设中留下了痕迹。最重要的是自1928年8月起修建的中山大道，贯通城北、城中、城东，永久改变了南京的城市空间结构，成为民国年间的南京城市中轴线。这是南京在六朝中轴线中华路、明代中轴线御道街之后的第三条都城中轴线。中山大道路幅宽四十米，中间机动车道宽十米，铺柏油路面，两侧慢车道各宽六米，铺碎石路面，再外侧各设人行道宽五米。机动车道与慢车道之间辟有安全岛和林荫道，人行道边也植有林荫树。这条新型干道不仅成为南京新的交通枢纽，对城市原有三大区域此后的发展也影响甚大，尤其是使城北地区的地位得到提高，南京的整体发展出现明显的北迁趋势。此后中央院部的许多官署，都沿中山大道两侧布置，城市新开发区也以此为中心。中山大道和陵园大道沿线两侧栽种行道树数千株，兼及国府路（今长江路）及江苏路。这是现代南京城第一批行道树，即今天尚可以看到的法国梧桐，继承了南京古都的绿化传统，不但装点了街道，而且能净化空气。中山大道修建工程中，一共只拆迁了四百多户民房。当时部分居民对此举不能理解，提出抗议。时任市长刘纪文出面进行解释，说明建设这条大道不仅仅是为了让孙中山的灵柩经过，更是为了南京全城的未来发展。

中山大道的建设在拆迁民居上带来的损失，可以说微不足道。它给古都南京造成的真正严峻而不可弥补的损害，是像一把利刃，将明故宫遗址分切为南、北两块。而随着道路两侧新型建筑群的形成，这一伤痕已永无愈合之日。

南京虽号称十朝都会，但由于王朝更替，南唐和明代两次都城范围变迁，王谢堂化为百姓家，六朝、南唐宫城区被破坏得十分彻底，地面上几乎没有留下什么痕迹。只有明故宫遗址，直到民国建都，虽然地面建筑损坏较为严重，但皇城格局、宫城规制仍完整地得以保存。令人遗憾的是，从现存资料看，当时对于保护明故宫遗址的意义，完全没有认识。

民国年间的中山东路

我们无法以今天的标准去苛求前人。从当时的实际情况看,明、清两代,作为皇宫区和八旗驻防城,东面的朝阳门和南面的光华门历来不许民间通行。明故宫区域可以说置身于南京城市生活以外。南京城东面的实际边界,在太平门到通济门一线。而朝阳门与光华门所在的东、南城墙段,如本书第八章《明都南京——壮丽瑰玮》中所分析,实际上是皇城的卫城。正因为此,明故宫遗址才得以长期完整保存。一旦驻防城废除,只要允许民间利用朝阳门和光华门,就必然导致切割明故宫区域的道路出现。可以说,在驻防城城墙被拆的那一天,就预示着明故宫区域的被肢解不可避免。而且在当时城市建设的新高潮中,明故宫所在的这一片黄金地块绝不可能被长期闲置。此前的历次规划中,已提出数种利用计划。明故宫飞机场的修建,更为全社会提供了一个示范。《首都计划》中也明确将中央行政区安排在明故宫旧址,其范围涵盖了整个明故宫区域,如果付诸实施,也必将导致多条交通干道穿越明故宫。只是由于种种因素,直到民国末年,在明故宫建设中央行政区的计划终究未能实行,而宫城南北中轴线上也有幸未建造永久性建筑。

中山陵的选址紫金山和中山大道的修建,成为明故宫遗址遭切割的直接因素。孙中山先生的最大历史贡献,正是推翻帝制,为让其灵柩顺利进入中山陵,中山大道必须穿过明故宫,在当时没有任何人感到不合适。然而,即使没有中山陵的建设,明故宫地区被开发利用,也只是早晚的事情。

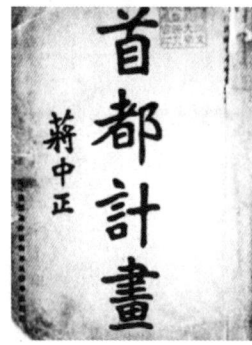  

《首都计划》封面　　孙科照片　　墨菲照片

中山陵侧影

《首都计划》

首都建设规划的最终决定权在国家层面，而规划的制定过程往往体现出各种政治力量的博弈。《首都大计划》一改再改，终未能成定案。1928年12月，由孙科负责的国民政府"国都设计技术委员会"，下设"国都设计技术专员办事处"，以林逸民为处长，聘请美国建筑师墨菲和工程师古力治（Ernest P.Goodrich）为顾问，同时也聘请了吕彦直等国内专家相助，开始编制南京城市总体规划——《首都计划》，实际上的主导人物就是墨菲和古力治，但古力治参与工作的时间只有三个月。到1929年底，《首都计划》由国民政府正式公布。

墨菲，美国康涅狄格州人，1899年毕业于耶鲁大学，获文学学士学位，随即进入当时在纽约极为著名的布杂艺术（Beaux-Arts，即美术，民国时译为"布杂"）风格的建筑工作室学习建筑。1901年到1905年，他在纽约的两家建筑师事务所工作，取得实践经验后，于1906年在纽约开设了自己的建筑师事务所。1913年，墨菲接受美国雅礼教会的聘请来中国，规划设计了带有中国宫殿风格的长沙雅礼大学，由此开始了他长达二十余年的中国执业生涯。中国业务逐渐成为墨菲建筑师事务所的重心，他在上海设立了事务分所，先后八次来中国，居留时间超过九年。墨菲在中国承接规划设计近四十项，广涉长沙、北京、天津、济南、上海、苏州、南京、福州、厦门、广州等城市。他曾为孙科担任市长的广州编制城市规划，孙科对他的规划思想与建筑设计观念都非常欣赏。北京燕京大学、南京金陵女子大学（南京师范大学前身）也都是他规划设计的。他在中国最重要的工作，就是编制《首都计划》。墨菲也对能为一个大国首都做规划极为兴奋，将编制《首都计划》视为实现自己规划理念的重要机遇，并试图借此建立个人事业的纪念碑。《首都计划》是南京历史上第一部比较系统的城市规划文件，也是民国时期最为完整的一部城市规划，不仅对现代南京的城市建设具有直接指导作用，而且成为现代中国各大都市规划的范本，其中所展现的规划理念与方法，对中国现代城市规划发展具有重要的促进作用，迄今仍不失研究价值。就规划水准而言，在当时世界各国大都市规划中，也是较为先进的。

《首都计划》明确提出"以人为本"的宗旨，宣称首都建设要能"使南京市民在精神、形体、经济各方都获得利益"，显示出这一规划的现代性。尽管有人批评《首都计划》的编制过程仍是少数官僚和专家闭门造车，不但南京市民没有参与，就连南京市政府也是无能为力的旁观者，但它在具体规划内容上能以全体居民的需要为首要考虑，就是一个划时代的进步。在此之前的城市建设，即使能有规划，也都是以满足统治者即极少数人的需求为首要前提的。无论对于孙科还是墨菲，全民参与规划制定，都是一个超越时代的要求。南京市民真正参与城市规划制定，是21世纪的事情。

如前所述，当时的南京城，各片区的发展极不均衡。城南老居民区街道狭小且不成系统，基本设施严重欠缺，而又面临定都后人口大增的压力。下关现代城区的出现，使南京城南北框架得以大大拉伸，而受限于东部明故宫、西边外秦淮河，东西距离相对短窄，呈明显狭长形态。针对这一现状，规划在城市空间布局上，以"同心圆式四面平均开展，渐成圆形之势"为理想模式，明确提出应避免使城市发展呈"狭长之形",并要求避免"一部过于繁荣,一部过于零乱"的畸形发展。然而,提出问题并不等于解决问题,这种畸形发展,在整个20世纪始终成为南京城市建设的一大难题,且有愈演愈烈之势。

《首都计划》强调"科学理性"和"民族主义",以"本诸欧美科学之原则,而于吾国美术之优点"作为指导方针,在宏观上采纳了欧美规划理念,而在微观上采用了中国传统形制。

规划强调的"科学理性规划论述",体现在运用欧美模式时不是简单照搬,而是根据不同情况分别对待。首先,对经过实践检验、具有普遍价值的规划模式,直接运用,如在道路、铁路的设计方面,形式与指标都直接借鉴了欧美的成功经验。其次,对有一定价值,但与中国国情不尽相符的经验,则以灵活态度进行调整后再予采用,如在确定首都人口、城市用地分区等方面,都参照欧美指标而经过修改。最后,对欧美国家实践中出现种种问题的规划模式,作为反面例证,提出新的观念与模式,如在城市道路的选型上,就力避华盛顿"对角线式"的干道布局,因为其不独影响交通,也将相关地块切割得不便使用。在规划方法、城市设计法案、规划管理等多方面,《首都计划》都能批判地借鉴欧美经验。这种科学态度,是难能可贵的。

规划强调的"民族主义规划论述",一方面表现在中央政治区选址于紫金山南麓,采取雄伟壮丽的空间形式,以延续中华民族的传统,另一方面表现在广泛采用中国的殿宇式建筑风格,除中央政治区外,南京市行政区、新街口广场周边、秦淮河地区的建筑设计,都坚持了"中国固有之形式"。同时在建筑材料的使用和内部空间的处理上,又不乏现代性。

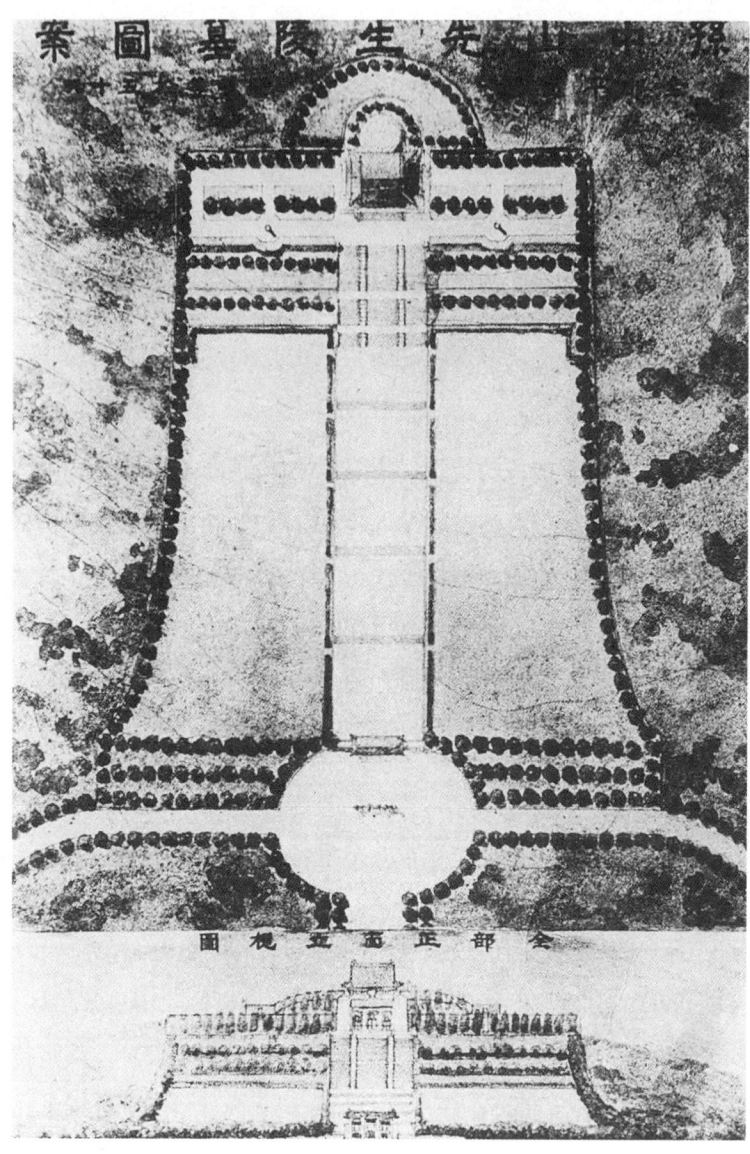

吕彦直设计中山陵"警钟"形正面立视图

墨菲明确提出，在古代南京城上再造新首都，应该有"中国风味"。这里体现出墨菲对中国现代城市建设的另一项重要影响。他在认真考察中国建筑基本元素，并经过长期实践后，于1926年开始著文阐明其理念与方法，1928年将此建筑理论正式命名为"中国建筑文艺复兴"，宣称其核心观念是"改良中国建筑使之能适应于现代使用"。他认为中国建筑的改良，须经两个步骤可以成功：第一，严肃、仔细地考察出构成中国建筑的元素；第二，在新建筑的设计过程中，确实保留下这些构成元素。而据墨菲的考察，这些元素可以归纳为"反曲的屋顶""组织上的高度秩序""构造上的坦实外露""华丽色彩的大量运用""建筑元素间的良好比例关系"等五项。必须指出，墨菲所说的"中国建筑"，实际上就是他所研究过的"精美的公共与半公共古建筑"，以北京故宫为代表。墨菲极力推崇故宫为"世界最良美之建筑群"，超过被西方视为经典的罗马圣彼得教堂。他倡导兼具现代建筑技术、满足现代功能需要而保持中国宫殿建筑风格的建筑物，并且强调，要设计出真正的中国特色建筑，必须从开始就以完整保留中国建筑的外观为出发点，而不是在先造成西方建筑的外观后，再加入中国元素。至于室内设施，则可以主要按照现代功能需要进行安排。

作为墨菲助手的吕彦直，与墨菲渊源颇深。他就读的美国康乃尔大学，就以布杂艺术建筑思想为主导。1918年大学毕业后，他即进入墨菲在纽约的建筑师事务所，后转入其上海事务分所，参加过燕京大学与金陵女子大学的设计工作。1922年他离开墨菲事务所时还明确表示，将继续追随墨菲的主张，"与流行的买办式建筑对抗"。吕彦直设计的中山陵，就是墨菲"中国建筑文艺复兴"理论的一个成功范例。这一方案

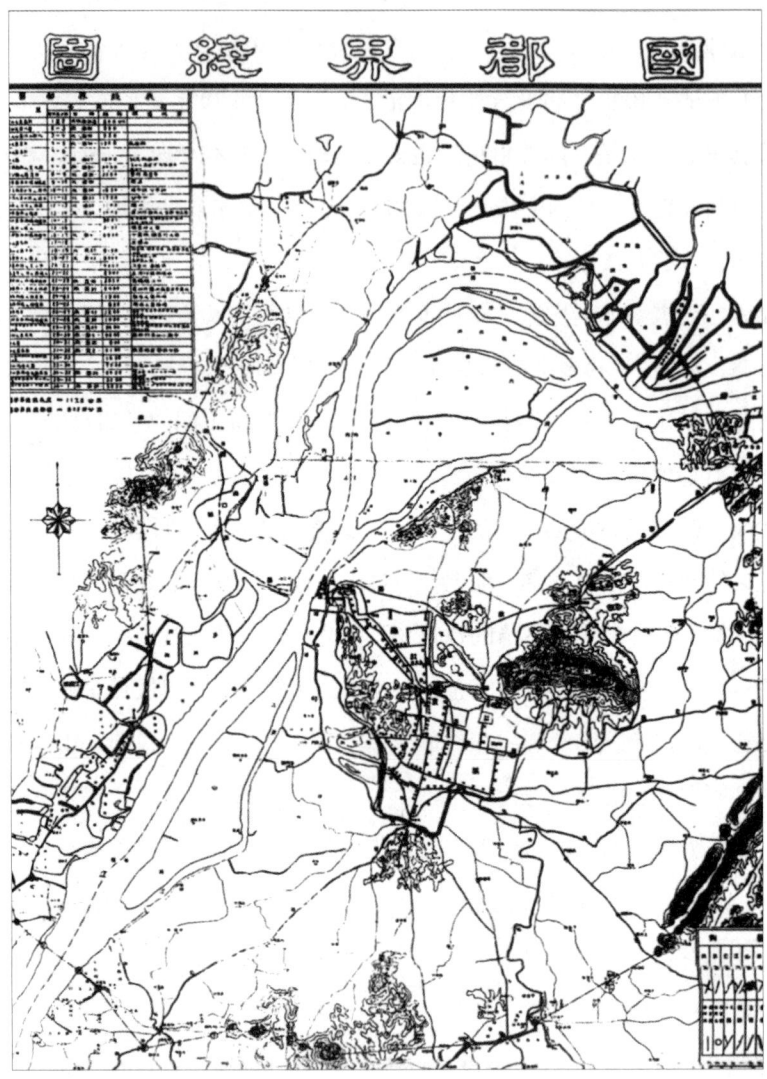

《首都计划》中的国都界线图

正因为受到孙科的积极支持而得以采用。民国年间活跃的中国建筑师，也多受墨菲理论影响。抗战前成为南京建筑主流的"新民族主义建筑形式"，与墨菲的"中国建筑文艺复兴"有明显的渊源。

《首都计划》是在对南京城市现状进行科学调查的基础上编制的，因此全书二十八章也可以分为调查与规划两大部分。第一章《南京史地概略》，以及各章前的引言，都是交代现状调查结果，以作为推定规划结果的原因与限制。

规划部分可以分为五大项：第一，规划范围的拟定，含第二章《今后百年人口之推测》和第三章《首都界线》。规划预测百年后南京人口为二百万，但城区内居住人口以七十二万四千为限，其余人口应安置在城区外。规划区域南起牛首山，北至常家营，西至和上路，东至青龙山，周长一百一十七点二公里，面积达到八百五十五平方公里，是明都城城墙内区域的二十倍。规划范畴且包括江北浦口地区二百平方公里，突出地强调了南京有史以来作为沿江城市的地位，为现代南京的跨江发展提供了依据。

第二，土地分区使用计划，以第二十六章《首都分区条例草案》为原则，含第四章《中央政治区地点》、第五章《市行政区地点》、第六章《建筑形式的选择》。功能分区是城市规划的基础，中央政治区之外，《首都计划》拟将南京分为公园区，第一、二、三住宅区，第一、二商业区，第一、二工业区等八区。中央政治区是首都的中心，规划提出紫金山南麓、明故宫和紫竹林三地，但推荐紫金山南麓的位置，划定界线内面积七百四十万平方米，远大于华盛顿中央政治区的四百三十余万平方米。市行政区位置提出大钟亭一带和五台山两处供选择。建筑形式则

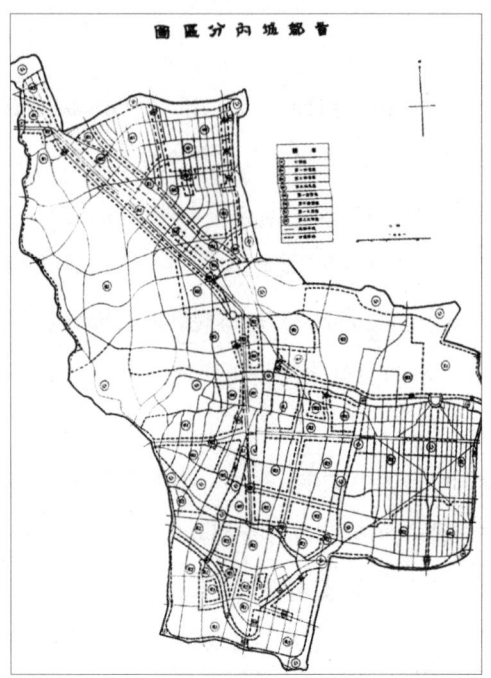

《首都计划》中的首都城内分区图

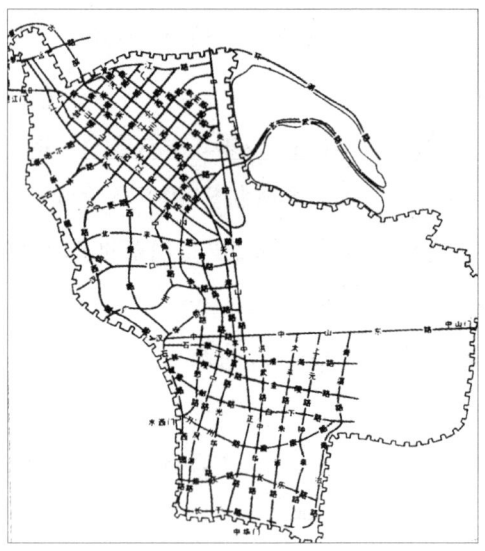

首都干路定名图,引自《南京城市规划志》

强调民族传统形式,提出"既现代又民族"的标准。

第三,交通计划,含第七至十五章:《道路系统之规划》《路面》《市郊公路计划》《水道之改良》《公园与林荫大道》《交通之管理》《铁路与车站》《港口计划》《飞机场站之位置》,涉及了公路、铁路、水运和空运各方面,以及道路建设的形式与标准要求等。规划中城内道路分为干道、次干道、环城大道、林荫大道四种类型。鼓楼以南旧城区道路纵横如网,但规格过低,除尽量依照原有路线加以改良外,对过于曲折而较短者则另辟新路,以成一系统。新发展区域道路则统一规划,采用棋盘式方格网,规划的干道有中山路、陵园路、子午路(今中央路)、热河路、太平路、朱雀路、白下路、洪武路、中华路等,以及因党政机关而设的国府路(今长江路)、黄埔路、中央党部路(今湖南路)等。此外还打算将明代都城城墙辟为环城大道,成为"风景路"。除已有的中山陵园、玄武湖公园、第一公园、鼓楼公园、秦淮公园外,还拟增辟雨花台公园、莫愁湖公园、清凉山公园等,在各公园之间筑林荫大道,作为公园的延伸部分并互相联系。最有特色的是沿明城墙建环城林荫大道,并以保证游人行走为原则,机动车另筑道路。内秦淮河要恢复往昔游乐景观,拆除背河而筑的房屋,两岸辟林荫道。城外护城河须改良以保证全年通航,运输货物。市郊公路共设九条,以城市为中心向外辐射。铁路运输考虑到新路线的走向及长江火车轮渡、过江隧道等,客运总站打算设在明故宫与富贵山之间,将城市中心向东拉伸,对城内小火车路线提出了改道方案。港口规划中,拟将南京建为国际贸易港口,参照美国各大内河港为样板,以下关港为主、浦口港为辅。机场选址有红花圩、皇木场、沙洲圩、小营等四处。拟将飞机总站建在水西门

首都道路系统图

外西隅皇木场，因其地面空旷，区位适中。紧接中央政治区南端的红花圩机场，平时可供民用，战时可改军用，以保护中央政治区。对明故宫机场，因其空间发展受限，不能满足未来需要，同时又影响周边地区建设，规划建议废弃机场，改为商业建筑，也就是说，规划者同样没有考虑到明故宫遗址的保护问题。

第四，其他基础设施和相关事业，含第十六至二十四章：《自来水计划》《电力厂之地址》《渠道计划》《市内交通之设备》《电线及路灯之规划》《公营住宅之研究》《关于学校之计划》《工业》《浦口计划》。规划提出自来水要以长江水为水源，水厂位置要考虑到工业污染的影响，1929年开始筹建的北河口水厂，至1933年4月建成。已建在下关的电厂不宜再扩建，拟改建在江心洲北端或夹江东岸，此条未能实施。公营住宅按居住质量分为三个等级，以满足社会不同阶层的需要。城南、城西、城中人烟稠密区，作为低收入者居住区。政府职工住宅宜接近其所服务机关，选择在玄武湖东北及中央政治区周边。工厂工人住宅，选择下关及三汊河南部工厂区附近。对于高收入者在城北另设高级公馆区。商业区打算设在明故宫，以此引导全城向东发展。文化教育区以现有大学为基础，设在鼓楼、五台山一带，中小学则依居住区需要而设。工业区按照孙中山的设想，仍安排于沿江两岸，江南为第一工业区，以发展不含毒、危险小的工业为主，江北为第二工业区，作为污染性工业及重工业基地。充分利用沿江水陆交通便利的优势发展工业，免除城区内工业污染之害，是民国年间南京规划的一个重要亮点。

第五，计划的执行，含第二十五至二十八章：《城市设计及分区授权法草案》《首都分区条例草案》《实施之程序》《款项之筹集》。这也是西方规划法规引入中国的最早尝试。

《首都计划》虽编制完成,然而政府高层有人反对将中央政治区设在紫金山南麓,坚持设在明故宫。这是牵动全局的大变动,所以导致整个计划无法确定。1930年1月中旬,蒋介石批示确定将中央政治区设在明故宫,以致《首都计划》几乎全盘崩溃,无从付诸实施。此后直到1937年,《首都计划》经过数次修正,但多集中在中央政治区、道路交通和住宅等几方面,迄无定论。不过,中央政治区位置虽定,但建设工作始终未进行,国民政府及总统府最后仍设在原两江总督衙署内,这也使明故宫遗址得以免遭灭顶之灾。林荫大道、外环公路、环城大道等规划也都未能付诸实施。

拆城风波

墨菲设想的明城墙环城大道,虽然要比国外建设高架环城大道投资少,在城上行车时也可以纵览城内外无限风光,但完全没有考虑到对明城墙本体会造成怎样的伤害。这个美国人尽管热爱中国民族建筑的形式美,但南京明城墙这样的宏大构筑物,对于他来说是完全陌生的。在现代功能与文化传统两方面,因为对后者的认识仍相当有限,所以他主要考虑的显然是前者。

不过,在南京的建设实践中,明代都城城墙所遭遇到的更大现实危机,则来自中国人,也就是开始于1928年的拆城取砖事件。

据杨国庆《南京明代城墙》等书中引述的档案史料,大致可以理出事件的前后脉络。

事起于 1928 年 4 月，时任南京市长何民魂呈报国民政府，正阳门（即光华门）瓮城年久失修而坍坏，提议将其拆除，拆下的城砖，可以用来修筑燕子矶、观音门一带马路。当时国民政府的态度是"古迹宜保存"，修马路可另筹款，不同意拆城取砖。然而到了当年 11 月，再次出任南京市长的刘纪文，却发现仍有拆城取砖的情况发生，而且事情牵涉到蒋介石。蒋介石曾"面谕太平门至丰润门一段城墙，业经南京市政府议决拆卸"。刘纪文并未因蒋介石的旨意而改变立场，在向国民政府提交的报告中重申，南京市政府"绝无议决拆卸之成案"，肯定没有做过这样的决定。只是有几个机关因建筑需要城砖，提出过要求，而市府因为市政经费困难，曾将原有零星城砖作价出售，拨款筑路，由工务局答复各申请单位，按申请先后购买。国民政府也肯定了"并无拆城卸砖之议"。

但是蒋介石仍以建设需要坚持拆墙取砖。1929 年 3 月 15 日，他再次以中央陆军军官学校校长的名义，在上报国民政府的呈文中提出，军校各项建筑正在进行，如断绝城砖来源，"势必影响工程，全部一切建筑将陷于不可收拾"。他一方面以"功亏一篑"相威胁，一方面指示军校自行拆墙取砖。

南京拆城事件引起了社会广泛的反响。墨菲、孙科都曾出面反对。1929 年，孙科有呈文要求立即"停止拆城工作"，明确提出："南京城垣尚非无可利用之处，在计划未经决定之前，应暂予保留，以便设计。"这里所说的"计划"，应该就是编制中的《首都计划》，其中有利用明城墙建设环城大道的设想。与拆城取砖相比，墨菲的计划自然要高出一头。社会各界有识之士也纷纷表示反对破坏南京城墙。徐悲鸿先生发表了《对南京拆城的感想》，高度赞扬南京城墙在历史、文化、美术上的崇高价值，南京城也正因为有这"高巍严整，绵延不尽"的城墙，"如人之束带而立，望之俨然，且亲切有味"。那些只知道计算财利的庸夫俗子，"欲毁灭世界第一等之巨工，溯其谋乃利其砖"，毁灭五百年前的"时代之奇观"，竟只是为了取得城砖去建造不知道会有什么作用的玩意儿！这真是令人不可想象的愚昧。作者讽刺地说，刘伯温当年怎么没有推算出这一点，让朱元璋多烧制亿万城砖，埋在地下待今人取用。

在强大的社会压力之下，蒋介石不得不停止拆墙取砖。1931年4月，南京市执委会转呈国民政府内政部暨中央执委会秘书处，"严令人民不得毁伤本京城垣，并饬负责机关切实保护"，这一通知的颁布，宣告保城派彻底压倒了拆城派。但零星盗取城砖的情况，仍难以断绝。1934年，鉴于日本军国主义发动侵略战争的意图日渐昭昭，南京警备司令谷正伦提出《关于南京城防建议案》，将修葺南京城墙列入城防计划，立即得到社会各界的认同。1936年10月，国民革命军军事委员会颁布《南京市城砖保管及使用办法》，明确管理之责、处罚之重，才有效地制止了盗取城砖的行为。

经过激烈的拆、保之争，南京明城墙终于得以保存。但与此同时，传统城市的封闭式格局与现代城市交通功能及发展需要的矛盾，也日益突显出来。20世纪初叶，城市更新成为一种世界性的风潮。而在终于实现改朝换代的中国，各大都市的建设更是如火如荼。广州、上海、武汉、长沙等城市先后拆除了原有的城墙。南京城墙既决定保留，为了解决交通便利问题，只有采取增开城门的措施。这一阶段中，新开了汉中门、新民门、中央门、雨花门、武定门、中华东门、中华西门等。

交通干线和重要建筑

在《首都计划》这一整体规划不能付诸实施的背景下，由《首都计划》开始的城内交通干线建设，并没有停顿。1930年2月产生的《首都道路系统图》，3月即付诸实施，但仅完成了城厢地区和下关地区的一部分。10月便又公布了《首都干路定名图》，将全城干路分为三类，第一类是路幅宽四十米的十字形主干道，分别是：中央路，命名表示南京是中央政府所在地；中山路，纪念孙中山；汉中路、中正路（今中山南路北段），表示这两条路居于首都道路系统的中心，后者又恰是蒋介石的名字。

第二类位于中山路、中央路以西，汉中路以北，多为新辟建的次干道，其间大致以北平路（今北京西路）为界，其南片以各特别市命名，并考虑到海外华侨，命名了一条华侨路。其北片以二十八省及西藏、蒙古两地方命名，命名原则是财力强的省命名长路，财力弱的省命名短路，所以广东路长四点八公里，而贵州路仅长六百米。在中山路以东，则以与西侧路名城市相关的河流命名，黄河路（今北京东路）西与北平路相接，长江路（今薛家巷）西与汉口路相接，珠江路西与广州路相接。这一自北向南的顺序也符合其地理位置。因黄河路、长江路未能建成，1949年后遂将国府路改名长江路，西接华侨路。

第三类是中山东路、汉中路以南的旧式道路，经过整修后，东西方向的，主要以南京旧称命名，如秣陵路、金陵路、建邺路、白下路、昇州路、建康路、集庆路、长干路等。南北方向的，或依胜景地标，如青溪路、朱雀路、莫愁路、凤游路、石城路，或取旧有地名，如江宁路、上元路、钟阜路、太平路、洪武路、光华路等,体现了对历史文化的尊重。现在能看到的《首都干道定名图》(图见本书第390页)是近年的复制件,所以会用简化字标注路名,且将昇州路写为升州路。据《南京市政建设志》载,在这一时期建成和部分建成了中央路、中山北路、中山路、中山东路、中正路(今中山南路北段)、汉中路、中华路等五十条主次干道,形成了以新街口为中心的城市干道基线,也有效地改变了城市总体布局。

新街口广场在1931年建成,1935年扩建,是南京城内第一个现代广场,平面呈正方形,边长一百米,面积一万平方米。其中心是直径十六米的圆形草坪,草坪向外,依次是八米宽的环形弹石地面停车场,九米宽的混凝土环形花坛,二十米宽的环形沥青行车道,五米宽的环形混凝土人行道。环形花坛分割为四个扇形,其间留下四个道口,与四面街道方向错开四十五度。新街口广场周围的建筑,则未能建成《首都计划》所设想的传统形式,而采取了仿西洋形式。至今保存完好、可以作为典型的原交通银行南京分行,就是罗马古典式建筑,门前与两侧都有数根高达九米的爱奥尼亚式立柱。此后又建成山西路、鼓楼两个环形交通广场。在这一道路系统中,中央路、中山路、中正路、中华路构成南北方向主干线,沿线有黑龙江路、广州路、珠江路、国府路(今长江路)、白下路、昇州路(今升州路)、建康路等东西方向干道。中山北路成为西北、东南方向主干线,沿线有江边路、热河路、山西路、云南路等横交干道。中山东路、汉中路构成东西方向主干线,沿线有中兴路(今御道街)、黄埔路、东海路(今太平北路南段)、太平路(今太平南路)、上海路、莫愁路等南北方向干道。只是道路骨架虽已形成,尚未能沟通成为网络，路幅也没做足，路面标准偏低，排水系统不健全。此外，1933年下关与浦口间的火车轮渡通航，1936年中山码头及附设车站竣工开业，1934年重修秦淮河进出城市的东、西水关，也是重要的建设项目。

这些新型道路与旧式街巷的功能不同，旧式街巷在通行功能之外，较多地作为商业和社会交往的空间，而新式道路主要就是作为交通干道，所以被南京市民称为"马路"。从南京的地名中，可以清楚地看出，凡名为某某"街"的，多是旧式道路，而新式道路一律命名为某某"路"，实则是"马路"的略语。老城区内只有经过拓宽改善的街巷才命名为"路"。南京人口语中，至今仍将出门逛商场买东西说成"上街"，没听说有谁讲"上路"的。而"路"的使用，则多与现代生活相关联，如20世纪七八十年代居室狭隘，谈恋爱的青年男女无地自容，只能一块出门走走，成为恋爱交往代名词的便是"逛马路""压马路"，很少有说成"逛大街"的。

这一交通路网，对南京的城市建设有相当重要的引导作用。国民政府各院部所建宫殿式办公楼、文化教育设施及服务机构，多分布在主干道的沿线。

中山东路自东向西有南京博物院、国民党中央监察委员会（俗称东宫）、国民党中央党史史料陈列馆（俗称西宫）、励志社、附近黄埔路上的中央陆军军官学校（原南京军区司令部）、卫生部及中央医院、中央饭店、经济部（原南京市体委院内）、财政部（原南京军区后勤部宿舍）、浙江兴业银行南京分行（今中国银行金陵分行）、新街口交通银行南京分行等。中山东路东段的大型建筑群，都建造在明故宫遗址范畴

399

中央体育场航拍全景

内，尽管不少建筑采取了传统宫殿形式，但还是破坏了明故宫的原有格局，也不能认为是明代宫殿的复建。

中山路上自南向北有中国国货银行南京分行（今新街口邮局）、新都大戏院（后称胜利电影院）、福昌饭店、司法院（今南京供电局）、三民主义青年团中央团部（今南京红十字血液中心）等。中山南路上自北向南有大华大戏院（今大华电影院）、中央商场、中央大舞台（今中华剧场）、军统办公楼（今南京市公安局）等。汉中路口有邮政储金汇业局（汉中路一号）。中山北路上自南向北有外交部（今江苏省人大所在地）、华侨招待所（今江苏议事园）、最高法院（今省粮食局大院）、立法院（今军人俱乐部内）、首都饭店（今华江饭店）、资源委员会（今建筑工程学院内）、国际联欢社（今南京饭店）、军政部、交通部（今国防大学政治学院）、海军部等。国府路上除总统府建筑群外，还有国立美术陈列馆、国民大会堂等。太平南路上有安乐酒店（今江苏饭店），太平路、白下路交叉口有中南银行南京分行（今交通银行白下路支行）等。

此外，1928年在鸡笼山北极阁建气象台，1930年在鸡鸣寺东麓原国子监旧址建国民政府考试院，主要建筑有仿宫殿式楼房的明志楼及宁远楼、武德楼、衡鉴楼、公明堂、宝章阁、正谊楼等，后修筑考试院路。为在南京举行第五届全国运动会，1931年于钟汤公路北、灵谷寺南建造了占地八十公顷的中央体育场，有田径场、游泳池、棒球场、篮球场、国术场、网球场等，各场看台同时可容纳观众六万人，规模为远东第一。同年，在江东门北河口新建了中央电台。1932年在太平门外王家湾建造航空烈士公墓，安葬美国、苏联及中国在抗日战争中牺牲的飞行员。1933年在紫金山下灵谷寺旧址建成国民革命军阵亡将士公墓，

民国年间太平路

中华路的现代商铺

公墓建筑群沿中轴线布置,从南向北依次是正门、牌坊、祭堂、公墓、照壁、纪念馆和纪念塔。祭堂沿用明初所建无量殿(俗称无梁殿),纪念馆即今松风阁,纪念塔即九层灵谷塔,高六十米,在南京地区传统楼阁式塔中为最高。1934年紫金山天文台建成。1935年国立中央研究院新大楼在鸡鸣山麓落成,原成贤街旧址让给中央图书馆。同年中央地质调查所在珠江路小营建成。如果说各交通干道是城市的骨架,沿线的大型建筑就是坚实的肌肤。一座现代南京城,就这样逐渐丰满起来。

道路沿线的商业与居民区发展也较快,并形成了多种建筑元素并存共生的局面。

太平路、三山街沿街现代商铺成片崛起,是一个范例。太平路花牌楼一带集中着中华书局南京分店(现古籍书店)、商务印书馆南京分馆、世界书局南京分店、开明书店南京分店、中央书店、正中书局、神州国光社南京分店等数十家书店,成为国内有名的书店街。这些商业建筑多放弃了传统的前店后坊形式,而采取了西式外观的二三层小楼,成为南京商业建筑中的新形式,并被广为仿效,风行一时。不少商铺的门脸儿、窗栏都是西洋式的,但在原设西方雕塑的位置上,往往换成了中国的福禄寿三星。据《南京城市规划志(联审稿)》第九章第五节载,至抗日战争爆发前,南京共建成主要供官绅富人居住的"新住宅区"六十九万平方米。(《南京城镇建设综合开发志》第三章所载与此近似:"全市共有各式花园洋房、庭院住宅一千七百多处,约七十万平方米,供国民党、政、军要人和资产阶级上层人物享用。")中山陵园区建设逐步完善,并在陵园东南建起了占地千亩、房屋二百余幢的陵园新村。市区内还建起了良友里、梅园新村、复成新村、淮海新村、匡庐新

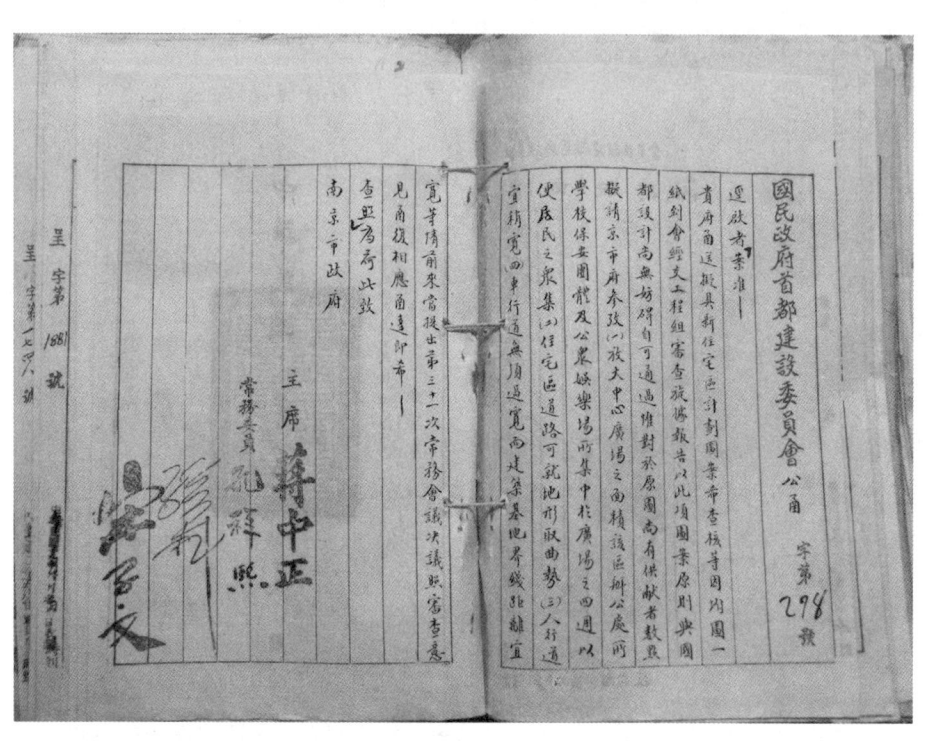

首都建设委员会关于新住宅区规划的公文

村等一批现代里弄、院落住宅。最显著的成果，是山西路、颐和路一带的公馆区，与《首都计划》中的规划要求完全相符，其空间布局、道路尺度、院落划分、建筑风格、内外绿化、排水雨污分流等各方面，都有严格规定，二百八十七幢公馆，风格各异，极少雷同，形成南京城内一片独特的风景。公馆区内的交通自成系统，以颐和路为轴线，两侧道路都以中国风景名胜区为路名，如牯岭路、琅琊路、赤壁路、珞珈路、灵隐路、普陀路、莫干路等，并建有宁海路、江苏路、扬州路、苏州路、山阴路、仙霞路等六个环交广场，是当时南京环交广场最密集的区域。许多外国大使馆、领事馆也设在这一带。此外位于宁海路金陵女子文理学院（今南京师范大学）附近的新住宅区，规划建设公馆二百九十五幢，但只有合群新村一带少数建成。值得特别指出的是排水雨污分流系统，在当时是非常先进的理念。不只是南京，中国古代城市建设中的一个普遍问题，就是很少考虑到生活废弃物的处理渠道，除了粪便由近郊的农民回收作为肥料外，通常垃圾乱弃，而生活污水多以自然河道作为排放通道。尤其是南京的秦淮河，在相当长的历史时期内，竟成为取水、洗濯、排污的共用水道，不但导致河道的严重污染，居民的饮用水卫生也没有起码的保障。建设专用污水排放管网，已是很大的进步，而雨水、污水分流的高标准，直到21世纪初也还未能成为现实。

同时，市政府在1933年成立"棚户住宅改革委员会"，决定把市区内有碍观瞻又不卫生的棚户，迁往偏僻地点，并计划在七年内建造简易房屋，以解决六千户平民的居住问题。但最终建成的"平民住宅"只有六处共四万平方米。此类建筑也不同于传统的街坊式平房，而多为简易长条式连幢建筑，每户一间，分隔成内、外两室，较好的则以四间两厅为一组，分住两户。所以，当时大部分南京市民，仍居住于明、清时代的旧式宅院内。

1936年10月，南京市政府颁布《首都分区规划草案》，将首都区域内土地划分为行政区、军用区、公园区、高等教育区、第一住宅区、第二住宅区、第一商业区、第二商业区、第一工业区、第二工业区等，并对各分区内土地的适建性、建筑容量、建筑高度做出规定。但因日本侵华战争临近，未及付诸实施。

沦陷时期和战后恢复

1937年12月13日，日寇占领南京，市内建筑在战火中遭严重毁损，许多房屋又遭日寇强占，导致市民居住条件大为恶化。日军在大屠杀尚未结束之际，已在实施最明显也最重要的殖民经济举措，就是将南京城内最繁华的中心地区，北起今长江路、南到白下路、西起中山南路、东到长白街，将包括新街口、太平南路和中山东路在内的大片繁华街区，约二百二十公顷范围，划为"日人街"，强行夺取该地区内中国居民的住宅、商铺等财产，赶走原主人，无偿提供给日本人使用，以吸引日本侨民到南京定居，开办工商企业，迅速形成完全被日本控制的经济成分，对中国经济实施"有秩序的掠夺"。日侨经营的商铺，在税务、运输等方面，还可以得到特别优待。南京遂成为日本冒险家的乐园，短时期内日本侨民的数量急剧增加，很快就突破了"日人街"的容受量。1939年，日军遂将"日人街"向全城各街区扩张，任意霸占中国居民的房产，给新来的日本人提供居住和经商的空间。日伪时所谓南京经济的"复兴",实际上主要就是这些日本工商企业的发展兴盛。

1939年11月,日军曾航拍南京城,留下一组旧照(见本书408-410页),约略可以看出当时的城市风貌。图一,是城市的东北部。照片上部,玄武湖与紫金山连成一片佳绝的风景区。玄武湖右侧的城墙,就是传说为台城的明城墙了。斜贯照片的那条最长的直路,是中山北路,与玄武门相对的街心方块,是山西路广场。稍往南,路西边国民政府最高法院的山字形建筑清晰可见。

图二,是城市中部。照片右上方为玄武湖。下方中间是新街口广场,由此向北直到鼓楼,是宽阔的中山路。再向北的中央路就比较窄了。新街口广场向东的中山东路上,现代建筑最为宏伟。新街口广场向西的汉中路也已经修成。照片中部与汉中路平行的是广州路,广州路南北是金陵中学和南京大学的校园。

图三,是城市的东南部。这一片区最明显的区位标志是呈船形内瓮城的通济门。通济门外是宽阔的外秦淮河,河上的九龙桥至今尚存。通济门西边,照片的西缘之外,是东水关,外秦淮河由此处进入城内,"十里秦淮"也由此开端。通济门东北就是明故宫遗址,其西侧北行的河流,即明故宫的护城河明御河,也是内秦淮河的支流之一。

图四,是城市的西南部。自东南向西北斜穿过照片的,是内秦淮河西五华里上浮桥至下浮桥一段。河北部东西方向的灰线即昇州路,在照片右上角与中华路十字相交,交角上方可以看到甘熙故居。照片左上角是朝天宫。经上浮桥拐向北的道路即彩霞街,北延过昇州路后即评事街。照片左侧北上下浮桥的道路是菱角市,路东的开阔处即双塘。这一片即今门西地区,房屋密集,道路狭窄,市井繁华,是典型南京老城南

图一，南京城东北部航拍照片

图二，南京城中部航拍照片

图三，南京通济门一带航拍照片

图四，南京城西南部航拍照片

图五，南京城新街口航拍照片

的城市肌理。新街口至鼓楼一带的建筑密度，远不及此。

图五，是新街口。照片上的新街口广场中心，正在围挡施工，可能是建造孙中山铜像的基座。右边是中山路，东北向的斜路是糖坊桥。左边是中山南路，西南向的斜路是大丰富巷、欣欣园。下方是中山东路，路面宽阔规整。上方的汉中路只修成一小段。当时新街口房舍稀少，仅糖坊桥一线有格局完整的传统院落。照片上可以清楚地看出，广场四面都有大池塘，可见这一带正是因为地势低洼，所以建设发展迟缓。

日寇侵占南京后，在1937年即将明故宫飞机场扩大，将第一公园全部夷为平地，当时尚存的明故宫西南角城壕因此遭到破坏。出于军事目的，日寇先后在南京城郊修建过溧水机场、草场村机场、土山机场、马群机场。其中仅江宁县土山机场作为军用直升机场被沿用至今，其余战后均废弃。1940年前后，日寇又拆掉了西华门，毁坏了社稷坛、棂星门和石坊等，使明故宫仅存的遗留建筑又遭到严重破坏。

日寇对南京历史文化遗产的破坏，是多方面的，最明显的是南京明城墙，在日寇攻城时的狂轰滥炸之下，中华门、光华门、通济门、水西门、中山门、雨花门及其间的城墙段，都遭到不同程度的毁坏。当时仅存的明式城楼中华门城楼被完全炸毁。中山陵遭到炮击，一只铜鼎被炸破。陵园新村等建筑也都毁于炮火。因为在夫子庙大成殿中发现抗日宣传图，丧心病狂的日寇竟将夫子庙大成殿、奎星阁、得月台、思乐亭等建筑群全部焚毁，仅余一座聚星亭。毗卢寺内的千手观音被掠往日本。规模宏丽的静海寺被战火毁坏，仅余偏房数间。金陵刻经处的房舍和经版都遭受严重损失。凤凰台下的愚园地面建筑几乎全被破坏，假山全部被毁。国立美术馆的玻璃全部被飞机空袭的炮火震碎。日寇还盗掘原玄奘寺三藏塔地宫石函，窃走部分玄奘法师顶骨。

抗日战争胜利后，国民政府还都南京，在1947年又编制过一份《南京市都市计划大纲》，共列八项规划纲目：规划范围、国防、政治、交通、文化、经济、人口、土地。这份大纲的特点，首先是不限定规划期限，规划方案可以"随时修正，以资适应"，具体细节可以随时补充，因此也可以保证规划的永久效力。其次是接受抗日战争的教训，确定了国防计划与城市发展计划并举的原则，将如何处理好城防与城市发展的矛盾作为首要问题。再次是对过去的"集中式分区"提出异议，重新确定了工业区、商业区的位置，并研究人口密度的限制，结合人口增长趋势与密度分配预测未来居民需要等。最后，更加强调城市发展规模和发展极限等依据性问题。

规划中较为详尽的部分仍是交通一项，对当时修复、拓宽道路起了指导作用。中山路快车道宽度由十米扩至十二米，下关热河路路幅扩宽至三十米，新辟二百六十米长的北平西路，部分路面改为混凝土路面和柏油路面。新街口地区形成新的商业中心。鼓楼广场北面中央路与中山北路交会处，新建了中央银行南京分行大楼。太平南路上新建起太平商场。城市人口迅速回升到一百三十一万。为了安置政府机关人员及教师，在全市筹建五个公教新村，总面积约三点八万平方米，建筑形式为两层楼房，少数系砖木结构，多数系砖墩灰板条墙身，且有部分为白铁皮顶简易活动房（见《南京城市规划志[联审稿]》）。市区居民仍大部居住在城南门东、门西地区以及城中白下路、洪武路、建邺路、北门桥一带明清旧式住房。同时，有二十余万贫民只能居住在分布于全市三百多处、约八十三万平方米的棚户内，如今鼓楼区的上海路、牌楼巷、驴子巷、小桃园、五所村，玄武区的演武厅、晒布厂、沙塘园、汉府新村，秦淮区的五老村、广艺街、龙王庙、宫后山、冶山道院、双乐园等地，都是当年的棚户集中区域。新街口西北角今金陵饭店所在地，当年就是有名的摊贩市场，小摊贩们搭建密集的简易棚屋，前面做生意，后面过生活。据《南京城镇建设综合开发志》统计，截至1949年4月，南京城市道路总长两百四十一千米、面积一百八十九万平方米。下水道一百六十五千米，最大管径一百零五厘米，其中砖石筑暗沟长八十五千米，也就是俗语所说的阴沟。城区桥梁八十九座，其中明、清以前的砖石拱桥四十八座，是可贵的历史文化遗产。排涝抽水站两座，分别在下关石梁柱和东水关。总体评价是"城市干道初具规模，郊区道路亦有一定基础，但道路骨架不完整，干道不连线。城南旧街道多，支路凌乱。郊区道路狭窄坡陡、标准低。下水道系统混乱，河道久湮"。

1949年4月，随着国民政府退出南京，民国年间的所有建设规划，也就此宣告结束。

1950年代的新街口

第十一章 新中国最初三十年

新中国成立之初,在城市管理和建设方面缺少经验,处于探索阶段,又几次受到错误决策的严重干扰,南京规划工作"两下三上",致使城市的失衡和无序状态愈演愈烈。生态环境、居住空间、生活资料等方面都有所下降,欠账日多。尤其令人痛心的是明城墙等历史文化遗产遭到破坏,造成难以弥补的损失。

南京解放与接管情况

1949年4月23日,国民政府与军队已全部撤离南京,人民解放军入城,城内未发生战事。在权力真空期间,中共地下组织和城内居民组织护校、护厂、护店,秩序未发生大乱。南京城又一次平静地完成了政权转移。

据1949年4月29日《人民解放军总前委关于南京情况呈报中央军委之报告》(见《城市的接管与社会改造·江苏卷·南京分册》,中共党史出版社,1997年4月版)第二条所记载:"此次南京破坏不大,房屋一般完好。仅国民党部、特务机关、司法行政部、国防部等机关为反动派撤退时自行破坏。"第四条则这样写道:"此次各机关保护尚好,秩

南京市政府

南京市军事管制委员会布告建字第三号

查本市北极阁，为保管□□气象报告，及□□工作□严密起见，奥平储□□精密仪器甚多，为保管□□工作□严密起见，无论军民，一律拒绝参观。特此布告仰□体知并□□□一律拒绝参观。特此布告

此布

主任 刘○○
副主任 宋○○

中华民国三十八年　月　日

南京市军管会保护北极阁气象台布告草稿

序尚未大乱,主要得力于秘密市委,他们工作做得很好。"1949年5月23日《中共南京市委关于接管工作向中共中央、华东局之报告》(同见上书)中对接收过程与社会反映说得更为详细:"南京敌于4月23日全部撤走,我三十五军于24日入城,即将全部物资看管。……5月1日在华东局直接领导下召开解放区与地下党干部三千余人的会师大会,随即开始接管工作。迄今接收已大体完成,市政府已于5月10日宣布成立,自13日起召开各界座谈会(工人、学生、文化界、工商业界),至18日开完。电灯、自来水一日未停,学校始终未辍学课,商店自'货币决定'公布后均先后复市。市内火车、公共汽车原已停驶很久,现已复业。""此次敌撤退后除军警特务机关一部分被敌人自行破坏及少数地方为游民偷窃外,其他大部完好。尤其工人、职员、学生在地下党领导下,为了保护资材,早已组成了'员工联谊会''应变会'等团体,作用很大,这是我们能完成接收任务主要因素之一。"报告中还分析了南京的社会经济情况:"解放前连公营企业在内,共有工商业一万六千家。全市人口:估计工人约二十万(包括店员在内,内有产业工人五万),大中学生三万,小学生十二万,公务员二万(最多时约十万,敌撤前大部撤退疏散),教职员一万五千,警察一万八千,贫民(及其家属)十万,城郊农民(及其家属)三十万。上述人员连其家属在内,合计共二十五万户,约一百三十万人。敌撤退后人口当有减少,现尚无确实统计。因之南京的特点是:工厂少,衙门及公馆多(房产即占全市百分之七十五);工人少,公务人员多;少数之公营企业(除军需工业及马鞍山硫化铁矿厂外)多属市政消费性质(如水电),机器工业则属装配性质,不能独立生产,半殖民地色彩尤为浓厚;原领导之机关重重叠叠,下属生产单位少，其中冗员又多，因此一切官办企业无不赔本（如电厂、农场等）；较大之公私营企业亦极少，只有永利化学厂与有恒面粉公司两家；私营小型机器手工业作坊如化学工业及钢铁机器业等约二千家。因此今后如何把消费的南京变成生产的南京，还是一个难题。""工商业界对清算斗争还有顾虑，经我解释及事实表现后则对我大大捧场，要求我们协助解决原料、燃料、运输、转业等困难，要求贷款。""工程师、技师一般表现还好，虽然有一些人以为不依靠美国不能恢复生产（如能源委员会系统），绝大多数对我建设方针极为拥护，对南京建设亦提出很多积极有益的意见。"据此，新政权接收时，城市物资的损失极小，人员流失主要反映在公务员方面，从十万到二万，减少了八万人，其中也包括一部分专业技术人员。1949年5月30日《中共南京市委关于接收工作向中共中央及华东局之报告》（同见上书）中，列出了接收的单位、物资、人员细目：

（一）现已接收的单位共计七百零七个，其中原属伪南京市系统的四百零六个，属伪中央系统的三百零一个。在此七百零七个单位中，大小工矿三十八所（如华中矿务局、马鞍山矿场、中央电照厂、中央电瓷公司、皖南电厂、首都电厂、中央无线电公司南京厂、中央有线电公司、农业机械公司、长江碾米厂、中央机械公司南京厂、中央化工厂等）。研究试验的学术机关十六处（如资源委员会经济研究所、资源委员会矿产测勘处、中央地质调查所、雷达研究所、物理研究所、地质研究所、社会科学研究所、中央农业试验所、棉产改进处、中央图书馆、中央博物馆、中央林业实验所等)。大学二所,专职学校十三所(如药专、音乐院、东方语专、水利学校、助产学校、护士学校、戏剧专科学校、边疆学院等)。中学十四所,小学一百六十九所。医院十五所,卫生机关十所。此外除报馆(十五)、银行(二十三)、农场(九)及数十处企业部门外,尚有二百七十个以上的官僚机构。

(二)接收的主要物资为银元三十八万元、黄金六百三十五两、美钞三千八百元;各种粮食二千七百九十五万斤;军械兵器若干。布五千七百七十三匹,各种单军衣四十七万件、衬衣三万九千二百九十七件、鞋十万双、袜子二十八万双、毛巾二十五万条;汽车一千一百五十五辆(大部是坏的)、机车二百二十六辆(有四十五辆待修)、货车皮一千零三十三辆、客车四百一十四辆、大小轮船十三艘、汽油一万三千零四十五桶,另一万九千一百九十一加仑;医药器材二万箱(主要在各医院);农场土地三十万亩。

(三)各已接管单位现有之职员、工人、警察共近七万人,计职员二万余(内有技术人员四千余),工人三万(内有产业工人一万七千余、茶役万余人),学校教职员三千余人,受补助之学生五千余名(南京现在大专学生四千余,中学生七千余),旧警察五千余名,救济院孤老难民一千六百名。

(四)接收之房产为数甚多,除各机关外,公馆住宅亦不少,因公馆住宅问题复杂,许多都因无人而予以代管,并未宣布接收,整个数目现无法查清,约占全南京市房产百分之四五十。(到1950年5月,军管会房产管理处编印的《南京市接管代管房屋简明手册·前言》中提供了相关数据:"一年来,我们接管了公产房屋一五一八处,代管了国民党反动政府各级机关租用房屋,尚未判决的战犯汉奸及房主离宁无人负责看管的房屋一八五四处。")

(五)……群众情绪是好的。各工厂的技术人员、中大大部分教授均积极要求进步,这对于我们是非常有利的条件。各机关的旧有人员,除我们必须留下的职工外(包括铁路员工约五万余人,看守房产者约二千人,正在编制中),要求回家者五千人,要求学习者五千人,待遣散或改业者尚有数千人。

这些数据,使我们可以了解民国年间南京工商经济、市政设施、文化科研的大致状况。新南京的建设,也就是在这个基础上起步的。

恢复期治理秦淮河

中华人民共和国成立之初,南京为中央人民政府直辖市。1952年底,苏南、苏北行政公署撤销,合并成立江苏省,南京改为省辖市,为江苏省省会。1958年,江宁、江浦、六合三县划归南京市管辖,1962年划出;1971年江宁、江浦二县划属南京市管辖;1975年,六合县划属南京市。中共江苏省委驻地在北京西路;江苏省人大驻地先在长江路原总统府旧址,后迁大方巷;江苏省政府驻地先在长江路原总统府旧址,后迁北京西路;政协江苏省委先驻长江路原总统府旧址,后迁北京西路。南京市委、市政府驻地在鸡鸣寺原国民政府考试院旧址。

南京市下属区划,1949年依前未变,1950年6月重新划分为十二区,各区辖域亦有部分调整。除中山陵园区外，仍按数序排列命名。1953年6月南京与江宁、六合、句容三县调整界址，原九区、十一区划出，新建第九区，遂成为十一区。1955年8月，第一至十区改名，依次为玄武区、白下区、秦淮区、建邺区、鼓楼区、下关区、浦口区、燕子矶区、栖霞区、雨花台，中山陵园区不变。

1958年9月，将燕子矶区、栖霞区、雨花台区、中山陵园区合并为一个郊区，以适应"大跃进"和人民公社化的需要。郊区实现人民公社化后，1960年4月15日，白下区率先成立城区第一个人民公社，称"白下人民公社"，以全区为公社辖境，下设五老村、朱雀路、淮海路、大光路四个分社。此后各城区相继实行公社化，城区人民公社与区人民委员会合署办公。玄武人民公社下设新街口、丹凤街、梅园新村三个分社；秦淮人民公社下设中华门、钓鱼台、夫子庙、白鹭洲四个分社；建邺人民公社下设昇州路、莫愁湖、汉中门、朝天宫四个分社；鼓楼人民公社下设五台山、丁家桥、三牌楼、挹江门四个分社；下关人民公社下设热河路、二板桥、三汊河三个分社。同年9月撤销郊区，将农村人民公社分别交各城区管辖，以"消灭城乡差别"。到1962年，各城区相继撤销分社机构，城市人民公社消亡。1963年4月，重新设立燕子矶、栖霞、雨花台、江东、陵园五个郊区，加浦口区共六个郊区。1965年将江南五郊区合并为雨花台区和栖霞区。至此，南京市下属城区六个，即玄武、白下、秦淮、建邺、鼓楼、下关；郊区三个，即雨花台、栖霞、浦口。

"文革"初期各城区一度改名为要武（原玄武）、朝阳（原白下）、遵义（原秦淮）、红卫（原建邺）、延安（原鼓楼）、东方红（原下关），至

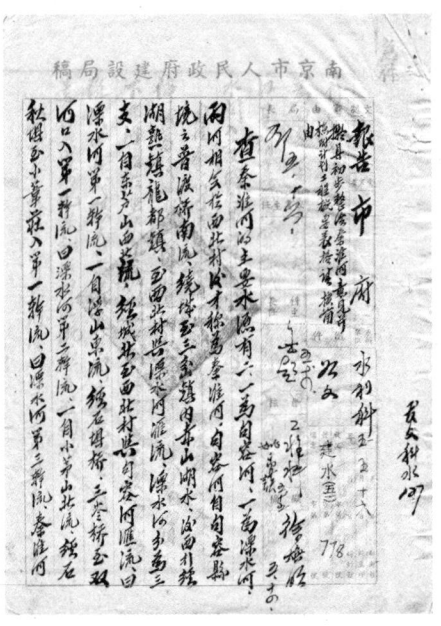

《拟具初步整治秦淮河意见》首页　　　　　《南京市城南区秦淮河整治计划的讨论资料》首页

1973年恢复原名。其间一度设钟山区、大厂区，1975年均撤销。

20世纪前半叶，南京虽然向现代城市迈出了一大步，但发展仍严重失衡。1949年城市人口约七十万，大多居住于鼓楼以南的老城区，包括中华门外和下关地区。鼓楼、傅厚冈以北，山西路西北，逸仙桥以东，基本上还是菜地、池沼和丘陵。城市经济中，商业、服务业较发达，而工业发展滞后。由于日本疯狂侵略，打断了南京渐上轨道的城市建设，抗战胜利以后，国民政府在短短几年中就丧失了全国政权，民国年间的南京规划也就失去了意义。毛泽东《在中国共产党第七届中央委员会第二次全体会议上的报告》中说："同时即开始着手我们的建设事业，一步一步地学会城市管理，恢复和发展城市中的生产事业。"不难理解，当时的社会背景下，很难有人去研究一个失败的政权留下的规划建设方案。

新中国最初几年的恢复和整顿期间，南京市政府有关部门即已开展了不少城市建设的基础工作。如市房地产管理局测绘大队从1951年6月开始，以一年多的时间，完成了南京市主干三角网和水准网的测量工作，并结合历史数据进行研究，在1954年出版了《南京市主干三角网测量及平差工作报告》《南京市主干水准网测量及平差工作报告》。同期还分别测算、编制了全市各区的《导线计算手簿》，以及作为规划预留地区的河西地区的四千分之一地形图数据测量工作等。城市建设的实施项目，主要集中在对河道、湖泊的疏浚以及桥梁的修造，如改建中华门外长干桥、维修汉西门外石城桥、重建水西门外三山桥等，还未能进行新项目的开发工作。

当时的秦淮河整治方案，尚将运输干道与生活污水排放水道功能作为基点。南京市人民政府建设局于1951年5月16日向市府呈交的《拟具初步整治秦淮河意见》中,根据1947年国民政府水利部示范工程处的测量成果,提出:"在武定门外秦淮河(即护城河)建筑桥闸一座,上面为道路桥,下为五孔节制闸,以调节秦淮河水量(包括城区秦淮河),使终年保持相当深度,维持常川通航,兼资灌溉用水,江水洪涨时,则闭闸以防倒灌。另开辟引河一道,建筑船闸一座,以便通航。将来如航行频繁,一座船闸不敷应用时,则可在引河内添建船闸一列或两列。""为维持船闸下游,终年保持相当水深,可以供五十吨的船只,经常通航,因此在武定门船闸下游到江口一段,必须加以浚深。"该局1952年5月编制的《南京市整治秦淮河五年计划初步方案》中,明确提出:"秦淮河流域,幅员这样广阔,农产丰富,土地肥沃,因此它是具有繁荣农村的经济价值。而它的上游,和太湖流域及水阳江流域,各河上游各源相距很近,如能相互沟通,对于这三个地区间的物资交流、繁荣经济,是有着重大的作用,同时南京东南方面,仅有公路与句容、溧水相接,运输能力有限,因此,整治秦淮河,以打通一个新的航线系统,在运输上具有重大意义。"实际上秦淮河每年1月到5月水位低落,航运停顿,外江船只不能进入市区,必须依赖公路运输,"所以生产成本增加,同时也影响了工商业的发展"。该方案中并具体计算出其运输能力及航运方面的经济价值:"秦淮河的运输量,估计每天有三千吨物资可以上下交流,平均通航水程二百公里,每吨公里节省运费大米零点六七斤计,每年可省运费大米一亿四千六百万斤。"因为当时人民币币值不稳,故以实物为计量标准。

南京市人民政府建设局1952年9月编制的《南京市城南区秦淮河

整治计划的讨论资料》中，说到当时内秦淮河的实际状况是："城内河水略无流动，水中悬浮体易沉淀。加以数百年来居民习于用河水洗涤，倾倒粪便及垃圾，有机物就地腐化分解，沉积河底，积存淤泥估计约为二十万立方公尺至四十万立方公尺，且有一部分解未完全，致在洁水流入时，立即变质。情况严重者（如中段及北段）水色灰黑，腐臭难闻。"在计算水量时不得不列入"人口及污水量"一项："根据1947年城南区人口统计，城南区秦淮河流域面积为二十二平方公里，共六十一万五千人，平均每公顷二百八十人，其中最高人口密度为每公顷四百五十四人，约与目前情况相差不远。每人每日耗水量一百公升，污水产量为每人每日平均八十公升。每日最大污水量以三倍平均流量计。"而且"城南绝大部沟渠注入河内，污染河水。目前沟渠系统未臻完善，污水量估计不过零点一每秒立方公尺，如充分发展，以每人每日污水量八十公升计，城南区污水流量可达一点四每秒立方公尺，故河水污染程度随沟渠的增加而日益严重"。文中也提到沿河安装截水管系统的问题，"全长二万四千一百五十公尺，管径自十五公分到一百一十公分""全线共需抽水站七处，共一百四十六点五匹马力，出口流量为一点四每秒立方公尺"，工程估价高达二千四百四十二亿五千万元（旧币，1953年以一万比一兑换新币），超过疏浚土方九十八万立方或改建桥梁二十座的费用，成为全部整治计划中预算费用最高的一个项目，所以根本就未能提上议事日程。该文件《结语》中说："本市城内秦淮河的整治，是多年来市政的中心课题。由于其与外河的水位关系，以及沟渠系统的紊乱，至今尚无结论。但其主要原因仍在于反动政权不关心人民疾苦，而没有决心从事这一市政设施。目前，国家经济情况已根本好转，秦淮河的整治已经是完全可能而（且）是急不暇待的。"然而，由于经费所需过大，这一计划直到1953年才部分付诸实施。武定门节制闸直到1959年才开始建设，次年建成。

秦淮河流域真正得到有效整治，防污除臭，已是五十年后的事情了。

早期规划与实践

1953年第一个五年计划开始实施，同年南京市市政建设委员会成立，下设规划管理处。自此，城市建设用地和建设工程的规划管理才有专职机构负责，建国初期城市建设管理中的混乱现象初步得到克服。然而，由于当时城市总体规划方案未定，建筑管理规定也未公布实施，规划管理工作中依然存在划拨用地不合理、用地形态不完整、建筑布局分散及浪费土地现象。

规划管理处成立当年，即编制完成南京《城市分区计划初步规划》，次年又编制完成《城市分区计划初步规划（草案）图》及"城市用地分配图"。因为从首都降为省会，虽然市域面积仍在五百五十九点二八平方公里，但此次规划用地面积仅为一百六十平方公里，大致范围是北至上元门、迈皋桥，东至孝陵卫以东，西南至小行里，西至江边。这一规划范围，是此后二三十年内规划的重点建设地区。按当时已形成的六十平方公里建成区考虑，规划五年后人口达到一百三十二万七千，用地一百三十平方公里。二十年后人口发展到二百万，用地二百六十平方公里，将需要向外扩展。这一较《首都计划》大为紧缩的规划范畴，也就成了这三十年间南京城市规划的一个基调。但这一规划就已明确提出，

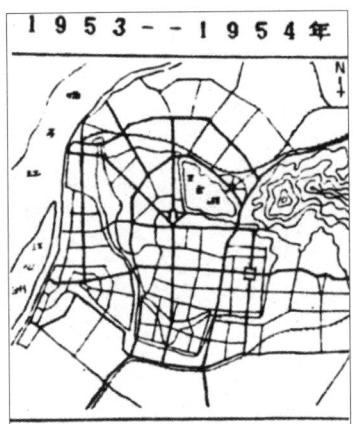

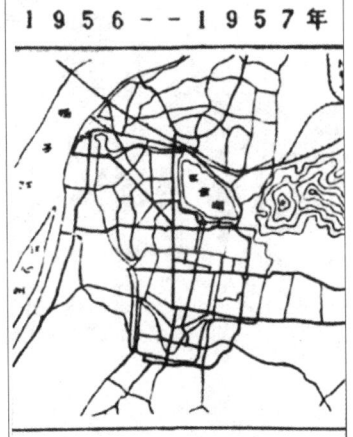

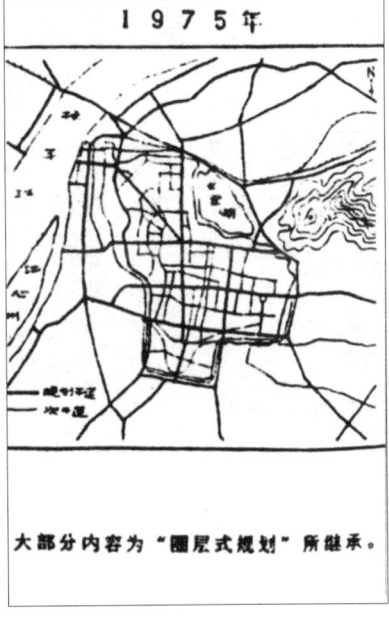

南京市早期城市规划，出自《南京城市规划志》

《南京风光》中的工人新村

秦淮河以西低洼地区（即今河西地区）作为规划备用地，应该算是有远见的。全市划分为居住区、工业区、文教区、军事区、港埠区和市中心区六个功能区，与民国年间的规划分区并不衔接。市中心区确定在鼓楼，以广场和高大建筑物表现，主要设置省、市领导机关和大型商业、文化、服务设施，并以宽阔干道与城市各部分相连，而且要便于游行、集会，充分体现出那个时代的社会特征。此后三十年间，鼓楼广场确实成为政治活动游行集会的中心，并建有专设的检阅台。文教区安排在清凉山以北沿城墙一带及太平门外、中山门外、光华门外等处。工业区打算设在城北和上路以西地区及城南沙洲圩区。居住区的建设，重点在改善市民居住条件。据《南京城镇建设综合开发志》载，1952年6月，在城北芦席营建起了南京市第一个工人新村，三十六幢市政公用设施配套齐全的两层楼房，可居住三百三十户。同年结合爱国卫生运动，五老村居民在政府帮助下，拆除破旧杂乱的棚户，重建成一批砖木结构平房，改善周边环境，从"苦恼村"变成欢乐村，被誉为全国典型。对于市区交通和对外交通，以及城市绿地系统构建，规划都有一定的设想。然而，在南京这样的历史文化名城中，规划对于历史文化遗产的保护，却缺少应有的认识和必要的措施。1955年在南京鼓楼冈北阴阳营发现的原始村落遗址，是南京城区内时代最早也最为重要的新石器时期文化遗址，其意义不亚于西安半坡遗址，却被完全毁弃。

同样值得注意的还有明故宫遗址。1950年刘敦桢先生、朱偰先生主持对明故宫遗址进行调查，尚存遗迹有午门、奉天门柱础、奉天殿台基柱础、乾清宫和坤宁宫台基，及传说为西花园假山的拱券、太庙社稷坛柱础等。不久，奉天殿台基遭破坏，柱础遭翻动。后明故宫中山东路以北部分，即宫城核心区，被作为华东教练场，遗址内三百五十件柱础被就地深埋，高出地面五米的奉天殿台基被完全推平。1956年，江苏省政府公布明故宫遗址为文物保护单位，但已只能保护中山东路以南的一部分，于1958年建成午朝门公园。1970年后，原南京军区在明故宫遗址北部陆续建起办公楼、宿舍楼和体育场。

对于原国民政府重要办公机构，在南京市军管会成立之后，就被利用为办公场所。据1949年5月12日公布的《南京市军管会关于各部会负责人及住址的通告》（见《城市接管与社会改造·江苏卷·南京分册》）："秘书长、秘书处住伪行政院旧址，供给部住中山北路电信局北原西北实业公司，外侨事务处住伪外交部旧址，房地产管理处住林森路原主计部旧址，财经接管委员会住伪财政部旧址，交通接管委员会住高楼门伪公路总局旧址，军事接管委员会住伪国防部旧址，政务接管委员会住夫子庙伪市政府旧址，文教接管委员会住伪教育部旧址，公安部住伪考试院旧址"。这种使用性质的转换，客观上对上述建筑起到了一定的保护作用。

这部《城市分区计划初步规划》，毕竟是中华人民共和国成立后南京第一部城市发展规划，在南京城市规划史上有一定的地位。但由于1954年夏百年不遇特大洪灾的冲击，这一规划草案未能发展成为定案。同时因南京地处东南沿海，属国家划定的非重点建设城市，所以建设量也较小，主要发展的是文教和工业。这一阶段，高等及中专院校进行院系调整，原中央大学被拆分，组成南京大学、南京工学院、华东水利学院、华东航空学院、南京航空工业专科学校、南京农学院、华东林学院、第五军医大学、华东药学院、南京师范学院等十所高等院校，布局结构较为合理。医疗、预防机构恢复与发展共四十四所，超过民国时期近一倍，其中新建工人医院（今省人民医院前身）、第四医院、干部疗养院、直属休养所、公安医院，扩建了市立第一医院、人民鼓楼医院，改建了妇幼保健院。病床数从原二百八十张增加到九百九十二张，有医务人员六百六十七人，较1949年前增加百分之六十八。扩大充实了十二个卫生所、六个分所，并增设了两个分所，开业医事人员组成十三个联合诊所，工矿保健室恢复七个，新建十五个，达到平均每八百个市民有一个卫生人员。

全市工业户数从1950年的五千四百零七户，至1952年上半年已增至七千七百九十六户，商业、金融、物资交流都有大幅度发展，"财政收入也随之逐年增加，各项收入如以1950年为一百，则1951年货物税增加了百分之七十四点六九，工商税增加了百分之一百四十三点四三，企业利润增加了百分之一百四十四点八三，其他收入也在逐年增加，这样就使得财政收支平衡，且有结余"（见《中共南京市委办公厅关于三年来南京经济工作的总结》）。这可以说是南京由消费城市转向生产城市的一个例证。1952年基本建设计划工作总量为九百二十七点六一亿元（旧币，1953年以一万比一兑换新币），其中工业建设总量八百九十四点六六亿元，其他事业（江南汽车公司、自来水厂）建设总量三十二点九五亿元，新建南京纱厂、南京纸厂，改建南大机械厂、南京染织厂、南京农业械厂、江南汽车公司、新宁砖瓦厂、南京面粉厂、自来水厂、度量衡厂、长江米厂、南京酿化厂等十厂（见《南京市政府编制1952年度南京市国民经济计划提要》）。千人以上的工厂从两个骤增至二十七个，中央各部委来南京选址建厂也有十几处（见《南京城市规划志（联审稿)》第三章第三节)。

但是,在基本建设工作中反映出来的问题也很多。1952年《南京市人民政府财经委员会关于南京市基本建设工作会议总结报告》(见《解放初期的江苏经济》,江苏省发展计划委员会编,2002年6月出版)中指出:"各级企业领导机构及建设单位的干部,在进行基本建设工作中,不能按照基建程序办事,急于求成,计划设计不周,未经审核批准手续,即行列入工程计划和施工,因使有些工程产生许多严重的毛病及错误……如本市市政建设计划大变四五次,小变十七次。"有些项目甚至在没有起码的勘察调查、没有绘制施工详图的情况下就进入施工,导致不同程度的损失,甚至有不得不移址重建的。同时在建设中呈现明显的"工厂小社会"格局,建厂时不但要建厂房和办公室,而且要建宿舍、饭厅、浴室、礼堂并铺设道路、下水道等设施。这也成为此后数十年间南京城市建设中的一个普遍倾向。

摇摆不定的城建方针

1956年,中央政府重新考虑全国工业布局,提出"要更多地发展沿海工业,以促进内地加工业"的新政策方针。南京的建设与发展问题也引起关注。据《南京城市规划志(联审稿)》第三章第三节载,中央政府在总结"一五"时期重点城市规划建设的经验教训时指出:"城市不要追求大气派、大摊子,要尽量减少拆迁,节约投资。"国家建委领导前来南京视察时指出:"像南京这样的老城市,应该承认现实,利用现实,合理发展。中央针对'一五'前期工作中存在的问题提出的'城市由内向外,填空补白,紧凑发展'的精神,比较符合南京的实际情况。"应该说,承认现实,利用现实,由内向外,合理发展,避免大拆大建,也正是南京城市发展史上的传统与经验。然而,由于缺少城市总体规划,在具体实践中,"填空补白"却演变成了不顾整体布局、不问周边环境、不考虑设施配套的"见缝插针",导致城市功能布局混杂、生产生活用地犬牙交错,且屡屡侵占绿地、庭园、操场和滨河空地,对此后的城市布局协调和生活设施配套,造成了相当严重的困难。

据此,市规划部门在1956年底绘出了《南京市城市初步规划草图（初稿）》,次年底基本完成了对南京总体规划的修订工作。规划确定南京的城市性质,是"全国交通工业城市之一,工业生产将随着全国的经济发展而发展,造船工业、电子器材、食品工业及纺织工业均有一定的发展和新建；南京具有文化中心的特点,南京为省会所在地,并为华东军区所在地,为军事和政治中心之一；南京因自然及历史条件所形成,具有风景名胜古城的特色"。从城市定位上,明确南京已变消费城市为生产城市,而将工业发展放在首位,强调军队的地位,都是那个时代的特征。这也就意味着南京城市的发展,有丧失其个性的倾向。

同时,中央政府"城市不宜发展过大"的基调,使规划将南京市区的用地规模仍限定为一百六十平方公里,人口极限定为一百三十万。规划布局中将工业区选择和工业用地布置作为重点,明确在城区总人口超过一百三十万时,应将新建工业安排在卫星城镇。对城区内原有工厂则应承认现实,准其就地扩建。新建和扩建工业区的分布是：燕子矶地区为化工类等污染严重企业,中央门外东井亭以西至和上路两侧为一般工业区,上元门以西至宝善桥沿江一带为造船和食品加工工业区,中华门外五贵里一带为机械制造工业区。在当时强调城市工业发展的大形势下，这一布局当即付诸实施。其间南京与周边江宁、六合、句容、江浦等县数次调整边界，主要在沿江地带划进一批乡镇，以适应南京建立新的工业区、发展经济的需要。城市中心地区也依据现实，提出不将行政、商业和文化活动中心分散布置的方案。以新街口和鼓楼作为商业、文化活动中心，两者之间的珠江路、广州路改为林荫大道。珠江路以北为大型游行集会与文化活动中心。当时鼓楼广场还只是一个环形交通广场，周边建筑不多，南下黄泥冈一带都是空旷地，故可以作此规划。夫子庙作为传统的商业、娱乐中心。夫子庙永安商场曾是南京最重要的商场之一，还有人民游乐场、小剧场和小吃店等，直到"文革"前仍是南京市民最喜爱的休闲娱乐场所。因为当时将梁思成先生的建筑思想作为批判对象，反对他"首先是艺术作品，然后才是工程建设"的"唯美主义"，反对"形式主义""复古主义"，城市建设遂以"实用、经济、美观"为方针，这一时期的城市建筑很少特色，多为条式、盒式的呆板建筑。由于南京城市计划向北、向东发展，规划还考虑设置了十六个区中心。大专院校除现有校址外，建议向中山门外、太平门外和石门坎一带发展新校区。居住区用地规划则以工厂、学校等集中地区形成单位，分区平衡。全市规划干道所包括的居住地段共一百零八块，合计面积四千六百一十四点九公顷，人口密度为每公顷三百五十至六百，远高于民国年间的水平。到1957年，市政府共拨款四千一百零八万元人民币，陆续对老城区内的汉府新村、双乐园、宫后山、冶山道院、小桃园、二板桥等棚户区进行改造，并在城郊接合部新建了曙光新村、东井新村、水上新村等住宅，面积达六十八万多平方米。民国年间建成的城市道路网,仍是南京城区的道路骨架,规划只在道路功能划分上做了少量修订:一是取消当时感到难以成环的环路规划,另规划两条过境快速干道,加强拟建的长江大桥与城东南的联系;二是将中央路和中山路长江路以北路段的宽度由四十米规划为六十米,另在中山北路与热河路、热河南路交叉口辟建了直径一百米的热河路广场。对外交通规划主要是配合铁道部门选择长江大桥桥位方案,火车客运总站拟建在中央门外玄武湖畔。

这一比较符合南京城建实际的规划,起到了一定的指导与配合作用。1956年颁布的《南京市建筑管理暂行办法》,规定凡征地、建筑、埋设管线等,均须规划主管部门审核和指导,并具体规定了送审手续、管理分工、审查范围,也促使建筑管理走上有序的轨道。

1958年6月,建工部在青岛召开全国城市规划工作座谈会,提出"用城市建设的大跃进来适应工业建设的大跃进"和"快速规划"的方针。同年,江宁、江浦、六合三县划归南京,使南京市域大增。据《南京城市规划志(联审稿)》第三章第三节,南京在1958年10月开始编制"一市三县轮廓规划",以及配合人民公社、大炼钢铁运动的局部规划。次年又为迎接国庆十周年,开展城区干道和广场的规划。扩建后的鼓楼广场,中心岛南北长一百一十二米,东西宽六十米,广场外廓南北长一百七十二米,东西宽一百一十二米,车行道加宽到十八米,增建人行道宽八米,占地一点七六公顷,为原来的三倍。同时整修了广场东西的北京东路、北京西路等。1960年又以三个月时间编制出"南京地区区域规划"初稿。为了配合工业"大跃进",南京开始跳出城区向外扩张,进行外围城镇建设。一时工业项目纷纷上马,当年即选定新建工厂厂址一百三十处，核拨各种建设用地一千二百零八万平方米。各单位在确定指标时都贪大求多，对需用土地常多报多征，而规划部门以"一切为生产服务"为指导思想，随要随划拨，这种临渴掘井式的"规划"，实际上已失去了规划管理的意义，以至南京建成区面积在短短三年中增加了二十七平方公里，一下增加了近百分之五十，城市人口也猛增到一百三十六万，几乎增加了一倍。而因为贯彻"先生产，后生活"的方针，住宅建设速度大为下降，1958年"大跃进"，又调拨出一百万平方米住宅支援市、区、街道大办工业和福利事业，使全市人均居住面积下降到三点二三平方米，成为有数据记载以来的最低点（见《南京城镇建设综合开发志》第三章）。当时全国盲目宣扬"地大物博"，对于自然资源的实际状况心中无数，大肆浪费。南京也因建设实践中疏于规划管理，缺少地区规划控制，出现了大量浪费土地现象。事实证明，单纯扩大规模并不意味着建设水平的提高，甚至也不能证明对新形势的适应，只不过增加了破坏的范围。此后几年，城市规划建设又落到另一个极端。1960年11月召开的国家计划工作会议，宣布"三年不搞规划"，致使规划专业人员压缩，城市规划工作停顿。第二年初，中共中央批准了"调整、巩固、充实、提高"的八字方针，大力压缩建设规模，对企业实行"关、停、并、转"，动员进城、进厂农民回乡，控制用地和节约用地成为规划管理工作的重点。据《南京城市规划志（联审稿）》载，南京市政部门在困难的条件下，为了贯彻国家新政策，提出了"压缩城市人口，严格控制城市土地，支持农业建设"的新规划方向，对此前的"市区规划总图"进行修改，清理出"多征少用、早征迟用、征而不用"的土地近二万亩，几达新建成区的一半。经过连续三年的退地工作，共清退一万六千余亩，约十一平方公里。然而，城市用地规模的假性膨胀虽得到扼制，城市外围用地的松散布局却已定型。同时，城市人口的压缩十分艰难，三年间虽向郊区和卫星城疏散，但机械增长与自然增长无法控制，人口总量的降低微乎其微。1964年初，市人委曾召开建设、设计、施工单位和管理部门大会，宣传征地与建筑管理有关政策和具体要求。

拆城风潮

这一阶段，南京古城风貌格局的重大变化，是明代都城城墙遭到大规模、长时期破坏，十三座明代城门被拆除九座，城墙被拆、被毁长度超过一半。据张辰先生《南京明城墙的历史沿革研究》（南京大学建筑学研究生毕业论文，2006年6月），1954年夏秋之交，南京一再遭受暴雨袭击，长江水位居高不下，城内大范围积水，许多地段城墙长时间浸泡在水中，积年隐患集中爆发，出现了非常严重的险情，多处发生坍塌事故。其中7月28日中华门西干长巷段城墙局部倒塌，造成居民死伤三十一人。有关部门经过详细勘察，发现明城墙各类险情多达四百余处。南京市工务局编制了《南京城墙损坏情况调查表》，南京市市政建设委员会也编制了《查勘城墙报告》。而由于当时人力、财力、物力的不足，对明城墙进行全面的保护维修工作难以实施。鉴于此，1954年9月13日，南京市人民委员会决定：南京古城墙除了有历史文物价值的、有利于防空、防洪以及点缀风景的部分应予保留外，其余一律拆除，以利交通和发展经济。

通济门拆城墙现场照片

这一决议的违法之处，就是将作为一项文物整体的南京明代都城城墙，拆解为"有历史文物价值的""有利于防空、防洪及点缀风景"即有实用价值的以至可以"一律拆除"的几部分。南京明代城墙的哪一部分能说没有文物价值？所以在实际衡量时，前者已成为一个近乎虚幻的标准。从拆城实践看，连"历史文物价值"绝不亚于中华门的通济门，也被夷为平地，中华门和石头城也险些被拆。所以当时判断的标准，实际上只是有无实用价值这一条。而这一决议，在同年11月17日得到批准。这一结果应该说不能算意外，因为北京城墙已于1952年开始陆续拆除，反对拆除北京城墙的梁思成先生受到批判。于是，12月30日，南京市政府正式成立了中华门拆城临时工程处，1955年1月，正式开始拆除上年发生事故的中华门一带危险城墙。"虽然最初的拆除行动是为了保障市民生命财产安全不受威胁，故所针对的城墙都是险情最为严重的段落，但是随后因为当时城建青砖产量不足，开始为了使用城砖而拆城。"这不禁让人想起二十年前徐悲鸿先生的文章。

《南京明城墙的历史沿革研究》中，引证了南京市工务局、城市建设局等单位的大量原始资料，梳理出一份拆城记录：

> 1955年1月至7月，因险情拆除中华西门至西干长巷四百八十米危墙的大部，及中华东门段四十六米危墙，包括中华东门和中华西门。6月，开始拆除绣球公园段兴中门以南一百三十米出现坍塌的危墙，同时进行了局部修整工作。7月，开始拆除金川门以南危墙约二十六米。8月至9月，拆除武定门附近险情较多的城墙七十九米。9月，开始拆除太平门以西约二百二十米危墙。11月至12月，拆除水西门瓮城的危险拱券部分。

当时拆城工作还是在政府的控制指导之下进行的，每段城墙的拆除都要经过一定的审批程序。当年3月，政府还组织文化与工程人员对待拆城墙进行了测绘、摄影和记录工作。

然而，值得注意的是，1955年4月起，因基建用砖需要，开始拆用并未发现险情的草场门向南五百五十七米、向北七百零五米，合计约一千二百六十二米城墙上的城砖。在当年开始拆动的全部二千零五十米城墙中，这一部分所占比例竟超过了百分之六十。也就是说，拆城的性质，很快就从排险转向为取砖。

1956年初，开始拆除武定门城门。同时太平门西已拆城墙段继续向西扩展，又拆除一百二十五米城墙，直至小红山转角。7月，开始拆除中央门至金川门段二千六百八十二米城墙。同在7月，汉中门附近城墙出现倒塌，8月开始拆除汉中门至乌龙潭约二百六十米危墙。9月，开始拆除通济门以东至光华门约一千五百米城墙，光华门至东南转角处约九百米城墙，城东南转角处至后标营以南约五百米城墙。同在9月，开始拆除水西门至汉中门段约二千米城墙；汉西门瓮城也被拆破。本年中，草场门段继续拆城并有所扩大，以至鬼脸城段也遭到一定程度的"误拆"。本年对中山门进行了维修。在当年新开拆的七千四百多米城墙中，仅汉中门至乌龙潭段是因出现倒塌而拆，出于用砖而拆城的比例已超过百分之九十五。

1957年，钟阜门至金川门段一千四百零一米城墙被部分拆除。中央门城门及附近城墙被拆除。武定门至中华门东一千九百三十六米城墙被拆去城垛以取砖。此外，南京棉毛厂迁址城西南角后，擅自在邻近的城墙段上拆出三十米缺口作为厂区大门。至本年底，被完全拆除的城墙

朱偰先生（1907—1968年），著名的经济学家和历史学家，著有《金陵古迹图考》《南京的名胜古迹》等。这是他在20世纪30年代的留影。

多亏了朱偰先生，中华门瓮城才得以保存下来。　　　　　　　　　　　　方飞 摄

达二千三百二十米,被拆动的城墙达一万一千八百六十米。本年对中华门瓮城、太平门、雨花门进行了维修。因政府拆墙取砖,某些个人和单位也私自拆用城砖。南京市人民委员会在当年 4 月 17 日还批复了城建局《关于偷拆城墙情况和处理意见的报告》。

1958 年 5 月"大跃进"运动开始,城市基建需用砖量剧增。而南京市政府也在这一年将拆城工作管理权限下放给各区及有关单位,以致拆城行动完全失控,拆城取砖成为一时风潮。当时的一个口号,叫作"变废为可利用"。这一年爆发的"土法上马,大炼钢铁"运动,又拆取大量城砖去砌筑"小高炉"。也在这一年,又掀起了"自力更生,改造家园"运动,拆取城砖建造私房的"白手起家"行径得到鼓励。在这种形势下,南京明城墙遭到极其严重的毁坏。到该年底,总长度三十五点二六七公里(此系南京市文物局 2006 年 2 月 16 日公布数据,此前社会公认的数据为三十三点六七六公里)的明城墙,完全拆除三点五公里,已部分拆动的段落达十三点八公里,基本完好、未被拆动的仅余十八公里(如按旧数据计算,未拆动部分已只剩十六点四公里)。太平门、光华门、草场门被拆除。许多被拆城墙段十分坚固。据当时被招收为拆城处拆城工人的化铁先生说,某些城墙段在拆除时不得不使用炸药(见杨国庆《南京明代城墙》)。

1959 年,为控制对明城墙的滥拆,由南京市有关部门(可能是南京市市政工程公司)收回了上年下放各区的城墙管理权,但仍拆城不止,水西门至西水关四百米城墙包括水西门城门被拆除,金川门也被拆除。私拆城墙不听劝阻事件仍屡有发生,至 1961 年,仅被查获的单位就有二十三个。到该年底,完全拆除四点八五公里,部分拆动段落十二点九公里,基本完好的城墙段仅余十七点五公里(按旧数据只剩十五点九公里)。

1960年起,城市建设基本停滞,政府方面大规模的拆城取砖也因此暂时停息,但当年2月南京市人民委员会仍批准白下区拆除规模宏大、十分坚固、可与中华门媲美的通济门瓮城。更为严重的是,城墙管理的混乱局面并未得到改善,单位与个人擅自拆城取砖事件时有发生,已成"到处动手、全面开花"之势,因拆动而导致的城墙自然损毁也日盛一日。1963年1月4日南京市人民委员会曾发布《关于迅速制止私拆、乱拆城墙的通报》,部分反映了当时的现实状况。至1963年底,完全拆除的城墙约五公里,拆动破坏的城墙约十四点五公里。基本完好、未被拆动的明城墙,仅余十五点八公里(按旧数据则只剩十四点二公里)。至1965年底,完全拆除的城墙段增加至约七公里,拆动破坏的段落尚有十二点七公里,基本完好城墙缩减至十五点六公里(按旧数据则只剩十四公里)。雨花门和钟阜门又被拆除。至此,十三座明代城门仅余神策门、中华门、汉西门(局部)、清凉门四座。南京出现大规模拆毁明代城墙的事件,并不是没有遇到有识之士的劝阻。1955年,当草场门大规模拆城取砖开始时,就引起了社会强烈反响,知识界、文化界人士纷纷呼吁保护明城墙。1956年4月底,南京市政府为军事学院基建用砖批准在太平门已拆二百米缺口处再拆一百米,时任江苏省文化局副局长的朱偰先生就提出不同意见。六七月间,他接到中华门内瓮城及石头城等处面临被拆的紧急报告,当即赶往现场察看,并向南京市政府提出意见,又联合社会各界共同呼吁,以阻止拆城行为。9月23日,《新华日报》刊登了朱偰先生的文章《南京市城建部门不应该任意拆除城墙》，对有关部门提出严厉批评。该文先后被《光明日报》《文化新闻》等报刊转载。朱偰先生还电告中央文化部，请求制止南京的拆城风潮。这一批评意见也通过省、市电台播放，产生了一定的社会影响。然后朱先生在1957年被划为"右派"，尽管他一再声辩，他反对拆城"完全是从爱护文物出发"，请求允许他保留意见，但右派帽子已牢牢地扣在了他的头上。他的行政职务被撤，调到南京图书馆去做研究工作。"文化大革命"中，朱偰先生再次惨遭迫害，于1968年7月15日含冤辞世。

  2007年年初，经南京大学董健先生提议，我执笔写成《关于举办朱偰先生百年诞辰纪念活动的倡议》，得到一百多位学者、作家联署支持。4月14日，由江苏省文化厅、文物局和南京图书馆主持举行了朱偰先生百年诞辰座谈会，南京各界人士百余人参加会议，蒋赞初、梁白泉先生等多位前辈学者在会上发言，高度评价了朱偰先生在南京历史文化研究上的开创性贡献，以及为保护南京历史文化遗产不惜献身的高尚精神。董健先生说："朱先生他所做的，不仅仅是保护哪段城墙的问题，也不仅仅是保护哪一个具体的文物的问题，而是体现了一种文化守护、民族记忆的精神。今天我们纪念他，首先就要学习这样的精神。"他特别强调朱偰先生冒着风险坚持这样做，"就更值得我们来崇敬他，来学习他"。倡议中首次提出"选择适当的场所树立朱偰先生的雕像，在城墙博物馆中为朱偰先生设立专门的纪念室，以激励人们热爱家乡，热爱南京，吸引更多的人致力于南京的历史文化遗产保护工作"。

动乱年代

1966年夏,"文化大革命"开始,南京城市建设与管理受到严重干扰,机构撤销,人员下放,各种管理制度基本废弛。各单位擅自占地、圈地,违章建筑泛滥,造成极大的混乱,再一次打破了多年规划的城市布局。大批历史文化遗址被破坏或被占用,园林景观荒废。1969年竟在鼓楼广场内建起一座检阅台,以用于当时频繁举行的游行、集会、公判、批斗活动。1971年南京新建房屋四十多万平方米,领取建筑执照的不到一半。为了落实所谓的"备战备荒""深挖洞",人防系统完全不考虑实际效用,在残存的明城墙墙基下开挖防空洞,在城墙上打开出入洞口一百六十四个,城墙内挖隧道十几千米,总面积三万多平方米,许多地段的明城墙内部被掏空,以至造成部分明城墙城顶塌陷,墙体开裂、倾斜。这种做法甚至直延续到1980年,还在九华山西城墙下挖建防空巷道。此外,"文革"中又陆续拆毁城墙若干处,如1970年建设模范西路时,拆毁定淮门及其南北城墙,1971年建设建宁路时,拆毁兴中门,后半山园附近明城墙被拆出三十米长的豁口,长期修堵不成,终于被迫开为便门。1970年代末建设城西干道,设计路线时仍完全没有考虑明城墙的存在,以至部分路段与明城墙重叠,1981年遂将龙蟠里至汉中门城墙完全拆尽以修路。此前汉中门至水西门之间城墙也被完全拆尽,在城墙基上辟建长虹北路(现称虎踞南路),并兼作防洪堤使用。大量沿墙搭建的违章建筑,更对尚存明城墙造成整体伤害。

沿墙搭建民房,始于民国年间,中华门、通济门、汉西门等瓮城内,一度都建起了简易民房。1937年南京保卫战前夕进行过一次清理,但抗战胜利后,大批返回故乡而无家可归的市民,不得不再度沿墙建棚屋以居住,由此形成习惯。"文革"混乱期间,许多工厂也沿城墙建造厂房,各种工业器械对城墙均有不同程度的破坏。"文革"结束后大批知青和下放居民返城,尤其是下放居民多已失去原住房而无家可归,当时为解决他们的居住问题,遂沿城墙建造了大量简易住房,甚至在城墙顶部建造房屋、铺设管线、种植蔬菜。市民和近郊农民随意取用城砖,更是司空见惯。有人每天下班用自行车带两块城砖回家,三年坚持不懈,竟建起一间房,成为那个时代令人欣羡的美谈。明城墙的保存状态,在1980年前后达到最为恶劣的低点。

"文革"期间,市政建设资金被大量挪用,道路被占,湖塘被填,堤防被挖,市政设施失修、失养严重。除了南京长江大桥的建成通车、五台山体育馆的落成,这一阶段在城市建设上乏善可陈。南京长江大桥是我国自行设计、自行施工的具有世界水平的铁路、公路两用桥梁。铁路桥为双线,全长六千七百七十二米,公路桥为四车道,全长四千五百八十八米。正桥主体工程于1960年1月正式开工,铁路桥于1968年9月30日建成通车,公路桥于1968年12月29日竣工通车。总造价二点八七亿元。伴随长江大桥修建的还有自桥南小堡至盐仓桥的大桥南路,全长一千三百三十九米。南京长江大桥的建成通车,大大改善了长江南北两岸的交通状况,对于南京城市的跨江发展,也具有重大意义。但随着长江大桥的通车和中央门外南京火车站的建成,下关地区的交通枢纽地位大为下降,又没有其他产业作为替补,以致迅速衰退为城市边缘区域。此外,迈皋桥地区的开发,因缺乏规划指引,形成典型的"摊大饼"模式,工厂分布散乱,工业区与居住区混杂,道路弯曲,所造成的不良后果，直到21世纪初，仍影响着这一地区的健康发展。

"文革"后期，国务院与国家计委重提规划管理，1974年，南京市在城建局内恢复规划管理处，中断八年之久的城市规划工作才得以重新开展。随着国家经济秩序的恢复和好转，城市基建项目不断增加，虽颁布了《南京市建筑管理办法》，然而因城市远期发展前景不明确，管理部门在划拨基建用地时缺乏具体依据，严重影响了规划工作的效率和预见性。

为了扭转规划工作的被动局面，控制城市的发展方向，1975年南京城市规划部门编制了《南京城市轮廓计划》，作为对城市建设长期无规划指导的一种补救措施。次年以此为依据，编制完成老城区改建、城市道路红线、近期管线综合等规划方案。《轮廓计划》提出的具体规划原则："改造老城区，充实配套新市区，控制发展近郊工业区，重点发展远郊城镇。"是以当时的国家相关政策为基点的。针对南京城市中存在的住房紧张、交通拥挤、服务设施不完善等严重问题，规划者认为，只有控制城市发展规模，才能避免继续加重城市负担，减缓城市环境的恶化程度。应该说，这一想法在当时是较为明智的。这一规划的基点虽然消极，但确实为城市进行结构性调整争取了时机。因为知青下乡和居民下放，南京城区人口下降到一百零三万，规划拟将城区人口控制在一百一十万至一百二十万之间，用地规模也以市区外围菜地为限制地带。

由于历史和自然条件的影响，南京城区道路形成南北方向长、东西方向短的趋势，而且干线偏少，以至市区内机动车流量过分集中在几条主干线上，尤其是南北向中轴线和各主要交叉道口，交通压力日渐增

南京长江大桥

大。20世纪五六十年代,主要在提高和完善原有主次干道,着重发展市中心鼓楼一带的道路。这一规划明确了城东干道(今龙蟠路一线)、城西干道(今虎踞路一线)为分担市区南北向交通的辅助干线,以适应长江大桥建成后南京交通网络的结构变化,解决市区路网长期不能满足南北交通需要的矛盾。东西方向则规划有八条联系干道。这一规划虽仅在规划部门内部掌握使用,但对城建管理工作发挥了一定的作用。毋庸讳言,新中国最初三十年,南京的城市规划"两下三上",仍然处于一个很低的层面上,规划精神的缺失是十分明显的。城市规划不对市民公开,未能广泛征求社会意见,未经人民代表大会和上级行政部门审批,缺乏权威性。规划执行中没有相应法规支持,落实也有相当困难,更不用说规划理念与规划方法的研究和提高了。尤其是规划工作时断时续,每一次规划中断时期的城市建设混乱,都会不同程度地破坏城市的宝贵资源,对城市正常发展形成新的障碍,也为下一次规划的编制实施造成严重的困难。

三十年间,南京城市建设中的失衡与无序,并没有得到多少改善,虽然工业相对发展得快一些,但带来了严重的环境污染,在某些地区已威胁到市民的正常生活。商业和服务业明显衰退,物资供应极度匮乏。医疗卫生、教育、文化娱乐等公共设施严重短缺,尤其是住宅和交通等生活基础设施建设欠账更为严重。居民住宅建设长期处于停滞状态,居住困难与日俱增。到1976年,全市人均居住面积只有四点六四平方米,竟还低于1949年人均四点八三平方米的水平(见《南京城镇建设综合开发志》第三章),而能达到这一数据,还是因为"文革"期间下放了数十万知青和居民,减少城市人口的结果。居民下放虽然暂时缓解了城

南京五台山体育馆

市居住和就业压力,但无异于饮鸩止渴,一旦这一手段失灵,更大的危机就逼近这座城市了。

不过,事物都有两面。这三十年间,南京城市建设发展迟缓,也使南京古城格局、历史风貌得到较好的保存。到 1970 年代末,南京城内,城南老城区基本保持着明清时期的城市肌理,空间尺度和建筑风格大致未变。城东和城北区域内,仍清晰地保留着民国年间的建筑特色,联系全城的交通干线林荫浓密,成为最显著的城市标志,令人赞叹。按今天的眼光来看,这样一份历史文化遗产,是比任何新建筑设施都更为可贵、更为难得的宝贵资源。换句话说,在 1979 年那个时间节点上,南京的城市建设看似落后于国内某些大都市,却比它们更具有科学发展、持续发展、和谐发展的巨大潜力。

1980年代的新街口

第十二章 改革开放与城市控制

改革开放初期,计划经济体制和观念的惯性,在城市规划、建设方面影响尤重。有幸的是,城市发展毕竟在艰难地突破束缚,走向正常轨道,并且取得了一定的积极成果。

"事业要发展,城市要控制"

1978年后,中国进入改革开放时期,南京的建置范围与城市地位发生了几次较大的变动,直接关系到城市的整体框架发展。

1980年增设大厂区。1983年3月,江苏全省实行"市管县"体制,溧水、高淳二县又划入南京管辖。南京形成六城区、四郊区、五县的区划格局,全市总面积扩大为六千五百一十五点七四平方公里,其中市辖十区面积九百四十七点三一平方公里,江宁、江浦、六合、溧水、高淳五县面积共五千五百六十八点四三平方公里。市域南北最大直线距离一百四十余公里,东西最大直线距离八十余公里,长江横贯中部,境内长九十五公里,江北有两县两区,构成南京新一轮跨江发展态势。

"市管县"新体制旨在发挥城市的中心作用,发展新型的城乡关系,统一规划,统一领导,促进城乡一体化。随着南京经济和各项事业的迅速发展,城市辐射力和吸引力明显增强,与周边苏、皖、赣十八个地、市组成的南京区域经济协调会,辐射面积达九十多万平方公里,成为国内最富活力的经济区域之一。1986年1月,全国人大常委会批准南京港口对外开放。1988年3月,国务院正式批准南京市及所属江宁、江浦、六合三县列入沿海经济开发区。此后省政府又分两次批准南京市属县五十二个镇为对外开放的重点工业卫星镇。1989年,国务院批准南京市实行计划单列,赋予南京相当于省一级的经济管理权限。南京市组织生产与流通的作用进一步得到加强。

1978年10月7日,经南京市人民政府批准,南京市规划局正式成立。这是南京城市规划建设史上一个重要节点。当年秋天,南京市基本建设委员会在朝天宫举办"南京市城市建设成就展",规划局参与布置了有关城市规划的内容,反映近三十年四次城市规划情况,并提出对未来二十年南京城市发展的规划设想。

次年初,南京市规划局根据中央"认真抓好城市规划工作"的指示精神,组织铁路、水运、公路、民航、市政、公用、文物、园林等有关部门和部分工厂、企业技术人员,并邀请南京工学院、中国科学院南京地理研究所专家,参加编制南京城市总体规划中的相关专项规划。这部规划在总结三十年来南京城市规划建设经验教训的基础上,经过深入调查研究、广泛搜集资料和多次方案论证,于当年6月形成初稿,1980年3月邀请全国各地专家、教授进行讨论并征求修改意见。经市委和市革委会原则同意,《南京市城市总体规划方案》于9月2日在玄武湖梁洲正式展出,在社会上广泛宣传,以征集广大市民和各方面的意见。并由南京市勘测设计院制印成精装八开本《南京城市规划》。当时我还在南京钢铁厂工作,厂里组织职工参观这一展览,我因此第一次接触到城市规划这个概念，得以从宏观上了解这座城市的整体面貌。这部规划成为国内最早对市民公开的城市规划。规划公开，也从此成为南京的一个优良传统。这一规划经过南京市、江苏省两级政府的审批，于1982年8月报请国务院审批。

1983年11月，国务院批准《南京市城市总体规划》，并指出："南京是著名古都，江苏省的政治、经济、文化中心。应严格控制城市的人口规模，市区人口近期应控制在一百四十万以内，2000年控制在一百五十万以内。要严格按照批准的城市总体规划进行建设和改造，使南京这座历史文化名城成为经济繁荣、文教科技事业发达、环境优美、有古都特色的社会主义现代化城市。"这是1949年后南京第一部得到国家正式批准的具有法律性的城市总体规划文件。尤其值得注意的是，国务院对南京这座城市的定位十分明确，首先是全国以至全世界的"著名古都"，然后才是"江苏省的政治、经济、文化中心"，因此应当以历史文化名城为基点，在建设和改造的四项目标上，"经济繁荣"虽然放在首位，但突出了"文教科技事业发达"，更强调了"环境优美"和"有古都特色"。然而，在规划制定过程中出现的种种表述，与国务院的定位都有相当距离。

规划试图控制城市人口规模，一方面考虑逐步降低人口增长率，一方面考虑人口规模须与城市可提供生产、生活用地相适应，据此预计市区人口1985年为一百三十六万，2000年达一百四十二万，规划拟将人口规模限制在一百二十万左右，因此需陆续向市外疏散二十二万人。同时控制用地规模，规划者着眼于南京六个城区及栖霞、雨花台两个近郊区与城区相连接部分，将用地范围划在东北到笆斗山、东近马群、西南至安德门、西至茶亭、北达长江的界限内,所以认为市区用地已步入"山穷水尽"境地,必须控制在一百二十二平方公里左右。这一规划面积,竟比1954年一百六十平方公里的规划面积又缩小了近四分之一。针对当时南京市区功能布局混杂、生产生活用地犬牙交错的现状,为达到"事业要发展,城市要控制"的目的,规划提出圈层式城镇群体结构的总体布局思想,以市区为主体,围绕市区由内向外,将市域分成各具功能又相互有机联系的五个圈层,即"市—郊—城—乡—镇",构成圈层式城镇群体,使全市大、中、小城镇组成网络。市区建设实行改造、提高、配套的方针,不再安排新建单位。郊区为蔬菜、副食品基地和风景游览区,也是市区与主要卫星城的隔断地带,不得突破。沿江三个卫星城、三个县城和两浦地区形成第三圈层,按照既定产业性质,成为南京外围相对独立的生产基地,以接纳城区外迁单位和人口。四五圈层则是大片农田、山林及远郊小城镇,是南京地区生态平衡的重要基础。

  市区之内的功能布局,同样也有圈层的设想,并实际划分为三圈。规划以鼓楼至新街口为轴心、半径约二公里的椭圆形地带为核心区,东到龙蟠路,西到虎踞路,南到内桥,北到新模范马路,主要由党政军领导机关、重点大专院校和科研单位、大型商业设施和质量较高的居住区组成。中山路为全市文化、金融、贸易、商业中心大街。核心区内的工厂,以印刷、食品、电子和传统工艺美术等为主。核心区外围,半径三至四公里的环形地带,主要是机械加工、仪表、轻纺工业及相应的住宅区。环形地带外侧,南北是铁路、仓库和江河、港口,成为市区的对外交通枢纽,东部是风景区,西部是蔬菜、副食品基地。

  据《南京城镇建设综合开发志》记载,就在这份规划制定过程中,

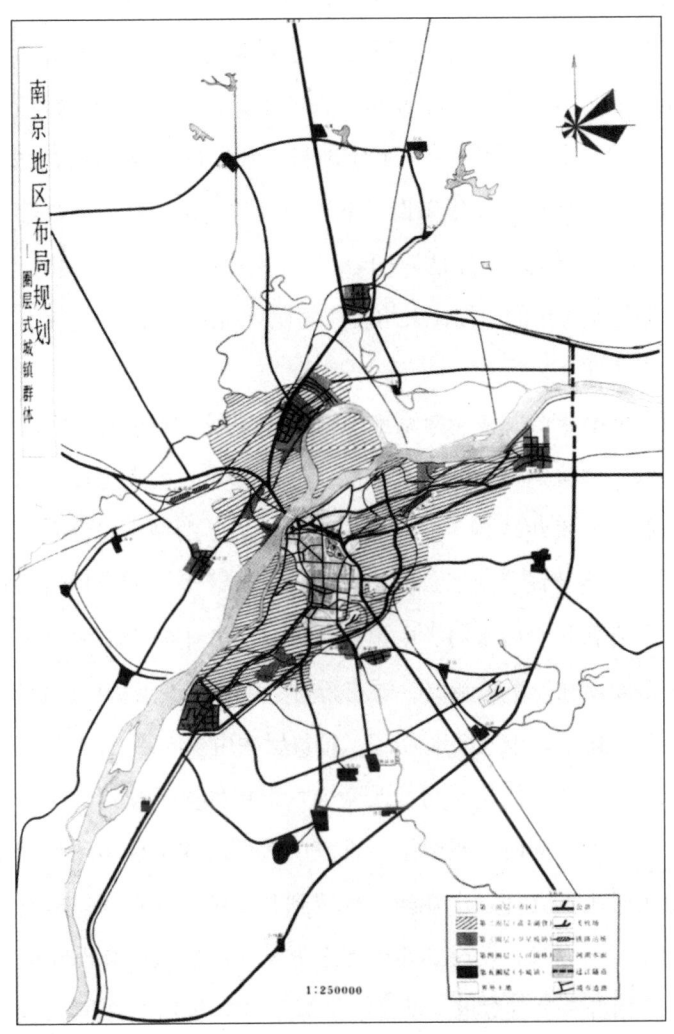

南京地区布局规划——圈层式城镇群体，引自《南京城市规划志》

从1977年7月开始，全市利用城区内闲散的农用地、菜地和空地，陆续建成住宅四百七十五幢，建筑面积约八十五万平方米。尤其是1978年建成的瑞金新村，占地九公顷多、建筑面积十万多平方米，水、电、气俱全，成为城区内第一个面积最大的单元式住宅楼群。此后又建成姜家园、东井亭、蓝旗新村、武定新村、象房村、金陵新村、安怀村、五所村、五塘新村和光华东街、来凤街等住宅区、片。1977年7月到1980年，累计建造住宅面积一千五百二十九万平方米，但由于知青和下放户等返城人口的增加，人均居住面积只达到四点八平方米，仍低于1949年的水平。

同据上书记载，在《南京市城市总体规划》颁布实施后，自1984年起，依照"统一规划、合理布局、综合开发、配套建设"和"旧城改造与新区开发相结合，以旧城区改造为主"的城市建设方针，南京城区先后改造建设了白鹭、张府园、山西路、龙池庵、热河南路、如意里、马府新村、后宰门、中山东路南侧等九十六个旧城片区，开发建设了南湖新村、莫愁新寓、雨花新村、茶西村、五所村、金陵新村、秦虹、东井村等三十三个新片区。建筑层次由1950年代坐北朝南"兵营式"排列的砖木结构平房，改变为六七层的多层建筑，高层建筑有达二十八层的。同时还兴建了一批庭院式低层住宅和小别墅。住宅区规模也由过去的几幢、十几幢，扩展到几十幢、几百幢，建筑面积由几千、几万平方米，发展到几十万平方米。居民区配套设施也更为齐全，并开始辟有公共绿地、亭台小景等。1984年到1990年，全市累计建住宅二千八百六十五万平方米，人均居住面积达到七点一平方米，已是1949年以来的最高点，有效地改善了南京市民的居住环境。新建居民区相关道路交通情况都得到较大改善,市政管网铺设也相应进行。新建居民区多有文化、体育、卫生设施配套,如南湖小区配建了南湖文化中心、南湖电影院、南湖医院、南湖一中、南京市第五幼儿园等,后宰门小区附近建造了明故宫会堂。城市公共设施建设也有一定发展,包括广州路东端的南京市人民法院,解放路四十号的南京日报社新址,张府园、中山东路繁华市区的沿街商务楼等。尤其是恢复和创建了太平南路商业街、贡院街步行商业街、莫愁路商业街、山西路湖南路商业街、宁海路商业街、珠江路电子一条街等商业片区,配套建设了中央门南京商厦、山西路百货大楼、湖南路商场、水西门银都商厦等,使城市商业网点逐渐健全,居民购物日益方便。

城市道路建设也有较大发展,先后开辟了虎踞路、滨江路、明故宫路、凤台路,拓建了龙蟠路、建宁路、和燕路、共青团路、水西门大街、湖南路、十字街、平江府路等。为了缓解新街口地区难以承载的巨大交通压力,1986年辟建了保护新街口的小四环路,由原上乘庵、洪武路、淮海路、石鼓路、铁管巷、管家桥、华侨路等路段拓宽后连接长江路西段而成,沿线还建起了华新大厦、华荣大厦、金銮大厦等商务楼。

1986年12月20日,南京第一座三层分离式双环形立交桥——中央门立交桥建成通车。这是南京市内交通中,第一次实现了以立体交叉替代平面交叉。这种现代立交桥不但是当时从国外引入的先进交通形式,也影响到当时的社会生活理念和文化观念。作家刘心武曾以《立体交叉桥》为题写过一部中篇小说,其主题就是以立交桥为象征,表现了中国人对更广阔的生存空间的追求,对人与人之间更多回避碰撞机会的向往。在新时代的南京，立交桥的出现，也让市民看到，人与人之间避免平面碰撞，是可以实现的。

据《南京城镇建设综合开发志》统计，截至1990年底，南京市区建成主干道二十五条、次干道三十七条、广场十三个，道路九百七十九公里，面积达九百四十七万平方米，人均道路面积四点五平方米。

滞后的规划与艰难的城建

但是，这一部《南京市城市总体规划》，具有强烈的计划经济色彩，尤其是市区内的圈层，表现为单一中心边缘的结构，更显示出浓郁的封闭、内向意识。这种封闭意识，源于古代的防御需要，模仿的是古代的城镇形制，再上溯一层，就是人类动物性本能的一种遗存。应当说，在当时的社会背景下，处在计划经济体制内几十年的人，产生这样的规划理念，并不奇怪，也无可厚非。虽然此时国家经济形态已发生根本性的变化，社会文化意识也在发生巨大的变化，但国家的城市建设方针仍然立足于严格控制大城市发展，户籍制度仍然在严格控制人口流动。正是在这样的机制背景下，规划难以考虑，甚至完全没有考虑到面临的一些新情况、新问题。因此，规划无法适应急剧前行的改革开放现实的矛盾，在这一规划实施之初即已呈现出来。

首先，在城市规模方面，由于规划基点在于控制城市发展，以致城市用地的增长速度远低于人口增长速度，人均城市建设用地大幅度下降。突出反映在生活居住方面，由于下乡知青和下放居民的回城，市区人口在1985年已突破一百五十万，人均居住面积从1978年的五点零三平方米，1979年即降到四点七平方米以下，已低于1949年的四点八三平方米。全市无房户多达三万余户，人均四平方米以下的高度困难户超过五点六万户。随着回城知青的结婚生子，住宅困难状况还呈上升趋势。这可以充分说明，居住拥挤的首要原因，并不是土地缺乏，而是经济贫困。在计划经济体制下，满足市民正常生活居住需求的财力，是地方政府难以提供的。规划提出的人均居住面积远期目标仅为十平方米，近期目标力争达到六平方米，已是勉为其难，但标准仍然很低。

同时，规划虽然提出老城区成街成坊分片配套改造和新市区（指中央门、太平门、中山门、雨花门、光华门、中华门、水西门、汉中门、武定门九个城门外）建造独立小区两种建设方式，规划生活居住用地面积五点三八六平方公里，但用地面积总量二十二年间增加尚不足一平方公里（据《南京城市规划志[联审稿]》第三章第四节，1978年现状居住用地二十点六七平方公里，2000年规划用地二十一点六平方公里），可见城市住宅建设的重点，实际上百分之八十以上仍放在老城区的改造上。客观地说，这也是当时国家财政经济严重困难形势下，不得不采取的权宜之计。老城区内现有公共设施条件虽不够完善，但毕竟比一片空白、完全需要投资兴建的新区基础好。在国家财政投入有限之际，老城区改造比开发新城区更容易满足居民生活需求，当然是低标准的满足。

不过，刘易斯·芒福德提出了一个重要的论断：在城市规划中，现实的投资少，并不一定意味着节约（见《城市发展史》第八章），要看该项目"未来全部使用期的最后投资"才能下结论。这一条，恰恰是不少城市建设的决策者所不理解或不愿正视的。

此外，市区卫生医疗、中小学教育、文化体育及娱乐、商业服务系

南京市道路系统规划图,引自《南京城市规划志》

统等公共建筑总用地面积五百一十七点九万平方米、人均用地四点五五平方米、总建筑面积二百零九万平方米，三项指标与国家建委1978年提出的标准相比，连一半都没有达到。由此也可见城市建设比例失调的严重程度。规划改进方案同样因受市区用地限制的影响，标准过低，到2000年仍达不到1978年的国家标准。所以，在规划实施过程初期，原有的规划指标就不断被打破，以致城市用地日益紧张，管理失控，城郊接合部建设相当混乱。

更重要的是城市总体布局，圈层式结构的局限性很快暴露出来，并在实际建设过程中不断被突破。改革开放带来的城市变化和活力增长，使南京的经济辐射能力迅速突破了江苏省的范畴，成为长江流域中心城市之一，城市形态以沿江经济带的形式扩展。外向型经济的发展和各种类型开发区的出现，特别是第三产业的日新月异，都突破了圈层式的封闭理念。市区打开了多条出城通道，提高了主要公路的等级，以及旧城改造的速度与规模，都超越了规划的设想。第二圈层的蔬菜、副食品基地和风景名胜保护区，一部分被扩张的城市用地蚕食，一部分则有与外围城镇连片的趋势，原规划的"隔断"作用完全丧失。从城市的开放发展来说，这种"隔断地带"的设置本就属于一种逆动。

规划一旦失去对建设实践的指导能力，也就失去了存在的意义。但城市单一"核心区"的理念，在此后相当长一段时间内，仍严重地影响着人们的价值取向。各种行业争相向"核心区"内挤，居民也以"核心区"为最佳居住选择，以致"核心区"内建筑、交通压力越来越大。正如刘易斯·芒福德所指出的，城市拥挤本是对人类的惩罚，结果反成了值得骄傲的象征。当此之际，城建工作非但未能向新的中心区进行引导，反而迁就式地在"核心区"内建设密集的高层建筑，成为新的恶性聚集的诱因。南京历史上城市多元化、功能分区明确的特色与优势，在这一阶段内未能得到认识，更遑论保持与发扬，在某些局部已严重丧失。固然，城市核心区是一个客观存在，但核心区的承载能力绝非可以无限增长的。所以如何把握好核心区的承载量，如何及时有力地打造新的中心区以进行分流，实在是大都市管理的一种基本艺术。把握住这一点，就具备了起码的大都市管理能力。

城市建设的积极成果

平心而论，1983年《总体规划》，在对城市局部和具体建设的指导上，也取得了一些积极的成果，如进行工业布局的适当调整，控制市区内新建工业的发展和迁出严重污染工业。如南湖新村、锁金村、雨花新村、莫愁新寓、东井村、五塘村、金陵新村等新建居民小区，都选择在城市与郊区接合部的边缘地区。被改造的老城区地块，也多为荒弃地块、农用地或简陋民房，以及破旧棚户区，如中山东路中段南侧改造，拆除了英威街、顺德里、厚德里和普华巷、四条巷，将长白街由七米宽拓展为二十米宽，所拆去的多为民国年间形成的普通民宅建筑。湖南路小区所在地至清末才开发，历史遗存较浅，且重要建筑得以保留。光华园住宅区原为菜地，只有少量简易平房。五所村小区、龙池庵小区等原来都是破旧棚户区。山西路小区、鼓楼二条巷、三条巷小区等，原来多是低矮简陋的砖木结构平房。工人新村小区本是1953年所建安居房，日久破败拥挤，部分为单位用地。马府新村原建筑部分为解放后翻建的两层简易楼房,部分为简陋平房。四福巷小区原为清代射圃,废科举后被蚕食为简易民房,另建有夫子庙小学。1983年,新街口西北角原摊贩市场拆迁建成金陵饭店,可谓老城区改造的典范之作,被拆除的摊贩市场和简易游泳池等既缺少实用价值也没有文化保存价值,而新建成的金陵饭店三十七层,当时号称中国第一高楼,至今仍被市民视为南京最美丽的建筑。朝天宫复建工程自1987年2月编制修复规划方案,分三期施工,1993年6月全部竣工,较好地重现了江南现存最大古建筑群的风貌。1983年规划设计、分期分批实施的夫子庙地区改造初见成效,虽然不能尽如人意,但使其商业、娱乐中心的地位开始恢复。1987年王府园小区建设中,将原锦绣坊二十一号明末清初典型民宅易地重建,1991年5月建成,作为白下区文物陈列馆,也是一种有益的尝试。

  修复保护明城墙的工作,也在这一时期开始启动。1982年6月10日,"南京市历史文化名城保护工作会议"召开,有关领导在会上指出:"南京城墙再不保护,不得了了。"7月,南京市人民政府发布了《关于保护城墙的通告》,8月再次下发《南京市人民政府关于保护城墙的通知》。南京明代城墙也于当年被列为江苏省省级文物保护单位。1983年,南京市文物普查办公室成立了城墙普查小组,进行实况调研,并提交了《关于南京城墙现状的调查报告》。基本完好与半损害类的城墙总长度仅余二十一点三公里,其间尚有缺口三百米,与1965年底相比,又减少了七公里,可见这一阶段间的破坏之烈。1984年维修中华门段城墙墙面,1986年再次维修中华门墙面及墙顶,并将其划归不通行的城门,多年来一直从瓮城拱券门中通行的机动车,必须绕中华东门、中华西门缺口行驶。1988年,南京明城墙被列为全国文物保护单位，南京市城墙管理处正式成立，除保护现存城墙外，还致力于回收明城墙城砖，用于维修城墙。1989年建成的富贵山隧道，在不破坏地表以上明城墙墙体的情况下，达到沟通城墙内外交通的目的，可以算作明城墙发展沿革中的一个新事物。

但是，这一阶段，对历史文化遗产保护意义的认识和保护措施都还处于较低水平，且已出现城市改造、小区建设与历史文化遗产保护严重冲突的情况，尤其对于重要地下遗址，几乎完全没有保护意识。如张府园小区，地面建筑虽然低矮破旧，但正处于南唐宫城区域，建设中多次发现南唐宫城护龙河驳岸遗址等珍贵遗迹，却一再被毁弃，只留下少量护岸石（见《南京文物志》）。瑞金新村小区、后宰门小区和御道街地区，都在明故宫遗址范围之内。光华园住宅区部分侵占了被拆除明城墙的遗址，直到今日，明城墙在那一段仍处于被割断的状态。如白鹭小区位于秦淮风光带保护范围内，原为明清式民宅建筑历史街区，不少深进院落保存尚好，其中小石坝街八号还被列为秦淮区文物保护单位，却被全部拆除改建仿古建筑。如钓鱼巷小区依傍秦淮河，六朝以来即是金粉繁华之地，因乾隆皇帝钓鱼而得名，旧为烟花会集之所，建筑属明清式建筑风貌，也全被拆除改建仿古建筑。

尤其是太平门侧所谓金陵御花园，占据了紫金山与玄武湖之间的一块风水宝地，切断了两大风景区间的自然联系，而且有的别墅紧逼明城墙，甚至还建造了一幢高达十八层的御花园酒楼，严重违反了南京城市总体规划原则。其他开发商也紧随其后，又在这一带建造了月新花园和斯亚花园，将城市公共资源化为开发商的高额利润。

不过，毕竟这一规划的出发点在于控制城市发展，建设范围不大，而且新建区域主要系利用老城区内未建空间，或对确无保留价值的简陋破旧建筑进行改造，所以就总体而言，这一阶段，对南京老城区历史面貌的改变、对历史文化遗产的破坏，还不算太严重。

1990年代的新街口林荫道

第十三章 20世纪的最后十年

城市规划理应引领城市建设。这十年间,城市规划渐上正轨,规划的实施却受到干扰,历史惯性的牵坠,现实利益的驱动,使城建实践不断偏离规划。住房短缺、交通拥堵、环境污染、拆迁纠纷、城市布局、历史文化遗产保护,看似都是新问题,乱花迷眼,其实根本仍在一条,即是不是为人民谋利益。

"南京都市圈"的远见

因为1983年《南京城市总体规划》在实施过程中,就不断暴露出多方面的缺失,尤其是其立足于城市控制的基点,与改革开放以来城市迅速发展的现实无法协调,南京市规划部门和研究机构,从1980年代中期开始,就进行了一系列对这一规划的修正、拓展工作,在外围城镇布局、沿江地区规划、城市内外交通规划、历史文化名城保护、工业布局调整、主城分区规划、新街口鼓楼市中心规划及其他重点地段规划等诸多问题上,进行了深入研究,制定了多项具体的补充规划,既对实际建设工作具有指导意义,也为总体规划的修订积累了新的内容,提供了理论基础。

为了适应城市急剧发展的现实，引导城市走上科学、有序发展的轨道，1989年，南京市规划部门成立了新一轮城市总体规划修编的工作班子，经过一年调查研究，提出了工作方案。次年6月，经南京市政府批准，修编工作正式开始。经过三十余次反复论证修改，新的总体规划于1993年1月经市人大常委会审议通过，4月至6月在江苏省美术馆公开展览，以广泛征求市民和各方面的意见。同年4月上报江苏省人民政府，10月由省政府报国务院审批。12月中旬南京市规划局又赴京向建设部做了专门汇报。1995年1月，国务院批复同意《南京市城市总体规划（1991—2010）》，并明确规定了南京城市性质和发展规模，强调要切实加强对生态环境和历史文化名城的保护，同时对南京城市建设的发展和规划工作的进一步深化提出了要求。

在《江苏省人民政府关于报请审批南京市城市总体规划的请示》中，明确指出："随着改革开放和社会主义建设事业的不断发展，南京市原来的城市总体规划已不适应城市建设和发展的需要。"所以必须对其重行修编。这次修编，提出了一个规划理念上的新创意，就是"南京都市圈"的构想。"都市圈的概念是以主城为核心，以主城及外围城镇为主体，以绿色生态空间相间隔，通过便捷的交通相联系的城市化地区。"都市圈概念的提出，有利于"把主城与外围城镇作为一个整体，进行合理的职能分工和产业、人口分布，从宏观上拉开了城市的骨架，突破了主城的总体布局结构和传统的规划范围，跳出了主城的框框，为城市的发展提供了更大地域范围，充分满足了现代化城市功能转化，经济、社会事业发展和保护生态的要求"。由此可见，规划工作者清醒地看到了将南京城市发展局限于主城框框内的弊端，努力要将主城与外围城镇"作为一个整体",而非刻意区分其内外层次,这样才能达到"拉开城市的骨架",充分满足现代化城市发展的功能要求。

回顾南京城市发展史,南京城的每一次急剧发展,都伴随着城市骨架的大幅拉伸,都是跳出原有的老城范畴,在历史部分延伸的基础上,新增功能区合理择址,形成新的城市中心区域,老城、新区各得其所。新规划回归这一经过历史检验的优良传统,是一个重要的进步。尽管这一规划提出的"南京都市圈"还局限于南京市域之内,但对于此后的不断拓展,这毕竟是突破性的开端。

新总体规划中的规划范围,分为城市规划区(市域)、都市圈、主城三个层次。城市规划区总面积六千五百一十六平方公里,都市圈总面积约二千七百五十三平方公里,主城总用地控制在绕城公路以内,约二百四十三平方公里,其中规划城市建设用地约一百九十五平方公里,远远超越了历史上各次规划所设定的范围。其中以主城为核心的南京都市圈,是总体规划修订的重点地域。规划到2000年,主城人口在二百万左右,2010年在二百一十万左右。南京都市圈包括完整的长江南京段,主城和沿江重要的外围城镇,以山、水、城、林为主体构成的历史文化名城保护区和风景旅游区,为改善城市生态环境而需要宏观控制的绿色空间,沿江和跨江的陆上交通干线、长期航空港、大型交通枢纽及基础设施用地。其布局结构是:以长江为主轴,东进南延,南北呼应,以主城为核心,结构多元,间隔分布,逐步形成现代化大都市的格局。都市圈内的城镇根据各自的职能分工,共同发挥中心城市的整体功能。主城以内涵发展为主,重点发展第三产业,强化金融、贸易、信息中心职能。城市建设的重点将有计划地逐步向外围城镇转移,如仙林地区作为南京的新市区，要逐步形成新的都市核心；浦口是高新技术产业基地，水陆交通枢纽，作为都市圈的江北中心；东山作为江宁政治、经济、文化中心，是都市圈南部的吸引中心。主城布局以河流、铁路、城墙等为自然边界，分为五个片区，即以第三产业用地为主体的中片，以河西生活居住区为主体的西片，以中央门外工业区为主体的北片，以钟山风景区为主体的东片，以纪念风景区、对外交通设施为主体的南片。

规划居住用地从现有的三十三平方公里增加到三十九点五平方公里，改善居民的居住条件和生活环境，提高居住水平和设施配套水平，实现每户有一套住宅，到2010年人均居住面积达十二平方米。公共设施用地增加十平方公里左右，以增强南京经济、文化中心城市功能为目标。其中市中心区用地二十点五平方公里，东至城东干道，西至城西干道，北至新模范马路，南至建康路——升州路，这一区域比此前规划向南有所延展。重要的是，在市中心区外，还要求建设河西茶亭副中心，以及中片的热河路、中央门，西片的中保、沙洲，东片孝陵卫，北片迈皋桥，南片光华门等七个地区中心，以形成公共活动中心体系。这种多元多中心的架构，打破了封闭的圈层，显然更具现代性。而河西地区自1950年代初即作为城市建设的预留地块，四十年来发展甚微，规划确立其主城副中心的地位，应能大大促进该地区的建设，以缓解老城区不堪承载的建筑与交通压力。

此外，主城区工业用地的调整，以搬迁、转化和改造为主，老城包括下关地区的各级公共活动中心、历史文化保护地段内的工厂要加快搬迁或转变用地性质，总用地面积应有所下降。绿化面积则将由二十点五平方公里扩大到四十六点七平方公里，人均绿地指标由十二平方米提高到二十二平方米。明城墙风光带内的工业用地均应转化为绿地。主城以园林化城市为目标，建设高水平的点、线、面相结合的绿地系统，并与主城外围都市圈生态防护网主骨架连成一体。

主城道路网由快速道路、主干道、次干道和支路组成，形成主城"经五纬八"的主干道系统，并规划建设四条城市地铁。城市对外交通，在铁路、公路、水运、航运各方面都有较高建设标准，并规划了大胜关、长江大桥、八卦洲、石埠桥、三江口等五个架空或水下过江走廊。

规划第六节《历史文化名城保护》，是此前总体规划所没有的新内容。规划提出："南京历史文化名城的保护，要充分发挥山、水、城、林交融一体的气度恢弘的城市特色，从整体上综合考虑保护环境风貌、城市格局、文物古迹、建筑风格和发掘历史内涵五个方面，建立完整的历史文化名城保护体系。"规划明确列出十三片环境风貌保护区和十二片重要历史文物保护地段，并提出具体保护目标和要求："要具体划定市级以上文物保护单位保护范围和建设控制地带。在保护范围内禁止新建任何与文物古迹无关的项目，不得改变和破坏历史上形成的格局和面貌；建设控制地带范围内的建设应与文物建筑的风格、环境相协调，禁止任何有碍观瞻和破坏环境的建设活动。对市级以下文物保护单位，也要积极做好保护工作，在进行城市建设时应尽量保留，合理利用。"规划强调："要妥善处理历史文化名城保护与现代化建设的关系。城市现代化建设以及主城用地的调整改造，要与历史文化名城的保护相协调。"

国务院的明确要求

《国务院关于南京城市总体规划的批复》中，肯定了这一规划，并明确南京的城市性质为"著名古都、江苏省省会、长江下游重要的中心城市"，与十年前一样，仍然将"著名古都"放在了第一位。据此，南京的规划与建设，首先就要继承古都历史文化的精华，创造古都风貌与现代文明和谐交融的城市特色。然后才是江苏省的政治、文化、经济中心，要保证省级管理职能的顺利实施。最后，南京作为长江流域四大中心城市之一和长江三角洲西部枢纽城市，要充分发挥沿江、近海的优势，增强跨省域的辐射功能和吸引力。

同时，国务院的批复中有不少提法，与《总体规划》的提法不尽相同，值得认真注意。

针对《总体规划》中提出的"以建设国际化大都市为长远奋斗目标，促进和加快城市建设步伐。下世纪中叶跻身世界发达城市行列。建设经济发达、环境优美、融古都风貌和现代文明于一体的国际名城"，国务院批复第二条中，冷静地将这一目标调整为"把南京建设成为经济发达、环境优美、融古都风貌与现代文明于一体的江滨城市"。

批复第三条中指出，南京"城市建设的重点应有计划地向外围地区转移。主城建设应以调整、充实、改造为主，优化用地结构，发展第三产业，提高综合功能"，并特别强调："城市中心区要搞好基础设施改造，严格控制建筑密度；旧城（包括下关地区）内现有工业用地要逐步转变性质；河西新区要确保有序开发。仙西新市区和主城至新机场沿线是城市发展的重要地区，规划建设要高起点、高要求。"其中，城市中心区的改造内容是"基础设施改造",要"严格控制建筑密度","河西新区要确保有序开发",仙西新市区和东山新市区"规划建设要高起点、高要求"这几条,应该说都不是泛泛而谈,而是有针对性的指示。

批复第五条:"南京是国家历史文化名城,城市的规划、建设和发展,要继承和发扬山、水、城、林相互交融的特色,保护好文物古迹、历史街区及其环境和自然景观。要采取有效措施,完善和落实《总体规划》确定的十三片环境风貌保护区和十二片重要历史文物保护地段的各项保护规定。"在强调"国家历史文化名城"的基点上,明确提出了"历史街区"的保护问题。历史街区是介于历史文化名城和文物古迹之间的重要层面,也是最容易被忽略、被破坏的层面。而在南京的"老城区改造"中,历史街区地位突出,所以国务院批复中又强调"要采取有效措施"完善和落实保护工作。

批复第六条中指出,"要坚决制止破坏山林、侵占绿地行为","要限期治理现有污染源。要加强对长江南京段水质的保护,防治秦淮河、玄武湖等水域的污染"。

"国际化大都市"的迷乱

然而,在这份《总体规划》制定过程中,南京却曾掀起一阵将南京建设成为"国际化大都市"的浪潮,与此相应的还有将下关建成南京"外滩"的宣言。国务院批复中没有采纳这个目标,当时因某些领导的执念,南京的城市建设在某些方面已影响到《总体规划》的顺利实施。就在这一《总体规划》制定完成到国务院批复的几年间,南京大搞"老城区改造",致使老城区内的建筑密度完全失控,环境质量严重下降。1993年3月19日,《南京市人民政府工作报告》中提出,要"在主城建设一百幢高层建筑,形成具有时代特征的城市风貌"的目标。所谓"具有时代特征的城市风貌",是一个含混的概念,实质上就是"国际化大都市"的变身。据规划局的同志说,当时他们听到这个目标相当困惑,因为主城区内实在找不出能建这么多高层建筑的地块。然而到2002年,老城内八层以上的高层建筑已达九百五十六幢(尚不包括已批待建的),占主城建设总量的百分之八十以上(见南京市规划局《总体规划回顾》)。换个角度说,这些高楼大厦基本上是通过拆迁传统街区、古旧房屋建造起来的。而这些街区和建筑,有相当一部分属于应予保护的历史街区和历史建筑。

在改造传统街区、建造高楼大厦时,对城市历史文化风貌的考虑太少,"以致全城几乎都可看到高层建筑不协调的身影","部分项目改造后的空间形态与原来的历史文脉格格不入"(李侃桢、何流《谈南京旧城更新土地优化》,载《规划师》2002年第十期),甚至拆毁了多片应予保护的历史街区。在夫子庙地区,开发过分强调商业环境,造成"商业包围历史"的状况。秦淮河与白鹭洲公园之间的大、小石坝街一带,是保存相当完好的历史街区,类似甘熙故居的"九十九间半"就有数处,竟被全部夷为平地,改建宾馆饭店,连名闻遐迩的乌衣巷也被"改造"得面目全非。在典型传统民居南捕厅甘熙故居的附近,建造了多幢高层建筑,将周边天际线完全割断。

遗留后患更大的问题,是老城区改造中,采取见缝插针、零散开发的方式,更新项目的规模普遍过小,有专家归纳为"数量较多、档次较低、分布较散",而且配套设施严重不到位,缺乏整体优化的效果。必须指出,老城区内住宅开发项目的土地面积大都只有四千到八千平方米,不是一种偶然的现象或无意的结果,而是开发者有意为之,因为这种规模的开发,可以规避大面积开发时必须配建的公共建筑、绿化和停车设施等。然而,这些方面的实际需求增加是无法规避的,结果压力全部落到老城区内原有的公共服务设施上,导致其不堪重负,迫使政府不得不面对老城区内日益紧张的交通状况、环境状况、市政设施服务状况,不得不跟在后面不断加大投资予以化解。

这一阶段中,南京古都风貌遭到急剧破坏的严重程度,是南京城市发展史上所少见的。尤其是几代南京人引以为自豪的城中林荫道,被砍伐得稀稀落落,面目全非。与此相应的是,河西新城区开发同样陷入了无序状态,存在"多点、分散、规模小"的状况。因缺乏统一规划,居住用地建设零散,道路不畅,工业用地比重较大,且多为乡镇企业。更严重的是,龙江地区的商品房开发商普遍未能严格按照既定规划,配建足够的公共设施,致使整个龙江地区无从开展正常社会生活,成为一个"卧城"。

主城至新机场沿线的江宁地区,因为尚为县级建制,规划由县政府掌握,不在南京市规划局统一管理范围之内,同样未能实现规划建设的"高起点、高要求"。

老城区内山、水、城、林的既有生态,都遭到相当程度的破坏。城市绿化曾经是南京的骄人特色,然而为了缓解城市中心区的交通压力,多条主干道旁种植六十年以上的合抱粗法国梧桐被大肆砍伐以拓宽道路,而交通状况并没能因此得到改善。城区内小丘陵屡屡被推平供开发建房，有多条河流被填平，改建道路。同时，因多家商品房开发商在建房时拒不铺设排污系统，公然将城区内水道，包括内、外秦淮河直接作为排污水道，导致全城无水不臭，夫子庙秦淮河被外地游客讥为"臭美"。城市环境生态水准更为下降。

尤须指出的是，古代城市在形成时占用了村庄的土地，使农用土地面积相对减少，但大量人群聚居产生的肥料，可以增加农作物的单位面积产量，成为一种良性的补偿，保持了农产品的供求平衡。现代城市建设中放弃了有机肥料的收集渠道，使农业生产完全依赖无机化肥，土质日益恶化，可以肯定是一种倒退。而城市生活中产生的有机肥料，又因此成为严重的污染源。由此导致的恶性循环，已经严重地威胁到人类的生存。

正是由于老城区改造过程中公共设施的严重不到位，随着居民住房困难的缓解，交通困难又上升为城市生活中的突出矛盾。为了解决修筑道路所需大量资金问题，1995年4月，南京市政府批转实施《南京市市政建设项目复建补偿用地若干政策的意见》，也就是后来被简称为"以地补路"的政策。自此以后，南京的城市建设及房地产开发均按"以地补路"的形式进行。据李侃桢、何流《谈南京旧城更新土地优化》文中披露，这一政策的内容以及导致的后果是："城市的市政设施建设（主要是拓宽或新修城市道路）的前期费用（包括拆迁安置等）均由房地产开发负担，政府则给予承担这一市政项目的房产公司以沿路或其他地区土地的开发权进行冲抵。此政策到1999年11月底为城市建设筹措资金总额达六十七点三亿元，对城市面貌的改善功不可没，但该政策使得进入市场的土地量不是适应于房地产市场的需求而是取决于政府进行城市建设的需要。据统计,四年间预拨土地达十一点一平方公里,正式立项九点一平方公里,其中有六平方公里左右的土地存在于各开发公司手中尚未建设。预拨土地量约相当于当时七至九年的开发量,大量的土地预拨出去,使得市场上的土地存量远大于实际需求量。而且由于开发公司前期投入太大,又使得多数公司自身也是负债累累,无力进行开发,而后期进入市场的公司有资金却没有土地,土地在开发商之间频频倒手,无形中又抬高了房价。这些都使得政府对于土地市场和房产市场的宏观调控不很得力。"

客观地说,政府在城市建设中经营土地并没有错。问题在于,此项工作既缺少经验,又缺乏组织,也未能及时建立有序的管理、监督制度,再加上当时对于房地产经营的巨额利润尚缺乏认识,以致在实施中出现失误。

凡此种种,都为经国务院批复的《总体规划》的实施,造成了程度不同的困难。

曲折历程中的艰难推进

经国务院批复的这部《总体规划》,不但是指导南京城市建设发展的纲领性文件,而且具有很高的学术价值,曾被作为新时期城市总体规划的典范,编入规划专业的教科书,为许多城市编制总体规划时所借鉴。

到20世纪末,这一规划的近期目标基本完成。据《南京城市规划志(联审稿)》中的评价,第一,体现在城市化进程的加速,中心城市吸引力增强。世纪末的最后十年,是南京有史以来城市化进程最快的时期，城镇人口增加量和非农业人口增加比重均快于1980年代，其增长速度几乎达到全国及江苏省平均水平的两倍，总流动人口规模在一百二十万以上。南京都市圈城市化水平已达百分之八十。

第二，城镇空间框架初步拉开，城乡布局得到一定程度的优化。外围城镇建设用地由七十平方公里增长到一百平方公里左右，尤其是依托开发区的东山、新尧、浦口等外围城镇发展速度更快。主城城市建设用地由一百三十九平方公里增长到一百六十七平方公里，以住宅建设为主体的新区建设快速推进。老城区内工业"退二进三"进展也较快，使主城用地结构在一定程度上得到改善。

第三，城市道路交通条件得到改善。总体规划确定的一批重大交通设施有序推进，南京禄口国际机场和长江二桥等建成，对外快速交通框架基本形成。主城道路"经五纬八"主骨架基本形成。人均拥有道路面积由1990年的四点五平方米增加到八点七平方米。规划提出的公交优先战略得到初步落实，居民公交出行比由1990年的百分之十五上升到百分之三十。地铁一号线开工建设。

第四，市政设施供应能力显著增强，城市"供水难、供电难、供气难"的局面得到改观，提高了市民的生活质量。民用电话广为普及，新出现的移动电话用户近百万，计算机互联网用户近二十万户。

第五，随着住房制度的改革和商品房建设的全面开展，市民居住条件有较大改善，人均居住面积由1990年的七点一平方米增长到十平方米。

第六，绿地广场建设取得较大进展，园林绿地面积较1990年增长十三点八平方公里，其中公共绿地面积增长六点六三平方公里，人均公共绿地面积增长一点七平方米。1997年8月，南京被授予国家"园林城市"称号。城市环境质量有所提高，饮用水水质良好，综合污水处理率达到百分之六十五。一年中百分之八十的空气质量指标在良好等级以上，在全国性考核中排名靠前。

第七，文化教育、商业服务设施水平有所提高。在宁普通高校在校学生总数较1990年增长了三点六倍，国际展览中心、文化艺术中心等大型设施相继建成，一批艺术场馆得以改造。南京圆满地举办了"三城会""华商会""六艺节"。这些重大活动也为城市的良性发展提供了新的机遇。新街口金融、商贸区的雏形基本形成，夫子庙、湖南路、中央门等各具特色的商业副中心形成，使新街口地区的压力有所缓解。

实践证明，这部《总体规划》在城市建设重大问题上的把握较好，对南京城市性质的表述和城市规划区范围的划定都是正确的，对人口规模的预测是合理的，以南京都市圈为主要内容的城镇布局和发展方向，也是符合南京实际的。

然而，面对城市的快速发展，《总体规划》也暴露出了若干不能适应的问题。据《南京城市规划志（联审稿）》中总结，有以下几点：

第一，规划预测的总人口数基本准确，但人口增长的构成不同于规划的预期，其中人口自然增长率低于规划预期，而机械增长和流动人口增长超过了规划预期。

第二，规划确定的都市圈十二个外围城镇由于重点不够突出，外围城镇的发育总体上慢于规划预期，未能达到规划确定的疏散主城人口的目标。主城人口规模超过规划预期，外围城镇发育不快，市属四县人口稳中有降，人口继续向主城、市区和都市圈聚集。

第三，主城工业用地比重的下降和居住用地比重的增加速度，均快于规划预期，总体规划提出的新区建设和旧城改造，在实施过程中缺乏相应政策和具体措施，实施情况与规划要求存在一定的差距。

第四，总体规划提出的环境保护规划和历史文化名城保护规划的实施效果与规划目标存在较大的差距。

这些问题，与其说是《总体规划》本身的缺失，不如说是对《总体规划》的理解与执行中的缺失。前文说过，在国务院批复《总体规划》之前，南京的城市建设就已偏离了《总体规划》，出现了一系列严重问题。而在国务院有针对性的批复意见下达之后，南京的城市建设实践还是出现了偏差，问题产生的原因，主要不在于规划本身，而在于规划实施缺乏相应的政策和环境支撑。严峻的事实证明，仅有一个美好的规划方案，仅有先进的规划理念与理想的规划蓝图，还是远远不够的。只有坚定的法制法规保障，完备严谨的实施举措，能够影响城市建设决策者、投资者乃至社会共识的制衡力量，实践过程才会避免发展到南辕北辙的程度。

对照国务院的批复意见，可以看出，问题首先出在城市建设的重点，未能做到"有计划地向外围地区转移"，而是过分集中在老城区内，进行大拆大建的"老城区改造"，而非"基础设施改造"，以致城市中心区不能"严格控制建筑密度"。老城区内的工业用地虽然以很快的速度转变了性质，但并未能主要用于发展第三产业或增加城市绿地，而是转用于商品房开发。也正因为城市建设的重点仍在老城区内，新区开发没有得到应有的重视，河西新区同样未能"确保有序开发"，仙林新区开发迟缓，江宁新区用地规划失当（参见《南京城市规划志（联审稿）》

第三章第五节《规划实施回顾》，下同）。

在地毯式的大拆大建中，历史文化名城的保护工作，也就难以认真落实，更没能形成历史文化名城的保护体系，有关保护、控制、开发的力度与现实需要间存在较大的差距。规划确定的历史文化保护地段、文物点、古河道等，由于缺乏政策措施保障，处在不同程度的消失和损毁之中，多处自然景观被蚕食，多处历史街区被整片拆除，大量有价值的、保存现状较好的历史建筑被夷为平地，其中包括《总体规划》中明文列入十二片历史文物保护地段之中的门东传统民居的一部，以及太平南路和三山街一带典型的现代商业建筑群。一些文物古迹遭到不同程度的破坏，文物古迹、历史街区所在的环境破坏更为严重，范围逐年缩小。1987年颁布实施的《南京市主城分区规划》中，就已提出主城建设高度控制的原则，是明城墙以内"中间高、四周低；北面高、南面低"，明城墙以外"近墙低、远墙高；景区低、江边高"，对各分区内建筑高度、体量及形式都有明确要求。1995年分区规划中，也提出了主城空间形态是"西高东低、北高南低、中间高四周低"的总体构思，但在实践中多有背弃，现在南京城内已是无处不高，历史与自然景观天际线多被切断。南京城历史文化名城的传统风貌特色，在短短十年中支离破碎，历史文化遗产和历史文化资源的损失难以估量。而正因为是和平时期造成的建设性破坏，也就格外令人痛心。

"老城改造"与市民安居

研究这一阶段的南京城市建设问题，可以清楚地看到，1997年开始的住房制度改革，实物分房的结束和货币分房的开始，是一个明显的节点。随着国内市场化进程的加剧，商品房市场的开放，由商品房开发带来的巨大商机开始被社会所认识，而有效的管理制度又未能及时跟上。

城市建设的重点放在哪一区域的问题，实质上成为一种利益博弈。由于新开发区的建设，牵涉到一系列基础设施和公共设施的投资，而商品房的价位相对老城区又较低，所以唯利是图的开发商的眼光，自然盯住了老城区尤其是中心区的黄金地块。然而，这些黄金地块上本已建有密集的建筑，不拆除就无法重新建设。

拆迁是一种政府行为。恰好当时不少人有一个"国际化大都市"的梦想，急于改变城市现状，在市中心区建造高楼大厦，又很容易形成城市的"新面貌"。相比之下，新区开发建设周期相对较长，投资相对较高，在短时期内难以看出成效。于是"老城区改造"便成为他们心目中的最佳选择，而历史文化名城的灾难便无可遏止了。

老城区内的工厂企业，正好以"工业用地要逐步转变性质"为依据，尽快将工厂企业迁出城外，腾出的地块大多被作为商品房开放使用，所以导致"主城工业用地比重的下降和居住用地比重的增加速度，均快于规划预期"（《南京城市规划志[联审稿]》）。据李侃桢、何流先生《谈南京旧城更新土地优化》中提供的数据，外迁企业产生的用地中，"用于住宅开发和三产经营的土地占百分之七十三以上，而其中将作住宅开发又占百分之九十"，也就是住宅开发用地占到总量的百分之六十五。同时，因为对城市化的快速发展认识不足，这些外迁的工业企业，只有百分之二十七进入规划的城市产业园区，有百分之四十三的企业只是迁到了老城区的外缘，遂导致这些工厂企业在日后的城市发展中，又面临二次迁移的问题，造成不必要的经济损失。老城区内的多处居民聚集区，也因"老城区改造"，不但为建造商品房腾出了黄金地块，而且制造出庞大的商品房被动需求队伍。

然而，城市中心区建筑更趋密集，居住人口大量增加，又直接导致了中心区难以承载的交通压力。为了开辟或扩宽道路，又不得不再次拆除民房。新道路一旦形成，道路两侧立刻又成为开发商竞相争逐的黄金地块，其结果是造成更大规模的拆迁和"改造"。如此循环，往复不已，而且都集中在老城中心区有限的区片中。"螺蛳壳里做道场"，显示出的绝非建筑艺术的光辉，而是城市管理能力的缺失。此外，像鼓楼广场南北向隧道这样的工程，不但对缓解交通压力作用甚微，而且工程质量低劣，历年不断维修，十余年不能彻底解决问题，也使人们不能不重新衡量当初的行政决策、有关专家的论证和施工单位的选择。据说当时选择建隧道的理由，是为了保持鼓楼广场原有风貌，不宜建造立交或高架桥。然而隧道工程尚未完工，鼓楼广场周边已是高层建筑林立，完全打破了鼓楼广场的原有风貌。况且，高架或立交也并非一定要建造在原鼓楼广场上，完全可以设计在鼓楼广场外围形成新的交通环线，提前将拟进入鼓楼广场的车辆分流，以有效解决拥塞问题。1934年，将原以鼓楼为中心的交通环线，转移到现在广场的位置，使明代建筑鼓楼得以跳出交通中心，就是一次成功的运作。在新的发展形势下，决策者和参与其事的专家，更应借鉴既往的有益经验。城市空间，实际上构成一种强制性的话语方式。"核心区"的极度繁华，原本就有着强烈的吸引力，而现行政策和主流意识的引导，恰恰又在强化这种话语方式，遂使市民对老城区的依恋情结格外难以割舍。某些低收入居民，连在远郊购置住房都有困难。此外，也确实有部分市民，本来依靠在居住区周围做小生意或从事服务行业为生，一旦离开这个环境，便失去了起码的生活来源，更不要说生活习惯和社会关系的维持了。这一代人经历了太多的"史无前例"，而这一回"史无前例"的影响更是超越既往，将他们永远驱离自己祖辈相传、安身立命的热土。所以在大拆迁中，这些居民的抵触情绪也就不难理解。

即使没有上述种种利害关系的市民，看着祖祖辈辈安居于此的南京城，突然间变得面目全非，也不能不引起深思。大量随意分布的新建筑，在形式、风格和色彩上缺少城市层面的引导和控制，既破坏了历史风貌，又不能形成新的特色，完全成为一种文化与审美的障碍。而且，在丧失历史文化名城原有特色与优势的同时，居民的生活环境，尤其是交通、污染等方面反而更趋于恶化。凡此种种，都加剧了广大市民对"老城区改造"和大规模拆迁的质疑。如果说1980年代末，南京市民曾因"老城区改造"带来的居住条件改善而歌功颂德，那么，1995年以后，"老城区改造"带来的更多是忧虑。改善居住条件是市民的合理愿望，但这只是城市发展中低层次的需求，当这需求的满足以破坏大范围的生存环境为代价、以毁损城市长远发展资源和根本利益为代价时，也就走向了它的反面。

与此同时，新区的开发虽然失序，却也在陆续进行。规划中在主城外围预留的工业小区用地、绿化用地等，在巨大利润的驱动下，纷纷转为住宅用地，住宅开发速度远远大于设施配套、环境改善、个性塑造的力度。为了加大商品房开发量而大量低价征购农用土地，产生大量失地农民。这也就是"机械增长和流动人口增长超过了预期"的主要根源所在，并直接导致了城市就业安置压力的增大。

客观地说，上述问题，并非仅出现于南京，它实际上是国家将市场经济引入城市建设，特别是房地产经济引入后，有效政策制度未能及时跟上的必然后果。房地产商业开发是一个牵动城市建设全局以至社会发展全局的重大决策，这一决策付诸实施，首先该有相应的国家制度、政策、法规伴随，然后才能要求地方政府制定次一级的、适应地方具体实施需要的政策和法规。房地产开发涉及多个市政管理部门，绝非仅规划部门就能左右。尤其是当土地增价效益被作为政府收入的主要来源时，房地产开发已经成为城市经济的一个举足轻重的部分，而且是分量最重的部分。某些地方政府除了土地经营，对其他产业都缺乏热情，这又导致城市产业发展的严重失衡。

在这一工作中，作为城市经营的直接运作者，城市和相关职能机构的领导人，也同样面临着一个全新的局势，要解决的是没有先例的问题。应该说，南京市的多数领导干部，其初衷是更快、更有效地改善城市状况。但是，他们不可能不受到时代和自身局限性的影响。这主要体现于发展观和价值观。再就是自身的文化素养，决定了其对历史文化尊重的程度。

从历史的眼光看，城市改造是必要的。一座城市，绝不可能建成之后就一成不变。社会在前进，科学在发展，人的生活需求也在不断变化，城市的许多设施，会落后于时代，不能满足现实生活的需要，就必须加以改进。但城市改造的目的必须明确，首先是为了适应和满足人的生活需求和精神完善，其次是在保护和延续城市特色风貌的基点上，以求新的发展。我国的城市规划专家金经昌先生在1986年谈到老城改造的目的时,就明确指出:"改造旧城,一是为了恢复它本来的光辉面目,一是改造或补充旧城的生活设施,使人民生活在旧城中和新城中的生活一样现代化。"(《城市规划是具体为人民服务的工作》)

所以,城市改造的结果,可能是改好了,也可能是改坏了。这其中,保护什么,改变什么,怎样改变,改变须达到怎样的效果,都非常值得研究。历史文化名城中并不是不能建高层建筑,问题的关键是如何建,即在哪些位置建,建多少,建多高,建成什么样的形式,总而言之,就是与原有城市风貌如何达成和谐协调的问题。城市改造,也绝非仅对已有的建设内容进行改造,而应从城市发展的宏观着眼,原有区域需要改进的实行改进,原有区域不能满足社会生活的发展需求,就得考虑开发建设新的功能区域。明初的向东开拓,清末的沿江开发,民国的城北、城东开发,都是值得借鉴的范例。

金先生还谈到城市规划与建设的目的:"城市的规划与建设是具体为人民服务的工作。城市的规划与建设要解决好人民的衣食住行问题。住的问题不仅是有了房子就行,还包括许多丰富的内容,包括人舒适的生态环境,一切必要的生活设施,一切必要的文化福利设施,等等,还包括生产和工作问题。""规划和建设的每一步骤,都要想到改善人民的生活,想人民之所想,急人民之所急。规划是未雨绸缪,不是临渴掘井,不能不从人民需要的长远利益着想。只顾眼前利益,仓促上马,只能使今天的'建设'成为明天'改造'的对象。城市是为人民自己的需要而建设的,不是为了别的什么目的或者别的什么人。"

这些朴素的道理,看起来简单易懂,遗憾的是,许多应该懂得的人,偏偏不能明白,或不愿明白。

第十四章 进入 21 世纪

进入 21 世纪,"一城三区"城市新格局的确立,是南京城市发展史上划时代的大事。在此基础上,河西现代化新城的建设才得以起步,仙林、东山、浦口新市区的发展才得以推进,老城区居民生活质量的提升才得以实现,历史文化遗产和环境生态的整体保护才有可能。今天回头看,当时的规划尚未能预料到城市化的高速推进,但不能不承认,正是这些规划抓住了历史机遇,引领城市发展走上了正轨。

社会转轨的历史机遇

《南京市城市总体规划(1991—2010)》完成编制、付诸实施的过程中,南京市的社会经济形势发生着巨大的变化,《总体规划》存在的一些不足,尤其是实施过程中因违背规划原则而产生的种种问题,其不良后果逐渐显现出来。进入 21 世纪后,南京城市发展又将面临新的形势。随着中国市场化进程加剧,政府职能进一步转轨,城市发展目标必须充分考虑市场发展的规律以及市场发展需要的弹性。中国即将进入ＷＴＯ(世界贸易组织),知识经济将成为新世纪的主导经济,国家和江苏省委都提出要加快城市化的进程,着力培养一批能够参与世界经济竞争的国家级大城市和一些跨区域性的中心城市。南京必须紧紧抓住这个历史性机遇，创造各种条件，吸引更多更优的人口和投资，为长远发展奠定坚实的基础，率先实现现代化，率先进入小康社会。与此相应，居民消费结构也将产生重要转变和升级，城市规划必须适应人民生活水平提高后的新需求。进入新世纪，随着科学发展观的提出，可持续发展的理念和对环境保护的要求更受重视，既要实现经济持续快速发展，人口、资源和环境也必须协调发展，建设和谐社会。进入全球化时代，地方文化和城市特色对提升城市生活、生产环境的作用越来越显得重要，城市发展战略和城市规划也必须顺应这一时势，进一步处理好历史文化资源保护与开发利用的关系。

此外，南京市所辖县区建置也发生了较大变化，2000年12月，撤销江宁县，改设江宁区。2002年4月，撤销六合县和大厂区，以原六合县与大厂区区域新设六合区，撤销江浦县，改设浦口区。南京所辖县仅剩溧水、高淳二县，而所属区增加至十一个。鼓楼区、玄武区、建邺区等区域也各有调整，变化最大的是建邺区，原所辖外秦淮河以东区域全部划归白下区。河西地区中、南部划属建邺区，北部属鼓楼区与下关区，所以称之为新城区。

在新世纪的起点上，南京需要构筑新的世纪蓝图。

南京也具备了构筑新世纪蓝图的条件。

改革开放二十余年来的城市建设成就，成为南京向新的高度攀升的坚实基础。1978年到1989年间的居民住宅建设，1990年以后的城市道路和各项公共设施建设，一方面偿还了历史欠账，一方面也加强了城市的基础设施，提高了城市的竞争力。全社会尊重历史文化意识的普遍提高,国家房地产经营相关制度的逐渐完善,也都是新世纪新发展的有利条件。虎踞龙盘的南京,已经到了龙腾虎跃的时候。

从这个意义上说,新世纪南京城市建设的发展,是既往历史的延续。

但是,在这个新旧交替的历史关口,南京人也无法回避地需要做出选择。新中国成立五十年、改革开放二十年,尤其是20世纪最后十年,城市建设中出现的问题、遇到的障碍、产生的矛盾、暴露的弊端,都已经到了不能不改进的时候。

南京的城市发展,同样也走到了十字路口。

南京城市建设的决策者,通过反思过去的经验与教训,摸索规律,归纳出南京城市规划的新理念,通过与各界民众的广泛沟通,使未来南京城的发展前景,成为社会共识。特别是紧紧地抓住"十运会"将在南京举办的机遇,审时度势,果断决定借奥体中心建设的东风,全面启动河西新城区的建设,拉开了城市跨越式大发展的骨架。这一南京城市发展史上具有里程碑意义的决策,顺天时、占地利、得人和。此后,城市建设顺理成章,开始趋于合理有序地进行,老城区做"减法",新城区做"加法"。同时也打开了环境整治的新局面,将历史文化资源、自然生态资源重新整合,逐渐恢复南京"人文绿都"的风貌。

"一城三区"城市新格局

从2000年6月开始,南京市政府成立了市长担任组长的领导小组,由市规划局具体负责,在有关部门的配合下,在对《总体规划》的实施情况进行回顾、评价和反思的基础上，组织了多家国内著名的规划设计单位，对南京市城市发展的有关问题进行了专题研究，完成了《南京区域发展定位研究》《南京社会发展问题研究》《南京人居环境与可持续发展研究》《南京城市空间特色研究》《南京主城合理容量研究》《南京城市总体发展战略和空间布局研究》等九项研究课题，并据以形成了《总体规划》局部调整的初步成果《南京城市规划（局部调整）》。研究认为，《总体规划》在重大问题上的把握是正确的，城市性质、规模、发展方向和总体布局可以不做重大变更，仅需进行若干局部调整，如根据"十五"计划纲要确定的社会经济发展目标，对城市发展目标做相应的滚动调整；根据发展变化的新形势，对远景城市规模进行相应分析和预留；增加市域城镇体系规划的有关内容；在城乡空间协调发展、都市发展区城镇职能、主城空间结构等方面进行局部调整。2001年1月，经过国内外专家的咨询论证，又多方面征求了市领导、市内专家、相关部门的意见，并通过公开展示和举办讲座的方式，广泛征集公众意见，进行了深化、优化、补充和完善，市政府在当年七月报送建设部请求确认，同时提请南京市人大常委会审议。市人大常委会通过了这一报告，建设部也于当年8月批复《关于同意南京市城市总体规划局部调整的函》（以下简称《局部调整》）。批复在同意《局部调整》方案的同时，指出了需要注意的三方面问题：

一、为避免人口和产业过分集中于南京主城区的状况，应积极推进东山、仙西、江北三个新区的建设。

二、在规划调整中，应将城市的总体发展目标进一步具体化。

三、城市跨越长江向北发展，应注意城市交通等基础设施的完善配套。

这一《局部调整》方案的一个重要特色，就是面对快速变化的城市发展环境和背景，强调宏观战略的思考，强调跳出南京看南京，将南京的发展放在宏观区域背景中来研究。《局部调整》方案坚持空间布局规划与经济发展协同的理念，表达可持续发展和"以人为本"的宗旨，要求协调好社会经济发展与生态环境、历史文化名城保护的关系，妥善处理好弹性与刚性、长远与近期、理想与现实的关系，并指出城市中有一些无论怎样发展变化都必须予以保护的内容，如自然山水、生态环境、文化古迹、交通走廊、区域性基础设施等。这些都充分体现出《局部调整》方案的宏观战略视野，对于20世纪末城市建设中出现的偏颇与缺失，也是有针对性的补救。

社会经济的总体发展目标，是城市规划的主要依据。《局部调整》方案将这一目标调整为："经过'十五'和更长一些时间的努力，把南京建设成为科学技术先导、古都与江滨特色鲜明、国际影响较大的现代化中心城市；到2010年，基本实现现代化。"并提出了2005年、2010年和远景的阶段性目标。南京具体的城市发展目标是："充满经济活力的城市—长江下游现代化的中心城市；富有文化特色的城市—国际影响较大的历史文化名城；最佳人居环境的城市—人与自然和谐共生的江滨城市。"相较此前而言，这是对南京城市特色和发展前景更为科学、更为准确的概括。从空泛的"国际化大都市"，到"国际影响较大的历史文化名城"和"人与自然和谐共生的江滨城市"，是人的思想认识水平提高的结果，也是对城市建设实践反思的结果。

《局部调整》方案提出的发展目标和实施策略，被南京市的决策层欣然接受，写进了南京市第十一次党代会的报告，并将其归纳为南京城

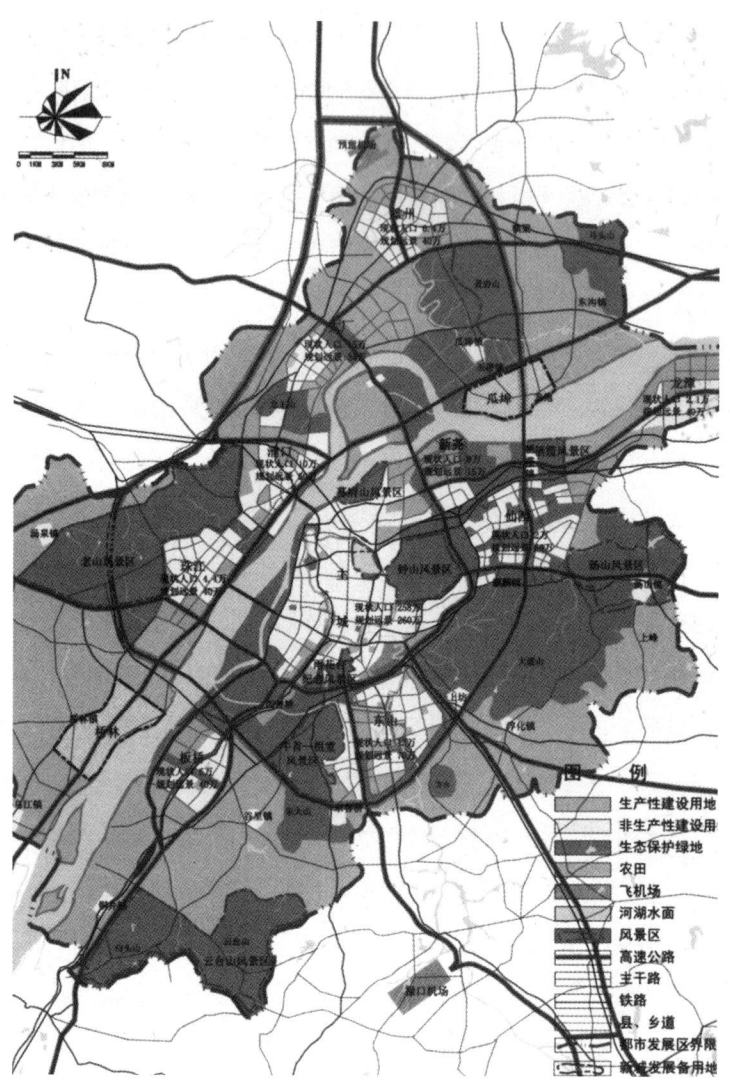

南京都市发展区远景规划图，引自《南京城市规划》

市建设"一疏散、三集中"的原则,以及近期实施"一城(河西新城区)三区(仙林、东山、浦口三个新市区)"的策略。规划能为城市发展决策提供科学依据,并对建设实践进行有力引导,是规划工作的成功。这也因为《局部调整》方案是全市人民集思广益的成果。规划人员在编制中采取了完全开放的工作方式,如前所述,不但有大量学术研究机构参与,并以社会公示和媒体介入等形式,形成了广泛的公众基础。

为保证人口、经济和资源的协调发展,《局部调整》方案增加了城乡空间协调的内容,将市域发展空间进行了划分。为改善城市生态环境加以重点保护和建设的林地、丘陵山地、水面、风景名胜区和生态防护林等"生态保护空间"为一千六百六十七平方公里,约占市域总面积的百分之二十五。以基本农田保护区为主体的农业生产用地和农村居民点用地作为"农业发展空间",约占市域总面积的百分之六十,达三千九百三十平方公里。为城镇近期发展和远期预留的空间为一千平方公里,约占市域总面积的百分之十五。

原《总体规划》中提出的南京都市圈,在《局部调整》方案中改称都市发展区,面积稍有扩大,并进一步优化了空间结构。《总体规划》"以长江为主轴,东进南延,南北呼应;以主城为核心,结构多元,间隔分布"的思路,现完善为"以长江为主轴,以主城为核心,结构多元,间隔分布,多中心、开敞式的都市发展区空间格局"。一方面,针对城市单一中心的弊病,强调了"多中心"建设,河西的主城副中心和仙林、东山、浦口三个新市区区域中心,将与老城中心区一起,形成多核区域中心的格局。另一方面,明确提出"开敞式"空间格局,彻底打破"圈层式"格局的残余影响,以利于将城镇发展空间融于绿色自然山水之中，在更大的范围内延续南京山、水、城、林融为一体的空间特色。《总体规划》中对南京都市圈城镇结构的表述是"主城和十二个外围城镇"，《局部调整》方案突出发展重点，将南京市域城镇等级结构调整为由五级组成，即主城—新市区—新城—重点镇——般镇，首次提出新城概念，确定了东山、仙西（现改称仙林）、江北（现改称浦口）三个新市区，及大厂、新尧、板桥、龙潭、雄州、永阳、淳溪七个新城，并增加玉带和桥林作为新城发展备用空间。对城镇职能也进行了调整，使其更具弹性。

《局部调整》方案更加充实了生态网架的建设和保护内容，重点进行了四个方面的优化和深化。首先，强调都市发展区内绿色开敞空间比例不得小于百分之七十五，林木覆盖率不得小于百分之四十。其次，强调生态系统中的廊道作用，提出了重点保护与控制的三条生态廊道。再次，要形成牛首山—祖堂山、青龙山—汤山、栖霞山、老山、灵岩山等大型近郊公园，以满足市民休闲旅游需求，并构成都市发展区"一江、二洲、三环、四大主城绿地、五大近郊公园"的绿色空间格局。最后，为保证生态系统的整体性和规划实施的可操作性，明确了生态绿地的硬性控制规定。

《局部调整》方案调整了主城的发展重点，强调拉开现代化大都市空间格局，突出发展新市区和新城建设，要求：积极推进新区开发，提高旧城改造质量；优化城市用地结构，提高主城综合功能；完善提高第三产业，适度发展都市工业；大力发展轨道交通，完善道路交通网络；加快基础设施建设，提高城市保障能力；强调改善环境质量，保护发扬古都特色。《局部调整》方案增加了城市空间特色塑造的内容，提出要保持和发扬山、水、城、林为一体的空间特色和著名古都的文化内涵，通过"凸显山水，保护城林，构筑系统，强化标志"，进一步彰显南京城市空间特色，增加自然和历史文化资源向城市的开敞度。要以滨江、沿河、环湖绿带和道路轴线串联星罗棋布的景观资源，要重视中央路—中山路—中华路南北中心轴线和中山东路—汉中路—汉中西路东西中心轴线。要设立九华山—北极阁—鼓楼景观带，塑造城市出入口景观，以及保护狮子山—江苏电视塔—石头城、中华门—雨花台、神策门—幕府山、神策门—小红山、神策门—紫金山、神策门—狮子山等六条重要的视觉走廊。要严格控制景观带和视觉走廊中的建筑高度与体量，任何新建高层建筑都必须进行环境影响分析，有碍视觉走廊的现状建筑应择机拆除。可以看出，《局部调整》方案强调的精神，一是开敞，要将更大范围内的自然与人文资源与城市尽量融合，以实现当代人与大自然，与历史文化的和谐共处。二是整合，要将在20世纪末被"改造"得支离破碎的城市资源与特色，重新整合成新的景观系统，以构筑南京新的城市风貌，弘扬南京新的城市精神。

《局部调整》方案还对若干重要专项规划进行了调整。

第一项就是《历史文化名城保护规划》，根据建设部相关规定，分别完善了城市整体风貌、历史文化保护区和文物古迹三个层次的规划内容。城市整体风貌保护层次上，在原有十三片环境风貌保护区的基础上，增加了市政府新批准的石臼湖、东屏湖、芝麻岭、云台山风景区。历史文化保护区层次上，增加了高淳淳溪老街，对原规划确定的五片传统民居，根据相关要求和其实际保留价值，进行了调整完善，保护重点更加明确。在文物古迹层次，增加了对地下文物保护的规划内容，划定了十三片地下文物重点保护区,并提出保护要求。

交通发展规划也是本次调整的重点规划之一,在区域大交通、南京都市圈和市域交通、都市发展区交通、主城交通等不同层面,对《总体规划》都有所调整、补充和完善。在主城交通上,提出了"建立以快速轨道交通为骨干、公共交通为主体、其他方式为补充、一体化协调发展的城市客运交通体系",对快速道路系统,明确了"井字加外环"的总体格局。主干道网由"经五纬八"调整为"经六纬九",重点增加次干道和支路网密度。优先发展以轨道交通为骨干的公共交通,建设与一体化城市客运交通体系相适应的公交客运场站和枢纽体系,着重解决好老城与新区之间的通道瓶颈问题和市中心区交通问题。

市政公用设施和社会事业的规划范围,都由原来的以主城为主,扩大到整个市域范围,并按照可持续发展的要求,对原规划指标进行了调整。教育、文化、体育设施的布局也进一步优化完善,如结合国家"西气东输"总体部署,将供气结构由原来的"以煤气为主、液化气为辅、油制气调峰补充"调整为"以天然气为主,液化气为辅"。原"市—区—街道"三级医疗卫生网络,也依据医疗制度改革的要求,调整为"以大型综合医院为中心、社区医疗和基层医院为基础的医疗卫生网络"。各级商贸服务中心也有所调整,规划为一个市中心(原范围不变)、四个副中心(除河西外,新增仙林、东山、浦口)和十七个地区中心,即热河路、中央门、沙洲、孝陵卫、迈皋桥、晓庄、卡子门、大厂、雄州、珠江、板桥、新尧、龙潭、永阳、淳溪、桥林、瓜埠等。

环境保护工作对照创建国家环境模范城市的要求和南京现状薄弱环节,提出应以水环境建设为重点,争取2010年前后在主城建成五个污水处理系统，使主城内污水处理率达到百分之九十，主要河湖实施引换水工程，保持水体清洁。

为了更好地适应南京经济社会发展的要求，找准南京在国家发展战略体系中的定位，塑造鲜明的城市特色，推进现代化国际性"人文绿都"宏伟目标的实现，经建设部批准，2007年，南京市开始着手新一轮城市总体规划的修编工作。规划部门继续坚持打开技术和社会"两扇大门"，一方面，通过多种途径发挥各领域专家学者的作用，邀请城市规划、建筑、历史、经济等多学科的国内外知名专家领衔挂帅，整合形成一批专题研究和专项规划成果，为总体规划修编打下坚实的基础；另一方面，高度重视公众参与，如9月20日—10月20日的"2007南京城市规划市民意见咨询"活动，精心遴选出近年来编制的城市发展战略、公共公用设施、历史文化名城保护、绿色开敞空间、城市和重要地区特色塑造等八十八项规划，公开展示，听取市民的意见，约一万六千名市民参加了活动，提出书面意见两千余条，对总体规划及其他规划的编制起到了很好的借鉴作用。

河西新城区

在上述调整中，河西新城区和仙林、东山、浦口三个城市区域副中心的规划与建设，尤其引人注目。

秦淮河西地区，在1954年规划中，已提出作为规划备用地。1983年国务院批准的《南京城市总体规划》中，将河西作为城市生活居住备用地。由于市区人口在1986年已达到该《总体规划》2000年的控制人口上限，城市各项建设大量在秦淮河西地区征地。但因为缺乏规划引导，以致布局结构混乱，道路不成系统，基础设施严重滞后。为此，南京市规划局编制秦淮河西地区总体规划，确定河西地区建设以安排居住为主，旧城外迁工业为辅，整理路网，安排各项市政基础设施，并考虑设立一个市级副中心。在1995年国务院批准的《南京市城市总体规划》中，河西地区定位为以生活居住为主要职能的城市新区，以安排新增的城市人口，并接纳老城区向外疏散的人口。规划到2010年，河西新区规划居住用地约十六平方公里，可容纳六十万市民，约占主城人口三分之一。1998年又做了河西地区总体规划调整，规划位置范围确定为外秦淮河以西、旧城与夹江之间，南至绕城公路，北临三汊河，总面积四十二平方公里，对道路构架、绿地系统等也都提出了设想。然而，当时各类建设用地，包括未经批准的占用地，已超过十六平方公里，约占总用地面积的百分之四十。居住用地各自为政，建设零乱，缺乏统一管理。河西地区建设对于南京可持续发展的重要地位仍未得到充分认识，也仍然处于相对无序的状态，距离城市现代化生活居住区的标准仍然很远，更谈不上成为主城的副中心了。

2001年出台的《局部调整》方案，首次明确河西地区作为主城重要的新区、近期建设的重点，提出河西新区建设既要突出主体功能，又应多元协调发展的要求，要形成居住和就业相对平衡、各项设施配套齐全完善的综合性片区。南京市委、市政府提出要通过建设新城、疏解老城，展示老城历史文化特色和新区经济、科技、现代化风貌的发展思路，明确河西地区作为近期建设重点的城市发展方针，决定将在2005年举办的"十运会"的主场馆奥体中心定点在河西新城区建设，并以之作为河西新城区开发的龙头。

  为了有效指导河西新城区的各项建设活动,在市委、市政府领导下,市规划局联合河西建设指挥部等有关部门,在2002年组织完成了《南京市河西新城区概念规划》《南京市河西新城区北部地区整合规划》《南京市河西新城区中部地区控制性详细规划》《中心区城市设计》《滨江地区景观设计》等,水系规划、道路景观规划、产业园区规划、中心区一期城市设计、江心洲旅游规划等,也同时展开。在各种深浅不同、范围大小不同的规划同时并进的条件下,2002年12月,编制了《南京市河西新城区总体规划》。河西新城区的建设,为南京的规划工作者提供了展现理想和才华的广阔天地,而一部引领城市科学发展的规划蓝图,也是河西新城区最初的宝贵资源之一。

  《河西新城区总体规划》突出了"以人为本"的思想,引入了经营城市的理念,强调了新城区的有序建设和可持续发展。规划范围分为两个层次:核心部分西至长江江堤,东至外秦淮河、南河,南到秦淮新河,总用地五十六平方公里。外围部分即生态环境控制区,总用地九十四平方公里,并将邻近占地十五平方公里的江心洲,也纳入控制区域一并考虑。其功能定位是:以金融、商务、体育、文化等为主体的新城区中心功能,居住与就业相协调的中高档居住功能,以滨江风貌为特色的主城西部休闲游览功能。要通过五至十年的建设,把河西新城区建设成为现代文明与滨江特色交相辉映的现代化新城区,成为现代化新南京的标志区。

  也就是说,未来的河西新城区,不再是南京主城区的一个边缘地区,而是一个崭新的别具特色的中心地区。

这是南京城市发展史上具有里程碑意义的决策。河西现代化新城建设的全面启动，使南京主城区第一次真正跳出了明城墙这个框框，拉开了跨越式大发展的骨架。这也是明初建城六百年来，南京城市发展中的又一次历史性突破。同时，这也改变了20世纪末现代化建设重心与历史文化资源最丰富的老城区多年重叠的局面，真正实现了新区开发与老城更新的有机结合。

2002年12月17日《江南时报》率先以《南京新城区规划出台 跳出朱元璋600多年前划的圈》为题，刊出我对这一规划的高度评价。就是因为这篇文章，南京市规划局的领导和专家注意到我这个局外人，此后为我提供了解与参与规划工作的种种方便，让我能够打开人生的一个重要窗口，也促使我深入研究南京历史文化。有此机缘，才会有这本《南京城市史》的写作。

南京城市发展史上的经验告诉我们，南京城的每一次大规模发展，都是从开拓新区肇端的。只有将发展需求合理地转向新区，减缓老城的压力，才能为老城的改善与更新赢得时间和空间。所以像明代和民国建都时期，没有把改造老城区放在首要位置，不能看成简单的回避，而应该视为明智的策略。20世纪最后几年的城市建设实践也说明，老城区空间有限，且发展时期长，积累矛盾多，单纯更新居住建筑，增加居民密度，必然加深和激化矛盾，结果是老城区改造没有取得应有的效益，并导致千百年积聚的历史文化风貌遭到严重破坏。

所以，跳出老城区，这一宏观决策的历史意义与现实意义，怎么评价都不会过高。

在2005年"十运会"召开之前的短短几年中，河西新城区的开发建设投入，就达到三百多亿元人民币，这也是南京城市发展史上没有先例的大手笔。2006年，河西新城区的开发投资仍有一百多亿元。由此也可看出南京市委、市政府的意志、气魄与胸怀。

河西新城区自北至南，分为三个功能区。位于三汊河至应天西路间的北部，以居住区和科技园区为主；应天西路至马东广场的中部形成新城区中心区域；马东广场以南则预留高品质居住区、文化休闲健身设施等用地。

河西新城中心区，是随着奥体中心一起南移的。这一重要决策，使其得以摆脱前期无序开发的困扰，也成为规划设计的新起点。规划制定过程中，方案征集范围之广，参与的海内外知名咨询机构之多，听取社会各界意见建议之充分，都史无前例。正是这样一整套高起点、高标准、高质量、引领城市科学发展的规划蓝图，成为河西新城区迅速崛起的坚实基础。而河西新城的建设实践，又不断丰富着、拓展着规划思想，推动规划的充实完善。

经四路（今江东路）中轴沿线的三大功能区，逐渐整合定型为中心区的三条轴线，就是生动的范例。奥体中心和体育主题公园西侧，金陵图书馆新馆、江苏大剧院、艺兰斋美术馆等连成一线，显示出鲜明的文化特色，规划遂决定将其延伸至滨江风光带，形成一千七百五十米的体育、文化轴线，并以二水广场、白鹭广场、三山广场三个节点，重现"三山半落青天外，二水中分白鹭洲"的意境，成为现代文明与历史文化有机组合的一个典范。

紧邻奥体中心的中央商务区，串起梦都大街和中央公园，形成绵延二千米的商务办公轴线。十六幢标志性高层建筑，组成两条连续有序、力度饱满的街墙，七十米宽的中心绿带贯串其间，最大限度利用临街界面的CBD街道网格，起伏有致的空中建筑轮廓线，八万平方米的中央公园，为这长三角地区规模最大的CBD功能区，塑造出空间整体统一、富于人文关怀的特色。中央商务区在近期作为新街口的功能补充区域，成为南京的第二个新街口这样的市级商务中心，远景将成为集金融、商务、商贸、文化娱乐于一体的南京新中心。

纬九路（今滨江大道）北侧的步行商业街区，东起中央公园，西延串联滨江风光带，形成二千七百米的商业休闲轴线，商店与景观相互渗透，购销与休憩无形交替。中央公园集商务、金融、交通、生态、文化景观等多种功能于一体，成为新城的核心。

在河西新城区的建设中，道路的引领作用十分明显。尤其是中部和南部两个功能区，在一片河漫滩地上，最先能够确立的地标其实就是道路。按照《河西新城区总体规划》，由北向南延伸的经四路（今江东路）成为新城区的纵轴。同样，南北方向的滨江大道，实际上是新城区的西侧边界，它不仅是新城的四条快速通道之一，而且是南京主城"井字加外环"快速通道系统的重要组成部分，它北接纬一路（今幕府路），南连绕城公路，使主城快速外环得以构成一个完整的圆形，并联系着长江大桥、二桥、三桥及规划拟建的纬七路（今应天西路）过江通道。外秦淮河、南河构成新城区的东侧边界，新城区联系河东老城区的东西向道路，共有二十四条。其中纬三路（今定淮门大街）、纬七路（今应天西路）和绕城公路，预留下由主城经江心洲至江北地区的过江通道，纬六路（今水西门大街）、纬八路（今梦都大街）则预留了夹江过江通道，以此整合老城—新城长江北岸的交通联系。

河西新城区就是在这一片道路编织成的网络中有序生长。而新城区规划不仅对道路的交通功能做了完善的考虑，对道路的生态和谐，也提出了具体的引导要求。宽阔的道路中央，都设计了绿意盎然的隔离带，快车道两侧不但分隔出慢车道，而且安排了老城区居民久违了的人行道，人行道上都种植了林荫树。各个树种间的搭配和种植都有科学依据。

人行道应该是评价城市人居环境的重要标准。一个和谐城市的人行道，首先应该有足够的宽度，沿路尽可能不设置障碍，也不应出现非机动车驰上人行道的人车混行情况。其次是应该保证其连通性，在经过机动车辆运行频繁的交通干道时，应该有地下通道或高架桥保证行人安全通行。最后，人行道的环境优化，绿化与美化也是不可忽略的。说到底，城市建设应该以人的需要为第一位，故而不能将汽车的需要置于人的需要之上。一个市民能够自由行走的城市，才算得上人性化的城市。

道路与绿化的有机结合，是河西人居环境的另一个重要特色。经四路与主要道路的交会处，每隔五百米就有一处街头绿地或广场；纬七路两侧生态防护绿地各宽三十米，南部地区宽度不小于五十米；绕城公路延伸线两侧生态防护绿地更是各宽达一百五十米以上。作为南京重要景观轴线的滨江大道，优美的道路线性、清新的道路绿化和滨江风光带相融合，人性化的设计处处显现，中央绿化分隔带宽处达十二米，局部地段机动车道与人行道之间安排了二十到三十米宽的绿化带，北部路段还为人们在车行中观赏长江做了专门的设计。道路西侧的风光带直延至长江边，中部最宽处达四五百米，道路东侧规划控制的绿化带宽度也达到三十米。这绵延十六公里的绿色廊道，沿途串联着郑和宝船公园、绿博园和滨江休闲公园等自然、人文景区,成为南京最长的一条标志性风景线。它不仅为河西新城区居民提供了优良的生态环境,而且与江心洲构成南京主城西部最重要的成片开放绿地,与东部的紫金山遥相呼应,成为南京的又一个"生态绿肺"。

尽管新城区还在建设之中,沿着建成的道路走一走,已经能够领略到现代化城市的气息。如果说老城区的特色是山、水、城、林,那么新城区的特色,可以说是江、路、城、林。

第十届全运会主会场落户河西,是全面启动河西现代化新城建设的重要契机。而奥体中心五大场馆,也成了河西新城中最引人注目的景观。半个世纪以来,南京终于出现了一组能够长久作为城市亮点的标志性建筑。

奥体中心气势磅礴的主体育场,规模宏大而飘逸灵动,洋溢着浓郁的现代气息。横跨东西的"世界第一双斜拱",仿佛天际飘落的彩虹,地上升起的花冠,以典雅庄重、活力充沛的"金陵红",点燃了这一片体育圣地。这对双拱的建筑难度,要高于北京奥体中心的"鸟巢"。环绕体育场的高架平台,也堪称神来之笔,内圈开敞,以满足下方空间采光通风的需要,外圈通过坡道与市政道路相衔接,有电梯与地面相接,又以十二座桥梁,串连起体育场入口和其他四座场馆,形成一个四通八达的交通枢纽,足以供全场六万观众顺利进入。

一百四十五米高的科技中心,被比喻为奥体中心的"大脑",设有全国体育场馆中最先进的综合信息系统。其百米高处是可以同时容纳三百名游客的观光平台,登台放眼,万里长江、巍峨钟山、新城秀色、老城风光,尽收眼底;平台以上部分则以玻璃和钢材塑造成船帆的形状。富于太空迷幻色彩的扇贝形体育馆,能容纳一万三千名观众,它的活动地板下,藏着我国南方第一座室内冰场;处于四面水景衬托中的网球中心,设计成盛开在水面的莲花形状;而躺在江边的海螺形游泳馆,象征着游泳运动员奋力划水的双臂;它们和高架平台的桥、科技中心的帆,都紧紧扣住了河西新城区滨水文化的主题。在北京奥运场馆建成之前,南京十运场馆是国内功能最全、技术标准最高、环境最为优美的体育公园。其中所包含的"全国第一",难以一一列举。

更重要的是,在"十运会"之后,奥体中心仍继续焕发其无尽的魅力,满足市民需要,提升城市品位。设计者着意打造的"世界第五代体育建筑",不但以其公园化的特质成为南京新的观光游览胜地,而且将作为南京重要的体育文化活动中心,在举办体育比赛和大型文艺演出的同时,也会常年向市民开放,以满足全民健身的需要。休闲娱乐之外,奥体中心还蕴含着高品质商务场所的功能。在南京城市建设史上,奥体中心必将留下浓墨重彩的一笔。

南京有史以来,就是一座滨江发展的城市,然而随着长江岸线的西移,却变成了"江中不见城,城中不见江"。河西新城的崛起,结束了这样的历史,展示出这座历史文化名城现代化的滨江新貌。

仙林新市区

仙林地区在1995年国务院批准的《总体规划》中,已确定为新市区。它西隔紫金山与主城相邻,北自宁镇公路,南至沪宁高速公路,西自绕城公路,东至七乡河,规划总用地约八十平方公里。为了保证新市区的环境质量,周边四十二平方公里作为规划控制区,即北起老宁镇公路,南至宁杭公路,东到汤山风景区的山体,西至环陵路。1993年仙林农牧场与美国亚拉湾公司合作做了仙西(现改称仙林)规划,成立亚东公司,着手开发,另有印尼、香港的大马集团对仙西南部进行开发,一度成为建设热点。

2001年《局部调整》方案中,明确规定仙林新市区的功能是:都市发展区的区域副中心,是以发展教育和高新技术产业为主的新市区。同年编制的《仙西新市区概念规划》,意在提炼出发展新思路,引进新理念,为该地区的长远发展确定合理模式。为了正确引导和确保新市区高起点、高标准、高质量的开发与建设要求,南京市规划局联合仙林大学城管委会,委托南京市规划设计研究院编制了《仙林新市区总体规划》和《仙林新市区仙鹤片区规划》。如果说河西新城区的特色在水,仙林新市区的特色则在山。新规划以"绿色城市、文化城市、科技城市、适居城市"为发展目标,利用区内山体,形成东西向的紫金山—宝华山绿色生态主廊道,结合九乡河、公路二环控制带及高压走廊,形成南北向的栖霞山—青龙山绿色生态次廊道,以这十字形生态廊道为骨架,构建仙鹤、白象、麒麟、青龙四个片区,以及玄武软件园、马群科技园两个IT产业园。

改革开放以来,南京教育事业迅速发展,诸多高等院校都迫切需要增建新校区。鉴于老城区内几无发展余地,开拓新区已是势在必行。仙林新市区以其显著的区位优势、便利的交通条件和优美宜人的自然环境,吸引了十余所高等院校先后加盟,成为全国规模较大、容纳学生最多的大学城。现代大学城的建设成为仙林新市区开发的重要依托,也是仙林新市区建设"文化城市"的重心所在。利用大学城的优势，促进"产、学、研"结合，推进科技成果产业化，是当今世界新经济发展的基本途径，仙林的发展，是符合这一潮流的。

仙林大学城的主体，位于新市区西北的仙鹤片区，也是目前与主城联系最为方便、列为最先开发的片区。区内以文苑路为界，北部逐步拓展形成高校集中区，南部则规划形成高品质的生活居住区。而位于其间的大学城中心区的建设，对于塑造大学城形象，满足区内人群的需求，真正实现主城功能向东扩散的目的，都至关重要。在近期内，它也将是整个仙林新市区的中心区。

为了弥补周边多山而缺水的不足，中心区建设的亮点，就是开辟出三个人工湖。周边的山水汇聚成为湖水的自然补充。环湖打造低密度、开敞式空间，分别作为商业服务、文化娱乐、商务办公功能街区。同时以湖泊与周边绿地构成的公园，体现休闲、生态、运动等主题。这一方面有机整合了片区内的各类空间，一方面也加强了中心区与外部生态绿地的衔接交融。三湖交汇处的大学广场，则成为表达城市主题的中心开放空间。

补水以衬山，是今人理性调节自然生态的体现。仙林大学城的居民，多为年轻活泼的大学生，有山无水，未免显得过于单调而沉重。山环水抱，山明水秀，历来是中国人所爱重的生活环境。河西新城区有水无山，设计者乃在三山广场上造出一座意念的山。仙林新市区则能一举设置三个面积数公顷的真湖，平添轻灵秀逸。这一设计顺应了当地的自然与社会形态，充分体现出大学城的青春活力和文化氛围；其低层、疏朗的空间特征，也为南京增添了一个富于个性色彩的新型城市中心区域。

东山新市区

2000年江宁县撤县设区，县城东山镇成为南京三个新市区之一。2002年编制的《东山新市区总体规划调整纲要》，将城市性质调整为：南京市的副中心和江宁区的政治、经济、文化中心，南京市的高新技术产业和知识创新基地，山、水、城、林融为一体的花园式新市区。根据城市规模扩张和功能提升的要求，在拓展城市空间的同时，对各片区加以整合，提高城市的整体感，形成"一轴多片"的总体结构。依托秦淮河，以宁溧路和竹山路为联系，串联城市的各类中心、体育公园、广场、风光带、公园绿地等公共空间和商贸服务等公共设施，构建中心功能景观发展轴。各具特色的片区则有：以市级中心、高新技术产业及居住为主要功能的江宁开发区二期片区，以教育科研为主要功能的大学城片区，以交通枢纽、物流中心为主，兼以居住教育功能的岔路口片区，以行政、商贸、居住等为主要功能的老城片区，以先进制造业和居住为主要功能的民营科技园片区，以研发、居住和旅游服务为主要功能的方山片区。共同塑造出特色鲜明的城市景观形象，建设起人与自然和谐共生的新城市。近年以来，尤其是江宁开发区，已经初具规模。到2002年，江宁开发区已在四十五平方公里的土地上实现了"九通一平"，招商引资、产业开发也卓有成效。区内道路呈网状结构，主干道路路幅六十米，一般道路三十五米，全部为高等级水泥路面。道路两侧形成三十六条绿化带，串联着二十座广场和公园，绿化面积高达总面积的百分之四十。沿路绿荫之间，不时闪现出基本成形的组团式开发居住群，各种档次、不同规格的公寓、别墅等居住生活区已达二十多处，使其成为南京又一个高尚生活社区。在开发房地产的同时，城建配套设施也逐渐完善。区内供电、供水及集中供热能力，都能满足生产、生活需要，管道煤气已陆续接入。有八条公交线路连接开发区与市区和东山镇的交通，地铁南延高架轻轨将穿区而过。社区服务、交通管理、消防环保等机构均完备。与居住群相配套的文化教育、医疗卫生、旅游度假设施，相继建成开业。开发面积达十平方公里的牛首山旅游城也在建设中。

东山新城区内的生态环境也得到了较好的保护，杜绝污染源，并建有雨污分流、日处理能力达八万吨的污水处理厂。顺应自然条件，区内营造起穿越南北的百家湖—九龙湖景观轴线，峙立东西的则有牛首山—祖堂山生态廊道和方山—秦淮河湿地保护区。区内大气质量达到国家一级标准。

浦口新市区

浦口地处长江北岸，与下关隔江相望。现代南京城市规划中多次提出以浦口作为交通枢纽和重要商埠。2003年编制的《浦口区城市总体规划》，将城市性质确定为：现代化的科学城，人和自然和谐发展的生态型滨江新市区，南京市重要的旅游试验度假中心。其发展目标是"具有区域综合服务功能的南京城市副中心，南京市高新技术核心区，最佳人居环境区之一，对苏北、皖东辐射的江北门户，山水城林相融合的生态城区"。根据南京市第十二次党代会提出的"跨江发展战略"，浦口新市区成为南京未来城市建设的一大重点。浦口新市区的中心区不但是南京江北地区城市化建设的重要环节，更是辐射带动苏北、安徽等中西部地区发展的重要功能区，同时也是南京塑造滨江城市特色的关键地区。历史上，凡是定都南京的王朝，都必悉心经营淮南，一旦失去淮南，则离灭国不远。明初建都，在南京都城城墙建设之初，即在浦口建成浦子卫城。可见跨江发展对于南京的重要意义。明代南畿，清代江南省，都曾将江苏与安徽作为一个统一的行政区域。近现代铁路交通，当代长江大桥的建造，更加强了江南、江北的联系。

为了创造一个卓越的新市区中心地区，南京市规划局在2005年10月启动了浦口中心地区概念规划国际方案征集工作，六家国内外知名的城市规划设计公司参与了方案征集，分别提交了各具特色的规划方案。2006年，市有关部门委托南京市规划设计研究院有限责任公司暨东南大学规划设计院，在此基础上进行整合深化。同年11月，浦口新市区中心地区概念规划整合方案通过了专家评审。这一方案结合南京跨江发展和开发江北的地区发展背景，重点进行了地区功能定位、空间形象、街区模式、实施策略等方面的深化专项研究，针对中心区建设阶段性和发展存在的诸多不确定性，确立了地区规划的若干原则，提出了一个相对理性的概念方案。

浦口新市区中心区的位置，西至现沿山大道，南至七里河，北靠定向河，东抵长江西岸，面积为十二点九七平方公里。区域内的自然资源，有老山国家森林公园、长江、珍珠泉、佛手湖等山水，以及七里河、珍珠河、定向河、胜利圩等河流水面。近现代的人文历史资源有石佛寺、太平天国营垒、浦口老火车站和浦镇车辆厂等。规划目标是将这一中心区建设成辐射带动的中心服务之城、山水交融的绿色生态之城、时尚现代的文化娱乐之城、弹性开放的有机生态之城。其功能定位为：

带动南京都市区跨江发展的副中心,整合江北都市区、服务浦口新市区,辐射皖东地区的城市新中心,具备生态休闲功能的特色中心区。其规模要能满足一百万人口的生活需要,核心区达到一至一点五平方公里左右。就此而言,"南京都市圈"的内涵已较前有所拓展。

中心区的空间结构,以浦口总体规划确定的带状组团式城市布局结构为指导,面江布置,以南北快速路为主要骨架,以生态通廊为界线,形成"一核三轴多片区"的布局。由中心湖开敞空间和周边公共活动设施组成核心区,设计中央活动轴、商务轴和特色轴三条轴线,形成科教、居住、公共设施、文化娱乐、旅游、房地产、商业和金融商务等片区。同时,方案对充分利用浦口中心地区大山大水的自然资源特色、建设景观标志体系和绿地系统、根据不同需要配设不同密度的路网、控制开发强度和不同片区建筑高度、规划社区配套设施等方面,都提出了较明确的指导意见,为绘出更加美好的新江北,奠定了较好的基础。

随着东山、仙林、浦口三个新市区逐渐建成,与主城共同承担区域中心职能,南京多中心、跨越式的空间发展格局初步形成,中心服务与辐射功能也得到较大提升,"充满经济活力、富有文化特色、人居环境优良"的奋斗目标正在实现。

整合历史文化名城风貌

历史文化名城风貌的重新整合,是新世纪南京城市建设的另一个重点。针对既往名城保护工作中存在的主要问题,结合新形势发展的需要,《南京历史文化名城保护规划》充实和完善了保护体系,从宏观层面确定了保护的重点和措施,并以之指导下一层次的详细规划和制定相应的保护政策。规划坚持"抢救、保护、继承、发展"的方针,强调保护与控制、利用与展示相结合,系统保护与重点保护相结合,名城保护与城市建设发展相结合等原则,努力保护南京的历史文化遗产和独具特色的城市风貌,充分挖掘丰富的历史文化内涵,塑造城市特色,提升城市品位,改善人文环境,扩大国际影响,以体现南京"著名古都"的城市性质,使南京真正成为"国际影响较大的历史文化名城"。规划保护内容分物质历史文化和口述及非物质文化两大部分,前者包括城市整体格局和风貌、历史文化保护区、文物古迹三个层次,后者主要体现在历史文化遗存的展示方面。

历史文化保护区即历史街区的设置,是一个重大进步。近十年来,中国的历史文化遗产保护工作,在国际潮流的影响下,发生了重大的转变。人们逐渐意识到,保护历史文化遗产不能仅局限于一个点,必须同时保护其所处的环境,直到保护整个历史街区以至城市整体。进入新世纪的南京,历史街区的保护终于提上议事日程,得到了有关方面的足够重视,并明确了明故宫遗址区、朝天宫古建筑群、民国总统府、梅园新村历史街区、夫子庙传统文化商业区、城南传统民居风貌区、南捕厅历史街区、中山东路近代建筑群、颐和路民国公馆区和高淳老街历史街区等十片历史文化保护区。

南京在1980年代,第二次全国文物普查时,尚保存有十来处"九十九间半"民居建筑群,其中规模最大的南捕厅甘熙故居,侥幸逃脱了被野蛮拆迁的命运,作为南京老城南居住文化、手工业文化的重要代表,如今珍如拱璧,成为全国文物保护单位。甘熙故居原址占地面积约一万二千平方米。其实际保护范围，随同社会认识水准的提高而逐渐拓展，2004年，这一以历史街区为核心的历史风貌区的保护范畴，最终确定为东起中山南路，西到红土桥路，南临升州路，北至建邺路，总用地达三十点五公顷，已是甘熙故居原占地面积一点二公顷的二十余倍。在此范畴内，充分尊重古城原有风貌，保护传统街巷肌理，尤其是核心街区典型江南风格的传统民居，发掘区内丰富的历史文化内涵，整合手工业文化资源，再现传统手工艺人的生活场景，实现软件与硬件的有机组合。同时也考虑到提高环境质量，以适应区内两万居民现代生活的需要。

　　南捕厅街区的完善保护，也为中华门门西地区的保护更新工作，提供了有益的范例。门西地区是南京历史最为悠久的传统建筑风貌区，蕴含着丰富的历史文化资源，直接记录了南京城市的成长流变，可以说每一寸土地都有故事。由于20世纪末的"老城区改造"尚未深入这一区域，使其有幸得以保持南京老城的肌理与格局，在城市历史与文脉日益得到重视的新形势下，门西地区在老城改造上的后进，反而成为优势。门西地区现存面积仅一平方公里，只相当于老城区五十分之一，或主城区的百分之一，作为历史文化名城的南京，没有任何理由不保护好这一珍贵遗产。

　　规划工作者致力于门西地区规划已有多年，一再广泛听取各方面专家的意见，到2005年，终于有了一个较为令人满意的结果。规划设计人员经过严谨扎实的实地勘察，评估了门西的每一条街巷、每一幢建筑、每一处遗址，同时也调查了居民的生活现状，据此提出将门西地区划为风貌保护区、风貌协调区、风貌改善区的"三分天下"方案。将传统建筑分布、文化历史积淀相对集中的凤凰台遗址、荷花塘历史街区和秦淮河沿岸作为风貌保护区，立足于保护、维修和局部改善。其南部的风貌协调区，应承袭原有的空间尺度和城市肌理，尽可能保留历史文脉，新建建筑也应保持传统建筑空间与形式，与原有风貌相协调。北部已经被开发成高层和多层建筑的区片只能作为风貌改善区了。规划也注意到了与南京历史文化名城保护规划的衔接，其街区整体风貌—街巷—建筑—界面的分层次保护方案，有利于对区内现存较好的城市格局、街巷肌理、环境风貌、建筑特色进行系统保护，在古城保护理想与现实可能之间，寻找到了一个较好的结合点。规划并对区内交通、市政及未来旅游开发做了统筹考虑，提出了资金平衡的设想方案。这一规划的实施，将使门西地区的人居环境得到较大改善，历史文化资源得到更好保护，从而进一步提升城市形象。

2006年12月公示的《南京门东"南门老街"复兴规划社会意见征询》，将历史街区的保护与更新工作，又提升到一个新的高度。南京大学建筑研究所教授赵辰先生在说明这一规划时，尖锐地提出了"是建筑决定城市，还是城市决定建筑"的问题，并明确否定了前者。也就是说，在这一历史街区中，未来所有建筑的形式，都必须服从城市的原有风貌和肌理。这就是一个重要的进步。为了达到这一目标，规划编制者做了大量细致的工作，不但摸清了该地块所有重要的历史信息，确定了分三级保护的对象，并且认真研究了原有建筑的功能、基本空间类型的结构、传统街巷的尺度等，作为"肌理再造"工作的依据。与此同时，他们还提出了一些值得引起反思的重要问题，如对街区中的不同功能片区，不能过分强调功能的单一化；如对街区内的交通，采取多种控制模式,尤其不能允许小汽车通向每一个角落;如以实事求是的态度提出,资金的"就地平衡"是不可能实现的,必须有新的资金输入。像南京这样的经济大市,确实不应将土地经营作为经营城市的唯一手段,为了仅存几片历史街区的生存与复兴,理当投入一定的资金。

"南门老街"这一复兴规划倘能付诸实施,一定会为南京的历史街区保护提供可贵的经验,对南捕厅街区尤其是门西历史街区的保护与发展,提供有益的借鉴。1980年代以来,尤其是20纪末的"老城区改造",使南京城内的明清传统街区日趋减少。民国建筑遗存因之突起,在现存历史文化资源中的地位越来越重要。这也是近年来流传"民国建筑看南京"的载体背景。民国时期建都南京,留下的重要历史文化资源之一,就是大量风格各异、功能有别的现代建筑,使南京有"民国建筑博物馆"之誉。

人民解放军进入南京之初,南京市军管会主任刘伯承就十分重视民国建筑的保护,将其视为重要的国家财产。1949年5月11日,即以刘伯承、宋任穷的名义,发布了《南京市军管会关于保护中山陵园之布告》,17日,又发布了《关于保护公私财产、名胜古迹之布告》,保护范围包括工厂、企业、银行、公司、仓库等,尤其是学校、研究机关、图书馆、古物陈列馆、报社及各名胜古迹。11月4日,又发布了《南京市军管会关于保护祖国财产之布告》,"责令有关部门立即制定和公布各种制度规章条例,俾使全市军民有法可守",并要求"组织文化古物保管委员会,聘请民主人士及爱好文化、古物学术界人士参加,对各种有历史意义的建筑如中山陵园等,以及有历史价值之资料,更要加以保护,严禁破坏"。对于毁坏房屋建筑者,"必予严厉惩办"。但在此后半个世纪的岁月中，对民国建筑的保护意识日渐淡薄。1988年普查中确认应予保护的一百九十处民国建筑，到1988年就消失了三十处。未被列入保护范围的近现代建筑，消失数量就更多，以致有意见批评政府在这一方面不作为。进入新世纪，民国建筑的保护重新提到了议事日程上。市委领导明确提出："隋唐文化看西安，明清文化看北京，民国文化看南京。"将民国文化作为南京的典型文化形态。政府和有关部门采取种种措施，加强对民国建筑的保护和利用。其中，总统府建筑群被列入南京最重要的十片历史街区之一，2001年整体被公布为全国重点文物保护单位。

总统府建筑群长期用于机构办公，只有煦园作为旅游景点开放。其独特的历史氛围和文化内涵，始终未能得到充分的展示与利用。直到江苏省委、省政府决定在这一片历史建筑遗存的基础上，筹建近代史博物馆，制定规划，将南起长江路、北至长江后街、东临东箭道、西至太平北路的区域，都涵括进保护范围。

这也是新世纪整合南京历史文化资源的重要举措。近代史博物馆东与梅园新村历史街区相衔接，南有以民国建筑中央饭店和南京图书馆新馆、江苏省美术馆新馆为中心的文化广场，西接江宁织造博物馆和长江路文化街，与人民大会堂、江苏省美术馆等民国经典建筑相呼应，实际上成为长江路文化街的核心，也促进了长江路文化街的环境整治。原总统府内独具一格的历史风貌，相对完整的古建筑群，基本上得到了比较完善的维护。这成为南京近代史博物馆的一大优势，也是其有别于其他博物馆的一大特色。新建的近代史通史馆、1912传统风貌街区等，在建筑风格上都注意到与原有历史建筑风格相协调，在高度、体量、色彩和材料质感等方面也都加以控制，以达到从历史建筑向当代建筑过渡的目的。而长江路沿街的文化墙面和艺术小品等，也起到烘托氛围的作用。

江宁织造博物馆是长江路文化街区的另一个亮点。该馆由建筑大师吴良镛院士主持设计，包含了江宁织造署（乾隆南巡行宫）、云锦博物馆和曹雪芹《红楼梦》文学馆等多种文化成分，取传统金陵园林精髓，采"三山二水"生动意境，造亦幻亦真、亦古亦今的当代新型园墅，为当代人提供一个幽雅优美的文化活动场所。这一尝试，对于南京的文化产业发展、文化现代化建设，都有意义。

"点"带动了"面"，"面"又拓展了"点"。近代史博物馆的建成和长江路文化街区的建设，不但为南京提供了一个兼教育、科研、旅游、休闲等于一体的历史文化旅游区和爱国主义教育基地，也为古城历史街区的保护和利用，提供了有益的借鉴。

2006年4月27日，南京市政府常务会议原则上通过了《南京市重要近现代建筑和近现代建筑风貌区保护条例》，并提交市人大审议通过，把对民国建筑的保护工作，上升到法制的高度。

2006年6月，南京市规划局又编制了《南京市2006至2008年民国建筑保护与利用三年行动计划》。计划重申："南京的优秀近现代建筑，特别是民国建筑在中国近代建筑史上有着独特的地位，是中国近代建筑史的缩影、民国文化的代表，也是南京宝贵的文化资源和城市名片。"并指出，对于尚未列入文保单位的民国建筑，也须确立相应的法律法规进行保护，要"以高水平的规划设计为指导，结合老城环境整治成果和目前已形成的城市特色地区，突出重点，成组、成片地集中保护和利用民国建筑，凸显其在南京城市特色、历史文化和旅游经济方面作为'历史资源和城市资产'的双重效应"。

计划明确列出九十六处计二百一十六栋民国建筑，主要分布在沿民国Z字轴线的十五个片、十个点内，整治片区达二百六十公顷。并以区为单位，针对性地制定指标和任务，要求通过"公布保护名录，拆除违章建筑，建立标示系统，促进转换利用"，使一大批重要的民国建筑能"保下来，亮出来，用起来，串起来"，发掘民国文化内涵，打造城市亮点地区，开发专题旅游线路。同时，成立相关领导机构，全面核查民国建筑资源，编制具体修缮方案，实行保护"登录制度"，设立统一标志名牌，确保有价值的民国建筑不再消失。计划中还列出了三年中的具体工作内容、进度和考核办法。

为了保护和弘扬南京的历史文化，进一步凸显城市特色和文化内涵，2007年开始了新的历史文化名城保护规划修编工作，并于2008年完成。该规划在强调与国家规范对接的同时，更加突出南京的地方特色，做出了新的探索，确定了"全面普查、科学研究，理性评价、系统整合，分级保护、多元再现，织补肌理、串联整合，探索传承、有机更新"的新思路，以及"多学科合作、多角色参加、全社会参与、新技术支撑"的新方法，现已形成初步方案，并完成了"南京城市历代空间的推演复原及研究"等十一个专题研究和专项规划。与此同时，规划部门还邀请国内外专家学者，开展"历史文化名城保护相关国际经验研究"，确立了"整体保护、有机更新，政府主导、慎用市场"的历史街区保护"十六字方针"，使得老城南历史保护出现了重大转机。同时，又推动了"重要近现代建筑和近现代建筑风貌区专家委员会"的成立，提交了五

石头城下拆除违建

批"重要近现代建筑和近现代建筑风貌区保护建议名录"供专家委员会评审,目前第一批名录已正式公布。颐和路十二片区保护性环境整治,完全按照规划实施,取得良好成效。2008年启动蒋百万故居保护工程、门西胡家花园修复性重建工程、"十里秦淮"西五华里西延工程等老城南保护项目。

明城墙与秦淮河

《南京明城墙风光带规划》和《外秦淮河沿线环境综合整治规划》的制定与实施,都是牵动城市风貌全局的重大举措。

20世纪末,南京明城墙的很多地段,已经成了新旧建筑两面夹击、包围蚕食中的孤岛,以至凋零败落,面目全非,即使被公布为全国重点文物保护单位后,也给人不可收拾之感。幸而,历史文化资源在城市可持续发展中的作用,越来越为世人所认识,明城墙保护终于成为南京城市建设的重要内容。南京明城墙最显著的特色,是依山傍水而建,与真山真水浑然一体,所以保护、整修城墙,与整治环境密不可分,在对城墙、城门、城河实施全方位、多层次、成体系保护的同时,也须着力治理和改善其所处的环境风貌。在相关规划的指引下,市里投入巨资,分年度、分阶段有序推进,到2005年,现存城墙外侧的环境整治,已完成百分之九十以上。城墙沿线,根据资源丰厚程度,建立了中华门、台城—九华山、神策门、狮子山、石头城等五处一级景区,东水关—白鹭洲、中山门—月牙湖、前湖—半山园、琵琶湖—富贵山、绣球公园、挹江门—小桃园、汉西门等七处二级景区。石头城是南京城的发祥地。新世纪的相关规划中,都提出了石头城风貌区整治开发的具体要求:展示明城墙及其遗迹,塑造特色鲜明、富有活力、含蕴历史文脉的城市滨水地区,建立良好的山、水、城、林空间关系,并成为老城区与河西新城区共享的公共空间。经过一年多的整治,2003年5月,"石城虎踞"的雄姿重现人间,成为新世纪南京城市建设的一个亮相。墙顶墙身破败坍塌之处,都做了规范的修补,"天生城壁"依稀战痕斑驳,苍劲沉雄。城下水塘经过疏浚,焕如明镜,恢复了"鬼脸照镜子"的奇观。周边搭建棚户一扫而空,荒草杂树斫除将尽,铺草栽花,植树种竹,整修成清新壮阔的园林。"石城霁雪""西峰秀色""山居秋暝"以及国防园等自然与人文景观,或古朴,或幽静,或清丽,酿造出一派城市山林的自然之趣。置身园区,天高水远。半个多世纪以来,人们第一次能够清清爽爽地看到鬼脸城的全貌。同时,外秦淮河水道清障除淤,两岸防洪堤整治绿化,成为环绕这颗璀璨明珠的襟带。离此一箭之地的清凉门也得到整修,辟建广场,作为从南边进入石头城公园的门户,而公园北端有道路通向龙江小区,2006年又新建了通往河西的步行桥,实现了老城与新城共享的规划目标。经过精心整治的东水关景区,与石头城一样,成为明城墙风光带中又一颗耀眼明珠。

东水关的闻名遐迩,源于朱自清和俞平伯先生那两篇同题的美文《桨声灯影里的秦淮河》,当年两位先生在夫子庙前上船,过利涉桥向北,出东水关,直抵大中桥外,在大中桥与复成桥之间,才是那一种旖旎繁华的极点。今天,在绿荫葱郁的东水关园区中漫步,令人有太多的感慨。秦淮河水远来,在此分为内、外两支,水关建筑的宏伟,结构的科学与实用,使我们不能不佩服古人的智慧。而整修时着意留存下来的城墙断口，使人隐约可以想见当年愚昧拆城的情景。小路边用卵石营造出的河滩，河滩旁横斜的石雕小船，也似乎在唤起人们对通济门船形瓮城的记忆。沿着修旧如旧的梯级，登上水关城墙，内秦淮蜿蜒而去，桃叶渡就在望中。夕阳西下时分，仿佛有七板子荡桨而来。东水关被封闭的中券已经决定重新打开，让游船能够通行无阻，而内秦淮河上的"画舫游"路线，也就可以直达东水关外了。

自东水关沿城墙南去一公里，就是武定门。这一段城墙，是明城墙中建筑质量最好的，从底到顶全部用条石砌筑，也是现今保存状况最好的。城墙内的白鹭洲公园，得饱经沧桑的古城墙映衬，山水、亭阁、花石别具韵味。而东水关和白鹭洲，也正是通过明城墙，组织成了一处意蕴丰厚的景观区。

令人无限感慨的是，拆城墙拆了三十年，并未能达到让南京迈出老城区的目的。当南京真正跃出老城区跨越性发展时，城墙和相应的历史建筑，不但不是障碍，反而成为宝贵的可持续发展资源。

如今，南京城与明城墙之间，已经建立起一种全新的依存关系。重振风采的明城墙，化为南京主城区内独特的环形"绿色骨架"，组织青山绿水，串联人文景观，有效地改善着市民的生活环境。

20世纪末，从内秦淮到外秦淮，以至沿岸丰厚的历史文化瑰宝，几乎都湮没在污泥浊流之中。外秦淮河东岸老城区与河西新城区，都有背河发展的趋向，造成南京主城区建设的离心格局。随着对明城墙历史文化价值的认知，外秦淮河的景观资源意义也越来越为人所重视。2002年7月制定的《外秦淮河沿线环境综合整治规划》，明确了以明城墙为主线，结合外秦淮河，依托自然山林，串联人文景观，形成"环城绿带"的整治目标，要让秦淮河重新成为一条流动的河、美丽的河、繁华的河。"环城绿带"这个理念，在此后的各种城市规划中不断得到强化完善。"显山露水"，就要显青山，露绿水。水质改造，排污管理，水位保持，堤岸美化，沿岸土地功能提升，整体空间形态控制，一系列的难题都必须加以解决。此前二十年间的治理工作未能取得有效成果，就是因为没有把它作为一个系统工程。

这一规划为外秦淮河综合整治理清了思路，提供了可行的实施方案。对外秦淮河沿线运粮河水口、中华门瓮城、西水关、石头城、三汊河河口公园等五个不同特色的风貌段，分别提出了生态保护、环境优化、景观建设方面的具体要求，旨在建立良好的山、水、城、林空间关系，使环绕古城、连通新城的外秦淮河，成为串联和展示南京自然与人文景观的绿色文化长廊。2003年，南京市政府投资三十亿元，全面实施这一规划，对石头城等三个试验段的整治，当即受到市民好评。全线整治工作随之展开，通过防洪堤改造、污水截流、绿地景观的建设、亲水空间的设置、历史文化资源的充分展示、游览线路的开辟，外秦淮河已成为老城与河西新城之间的一条绿色项链，为两岸一百三十多万居民每人增加了一平方米的公共绿地，总面积相当于三个莫愁湖公园，卓有成效地改善了人居环境。外秦淮河上的"画舫游"已分段开通，与内秦淮河相比，别有一番风味。

南京山、水、城、林融于一体的城市特色，历来为人所赞美。新世纪之初，南京更以"有山皆林，有土皆绿，有水皆清"为建设方针，通过"显山、露水、见城、滨江"工程的实施，努力营造"城林相间、贯穿有序、林在城中、人在林中"的绿色城市。

这一"绿色南京"的发展战略，可以分为两个层面。首先，在南京市域范围内，建设"斑块—廊道结构"的绿地系统，以城郊县区的大片山水为"绿斑"，以环城快速路两侧防护林带、缓冲空间等形成的"绿带"、沿江河水体形成的"蓝带"及串联绿地的"绿径"等为"廊道"。密集"绿斑"连续而成的"绿楔"，一直插入主城，形成主城的四大片绿地，东有钟山风景区，西有河西滨江风光带和江心洲，北有幕府山风景区，南有雨花台。同时，以明城墙风光带为绿色内环，以绕城公路绿带和主城沿江绿带为绿色外环，构成南京主城"两环四片"的园林绿地系统。又以内、外秦淮河、金川河、护城河等水系和道路骨架为纽带，串联起星罗棋布的大小公园、街头绿地，做到点、线、面结合。就这一层面而言，南京的绿化水平居于全国前列。最为市民所关注的，还是老城区内绿化这一层面。这与数百万居民的生活、工作环境密切相关，然而由于历史原因，存在难题也最多：人均绿地面积相对较低，绿地分布不均匀，为居民日常生活服务的基层绿地缺乏，现有绿地的可达性也较差，尤其是老城南地区，建筑密集，几乎完全看不到绿地。

为了改变这一状况，就要优化老城的绿地布局。近几年来，有关部门编制了《老城绿地布局规划》及相应的"年度行动计划"。通过光华门到光华东街、玄武门到解放门、钟阜门经金川门到神策门等绿地的建设，在展示历史文化资源的同时，初步实现了明城墙沿线绿地的环通，新增绿地十五万平方米。结合外秦淮河、金川河、明御河、内秦淮河、玉带河等河道建设滨河绿地十八万平方米，形成多条步行公共休闲绿化带。沿中山北路、中山路、中山南路、中央路、城西干道、城东干道、新模范马路等景观道路，见缝插针，布置街头绿地和广场约四万平方米，如大行宫广场、金陵中学门前广场等。此外，在居住用地内部，结合历史文化资源或社区中心，尽可能增加点状基层绿地，总面积达二十三万平方米。现在，老城区百分之九十的居民可以在出行五分钟或三百米半径内，就达到基层绿地。

南京最大的山是紫金山，紫金山风景区的灵魂是中山陵。中山陵不仅为紫金山增添了一道最为瑰丽的人文景观，使海拔仅四百多米的紫金山名扬天下，而且使其自然生态也得到充分的重视与养护。长期以来，对于紫金山核心景区，尤其是中山陵、明孝陵等重要景观的保护和培育是比较完善的，但景区外围的管理一直不能尽如人意，一些地方甚至杂草丛生，垃圾成堆。根据2004年制定的《钟山风景名胜区外缘景区规划设计》，钟山风景名胜区外缘景区开始进行全面整治，拆除与景区无关的建筑，迁出区内居民，加强生态保护，将紫金山周边地区也融入风景区范围。同时重新构筑景区入口，在外围打造旅游服务区域，将紫金山景区再"做大"。2006年成功改造、先后开放的梅花谷和琵琶湖景区，就是典范。

南京最大的水面是玄武湖。玄武湖与明城墙，与沿湖诸山，不仅构成一道独特的风景，而且形成主城区内的"绿肺"，调节优化着生态环境。仅玄武湖中，就拥有三四十处有价值的历史人文景观。玄武湖的美中不足之处，是景观分布相对散漫，有些景观之间未能建立有机联系，有些景观特色不够鲜明，从某些角度看水面景观稍觉单调。2005年春，玄武湖的"美容"工作全面展开，将龙蟠路、中央路、北京东路、太冈路围合的区域全部包括在内，对玄武湖、情侣园、北极阁、九华山、台城、鸡鸣寺等景点进行有机整合，并努力与钟山风景区构建联系。景区内部归纳为"三线、四湖、五洲"的思路,创造旅游环路的设计,增加水上交通方式的考虑,都值得赞赏。《玄武湖景区详细规划》在公示的同时,首次以"公众见面会"的新形式,广泛向广大市民征求意见建议。规划公示形式上的这一创新,吸引了为数众多的公众参与,畅所欲言,也是南京城市规划工作的一个大进步。

提升市民生活质量

在城市环境日益优化的同时,南京市民的日常生活条件,也不断得到切实的改善提高。

据2004年6月统计,南京百分之九十五的居民户已入住单元式配套住宅。人均住房建筑面积达二十二点七平方米,户均建筑面积达六十五点一平方米。即使在20纪末,这个数字也是不可想象的。居住面积的扩大,使市民的文明生活追求有了基本的条件。居住空间的优化不仅止于面积增加,而是多方面的。2003年修订的《南京市城市规划条例实施细则》,再度提高建筑间距系数,使环境、日照、通风、采光、消防、防灾、视觉卫生等因素都得到进一步改善。住宅设计也从单纯的平面设计走向三维空间设计,跃层、错层、高空间厅房,直到各式别墅,百花齐放,各有千秋,满足了不同阶层的需求。住宅停车设施配套的标准不断提高,现规划要求达到每十户配建八个甚至更多,以满足私家车发展的需要。居住区的公用空间功能也越来越完善。

伴随着住宅商品化,货币购房已成为获取房产的主要途径,在经济条件允许的情况下,人们也就有可能依照自己的需要和爱好选择住宅。

21世纪初的新街口广场

市民对住房的选择，最初集中在地段、面积和套型上，但在购房者的心理成熟后，就已转向对居住条件和居住环境、住房舒适度的高追求。日益激烈的商业竞争，使建设者意识到，商品房必须顺应社会选择的潮流，最好能引领居住时尚。进入新世纪，新建住房的发展趋势，从越来越大转向越来越好，建筑形式"以人为本"，引进国外设计风格，注重外观和内在的美化，明显趋向多样化、人性化、个性化。购房的市民有了越来越多的选择。希望居住环境更完善的市民多选择新城区。近年来规划部门不断加大公共配套设施的规划力度，新出台的《南京市新建地区公共设施配套标准规划指引》，引入社区中心的概念并灵活运用，根据合理的服务半径和集中布置的原则，对各类公共设施用地进行规划预留和控制，保证"规划落地"。习惯于在老城中心区生活的市民，也享受到了更多的便利。由于"退二进三""一疏散三集中"发展战略的实施，老城环境有了很大改善，道路渐宽敞，绿地有增加，环境在美化，人文历史方面的优势更鲜明。

进入新世纪，与市民生活息息相关的商贸业，也已形成多层面的网络，成为南京的支柱性产业之一。

新街口这个名动天下的现代商业中心和正在建设中的河西中心商务区，是南京主城的两个市级商业中心。在十年内异军突起、闻名全国的湖南路商业街，与夫子庙一样，成为南京的商业副中心，并将进一步拓展，东至玄武门，西至金川河支流，北至童家巷，南至云南路。已经启动的铁路南京南站商业副中心，则以流动性大的外来人员为主要服务对象。同时，东山、仙林、浦口三个新市区内，也在分别建设与此相类似的市级商业副中心，使南京的商业副中心达到六个。中央门、瑞金路、晓庄、热河路、中保、江东门、河西南部、安德门、石门坎、孝陵卫等地区级商业中心，是城市商业中心体系的第三个层面，以发展社区购物中心或大型超市为主，满足居民的日常生活需要。主城外的地区级商业中心，远景规划有十七个，近期重点建设的，是板桥、东山老城、新尧、桥北、珠江、大厂、雄州、永阳、淳溪等九个。

第四个层面，是在市区以内，按照三万人左右的规模配置社区级商业中心，让大部分社区的居民能在四五百米的距离内，基本满足购物、餐饮、修理、家政服务等基本生活需求，便利消费，繁荣市场。

除此之外，在对原有六条商业街提档升级的同时，还将新建夫子庙老字号商业街区、总统府文化旅游商业街区、仓巷商业步行街区、河西中心商业街等市级商业街。区级商业街也将在原有基础上有较大发展。

20世纪末严重困扰市民的"出行难"，也随着快速交通线网的建设与完善而得以缓解。

如果说，城墙是传统城市的标志，那么快速交通线网就应该是现代城市的标志。1990年代中，南京开始经营快速道路、主干道、次干道和支路四个层次的主城道路网，但直到新世纪初，才下决心重新规划调理整个城市的交通布局，并首次提出构筑"井字加外环"快速道路和"经六纬九"主干道，建设功能布局合理的道路网体系。干道交通与商业街功能互不干扰，是主城交通的一个重大进步。公交专用车道的设置，是主城交通的另一个重大进步。

"外环"位于主城边缘地带，由绕城公路、纬一路（今幕府路）和河西滨江大道组成，将老城区与河西新城区全部包容在内。位于老城区边缘的"井字"，由经二路（虎踞路）、经三路（龙蟠路）、纬三路（新模范马路)、纬七路(应天西路)构成,并以新庄立交、双桥门立交、赛虹桥立交和古平岗立交四个枢纽立交相连。在与玄武湖、九华山等风景区交会处,则采用了地下隧道。"井字"构筑了主城交通的"内环"和若干条放射线快速系统。站在双桥门立交和赛虹桥立交之间的纬七路上,看脚下南来的道路,不同层次的路网结构清晰可见:中间最高一层是地铁一号线的高架部分,两侧次高层是主干道中山南路南下段,地面层是供慢车与人行的次干道。不同交通工具的合理分流,有效地提高了市区的通行能力。

在主、次干道基本成型的情况下,老城道路改善重点转向强调两头,一头是加快推进快速内环路的建设,另一头是针对支路不成网的现状,加大支路建设力度,形成合理的路网结构,改善道路的可达性。独立的道路当然也承载一定的交通功能,但只有在这些功能设置各不相同的道路,组合成为现代交通网络时,其效能才得以完全体现。地铁和轻轨,是都市现代高效交通体系的骨架。2005年9月,南北方向的地铁一号线正式开通运营,圆了南京人心中的一个梦。

南京地铁建设是城市规划的一个成功范例。在很少有人会把地铁这个概念和南京联系起来的时候,规划工作者已经编制出了建设南京地铁的远景宏图。1988年,南京地铁线网规划方案形成,包括一条南北线,一条东西线,一条环线,三条支线。其中的南北线与现行地铁一号线完全吻合。在规划确立后的二十年间,规划部门严格地控制着地铁一号线的线路和站位用地,沿线相关工程的规划论证和审批,都强调了与地铁工程的衔接和协调。如1992年中山南路拓宽改造,就将地铁三山街车站提前同步建设,避免了二次破路。1994年中山南路南下二期工程,也在高架桥的中间预留了地铁南段区间高架线路，避免了重复建设。新街口车站周边，新百大楼、中央商场、商茂广场、东方商城等处先行建设的地下部分，也都有与地铁车站沟通的预留通道。交通线路与商业空间的有机结合，为双赢创造了机会。这些规划措施，都为地铁建设节省了大量的投资，使南京地铁成为国内投资最省的地铁建设项目。

现在，南京地铁已经过五轮规划，确立了九条地铁线（含四条过江线）和四条轻轨线的发展远景，总长度从最初的一百七十四公里，发展到四百三十三公里。这已成为南京地铁建设的法定依据。规划中将有七条地铁线经过老城区，不仅将大大提高老城区的公共交通服务能力，还将有效地带动地下空间的开发和利用。2006年，横贯老城区、连通河西与仙林两大新市区的东西方向地铁二号线也已开始施工。

南京的对外交通事业也有突飞猛进的发展。进入新世纪，铁路交通的目标拓展为形成"十线汇集"的铁路南京环行枢纽。也就是说，除已经建成的京沪、宁芜、津浦、宁启四条铁路线外，规划建设的有京沪高速铁路、宁汉、宁杭、宁西铁路等四线，并预留宁连、宁宣铁路二线。沪宁城际铁路工程可行性研究已经过专家评估，并报国家发改委申请立项。在南京长江大桥扩容的同时，长江二桥和三桥相继建成通车，还将形成南京铁路绕行环线。南京的铁路快速化改造已经取得了重大成效。以南京为核心的城镇间快速轨道交通，并将与主城内部快速轨道交通相衔接，与快速道路相协调，形成高效、安全、舒适的都市圈综合交通体系。与此配套，南京火车站经过三年的改造建设，已正式投入运营，以崭新的现代化面貌，成为提升南京城市形象的窗口。南京南站已于2005年5月开展概念性国际招标，将在三点三五平方公里的范围内，建成地上地下各三层、共有七层的综合性铁路枢纽，将有三条地铁线、二十条公交线与其相衔接。江北新站的建设和南京西站的改造也已在规划中。铁路客运功能逐步衰减的南京西站，未来将改建为铁路专题博物馆。

南京地区的对外公路交通网，由沪宁、宁杭、宁高、宁芜、宁巢、宁合、宁蚌、宁淮、宁连、宁通、浦仪、沿江高速公路等四条国道和八条省道组成，规划在近年内全部达到一级公路以上标准，形成"两环十二线"的高速公路网。绕城公路和公路二环两条高速公路，跨越长江，成为环线。公路过江通道，已有南京长江大桥、二桥（今八卦洲长江大桥）、三桥（今大胜关长江大桥）及纬七路（今应天大街）桥、石埠桥、江心洲夹江大桥等多条。规划中的南京市域公路交通网，将达到全国领先水平。在2010年之前，要实现市到县通高速公路、县到县或县到乡镇通二级以上公路、乡到乡通三级以上公路的目标。铁路与公路交通，将与航空、水运、管道交通一起，形成南京地区功能强大、运行高效的国家级综合交通枢纽，进一步提升南京的区域中心城市地位。

在《南京主城空间特色系统综合规划》基础上形成的《南京城市空间特色整合塑造2008年度行动项目规划建议》，引导了2008年城建计划的制定。现在已完成了河西CBD二期城市设计，沿江重点地区、秦淮新河、方山风景区等一批城市特色意图区规划设计完成。在跨江发展、关注民生、提升城市品质等方面，完成了长江北岸的滨江大道江北段、纬三路过江通道（今南京定淮门长江隧道）、纬七路过江通道（今南京应天大街长江隧道）、长江四桥（今栖霞山长江大桥）以及江北水厂、污水处理厂、变电站等一批交通市政项目的规划服务，做到了跨江发展的基础设施先行，并大力推进《新建地区公共设施配套指引》的落地，为市民预留和提供更多公共空间和配套设施，完成了二十四块计四点四万平方米老城添绿规划审批工作，又提出2008年二十八块约十万平方米的老城添绿计划，完成了郊野公园建设的规划服务工作等。同时，以土地充足供应和政策性住房建设等民生保障为重点，制定土地储备和出让、政策性住房供应规划，全力做好危旧房改造工作，逐步改善群众居住环境，并密切关注新建居住社区的配套要求以及老小区的环境综合整治，推进宜居城市建设，以适应城市的动态发展和政策不断优化调整的要求。

21世纪初，南京正在由总体小康向全面小康迈进，城市进入了优化发展阶段，着力优化城市结构、完善城市功能、提升城市品质，实现社会进步的驱动力由工业化为主导向新型工业化和城市现代化为主导的转变，是今后的一项重要任务。作为城市建设和发展的"龙头"，城市规划自然受到更多的关注。将在2008年完成的南京市新一轮总体规划，应努力做到总体规划修编工作与城市发展模式转变的紧密结合，用新一轮的城市总体规划引领南京新一轮的建设发展和实施，促进南京的科学和谐可持续发展。

新世纪的南京城市建设，虽然取得了近半个世纪以来最为显著的成就，但也必须理解，它是在20世纪末的基础上进行的，不可能另起炉灶，也就难以避免出现新的不能尽如人意之处。尽管总体规划可以进行调整，但已经建成的城市内容，短时期内已无法改变。一批败坏城市整体风貌的建筑，至少在数十年间不可能拆除更新。甚至20世纪末某些失误所形成的惯性，短时期内都难以遏止，特别是城市空间扩张呈蔓延态势，城市建筑分散，影响城市化功能建设和"多中心"构想的实现，影响TOD作用（即以公共交通为导向的开发，英文为transit-oriented development，简称TOD）的有效发挥，影响土地的集约化利用，影响老城区整体环境品质的提升等，这些问题，将继续影响新世纪的南京城市规划和建设。

城市建设就是这样一种严峻的事业，一旦发生，便成事实，几乎不具有可逆性，几乎不给人以改正的机会。即使人们能不惜代价，至多也只能是毁去新建筑，而已不可能重现旧风貌。看起来，城市似乎只能被动地接受一代代建设者所加给它的内容。但是，当某些内容成为限制城市发展前进的障碍时，人们便会意识到城市报复的力量。

强调城市有序发展、科学发展、持续发展的意义，也就在这里。

特辑三 南京"一城三区"新面貌

我着手写《南京城市史》时,南京的"一城三区"新格局还在襁褓之中,所以当初选配的插图,主要是城市规划图。时至今日,当年的规划已经成为现实,作为历史记忆的规划图固然有其意义,但真切反映城市新貌的照片,更能让人领略城市发展的光彩,尤其是河西新城区,可以说,我们的先人用了两千余年,建设了河东的主城区,而我们这一代,只用了短短二十年,就建成了河西现代化新城。与此同时,主城区内的历史文化遗产保护,也有长足的进步。许多历史建筑和街区经维修重现当年风貌,也更能适应现实生活的功能需要,一些毁损的人文景观依文献、图像记载重建,成为新的文化旅游热点。

所以,我以这里的一组彩色照片,作为本书的第三个特辑。

感谢拍摄这些照片的摄影师,他们不分白天黑夜,不畏严寒酷暑,不辞辛劳奔波,忠实地记录着南京这座城市的成长史。他们的佳作成为城市文化不可或缺的构成部分,也将融入这座城市的永恒记忆。

俯瞰江苏大剧院与河西新城

方飞 摄

奥体中心　　　　　　　　　　　　　　　　　　方飞 摄

南京眼与青奥大厦　　　　　　　　　　　　　　赵耀 摄

河西生态公园　　　　　　　　　　　　　　　　　　　　　　　　　　　赵耀 摄

大胜关大桥　　　　　　　　　　　　　　　　　　　　　　　　　　　　赵耀 摄

南京南站　　　　　　　　　　　　　　阮忠 摄

禄口机场俯瞰 方飞 摄

从南京长江大桥航拍南京夜景 赵耀 摄

双桥门立交桥　　　　　　　　　　　　　　　　　方飞 摄

下关新城全景　　　　　　　　　　　　　　　　　赵耀 摄

南京新地标紫峰大厦　　赵耀 摄

仙林大学城南京大学俯瞰图　　方飞 摄

夫子庙夜景

下关大马路　　　　　　　　　　　　　　　　方飞 摄

金陵图书馆新馆　　　　　　　　　　　　　　方飞 摄

芥子园雪景　　　　　　　　　　　　　方飞 摄

航拍甘熙故居全景　　　　　　　　　　　　　　　　方飞 摄

阅江楼夜色　　　　　　　　　　　　　　　　　　　赵耀 摄

六朝博物馆　　　　　　　　　　　　　　　　方飞 摄

中山码头　　　　　　　　　　　　　　　　　方飞 摄

龙江宝船公园　　　　　　　　　　　　　　　　　　方飞 摄

大报恩寺遗址公园　　　　　　　　　　　　　　　　方飞 摄

第十五章 走向和谐南京

急剧变化中的城市走向,是亲历者最希望明确而又难以明确的问题。经济利益、领导素养、历史惯性、现代精神、市民意向……直到不可预测的偶发因素,都在对其施加影响。

"和谐城市",只是作者的理想城市追求。

今天回望这一段历程,可以发现,当时的追求目标和认知水准,都不能尽如人意。但这就是历史真相。我们正是由此前进,走到今天。

市民精神与城市特色

21世纪初,南京又一次进行关于市民精神和城市特色的大讨论。

类似的讨论,在改革开放之初的南京,也曾发生过。但无论是讨论的深度和广度,无论是参与者的数量和质量,前一次都不能与这一次相比。

所谓市民精神、城市特色,其实就是城市成长过程中,主流意识总结提炼出来的一种"集体记忆"。城市特色是对城市本身的集体记忆,市民精神是对城市中的人的集体记忆。城市特色与市民精神是密切相关的。一座城市,不仅为人类提供着生存的基本环境,而且也是一种文化的模板，一种强制的话语方式，一种近乎天然的学习机制。生活于其中的市民，每时每刻都在接受这种空间关系的熏陶，也会将这种空间关系所表达的意识形态视为理所当然。城市特色就这样潜移默化地影响着市民精神。就南京而言，历史上形成的城市多元化特色，成为市民宽容精神的物质基础；庞大城圈内充裕的发展空间，成为市民宽厚胸怀的物质基础；帝王殿宇的凋零破败和民居商铺的持久繁荣，也成为市民疏离统治阶层性格的根由。城市在平缓发展时期，更多地因受市民精神的惯性影响，而延续原有的文化特色。简而言之，市民会按照自己看惯了的形式，不断建造出新建筑。

但是，城市急剧发展时期的出现，往往伴随着新的主流意识的进入。南京历史上的每一次建都，当政者都是外来的统治集团，原有的市民精神首先因受强力冲击而发生程度不同的变异。尽管历次建都者都大体维护了南京原有的城市特色，但也都为城市增添了新的内容和新的特色，使城市整体风貌发生巨大的变化。为了巩固自己的统治地位，这些新的领导集团也都会对城市特色与市民精神进行新的诠释。南京的历史经验证明，由于新的城市特色通常对原有城市特色的包容度很大，市民们对新统治者的接纳也就较少障碍，城市也就能够较为和谐地继续发展。

换句话说，城市精神和市民特色的诠释，虽然看起来只是对既往历史的总结，却包含着明显的现实利益因素，其目的则是取得社会认同，引导社会意识，否则就没有意义。不同的领导者，不同的利益集团，都会试图通过对市民精神和城市特色的诠释，来引导市民认同其城市管理和城市建设意图。应该说，这是一种明智的做法。然而，倘若他们所谋取的小集团利益与广大市民的利益激烈冲突,他们所图谋的现实利益与城市的长远利益明显冲突,他们所树立的"集体记忆"与城市的文化传统两相违背,就难以真正取得社会认同。即使他们凭藉手中的权势强硬推行某种诠释,一旦其权势消失,这种诠释就会被推翻,这种诠释的实践就会被批判甚至被清除。

概而言之,城市特色和市民精神,固然与城市的历史文化传统紧密相关,也与城市新的建设成果紧密相关。尤其是在城市建设急剧发展的时期,面对日新月异的城市建设现实,传统不可能一成不变,但也不可能全盘否定。传统似乎限制着现实的步伐,但又为现实提供了坚实的舞台。于是,在物质和精神传统中,选择哪些成分融入今天的"集体记忆",以使现实得到最宽松、最稳固的发展基础,这种选择又能在多大程度上获得社会认同,以保证城市的和谐氛围,便成为对城市决策者管理艺术的一种检验。

毋庸讳言,新世纪初这场大讨论展开之际,也正是南京市民,尤其是南京的有识之士,对南京的城市建设意见最为激烈之时。新世纪的南京领导者,正是通过这一场讨论,引导市民重新审视城市的现状,重新衡量发展的基点,并促使社会普遍认同了市委、市政府在城市发展上的新思路,也就是优化空间结构,拉开城市骨架,推进新区开发,保护古都特色,促进生态平衡,提升人居环境,建设多元化、多中心的"和谐南京"。

城市是一种物质性的人类文化结晶。

在人与城市的关系中,文化是天然的纽带。城市文化的亲和力与凝聚力，是城市最重要的内在力量，也是决定城市现存面貌、影响城市发展方向的根本因素。反过来说，城市的成长与变化，又在不断丰富城市文化，提升市民精神。人类的弃旧图新，离不开城市的反思和进步。两者相辅相成的协调发展，是城市前进的理想状态。

人类文明前进的每一个脚印，都会影响城市产生相应变化。换个角度说，一种新文化必然试图建立相应的城市。因而，城市在急剧发展时期，怎样才能保持民族特色和地方文化个性，不致丧失自我，并且在顺应现实变化中获得新的升华，是一个值得认真研究的课题。一座城市，一座历史文化名城，它之所以成"名"，在于所拥有的历史文化遗产积淀，而城市空间结构、城市建筑形态这样物质性的历史文化遗产正是其骨骼。一旦这种物质性的历史文化遗产遭到严重毁损，单靠非物质性的历史文化遗产，是支撑不起一种城市文化，更支撑不起一座城市的。

按照刘易斯·芒福德的说法，城市的三个基本使命，就是贮存文化、流传文化和创造文化（见《城市发展史》译者序）。所以，我们重视城市所贮存、所流传的历史文化遗产，并不仅仅为着一个"名"，更因为它是城市"创造文化"的基础，是城市未来科学发展、和谐发展、持续发展最可宝贵的资源。

中国人曾经盲目地以"地大物博"自夸自豪，今天终于认识到中国地既不大，物也不博，自然界的资源是十分有限的，不少方面已经面临紧缺甚至枯竭的危机。而城市这种狭小地域中的自然资源，就更加有限。近年以来城市中进行产业结构调整，优先发展第三产业，已成潮流。历史文化资源在发展第三产业中的重要地位，无须我赘言。像南京这样的大都市，本身就是一座巨大的博物馆，保藏着历代遗存的丰富文化资源，等待着我们去发掘去利用。更为难得的是，历史文化资源在产业发展中，只要运用得当，不但不会消耗，反而会继续积累增长，这也是其他资源所无法比拟的优势。

令人遗憾的是，在昨天以至今天的城市建设中，残酷毁损历史文化资源的事情，却不断在发生。

中国的改革开放至今不过四十多年，而中国已在走出匮乏，走入温饱，走向富足。在世界的其他一些地区，这个过程是通过几代人的漫长周期才完成的，中国却在一代人的身上就实现了。我们理所当然地以此为自豪。

然而，任何事物都具有两面性。一方面，是这种自豪感被泛化和滥用了。某些人由于短时期内不计代价所取得的经济成就，就盲目地认为，城市建设就是打破旧事物、改变旧事物，达到"改天换地"的效果。由于他们对城市的历史文化资源采取轻视甚至无视的态度，误以为今天的建设成果足以取代人类的全部历史成就，即使他们的初衷是改善城市现状的善良愿望，也会导致城市的灾难。尤其是某些缺乏大都市管理工作经验、缺乏起码人文素养的领导干部，不懂得一座城市绝非若干硬件的简单堆砌，不理解文明社会的构成要素中，历史与文化所占有的无可替代的重要地位。如果他们能认识到，对城市文化的尊重、对历史资源的珍惜，能使今天的建设产生事半功倍的效果，他们的工作当将取得更大的成就。

另一方面，就是已经富足起来的一代人中的一部分，他们心理上仍打着深刻的物质匮乏的烙印。在享受到富足的好处后，他们更加惧怕失去这种好处，重新落入贫困的境地。结果，他们对于金钱财富的追求，给予了过高的重视,超过了对更高贵、更高尚境界的追求,为了财富的获取可以不惜一切代价。也就是说,他们虽然在物质上已开始富足,精神上仍然是一个穷汉。他们甚至意识不到自己精神的贫乏。

要想建设一座和谐的城市,前提就是培育新一代具有高尚精神的人。在这个意义上说,南京的市民精神和城市特色大讨论,所取得的成果,不仅是城市物质建设上的,而且是城市文化建设上的。这一优良传统,倘能继续保持和弘扬,不但有益于城市建设的健康发展,而且有益于一代代市民的健康成长,往大了说,也将有益于国家和民族的未来。

人与自然和谐共生

进入新世纪,南京城市建设的一项重要工作,就是整合破碎的自然与人文资源,重现南京的美丽古都风貌。城市建设是一个复杂的系统工程,现代城市对历史的延续,固然不容轻视,其与自然的关系,同样至关重要。21世纪初,南京终于旗帜鲜明地将"山、水、城、林,融为一体",作为城市的风貌特色,崇尚人与自然的和谐共处,在城市建设理念上,这是一个划时代的进步。

城在青山绿水中,是南京的现实,但如何看待这个现实,古往今来,却存在着截然不同的态度。山、水、城、林四者之中,山、水、林属于自然生态,而城,则是人为建构的。在某些历史时期,城的生长过程,就是山、水、林的萎缩过程,此消彼长的趋势相当明显。

回顾南京城市发展史,我们可以看到,早在六朝时期,由于无节制的采伐,大面积的原始森林已经消亡。同时,人们又在按照自己的意图，重建城市绿化体系，如御道的林荫、园林的花木等。在古代，由于自然水道承载着城市饮用水、运输和护卫等多重功能，所以相当受到重视，南京城内、外的水系变化，有自然徙移，有人为改造，如建造堤坝以防水患，修筑渠道以便灌溉，挖掘运河以顺水系，总体而言是朝着合理改善的方向。古人在庞大的山体面前，往往显得软弱无力，主要还是对于自然山冈的利用，从北阴阳营文化到湖熟文化，先民们都选择近水台地居住，南唐和明初建城借山冈为城墙的基址，更普遍的是以小山体作为园林的依托。可以说，古代南京，大体上保持了人与自然的和谐关系。

民国年间，受到世界性"园林城市"思潮的影响，南京曾提出"都市农村化"的设想，城市规划中也相当重视对自然山水的保护利用。遗憾的是，到了20世纪后半叶，"改造自然""人定胜天"一度成为中国社会的主流意识，完全无视自然生态的地位，甚至以破坏自然生态作为政绩。在自来水和汽车普及之后，南京城内失去饮用和运输功能的自然河道，长期沦为城市生活的下水道，身居下流，为世污泽，越发成为人们理所当然地鄙弃与糟蹋的对象，多处水道甚至被野蛮填埋。现代大型挖掘和运输机械的发展，使"愚公移山"在当代中国成为现实，开矿和采石、取土，严重损毁着南京周边多处山体与植被，而城内的丘陵更因建房开路屡遭蚕食，不少被完全夷平。城市建设中逢山劈山，遇水填水，"喝令三山五岳开道，我来了"。本应该停留在寓言中的东西，一旦进入现实，往往即酿成灾难。

城市建设的目的，固然是满足人类的生存需求，但以为只有建筑物才是人类的生活必需品，认识未免太狭隘。随着人们对生活质量要求的提高,"园林城市"的理想重新进入国人的视野。1992年,国家建设部提出创建"园林城市",并开展城市评审活动。著名科学家钱学森先生也结合中国实际,提出"山水城市"的理念,明确指出:"我设想的山水城市,是把我国传统园林思想与整个城市结合起来,同整个城市的自然山水条件结合起来。要让每个市民生活在园林之中,而不是要市民去找园林绿地、风景名胜。所以我不用'山水园林城市',而用'山水城市'。"他同意以"尊重自然生态,尊重历史文化,重视科学技术,面向未来发展"作为"山水城市"的核心精神,强调"山水城市"建设要充分运用现代科技成果,同时也是高技术城市。

亲近自然山水是中国文化的传统之一,也是南京文化的优良传统。南京人在历史上曾多次对城市景观进行梳理归纳,从"金陵八景""金陵十景""金陵十八景"一直发展到"金陵四十景""金陵四十八景",大多为自然景观和依托山水形成的人文景观。南京的私家园林有对公众开放的传统,清代袁枚的随园甚至连围墙都没建。而取水用水的河畔、井台,曾经是市民最重要的交往场所。当今南京人在选择住宅时,对周边环境的重视,不亚于建筑本身。这当然也是近年来实施"有山皆林,有土皆绿,有水皆清"建设方针,护山、植林、治水渐有成效的结果。值得警惕的是,事物发展也存在另一面,即山、水、林已经成为房地产价格评估的重要因素,于是某些房地产开发竭力逼近自然山水,将公共景观资源化为巨大的商业利益。可以作为典型的,是建在莫愁湖东岸的万科金色家园,紧邻湖岸线突破规划建造多幢高层建筑,将莫愁湖的景观线完全隔断,却以"湖景房"为卖点,房价远远超过当时南京高档房均价。这是新形势下的又一种建设性破坏,同样是对自然资源的损害和对全体市民利益的侵害。

在决定城市特色方面,山水等自然环境的重要性,不亚于城市建筑。威尼斯成为水城,苏州成为水乡,都基于"人家尽枕河"的自然风貌。进入新世纪,南京通过"显山、露水、见城、滨江"工程的实施,在重新编织历史文化名城风貌上,能够较快地取得成效,也就是这个原因。南京人与自然景观的关系,也在不断提升之中:景观从封闭式,发展为开放式;市民从远观风景,到身在其中;从少数人亲近风景,到大多数人享受风景……在南京最近的城市规划中,绿斑、绿楔、绿径、绿带、蓝带、绿地系统、景观走廊、天际线……这些术语频繁出现,充分显示了对自然生态的尊重。处理好山、水、城、林之间的关系,把握好各自发展的度,达到和谐协调,真正实现"山、水、城、林,融为一体",南京也完全可能成为中国"山水城市"的典范。

南京城市建设在国际上的影响日益扩大。2007年10月,南京作为中国唯一入选城市,参加了联合国人居署在罗马举办的"创造和谐城市的最佳城市规划实践专家会议",《南京外秦淮河沿线人居环境改善规划及其实施》案例将作为最佳规划案例写入2009年全球人居报告,并参加了瑞士举办的"中国城市规划主题展"。南京正因为活跃的规划实践成为世界研究中国城市规划的重要案例城市。2008年南京还承办了"第四届世界城市论坛"。

建筑追求新风貌

在体现城市文化的人为建构中,最基本的物质性元素是建筑。城市的面貌和特色,正是由建筑形态及其与自然风貌的组合方式而构成。一座城市之所以能区别于其他城市,也就在于城市建筑反映出的鲜明地域特色,地方文脉的个性风格。往大了说,在中国的大地上,无论建筑的技艺如何发展、材料如何变化、功能如何增加、形式如何翻新,如果丧失了中国文化的特征,如果不能承继中国传统建筑文化的元素,就不能算是一座好建筑。

这是每一个中华民族的传人所必须牢记在心的。

经济的发展给建筑界带来了生气和机遇,但并不会自动带来建筑文化的发展和进步。值得重视的是,在市场经济的大环境中,建筑艺术也不可避免地遭遇商品化的冲击。与当前社会文化普遍"快餐化"的趋向同步,商业利益的诱惑导致建筑界价值观念混乱,人文传统和高尚追求被鄙弃,迎合浅薄时尚,媚外、媚俗成风,经典的建筑风格被消解,城市的整体建筑风貌被割裂。也许可以说,建筑物成为商品已是势所必然,但究竟为社会提供什么样的商品,则是建筑工作者所不能不慎重考虑的。城市建筑不同于非物质文化产品,一旦产生就会占据一定空间,持续相当长的时间,造成严重的视觉污染,而且让人无可回避。

建筑既然是一种文化产品,城市建筑就不但要满足市民物质上的需求,而且要满足市民精神上的需求。所以,在城市建设中,对建筑尤其是高层建筑的规模、尺度、区位、数量、风格、色彩等要素,应该从城市整体层面进行有效的控制与引导。简而言之,正是城市建筑在培养市民的审美观,而市民的审美观又使城市延续其个性特色。人对故乡的依恋,所谓乡愁,除了亲缘的关系外,难以淡忘的家乡面貌,也是一个重要的因素。

不过,仅把大屋顶、琉璃瓦、马头墙等外在细节,视为中国传统建筑文化的表征，也是一种误导。中国建筑在总体布局、空间组织、环境烘托、起伏处理、结构表现等多方面，都有其独到之处。建筑理念上所遵循的一些原则，也都值得借鉴。如以人为本，以人的尺度规划建筑的空间尺度；如强调文化内涵，重视地域文脉和情感要求，以多种形式丰富建筑文韵；如崇敬自然，建筑材料取自自然，建筑形式也力求与自然环境相和谐，空间互相渗透，物我浑如一体；如讲求实用，刚柔相济，巧于因借……建筑中最具感染力、最有生命力的东西，是建筑的整体气质，是民族情怀在建筑文化中的传达。正是文化与个性，决定着建筑的可持续价值。

中国传统建筑文化的丰厚内涵和内在精神，应予认真挖掘提炼，并转化为当代表达，作为发展当代建筑文化的基础。著名建筑学家吴良镛先生认为，增强建筑文化的内涵，探讨地区建筑文化的规律，通过广泛比较寻求建筑文化的根，是发展建设的必由之路。建筑完全应该也完全可能成为地域文化肌体中鲜活的细胞。我们期待着一种真正充满人文精神、洋溢人性之美的新型建筑文化的诞生，期待着这样的新型城市的诞生。我们也希望在城市规划管理逐渐到位的形势下，城市建筑设计的管理能够尽快走上正轨。

城市新面貌的产生，是以突破旧面貌为前提的。南京城传统风貌在20世纪末被割裂得支离破碎，使许多"老南京"痛心疾首。失去城市旧有风貌以至个性特色，是十分可惜的，但我们的认识，也不能停留于此。失去的既已永远失去，便只能寄希望于新风貌的建设与新特色的培育，也应看到今天已在某些方面健康成长的新风貌。

时代在发展，社会在前进，跨越式发展的现代城市，必然会突破原有局部和片区的特征。随着"一城三区"格局的形成，南京城不仅面积扩大了十余倍，城市风貌也越来越丰富：河西新城区为南京增添了一个"现代文明与滨江特色交相辉映的现代化新城区"，仙林新市区充分体现出大学城的青春活力和文化氛围，东山新市区山水特色鲜明而环境优美，浦口新市区是人与自然和谐发展的生态型滨江新市区……"青砖小瓦马头墙，回廊挂落花格窗"，固然是南京老城南地区的建筑特色，但不可能再作为新南京的整体建筑特色。对于南京城市建设的整体认识和评判，也就应该从这个"新南京"的基点出发。

当然，我们衷心地希望，在这个转变过程中，对优秀传统成分的破坏更少一些，付出的代价更小一些，取得的效果更好一些。而找回人类建筑行为的良知和理性，重构生成于环境、贡献于生态、亲和于人类与社会的建筑文化的新形象，是城市建设的决策者、管理者、规划设计者、投资开发者、使用者，是全社会共同的责任与使命。

道路营造新格局

与建筑同样重要的城市元素，是道路。定居与交流，是人类文明生活不可缺少的两个方面，所以在建筑出现的同时，道路也已产生。如果说建筑的特性是静止，道路和交通，则是城市活力的直接体现。有静有动，能静能动。动中有静，静中有动，是城市的辩证法。

回顾城市发展史，城市的范畴并非取决于围墙，而是取决于交通。城墙不过是城市范畴确定后建造的保护性设施。城市的大小，最初是以人的步行能力为限制的，所以作为六朝都城的建康，周长也不过二十里。我们观光一条老街、一座老城,必须慢慢地行走,才能领略它的韵味。交通工具的使用让人的活动半径得以增长,城市也随之扩展。马车、自行车、汽车、电车、地铁、轻轨、火车、高铁、飞机,交通工具的每一次进化,都会带来城市规模的飞跃,但同时也带来对道路功能的更高要求。

道路,既是城市扩展的促进力量,又是城市扩展的限制力量。

经济的发展、社会的进步,使城市必须变大,交通工具的进化使城市有可能变大。但是,这中间有一个协调和谐的问题。人类对于这一点的认识是大为滞后的,他们一再试图以优化交通工具、扩展城市道路的方式解决这一矛盾。遗憾的是,人们终于发现,在采用了更多、更先进的交通工具,在修建了更多、更先进的道路之后,他们花费在路途上的时间并没有减少,而直接抵达目的地的可能反而减少了。这就是现代都市交通遭遇的悖论。

当代都市所面临的痼疾,就是城市越建越大,车辆越来越多,道路越修越宽,交通反而越来越不方便。而且,从能源消耗、环境污染直到身心健康,人们为此付出的代价反而越来越大。

要解决这个难题,首先是城市的布局要合理,各种功能分区要有妥善的安排,以使市民无须长途跋涉就能抵达目的地,不必将大量的时间花费在路途上。在路上的人少了,交通拥塞的状况自然就会改善了。这是一种最为理想的状态。

其次,是建设尽量科学、合理的城市交通网络。这一网络必须以公共交通为主体。城市道路建设应以公共交通的需求为首要考虑,公交线路和站点的设置分布,更是值得下功夫研究的科学问题。这一网络必须是各种交通方式包括机动车、自行车和步行——和谐共生，以满足不同的功能需求。自行车现在是、将来同样也是最节约、最环保的交通工具，城市理应为自行车通行配置足够的适宜道路，在有条件的区域尽可能提供公共自行车。步行不但是城市交通不可或缺的方式，也是现代人保持身心健康不可或缺的方式，如何保障步行的安全、方便、舒适，也就成为城市道路规划设计必须认真对待的问题。

这一网络万万不能以汽车为中心。无论汽车工业的发展会给社会经济带来怎样的眼前利益，也不能要求让汽车穿越城市的每一个角落，更不能让汽车来支配整个城市生活安排。因为在中国社会发展的现阶段，道路建设的成本远远高于汽车生产的成本。即使在西方发达国家，经验也已经证明，对汽车的适当限制，不但是城市交通改善的必要措施，也是社会经济正常发展的必要措施。同时，汽车尾气排放对人体健康的危害，对大气环境的危害，都是严重的社会问题。一个健康成长的城市，不能为了眼前利益而牺牲长远利益。在交通和道路问题上，以人为本的原则正在经受十分严峻的考验。

最后，抑制不必要的交流活动，尤其是不必要的公费交流活动。现代交通工具拓展了人们的活动半径，刺激了人们的行动欲望，大大增加了人们交流的机会。人类充分交流是文明进步的体现。然而在今日中国，我们不得不考虑，如果这种交流的代价远远高于它的产出，那么这种交流是否真有必要？

简而言之，现代城市交通网络究竟应该是怎样的模式，也许还没有人能说得清楚，因为国内至今尚没有成功的范例。但这一网络应该达到的目的十分明确，就是方便最广大的城市居民，就是让广大市民能够最方便、最快捷、最便宜地抵达出行目的地。相对而言，在国内大都市中，南京目前的城市交通情况还要算较好的，公共交通的资源配置也不断在优化。

顺便说到，历史上的城市道路体系，为我们留下了几条城市轴线：六朝轴线、南唐轴线、明代轴线、民国轴线。城市发展史中每一个重要的历史时期，都为城市留下了不朽的记忆。经过几年的整合，这几条历史轴线越来越明晰，也越来越受到高度重视，是理所当然的。不过，值得注意的是，明代轴线和民国轴线，至今仍被作为城市的交通干道使用。日益沉重的交通压力，迫使其不断改变原有面貌，路幅拓宽，绿化缩减，周边建筑改造，也就不可能不影响到相关区域的历史文化氛围。尤其是民国轴线中的中山东路，无情地切断了明故宫遗址。在明故宫遗址被列为全国重点文物保护单位的今天，我们固然不必去改变既有的民国轴线，但是不是还一定要沿用这一轴线作为当代的交通干道，是很值得认真研究的。

不同时期的不同轴线，是根据当时城市交通和发展状态确立的，不但受到社会物质因素的局限，也受到意识形态的影响。当代南京城的跨越发展，势必形成城市新的交通轴线。新的城市轴线的产生，也将带动城市建设的新一轮宏观发展。从六朝到民国的历史文化轴线，理应把它还给历史文化，作为城市历史文化片区的贯穿线，在历史文化资源的开发利用中发挥功能。就像鼓楼和中华门瓮城内部早就禁止车辆通行，就像中山陵、明孝陵、玄武湖等景区终于限制车辆进入，中山东路东段属于明故宫范畴的路段，交还明故宫也应是迟早的事情。至于交通功能，最好是由布局更为合理、更具备现代功能的新建道路来担当。这样两种功能越早得到区分，城市不同功能区域的界定就越能得到社会认同，也就可能得到较好的发展。

规划引领和谐城市

21世纪被称为"城市的世纪"，社会经济的高速发展，农业产业化和城市化进程的大大加快，将使得中国也像西方一样，大多数人进入城镇生活。这是人类发展史上一个里程碑式的转折。同时，城市规模的急剧膨胀，空间布局结构的深刻变化，建筑风貌的日新月异。也使城市发展战略的研究成为世界性的命题。就城市发展史而言，城市总是不断从农村吸收新鲜活力，而一旦农村消失，城市将怎样继续保持蓬勃生机？为了引导城市科学、有序、和谐地成长，保证城市的可持续发展，城市规划的制定和实施，是一个不可轻忽的前提。

中国的"'十一五'计划"易名为"'十一五'规划"，强调了一个十分重要的道理：规划工作是一切工作的基础。在城市建设上尤其是这样，城市的现代化，首先是规划的现代化。时任国务院总理的温家宝同志曾强调指出："做好城市工作，首先要搞好城市规划工作。城市规划是城市建设和发展的蓝图，是建设和管理城市的基本依据。"

城市规划，就本质而言，不可能不受社会经济利益和文化意识价值的支配。近百年来的南京城市规划发展史，清楚地证明了这一点。而在市场经济的大环境中，城市规划的制定和实施，更容易受到各种利益关系的左右。历史的经验与教训，不可谓不深刻。

经过长期实践中的摸索，经受教训挫折后的反思，南京的城市规划理念逐渐明确,特别是进入21世纪,城市规划已确立其在城市建设和发展中的引领地位,从整体布局到具体建设项目,对于城市发展的各个层次、方方面面,都发挥着有力的指导作用,使我们的城市正在变得更现代、更壮美、更适宜市民居住、更利于和谐发展。之所以能如此,一方面,是规划工作越来越体现出它的时代性、科学性、前瞻性与开放性,在专业技术上也有长足的发展。另一方面,随着社会体制变革和法治的强化,规划的法律法规效力越来越能得到体现,科学的规划也就能够落实到位,真正成为城市建设和管理的依据。再就是因为南京的规划工作,有一个优良传统,就是主动接受社会参与、社会监督。改革开放以来,南京的城市规划,从以多种形式进行展览与公示,接受社会评议,发展到直接吸收市民代表参与研讨和编制工作,透明度越来越高。

最后,我想说的是,城市规划,是城市科学发展的重要依据,但也只有在坚持科学发展的社会中,才能充分发挥其作用,给社会带来更多更大更长远的效益。

长江三角洲是世界上屈指可数的高城市化、城市密集地带之一,也是当前世界上经济发展速度最快的高城市化、城市密集地带。南京不但处于这一地带的腹地,而且位居"南京都市圈"的核心,理所当然地应该承担起其西部中心城市的责任。

从这个意义上说,"和谐南京",不仅是南京人的"和谐南京",也是世界性的"和谐南京"。

确立"和谐南京"观念,宣传"和谐南京"观念,让更多的人理解"和谐南京"的意义,从"和谐南京"的角度考虑与处理问题,为做一个和谐城市的居民而自豪,就能让南京更踏实、更稳健地走向"和谐南京"。

后记

本书是《南京城市史》的第三个版本。2008年7月南京出版社初版，2015年10月东南大学出版社再版，皆有《后记》。现均收录于此，并新撰三版后记，简述出版情况，补叙相关信息。

一

这一部《南京城市史》，可以说是我写作生涯中的一个意外收获。

我对南京这座历史文化名城的关注，最初是出于创作小说的需要，当时几乎跑遍了老城区的大街小巷，而且浏览过大量历史文献，甚至搜集收藏到一些珍稀资料。1990年代急剧的"老城区改造"工作，使南京的城市面貌发生了巨大的变化，引起社会各界的激烈争议，众说纷纭，莫衷一是。这引起了我对历史文化名城保护与现代化建设关系的思考，并且在不同场合，发表了一些意见。

出乎意料的是，我的这些意见，得到了南京市规划局领导同志的重视，并为我提供了全面、及时了解城市规划与建设工作的机会。从2002年开始，我同规划专家们有过多次真率交流，并亲历过若干规划项目的审议，进入过不少规划实施的现场，使我对城市现实发展的了解不再停留在表象，也与不少规划工作者成了朋友。在此过程中，我认识到自己过去对于这座历史文化名城的理解，还相当肤浅，不得不从头开始，认真地探寻南京二千五百年来的生长与变迁史，并渐从对史实的探寻，升华到对史识的提炼。温故而知新，既是一个艰难的历程，也是一个充满乐趣的历程。在这样的学习与思考中，我注意到南京城市的发展史上，有不少独特之处，也有相当成功的经验，值得加以总结，提供今人借鉴。这样，在2006年初，我萌发了撰写一部《南京城市史》的念头。

应该说，这样的著作，最好是由专业人士来完成。我这个规划工作的局外人，能不能承担下来，是有疑问的。然而南京市规划局的朋友们，当即表示了积极的支持。他们不但提供了大量翔实资料和信息，而且多次参与讨论，从专家的角度，高屋建瓴地给予指导，对于不同意见也表现出高度的宽容与坦诚。对我来说，本书的写作过程，不仅是一种专业知识方面重新学习的过程，更是感受和体悟一种敬业精神与奉献精神的过程。本书的出版同样也得到了南京市规划局的热情扶持。我想，这也可以算是南京规划工作主动接受社会参与、公开透明优良传统的一个实例。

在此，我谨对本书出版过程中曾经提供帮助的每一位朋友，表示衷心的感谢。

当然，完成这部《南京城市史》，仍是一个充满挑战性的工作。一方面，是思维方式从虚构转向实证的根本变换；另一方面，是由于某些时期相关资料的短缺，历史碎片的拼合又需要合理地运用想象。笔耕墨耘，尚在其次。在规划专家们的支持与帮助下，历时一年余，三易其稿,总算将这部未必完善的作品,奉献到读者的面前。

作为一本书,这部《南京城市史》的时间下限,只能定格在 2008 年。而这座生命力旺盛的城市,仍然在继续成长,就在此书的出版过程中,已经生出了新的年轮。

希望这部《南京城市史》能成为一方引玉之砖,成为进一步深入研究南京城市史的铺路之石,也希望它能够为新一轮城市总体规划的制定,提供一些启发。

2008 年 6 月

二

古人有言:"试玉要烧三日满,辨才须待七年期。"此语不仅可论人,亦可以论书。时隔七年,这本《南京城市史》仍时时被人提起,不少读者期望能够再版,对我是很大的鼓励。承蒙东南大学出版社许进女士积极支持、精心策划,遂使这期望得以成为现实。同时,也使我有机会对这本书进行一次较全面的修订,纠正疏漏,补充新见,以求进一步提高与完善。

像南京这样的历史文化名城,认识其发展史,绝非可以一蹴而就的事情。此书出版以后,一方面,是考古工作者的新发现,陆续为我们揭开了若干不解之谜;一方面,是对相关历史文献的深入研读,使我有可能透过前代研究者有意无意造成的迷惑,更接近于事实真相。这一回的修订,就是基于这两方面的进展。

这七年间，南京考古工作者在城市史方面最重大的成就，是基本弄清了台城和石头城的位置范围，使我们对六朝城市史的研究，有了一个坚实的基础。结合相关文献，更能说明台城并未被隋王朝"平荡耕垦"，而是在南唐建都时才最后被清拆。至于石头城的位置，我2007年在《金陵瞭望》发表的文章中，通过对历代文献的研读，已提出应在乌龙潭以北、清凉山以南、西抵外秦淮河、东含盋山和龙蟠里。2010年前后考古发现的石头城遗址，正与这一范围相吻合。秦淮河考古，证实了六朝时秦淮河宽达百米的文献记载，而相关文献又有数据证明河面在宋代大幅收窄。我联系北宋玄武湖淤浅、被王安石围湖造田的史实，相信宋代南京确实存在一个枯水时期，并由此联想到长江岸线西移也应是受此枯水期影响，可见白鹭洲消失即在宋、元之际，而莫愁湖之名至明代中期始见于记载，恰也可以作为一个佐证。此外，通过对相关文献的细致研究，我发现了东晋与南朝宋时期建康都城范围的变化，也第一次说清了建康都城从"修六门"到"十二门"的来龙去脉。凡此种种，兹不赘言。

这次修订中所增补的内容，主要在古代部分。同时，因为文字的修改，对初版的插图也做了相应调整，调换上一些更能说明问题的地图，并且补入了一批古版画和老照片，使读者可以得到一些较直观的印象。

当代南京，城市风貌的变化有目共睹。我不打算列举近几年间的城市建设成就。作为一部城市史，就应该让它停止在某个时间节点上。而保持一定的距离，会更有利于观察和思考。

事实上，这几年间，我在面对城市的某些急剧变化时，常常会想，这样的变化，是不是南京市民所需要的呢？换取这份变化，南京市民又付出了什么样的代价呢?

我不知道有多少人在作此思考,更不知道城市决策者是如何想法。但事实告诉我们,很多所谓的城建项目,只与城市决策者心目中的政绩有关,与市民的生活改善几乎全不相干,甚至适得其反。而因此付出的代价,不但是让这一代市民做出无谓牺牲,而且过度耗费了子孙后代的大量资源。

七年前,在《走向"和谐南京"》一章中,我提出了自己的理想城市形态。今天重读,不禁感慨,我还是过于乐观了。就当时的情况而言,"以人为本"的观念深入人心,城市发展有了较好的总体规划,对于正确处理现代化建设与历史文化遗产保护,在理论与实践上都已有明确规范。倘若城市决策者能够依法行政,确实有望实现一个美好的前景。然而,由于某些决策者无视总体规划的权威性,一再违背与妄改,致使城市建设再次沦入某种程度的无序状态,成片区大规模的拆迁不断,包括门西颜料坊、牛市、弓箭坊历史街区、老门东历史街区在内的多处历史文化遗产遭到野蛮破坏。本书第十四章中作为历史文化街区保护典型介绍的两处,南门老街,被推为一片白地。南捕厅历史街区打算全部拆迁建"城中顶级别墅",以至南京的有识之士,不得不一而再、再而三地奋起抗争。尤其是2009年春、夏,南捕厅历史街区的命运,引发全市专家学者、市民、新闻媒体以至职能机关的关注与抗争,在国务院领导批示,建设部、国家文物局干预之后,终于得到保护。2010年,南京着手制定《南京市历史文化名城保护条例》,是反思后的实际进步。

七年前,我就提出过要解决"市长管规划,还是规划管市长"的问题，也就是坚持依法执政的问题。像南京这样的历史文化名城，理应制定长远的城市发展规划，以指导各个阶段的城市建设，不能由着一任一任市长各行其是。我曾设想，南京组织海内外顶级城市规划专家，研讨城市的定位，编制一个百年规划，至少也是五十年、三十年的远期规划，据此再制定具体实施的分期规划。市长任期五年，只能在规划限定的范围内，做规划要求他做的事情。这个问题不能解决，城市总是难免偏离健康发展的轨道。

2013年2月，南京撤销溧水县，新设溧水区，撤销高淳县，新设高淳区，南京不再有下属县。同年3月，撤销白下区、秦淮区，以原两区区域新设秦淮区，撤销鼓楼区、下关区，以原两区区域新设鼓楼区，使南京市下属区依然保持在十一个。南京常住人口超过八百万，连流动人口超过一千二百万。这可谓南京城市化迅猛进程的巅峰。撤县改区，最根本的动因，在于城市土地归国家所有，可以由地方政府经营开发。质言之，看重的只是土地的城镇化，却忽略了与土地相关联的人的城镇化。然而，经济发展有其自身规律，"卖地财政"的隐患与危机日渐显明，绝不可能长久持续。随着从国家层面开始的经济转型，南京城市的发展，也必然将面临新的转变节点。在这转变中，历史文化资源将愈见重要。

2015年初，南京市政府决定，在城市规划、建设和管理工作中，要坚持"科学规划、民生优先"的原则，从过去大规模、高强度、粗放式的突击建设模式，转入量力而行、科学有序、可管可控的新常态，不破坏城市生态，不透支城市未来发展，真正把城市建设、管理纳入可持续发展轨道。

当年我撰写《南京城市史》的初衷,就是希望能成为一方引玉之砖,成为进一步深入研究南京城市史的铺路之石。希望南京城市建设发展的若干历史经验,如跨江发展、面向大海的胸怀,善于利用自然山水的传统,功能分区明确的特色,尊重原住民权益的原则,保老城建新城、跨越式发展的优势等,能够对当代城市规划和建设工作,提供一些启迪。尤其是通过反思近百年间历次现代城市规划实践的得失,探索面对历史造就的文化名城,如何进行再度建设的问题,对于现当代南京的城市建设,试做宏观层面上的品评,也为城市未来的科学、健康、可持续发展,提供一个参照系。就此而言,在这个看到希望与转机的时间节点,本书的再版,也就有着非同一般的意义。

　　城市是为人而建设的。但愿城市的今天和明天,能够更适宜人的安居,更适宜人的发展。

2015 年 2 月

三

　　时隔五年,我又有了修订《南京城市史》的机会。

　　一个作者,能有机会不断修订旧著,是一种幸运,而是不是有能力弥补不足,补充新见,更是一种考验。我愿意接受这样的"大考",至于成绩如何,要由读者来评判。

　　回首十五年前,我开始写这本书的时候,主要是想梳理南京城市的生长脉络和经验教训,探索面对历史造就的文化名城,如何进行再度建设的问题,"希望这部《南京城市史》能成为一方引玉之砖,成为进一步深入研究南京城市史的铺路之石,也希望它能够为新一轮城市总体规划的制订,提供一些启发"。

本书第二版面世之后,随着读者的增长和交流活动的开展,大量反馈信息,让我感受到人们对深入了解南京、系统探索这座著名古都的强烈愿望与热情。而他们积极提供线索、提供资料、提供新思路,也让我体会到,有广大市民的积极参与,城市的命运与未来,一定会更加美好。如果说2010年制定《南京市历史文化名城保护条例》为老城区保护提供了法规保障,那么,2019年秋南捕厅街区大板巷开街,迅速成为游客尤其是年轻人的网红打卡地,则是历史街巷复兴的一个成功实践。2021年春,以"共生、共建、共享、共处"为宗旨更新的门东小西湖片区开放,在保护街区历史风貌、活化形成新景观的同时,第一次保留了原住民,成为老城区改造一个里程碑式的转变。城市更新从过去"拆、改、留"转变为"留、改、拆",历史风貌区规划设计从自上而下转变为自下而上,建设资金从过去"就地平衡"转变为新城反哺老城,真正做到了老城改造"以人为本"、为居民谋福利,被誉为"有温度的事业",不仅为下一步的门西历史街区更新提供了新可能,在全国也都堪为示范。

南京丰厚的历史文化、南京城当代建设的探索和经验,不仅仅对南京人有意义,也不仅仅对南京城有意义。

2015年6月,国务院正式批复同意设立南京江北新区,这是全国第十三个、江苏省第一个国家级新区。2016年国务院公布的《长江三角洲城市群发展规划》中,南京被定位为"长三角"唯一的特大城市。

2019年10月31日，南京被批准加入联合国教科文组织创意城市网络，入选世界文学之都。尤其是2021年2月《南京都市圈发展规划》经国家发改委批复，成为第一个经国家同意而正式设立的都市圈。由此可见南京在全国以至世界经济、文化事业中所具有的举足轻重地位。

都市圈这一概念，始于1957年，法国地理学家戈特曼提出，由中心城市及其周边城市和地域，共同组成经济、社会联系较为紧密的一体化区域。1980年代，南京已提出市域内的"南京都市圈"建设，21世纪初又研究构建"南京一小时都市圈"，以南京与周边一百公里范围内的镇江、扬州、马鞍山、芜湖、滁州六城组成，总面积三点五万平方公里，人口约二千万。获国家发改委批复的《南京都市圈发展规划》，成员有南京、镇江、扬州、淮安、马鞍山、滁州、芜湖、宣城和常州的溧阳、金坛，含三十三个市辖区、十一个县级市和十六个县，总面积六点六万平方公里，常住人口三千五百余万人，地区生产总值超过四万亿元。2021年3月交全国"两会"审查的"十四五"规划纲要草案中提出："鼓励有条件的都市圈建立统一的规划委员会，实现规划统一编制、统一实施，探索推进土地、人口等统一管理。"据此，南京城市规划和建设的先进理念与成功经验，必然将在更大的范围内发挥引领作用。

如何让这本《南京城市史》更适应大众读者的阅读需求，就成为我必须面对的问题。

这一回的修订，首先是调整全书的篇章结构方式，为每一章撰写简略提要，并析分为若干节，各立标题，使读者可以一目了然。同时对书中过于专业的文字，作了适当的简化处理，深入浅出，尽可能加强叙述的现实感和现场感。其次，仍然是纠正疏误，补充新知。尤其是 2017 年以来越城遗址考古的新发现，不但让我们对南京先民生活有了更多、更切实的了解，而且将南京城市源头上推五六百年。湖熟文化对南京城市发展的重要意义由此得以凸显，南京早期城市发展水平与城市格局也需重新评价。此外，我在撰写《格致南京》时对一些问题做了深入探究，发现过去的相关阐述有不够准确、不尽完善之处，如越城、金陵邑与秦淮河入江口的关系、如东吴开凿运河及其作用、横塘与长干里的关系等，不能不加以修改、补充。再次，是对插图做了较大的调整，随文插图数量增加、质量提升，尤其是新增加了三个特辑，使读者可以从更多的角度观察和了解南京。这种方式，在当今的图书出版中尚不多见。在此谨对南京市博物总馆、德基美术馆和摄影师朋友们的大力支持，对后浪出版公司和江苏凤凰文艺出版社编辑朋友的大力支持，表示诚挚的感谢！

在这一本书上，前前后后花了三年多的时间，但我相信，每一分付出都是值得的。希望这一次的新版，能为朋友们带来更多的阅读新体验。

2021 年 9 月

出版后记

"前有蒋赞初《南京史话》,今有薛冰《南京城市史》。"在南京的文化界流传着这么一句话。《南京城市史》于南京的意义,可见一斑。

《南京城市史》于2008年首次出版,十三年来不断修订再版,作者、出版界和读者对它的认识在不断发生变化。简单说来,它从一部专业性很强的历史专著逐渐变成一本通俗易懂、趣味横生的大众化读物。编辑部在出版过程中所追求的,正是要把一部端正、严肃、厚重的史书做轻、做透、做活。但我们采取的办法不是做减法,而是做加法。

首先是对文字内容进行"切割"。《南京城市史》是一部通史,原书共十五章,分上下两编,时间跨度达两千五百年。考虑到每章篇幅巨大,容易造成阅读疲劳,经与作者沟通后,对每个章节的结构进行切割、析分处理,即每章按叙事和篇幅的需要,分拟若干小节,每个小节标题均包含一个关键词,或概括,或提出问题,在阅读上起到"点睛"和"导读"的作用,从而化整为零,化大为小,避重就轻,增加结构上的叙事性和灵活性。书中引文均作楷体,既是强调,也为增添视觉上的层次感、丰富感。

其次是增加配图。为表现南京城市从无到有、从小到大、从古到今的历程,原书使用了历代的许多地图进行说明。这些古地图在增加专业性的同时,也增加了阅读的难度。为此,我们增加了各个历史时期的实物图,一方面是为了减弱地图在阅读上造成的单一性,另一方面是让城市的生长具体化、细节化,更具有质感,也更具有可读性。本书增加的新插图分三部分:第一,南唐以前,以文物考古图为主,编辑部经与南京市博物总馆商洽,借用了馆藏文物资料图十数幅。第二,在明清部分,增加了19世纪下半叶到20世纪初一些外国摄影家镜头下的南京城市图,如英国摄影家约翰·汤姆逊于1867至1872年间的拍摄的珍贵影像(其中有一幅迄今最早的南京城俯瞰图),以及由南京乐淘乐书店提供的1910年日本出版的《金陵胜观》部分图(其中也包括一张清末的南京全城图)。第三部分增加的插图比较特殊,我们在编辑过程中综合各种资料,最终决定以三个特辑形式来呈现。第一辑经南京德基美术馆授权,将长达十米的清代宫廷画师《冯宁仿杨大章宋院本金陵图》全卷收入,单独印刷,作为附册,以呈现南唐至宋代的金陵风貌;第二辑将明代朱之蕃《金陵四十景图像诗咏》全部收入,以呈现明代中期的南京风貌;第三辑则汇总了南京几位青年摄影家方飞、赵耀、阮忠等在新世纪所拍摄的今日飞速发展的南京新城面貌和老城历史文化遗产新貌,展现我们当下生活于其中的美丽家园。

  由此,读者可以从文字、地图和影像数个层面直观地感受、想象南京这座城市的生长和发展,从更多的角度去观察和了解南京。我们希望这本书是厚的、重的、满的,同时又是轻盈的、美丽的,正如我们所热爱的南京城。

  最后,感谢南京先锋书店为《南京城市史》和《家住六朝烟水间》的出版提供的大力支持与帮助。

关于作者

薛冰，著名学者、作家。浙江绍兴人。1967年毕业于南京金陵中学高中。1968年赴江苏省泗洪县管镇乡插队务农，1975年后任南京钢铁厂车间青年干事、厂工会干事，1984年调江苏省作家协会创作联络部工作，历任《雨花》杂志编辑，《东方文化周刊》副总编辑，现为江苏省作协专业作家。1980年开始发表作品。1990年加入中国作家协会。著有长篇小说《群芳劫》《天长地久》《青铜梦》，中短篇小说集《爱情故事》，文化随笔《旧书笔谭》《止水轩书影》《家住六朝烟水间》《淘书随录》《江南牌坊》《金陵女儿》《金陵书话》《书事：近现代版本杂谈》以及建筑史著作《南京城市史》等六十余部。

关于本书

《南京城市史》首次全面、系统、完整、清晰地阐述了南京2500年建城史和近500年的建都史。全书分上、下两编：

上编主要回溯古代南京城市成长、变迁历程，从新石器时代的北阴阳营遗址、湖熟遗址，春秋战国时期的棠邑、濑渚邑、越城、金陵邑、冶城，到六朝时期的石头城、建业、建康，从南唐的金陵城到明都南京，再到晚清的现代城区，从解读文献和实地踏勘入手，在广阔的时空范畴中，探寻失落的环节，拼合碎裂的画面，梳理旧识，补充记忆，辨疑解难，阐明新见，勾勒出一轴较为完整、清晰的南京城市成长史图卷。

下编关注的是现代规划出现之后的一百余年中，从民国的首都计划建设到21世纪"山、水、城、林"一体的和谐城市建设，人们面对历史造就的文化名城，如何进行再度建设的问题。由对史实的探寻升华到史实的提炼，梳理出现代南京城市生长的脉络和城市建设的若干重要经验，如跨江发展、面向大海的胸怀，善于利用自然山水的传统，功能区分明确的特色，尊重原住民权益的原则，保老城建新城、跨越式发展的优势等；尤其是通过反思近百年间历次现代城市规划实践的得失，探索面对历史造就的文化名城，如何进行再建设的问题，对于现当代南京的城市建设，做了宏观层面上的品评，也为城市未来的科学、健康、可持续发展，提供了一个参照系。

图书在版编目（CIP）数据

南京城市史 / 薛冰 著. -- 南京：江苏凤凰文艺出版社, 2022.2（2025.9 重印）
ISBN 978-7-5594-6000-4

Ⅰ.①南… Ⅱ.①薛… Ⅲ.①城市史 - 南京 Ⅳ.
① K295.31

中国版本图书馆 CIP 数据核字 (2021) 第100691号

南京城市史

薛冰　著

责任编辑	王　青
特约编辑	雷淑容　沈诗贝
装帧设计	墨白空间·杨阳
出版发行	江苏凤凰文艺出版社
	南京市中央路 165 号，邮编：210009
网　　址	http://www.jswenyi.com
印　　刷	天津裕同印刷有限公司
开　　本	880 毫米 ×1230 毫米　1/32
印　　张	17.75
字　　数	400 千字
版　　次	2022 年 2 月第 1 版
印　　次	2025 年 9 月第 5 次印刷
书　　号	ISBN 978-7-5594-6000-4
定　　价	138.00 元

江苏凤凰文艺版图书凡印刷、装订错误，可向出版社调换，联系电话 025 - 83280257